Stadtplan von Hattuscha
zur Zeit des hethitischen Großreichs
(ca. 1350 bis 1180 v. Chr.)

Schachner
HATTUSCHA

ANDREAS SCHACHNER

HATTUSCHA

Auf der Suche nach dem sagenhaften Großreich der Hethiter

C.H.BECK

Der Verlag C.H.Beck dankt dem
Deutschen Archäologischen Institut

für die vielfältige Unterstützung bei der Realisierung
und der

GERDA HENKEL STIFTUNG

für die Förderung der Drucklegung dieses Werkes.

Mit 158 Abbildungen, Plänen und Karten im Text
sowie auf dem vorderen Vorsatz dem Stadtplan von Hattuscha zur Zeit des hethitischen Großreichs (ca. 1350–1180 v. Chr.) und auf dem hinteren Vorsatz einer Karte des hethitischen Großreichs im 14. und 13. Jahrhundert v. Chr.

Satz: Fotosatz Amann, Aichstetten
Druck und Bindung: Offizin Andersen Nexö Leipzig GmbH
Umschlagabbildung: Stierkopfvase (Vordergrund), © Deutsches Archäologisches Institut; hethitische Keilschrifttafel (Hintergrund), © Boğazköy-Forschungsstelle der Mainzer Akademie der Wissenschaften
Umschlaggestaltung: Geviert GbR – Büro für Kommunikationsdesign München, Christian Otto
Gedruckt auf säurefreiem, alterungsbeständigem Papier
(hergestellt aus chlorfrei gebleichtem Zellstoff)
Printed in Germany
ISBN 978 3 406 60504 8

www.beck.de

INHALTSVERZEICHNIS

I
VORWORT

Dieses Buch wurde im Anschluß an die 66. Ausgrabungskampagne des Deutschen Archäologischen Instituts (DAI) und die seit Beginn der wissenschaftlichen Erforschung im Jahre 1906 insgesamt 70. Kampagne in Boğazköy/Hattuscha abgeschlossen. Dieser Zeitpunkt folgt keiner Zäsur oder einem besonderen Ereignis, sondern ist mehr oder weniger zufällig gewählt. Die kontinuierlich fortschreitenden Arbeiten werden zwar in jährlichen Vorberichten in Fachzeitschriften, die abgeschlossenen Bereiche in zwei monographischen Publikationsreihen des DAI und darüber hinaus in weitgestreuten Fachpublikationen in verschiedensten Sprachen veröffentlicht. Dennoch dürfte es selbst für Spezialisten schwierig sein, all diese Veröffentlichungen zu überblicken. Dabei lassen gerade die Ergebnisse der letzten beiden Dekaden aufgrund der systematischen Anwendung naturwissenschaftlicher Datierungsmethoden die Entwicklung der Stadt und damit der hethitischen Kultur als ganzer in völlig neuem Licht erscheinen. Deshalb steht der Wunsch einer Synthese der interdisziplinären Arbeiten in Hattuscha als Grundlage für die Interpretation der anatolischen und altorientalischen Kulturgeschichte im Mittelpunkt dieses Buchs. Es bietet so – aus der Sicht des Archäologen – einerseits eine Standortbestimmung, die erstmals viele der neuen Einsichten der letzten Jahrzehnte einer breiten Öffentlichkeit präsentiert, andererseits soll es die Möglichkeiten, aber auch die Grenzen der Archäologie bei der Rekonstruktion antiker Kulturen sowie neue Forschungsrichtungen aufzeigen. Deshalb wurde es nicht als Fachbuch geschrieben. Vielmehr soll es Studierenden, Wissenschaftlern und interessierten Laien gleichermaßen einen fundierten Überblick ermöglichen und die vielfältigen Forschungsergebnisse in kompakter Form vermitteln. Ich hoffe, mit diesem Buch den Ansprüchen beider Gruppen gerecht zu werden.

Die lange Dauer eines Ausgrabungsprojekts wie in Boğazköy/Hattuscha führte in über 100 Jahren zu einer einzigartigen Akkumulation von Wissen über eine altorientalische Kultur, die in dieser Dichte an kaum einem anderen Platz des alten Vorderasiens erzielt wurde. Die hier erarbeitete Menge an unterschiedlichsten Daten ermöglicht in einmaliger Tiefe die Annäherung an ein breites Spektrum komplexer Fragestellungen der modernen Kulturwissenschaften. Gleichzeitig bedingt die jährliche Fortführung der Arbeiten eine dauernde Auseinandersetzung und teilweise neue Beurteilung der älteren Ergebnisse. Ältere Forschungsmeinungen bleiben daher nicht wie im Falle manch anderer Grabungen ohne die Möglichkeit der Fortentwicklung bestehen. Sie werden vielmehr im Zuge der Weiterentwicklung der wissenschaftlichen Methodik und im Lichte neuer Erkenntnisse stetig neu diskutiert. Dabei geben Unterschiede in der Ausbildung und den Interessen der jeweiligen Grabungsleiter den Arbeiten in unregelmäßigen Abständen neue Richtungen.

Das Fehlen von Anmerkungen ist nicht als Ignoranz gegenüber der Vielzahl von Arbeiten über Boğazköy zu verstehen, sondern entspricht dem Wunsch des Verlags nach einer möglichst guten Verständlichkeit. Dem Buch ist eine Literaturliste beigefügt, die auf einige der benutzten Schriften verweist und so den Einstieg in die Fachliteratur ermöglicht. Darüber hinaus wurden verschiedene der hier angeschnittenen Themen in unabhängigen Aufsätzen diskutiert, in denen die Referenzen in der wissenschaftlich notwendigen Art und Weise geboten werden. Einen ausführlichen Überblick über das einschlägige Schrifttum der Boğazköy-Expedition bietet mit Erscheinen dieses Buchs auch folgende Internetseite: www.hattuscha.de

Andreas Schachner — Istanbul/Boğazkale im Januar 2011

Danksagung

Unser erster Dank gilt dem Ministerium für Kultur und Tourismus der Republik Türkei und der Generaldirektion für Kulturdenkmäler und Museen für das seit Jahrzehnten andauernde Vertrauen in die Arbeit des Deutschen Archäologischen Instituts (DAI). Dem DAI – vertreten durch seine Präsidenten Hans-Joachim Gehrke und seit März 2011 Friederike Fless – gebührt großer Dank dafür, dieses Projekt seit Jahrzehnten nach besten Kräften zu fördern, ebenso wie für die Möglichkeit, institutseigene Dokumente, Fotos, Pläne und Zeichnungen in diesem Band verwenden zu können. Felix Pirson, Leiter der Abteilung Istanbul des DAI, hat dem Projekt durch das in Istanbul ideale Arbeitsumfeld eine Heimat geschaffen, die zu dessen positivem Gedeihen wesentlich beiträgt.

Mein besonderer Dank gilt Jürgen Seeher. Er hat seinem Nachfolger nicht nur ein wohlgeordnetes Projekt und eine funktionierende Infrastruktur übergeben, sondern begleitet die Entwicklung der Arbeiten mit seiner Erfahrung und positiven Einstellung, von der auch dieses Buch nachhaltig profitiert hat.

Neben dem DAI unterstützen zahlreiche Institutionen und Stiftungen, vor allem die Deutsche Forschungsgemeinschaft (erneut seit 2009), aber auch die Gerda Henkel Stiftung (2008), die Brennan Foundation/American Friends of the DAI (2007–2009) und die GRHäcker-Stiftung (seit 2009), verschiedene Sponsoren (JapanTobacco-International (bis 2007), DS-Concept (2008 und 2011) und immer wieder auch Privatpersonen die Arbeiten in Boğazköy. Ohne ihrer aller Engagement wären die Erforschung und vor allem auch die langfristige Bewahrung dieses einzigartigen bronzezeitlichen Kulturdenkmals nicht möglich. Den Entscheidungsträgern und Gutachtern dieser Institutionen gebührt mein aufrichtiger Dank für diese Unterstützung.

Dieses Buch entstand in besonderer Anerkennung der persönlichen wie wissenschaftlichen Leistungen aller Gelehrten und Studenten, die in den zurückliegenden Jahrzehnten in Boğazköy/Hattuscha gearbeitet und durch ihren Enthusiasmus und Einsatz Einblicke in die faszinierende Welt der Bronzezeit und darüber hinaus eröffnet haben. Es ist mir darüber hinaus ein Anliegen, den ortsansässigen Arbeitern zu danken, die heute aus Boğazkale kommen – und früher auch aus den Dörfern der Umgebung kamen – und eine Hauptlast der Arbeiten tragen. Ohne ihren Fleiß wäre bisher nur ein kleiner Teil der Ruine freigelegt.

Stellvertretend für die zahlreichen Vertreter des Ministeriums für Kultur und Tourismus der Republik Türkei, die unsere Arbeiten über all die Jahrzehnte stets wohlwollend und unterstützend begleitet haben, sei Halis Şahin (bis 2009) und Tahir Aksekili (seit 2009) vom Museum in Boğazkale sowie vor allem Önder İpek vom Museum in Çorum für ihre geduldige und stets durch eine vertrauensvolle und positive Einstellung geprägte Zusammenarbeit gedankt. Sie bildet eine der wesentlichen Grundlagen für die hier vorgestellten Ergebnisse.

Ein großes Dankeschön gilt all den Kollegen und Mitarbeitern, die sich um dieses Buch verdient gemacht haben. J. Klinger hat es in Gesprächen mit angeregt und den Kontakt zum Verlag C. H. Beck hergestellt. I. Dinkel, R. Dittmann, Th. van den Hout, R. Pasternak und B. Böhlendorf-Aslan haben das Manuskript ganz oder teilweise gelesen und durch ihre Kommentare wesentlich zu seiner heutigen Gestalt beigetragen, ohne daß jedoch die Verantwortung des Autors für etwaige Fehler damit aufgehoben wäre. M. Dürr gestattete die Nutzung einer Abbildung (Abb. 74) aus seiner noch unveröffentlichten Arbeit. Dem Verlag C. H. Beck und vor allem St. von der Lahr gilt mein besonderer Dank für die Bereitschaft, dieses Buch in sein Programm aufzunehmen, und für die intensive Betreuung während seiner Entstehung.

Hinweise zur Umschrift

In diesem Buch wurde eine stark vereinfachte Form der wissenschaftlichen Umschrift für die altorientalischen Orts- und Personennamen verwendet, bei der lediglich der Buchstabe Š in Begriffen und Namen der altorientalischen Kulturen übernommen wurde. Aus den altorientalischen Sprachen übersetzte Phrasen und Termini sind durch eine *kursive* Setzung gekennzeichnet.

Die Schreibung der türkischen Orts- und Personennamen folgt dem türkischen Alphabet; dementsprechend ist das Ş/ş in türkischen Namen im Deutschen sch, der Buchstabe ı als stimmloses e – etwa wie das zweite e in den deutschen Wörtern gehen oder sehen – und das ğ entsprechend einem Dehnungs-H – wiederum wie in den deutschen Wörtern gehen oder sehen – zu lesen.

Die moderne Siedlung am Fuß der Ruine der hethitischen Hauptstadt heißt heute offiziell Boğazkale. Da jedoch seit den ersten wissenschaftlichen Untersuchungen der Name Boğazköy mit dem Ruinengelände verbunden ist, wird dieser weiterhin verwendet. Er kommt in diesem Buch vor allem dann zum Einsatz, wenn nicht die hethitische Ruine, sondern Siedlungen anderer Zeitstufen besprochen werden, deren ursprüngliche Bezeichnungen unbekannt sind.

Bemerkungen zum chronologischen System

Die Chronologie der hethitischen Geschichte und deren Synchronisation mit der Entwicklung Hattuschas ist in vielen Punkten immer noch unklar. Konventionell wird die hethitische Epoche anhand der Textfunde in drei historische Stufen eingeteilt: alt-hethitisch, mittel-hethitisch und Großreichszeit. Diesem auf philologischen Kriterien beruhenden Schema haben Kurt Bittel und Peter Neve eine ebenfalls dreigliedrige Einteilung des archäologischen Materials gegenübergestellt: alt-hethitisch, ältere Großreichszeit und jüngere Großreichszeit.

Durch den konsequenten Einsatz naturwissenschaftlicher Datierungsmethoden ist es nun möglich, zumindest die in den letzten Jahren ausgegrabenen archäologischen Befunde wesentlich genauer zu datieren. Dabei erlaubt die sogenannte C^{14}-Methode durch die Messung des radioaktiven Zerfalls des Kohlenstoff-Isotops in organischen Materialien (z. B. Holzkohle, verkohlte Getreidekörner oder auch Knochen) Aufschluß über das Alter eines Objekts und damit der archäologischen Zusammenhänge, in denen es gefunden wurde. Alternativ nutzt man die Dendrochronologie, mit deren Hilfe Baumringe – etwa in Bauhölzern – in lange Reihen von bereits untersuchten Hölzern eingeordnet werden und so das Alter eines hölzernen Objekts bestimmt werden kann.

Anhand dieser Untersuchungen zeichnet sich nun ab, daß die sogenannte kurze Chronologie (Hattuschili I. nach 1600 v. Chr.) auf die Befunde in Hattuscha nicht angewendet werden kann. Denn in diesem Falle würde die Errichtung wichtiger Großbauten – wie z. B. der Poternenmauer und des Silos auf dem Nordwesthang – vor die Gründung der hethitischen Stadt durch den genannten König fallen. Deshalb folge ich hier der sogenannten mittleren Chronologie (d. h. Hattuschili I. um/nach 1650 v. Chr.). Da aber nur für wenige Stadtbereiche naturwissenschaftlich gewonnene, absolute Daten vorliegen, müssen auch die herkömmlichen Einteilungen weiter genutzt werden: alt-hethitisch ~1650 bis ~1520/00 v. Chr. (Hattuschili I bis Telipinu), mittel-hethitisch (älteres Großreich) ~1520/00 bis ~1360/50 v. Chr. (Alluwamna bis Tuthalija II./III.), Großreichszeit ~1350 bis ~1180 v. Chr. (Schuppiluliuma I. bis Schuppiluliuma II.).

Kaum eines der Bauwerke in Hattuscha läßt sich auch nur halbwegs zuverlässig in dieses historische Schema einordnen, da datierende Bauinschriften völlig und die mit den oben genannten naturwissenschaftlichen Methoden gewonnenen Datierungen weitgehend fehlen. Denn große Bereiche der Stadt wurden zu einer Zeit ausgegraben, als diese Methoden noch nicht zur Verfügung standen oder noch nicht ausgereift waren. Ein wichtiges Hilfsmittel, die Bodenfunde in eine zeitliche Ordnung zu bringen, ist die sogenannte Stratigraphie. Damit wird die Folge von Bauschichten bezeichnet, in denen Funde angetroffen werden. Generell gilt, daß das, was in tieferen Schichten angetroffen wird, älter ist als das, was in höheren Schichten entdeckt wird. Hat man also eine Stratigraphie anhand sorgfältig ausgegrabener Befunde rekonstruiert, so kennt man zumindest das zeitliche Verhältnis der Funde zueinander; doch ist es kaum möglich, auf diese Weise ein Bauwerk konkret mit der Regierung eines Herrschers zu verbinden und gar auf seine Baupolitik zu schließen, auch wenn dies in der älteren Fachliteratur bisweilen angestrebt wurde. In Ermangelung naturwissenschaftlicher Datierungen in weiten Teilen der Stadt ist diese sogenannte relative Chronologie für das Verständnis Hattuschas immer noch von großer Bedeutung.

In Hattuscha macht es die zerklüftete Topographie und die Größe der Stadt jedoch unmöglich, eine über einzelne Bereiche hinausgehende, umfassende Stratigraphie zu erstellen, da die Bauschichten nicht zusammenhängen und die Keramik für tragfähige Vergleiche typologisch nicht genau genug datierbar ist. Wenn es nun in einzelnen Stadtvierteln gelingt, die dortige Stratigraphie mit absoluten Daten zu verknüpfen, so ist man in dem Wissen um die Geschichte der Stadt ein großes Stück vorangekommen.

	Boğazköy Kultur	Büyükkaya	Unterstadt	Nordwesthang	Büyükkale	Oberstadt
1906 1834	osmanisch	Ausgrabungen durch Th. Makridi und H. Winkler Entdeckung der Ruinen				
17.-18. Jahrhundert	osmanisch	K e i n e B e s i e d l u n g				
15.-16. Jahrhundert	osmanisch	K e i n e B e s i e d l u n g				
12.-14. Jahrhundert	seldschukisch	K e i n e B e s i e d l u n g				
1100 400	byzantinisch		Mıhraplıkaya Siedlung ? Gräber südl. des Tempels Steinbruch	Hausreste am Fuß des NW-Hangs	Streufunde	Kirche, Gehöfte, Friedhof (Ende der Besiedlung im 11. Jh.)
400 0 100	Römische Kaiserzeit		Steinbruch Gräber	einzelne Bauten und Gräber	befestigte Siedlung	
100 200			galatische Nekropole	galatische Siedlung Schicht 1		
200 300	hellenistisch	Einzelne Gräber, Streufunde	galatische Nekropole	galatische Siedlung Schicht 2	Streufunde	
300 500	Perser-Zeit (bis 330 v.C.)	K e i n e B e s i e d l u n g				
500 600	Perser-Zeit	?			Bk Ia BKIb	
600 700	Späte Eisenzeit Mittlere Eisenzeit	?	?			Südburg und Nişantepe
700 800	Mittlere Eisenzeit	? Jüngste eisenzeitliche Schicht	Siedlung und Nekropole (Urnenbestattungen)	Schicht 3 Schicht 4	BK IIa BK IIb	
800 900	Mittlere Eisenzeit	Büyükkaya-Stufe	?	?	?	?
900 1000	Frühe Eisenzeit	jung		?		

Oberstadt West	Yazılıkaya	Umland	Osmanische / Byzantinische / römische / hethitische Herrscher	ägyptische Herrscher	Syrische / mesopotamische / ägyptische Herrscher
Ausgrabungen durch Th. Makridi und H. Winkler Entdeckung der Ruinen		modernes Dorf	Abdülhamid		
Keine Besiedlung		modernes Dorf			
Keine Besiedlung		Dorf bei Evren	Süleyman		
Keine Besiedlung			Seldschuken	Fatimiden	
		verstreute Bebauung	Dynastie der Komnenen Makedonische Dynastie Justinian Theodosius	Abbasiden Omayyaden	
		Grab bei Osmankayası Römische Straße von Tavium nach Amasia	Konstantin Septimus Severus Hadrian Augustus		
		galatische Besiedlung			
		galatische Besiedlung			
Keine Besiedlung		?	Achämeniden		
	Streufunde	?	Achämeniden		
	?	?			Assurbanipal Sanherib
	?				Sargon Tiglatpilesar III.
			Midas		Salmanassar III. Assurnasirpal
	?				

	Boğazköy Kultur	Büyükkaya	Unterstadt	Nordwesthang	Büyükkale	Oberstadt
1000 1100	Frühe Eisenzeit	Grubenhäuser mittel		?	Streufunde (?)	Streufunde im Tempel 7
1100 1200	Frühe Eisenzeit Endzeit des Großreichs	Frühe Eisenzeit (alt)		?	(III a) III	
1200 1300	jüngere Großreichszeit	Getreide-speicher	Schicht 1a Schicht 1b	5	III	Obstd. 2 (Töpferviertel) Obstd. 3 Tempel
1300 1400	ältere Großreichszeit	Getreide-speicher Gebäude auf dem oberen Plateau	Schicht 2	5 6	III	Obstd. 3 Tempel
1400 1500	mittel-hethitisch	Gebäude auf dem oberen Plateau	Schicht 3	6	IVa-b	Tempel (?)
1500 1600	mittel-hethitisch alt-hethitisch	Gebäude auf dem oberen Plateau	Schicht 3	?	IVa–b	Bebauung im Tal vor Sarıkale Südteiche
1600 1700	alt-hethitisch Karum-Zeit	Ostmauer, Siedlungsreste auf den Plateaus	? Schicht 4	Poternenmauer und Silo Schicht 7	IVc	Silo
1700 1800	Karum-Zeit	Gebäude auf dem Oberen Plateau	Schicht 4	8a	IVd	
1800 1900	Karum-Zeit	Gebäude auf dem Oberen Plateau	Schicht 4	8b	IVd	
1900 2000	Karum-Zeit		Schicht 4	8c–d	IVd	
2000 2500	späte Frühbronzezeit	Siedlung	Schicht 5 Siedlung	Schicht 9	Schicht V Siedlung	
2500 3200	Frühbronzezeit	K e i n e B e s i e d l u n g				
3200/3000 6000	Chalkolithikum	Siedlung				

Oberstadt West	Yazılıkaya	Umland	Osmanische / Byzantinische / römische / hethitische Herrscher	ägyptische Herrscher	Syrische / mesopotamische / ägyptische Herrscher
	?				Assurbelkala
	Heiligtum				Tiglatpilesar I. Assurdan
Zingelbau (bis ca. 1250)	Heiligtum	Siedlung	Schuppiluliuma II. Arnuwanda III. Tuthalija IV. Hattuschili III. Murschili III. / Urhi-Teschub Muwatalli II.	Mernephtah Ramses II.	Tukulti-Ninurta I. Kadašman-Enlil II. Salmanassar I. Kadašman-Turgu Adad-nirari I.
regelmäßig angelegte Bebauung (Wohnhäuser ?)	Heiligtum	Siedlung ? Nekropole von Osmankayası und Bağlarbaşı	Murschili II. Arnuwanda II. Schuppiluliuma I. Tuthalija II. (=III.)	Haremhab Tutenchamun Amenophis IV. (Echana-ton) Amenophis III .	Assur-uballit I.
Werkstätten	Heiligtum	Nekropole von Osmankayası und Bağlarbaşı	Muwatalli I. Huzzija II. Tahurwaili (?) Zidanta II. Hantili II. Alluwamna Telipinu		
Quadrat-gebäude (ab ca. 1530)	?	Nekropole von Osmankayası und Bağlarbaşı	Huzzija I. Ammuna Zidanta I. Hantili I.		
Siedlung oder Nekropole			Murschili I. Hattuschili I. (~ 1650) ?		Samsuditana Tuni-Teschub
			? Anitta (~ 1750) Pithana		Šamši-Adad Hammurabi
					Šamši-Adad
	einzelne Nutzungsspuren		Pamba, Zipani		Naram-Sin
K e i n e	B e s i e d l u n g				
		Yarıkkaya-Südhang Yarıkkaya Plateau	Camlıbel Tarlası		

II
VERSCHÜTTET UND VERGESSEN: DIE ENTDECKUNG EINER HAUPTSTADT, IHRER KULTUR UND SPRACHE

Während die Reiche Ägyptens, Babyloniens, Assyriens oder der persischen Achämeniden aufgrund ihrer Erwähnung in der Bibel im Gedächtnis der Menschheit verankert waren, blieben die Hethiter und ihre Hauptstadt bis ins frühe 20. Jahrhundert unbekannt. Als Charles Texier als erster Europäer 1834 die Ruinen bei dem zentralanatolischen Dorf Boğazköy besuchte und 1839 Pläne und Abbildungen publizierte, rief er großes Staunen hervor (Abb. 1). Man konnte sich nicht vorstellen, daß ein unbekanntes Großreich ausgerechnet auf dem unwirtlichen anatolischen Plateau zu suchen sei. Gemäß den gültigen Paradigmen hielt man die

Abb. 1: Der Große Tempel in einem Stich von Ch. Texier (1839)

Abb. 2: Das Sphingentor von Alaca Höyük während der Ausgrabungen durch Th. Makridi 1907

Entstehung einer Hochkultur nur entlang der Flüsse Ägyptens und Mesopotamiens für möglich. Folgerichtig interpretierte man die Ruinen als das von Herodot, einem griechischen Historiker des 5. Jahrhunderts v. Chr., beschriebene Pteria. Alternativ wurde Tavium vorgeschlagen – eine Stadt, die in römischer Zeit als Hauptort der Region Galatien Bedeutung erlangte. Erst die Textfunde in akkadischer Sprache aus den Ausgrabungen von Theodor Makridi und Hugo Winckler erbrachten 1906 den Nachweis, daß es sich bei den Ruinen von Boğazköy um Hattuscha, die Hauptstadt des hethitischen Großreichs, handelte. Die Entdeckung einer unbekannten Hochkultur des Alten Orients war eine Sensation, die 1915 durch die Erkenntnis des tschechischen Sprachwissenschaftlers Friedrich Hrozny, daß deren Träger Indoeuropäer waren, noch gesteigert wurde.

Ausländische wissenschaftliche Unternehmungen im osmanischen Reich dienten neben dem Erkenntnisgewinn häufig auch dazu, wirtschaftlich und politisch Einfluß zu nehmen oder diesen auszubauen. So verwundert es nicht, daß bis zum Beginn einer expansiven deutschen Außenpolitik in den 1880er Jahren deutsche wissenschaftliche Projekte im osmanischen Reich kaum eine Rolle spielten. Erst das deutsche Engage-

Abb. 3: Die zwölf Götter in der Kammer B von Yazılıkaya (ca. 1861)

ment beim Bau der Eisenbahnen lenkte das Interesse auf Zentralanatolien und damit auch auf Boğazköy.

Nach dem ersten Bericht von Charles Texier wurden Boğazköy und das nahegelegene Alaca Höyük beliebte Ziele auf den Routen der Kleinasienreisenden im 19. Jahrhundert (Abb. 2). Besuche westlicher Gelehrter führten schnell zu einer Verdichtung der Erkenntnisse insbesondere über die Ruinen von Boğazköy. Hervorzuheben sind die Arbeiten von Andreas D. Mordtmann und Heinrich Barth, die 1855 erste Sondagen in Yazılıkaya durchführten. 1861 besuchte Georges Perrot Boğazköy und Yazılıkaya. Er publizierte in den Folgejahren erste Fotografien (Abb. 3. 45). Von Bedeutung war 1882 der Aufenthalt von Carl Humann, dem ersten Ausgräber Pergamons. Er fertigte nicht nur eine neue Planaufnahme des Stadtgebiets, sondern auch Gipsabgüsse der wichtigsten Reliefs in Yazılıkaya an (Abb. 4), die heute im Vorderasiatischen Museum in Berlin aufbewahrt werden.

Diese Reliefs als Zeugnisse einer unbekannten Kunst und Kultur spielten für die Forschung eine entscheidende Rolle, da sie sich in ihrem Stil und ihrer Ikonographie von der damals bereits gut bekannten Kunst der klassischen Antike unterscheiden. Vor dem Hintergrund dieser Erkenntnis trat die Erforschung der Ruine in den 1880er Jahren in eine neue Phase, die durch zwei Ereignisse beflügelt wurde.

Zunächst erkannte der englische Gelehrte Archibald H. Sayce Gemeinsamkeiten zwischen Zeichen, die in Inschriften in Boğazköy

Abb. 4: Yazılıkaya vor Beginn der ersten Ausgrabungen (ca. 1864)

(Nişantepe, Abb. 53) und in Yazılıkaya dokumentiert worden waren (Abb. 40. 42. 43. 137), und solchen auf beschrifteten Steinen, die in den 1870er Jahren in Hama im heutigen Syrien gefunden wurden. Auch wenn diese Schrift, die man heute als Hieroglyphen-Luwisch kennt, damals nicht lesbar war, erkannte er den großen geographischen Verbreitungsraum dieser Zeichen. Denn sie finden sich auch auf Felsreliefs, die im Laufe des 19. Jahrhunderts sowohl in der zentralen als auch in der westlichen Türkei entdeckt wurden. Im Lichte der in Syrien gefundenen Inschriften bezeichnete er diese Kultur in Anlehnung an die in den ägyptischen Quellen Cheta und im Alten Testament Hittim genannten Völker als hethitisch, deren Zentrum man damals jedoch gemeinhin in Syrien lokalisierte. Ausgehend von diesen Überlegungen rekonstruierte Archibald Sayce einen umfassenden Kulturraum, der seiner Meinung nach von Syrien bis Westanatolien reichte. Zur Klärung seiner Hypothese strebte er seit 1882 die Erforschung zentraler Fundorte in Anatolien, unter anderem auch von Boğazköy an, ohne jedoch die dafür erforderlichen Finanzmittel auftreiben zu können.

Gleichzeitig wurden in Mittelägypten in Tell el-Amarna Teile der internationalen Korrespondenz des Pharaos Echnaton (Amenophis IV., nach 1350 v. Chr.) gefunden, die größtenteils in Akkadisch, der *lingua franca* des Alten Orients, geschrieben waren. Aus diesen diplomatischen Texten, die man problemlos lesen konnte, ging die Existenz eines bis dato unbekannten Konkurrenten Ägyptens nördlich des Mittelmeeres hervor. Einige wenige Texte – die sogenannten Arzawa-Tafeln – waren zwar auch in Keilschrift, aber in einer zu dieser Zeit noch unbekannten Sprache verfaßt, die sich später als hethitisch erweisen sollte.

In Boğazköy tauchten bei Schürfungen von Ernest Chantre 1893 und 1894 im Bereich des Großen Tempels in der Unterstadt (Abb. 1), in dem er noch einen Palast zu erkennen glaubte, auf Büyükkale und bei Besuchen verschiedener Reisender ebensolche Keilschrifttafeln auf. Diese Funde führten dazu, daß die Hypothese von einem anatolischen Großreich, die Archibald Sayce formuliert hatte, an Bedeutung gewann. Die Textfunde beseitigten letzte Zweifel an der Bedeutung des Ortes und vor allem seiner zeitlichen Stellung deutlich vor den Kulturen des klassischen Altertums.

Trotz der erkennbaren wissenschaftlichen Bedeutung scheiterten Bemühungen um eine Grabungslizenz, nicht zuletzt auch von deutscher Seite, mehrfach an der Finanzierung. Die Ausgrabungen in Ägypten und Mesopotamien wurden abgesehen von privaten Sponsoren hauptsächlich durch die großen europäischen Museen getragen, die im Gegenzug für ihre finanzielle Förderung aufsehenerregende Fundstücke für ihre Sammlungen erwarteten. Zwar versprachen die Tontafeln aus Boğazköy und die Reliefs von Yazılıkaya ergiebige Funde, jedoch scheuten die Museen letztlich die Kosten. Gleichzeitig standen die seit den späten 1860er Jahren in der osmanischen Türkei geltenden Antikengesetze der Ausfuhr von Fundstücken entgegen, so daß Ausgrabungen zur Beschaffung von Ausstellungsstücken an Reiz verloren. In Deutschland stellte man die Planungen zugunsten der Grabungen in Babylon, Zincirli, Uruk/Warka und Assur zunächst zurück.

1901 bemühte sich der Chemiker Waldemar Belck um eine Lizenz. Nach Ausgrabungen im Kaukasus hatte er 1898 und 1899 zusammen mit

Karl-Friedrich Lehmann-Haupt eine Expedition durch Transkaukasien, den heutigen Nordwestiran, Nordirak und die Ost- und Südosttürkei unternommen. In deren Verlauf wurde er am Van-See überfallen, was erhebliche diplomatische Verstrickungen zwischen Berlin und der Hohen Pforte nach sich zog. Seine Bemühungen um eine Ausgrabungslizenz für Boğazköy wurden nicht zuletzt deshalb von deutschen Stellen torpediert (S. Alaura). Zum einen sah man durch die eigens zum Zweck von Ausgrabungen in Boğazköy gegründete «Deutsche Gesellschaft für die wissenschaftliche Erforschung Anatoliens» die Interessen und Ziele der 1898 etablierten und seit 1901 unter der Schirmherrschaft Kaiser Wilhelms II. stehenden «Deutschen Orient-Gesellschaft» gefährdet. Gleichzeitig dürfte aber auch der schwierige Charakter Belcks und die politischen Verwerfungen während der früheren Expedition ausschlaggebend gewesen sein. Man wollte die strategisch wichtigen, guten politischen, wirtschaftlichen und militärischen Beziehungen nicht dem Risiko seines unkalkulierbaren Temperaments aussetzen.

In den ersten Jahren des 20. Jahrhunderts hatten sich die Beziehungen zwischen deutschen Archäologen und den türkischen Antikenbehörden vertreten durch Osman Hamdi Bey getrübt. Ein Grund war die durch den Sultan gestattete Ausfuhr der Fassade eines frühislamischen Wüstenschlosses aus Mschatta (im heutigen Jordanien) nach Berlin, die im Zuge des Baus der Hedschas-Bahn erfolgte. Osman Hamdi Bey hatte sich gemäß der bestehenden Gesetze zum Schutze der Antiken gegen diese Verbringung ausgesprochen. Zudem machte sich ein allgemeiner Wandel des politischen Klimas negativ bemerkbar. Die Auswirkungen dieser schwierigen Konstellation auf die deutsche Archäologie werden an der zeitweiligen Unterbrechung der Arbeiten in Assur – im heutigen Irak gelegen – deutlich.

Schließlich gelang es dem Altorientalisten Hugo Winkler 1906 dennoch, eine Ausgrabung in Boğazköy zu organisieren, indem er einen ungewöhnlichen Weg beschritt. Aufgrund seiner Freundschaft mit Theodor Makridi, der am Museum in Istanbul tätig war und mit dem er bereits in Sidon (heute Libanon) zusammengearbeitet hatte, erreichte Winkler, daß die Grabungen unter der Leitung seines Freundes als Unternehmen des Museums und unter seiner Beteiligung als Keilschriftspezialist durchgeführt wurden. Dank dieser Konstellation wurde 1906 keine Lizenz an eine ausländische Gruppe vergeben. Das Interesse Hugo Winklers an Boğazköy gründete auf seiner Beschäftigung mit den Amarna-Texten und seiner Kenntnis der Ideen von Archibald Sayce. Die Finanzierung des Unternehmens erfolgte durch private Spenden des Ehepaars Frida und Georg Hahn, durch Otto Strauss sowie durch weitere Zuwendungen seitens der Vorderasiatischen Gesellschaft und des Orient-Comitees (S. Alaura). Ob Archibald Sayce und John Garstang sich bereits 1905 oder 1906 um eine Grabungsgenehmigung für Boğazköy bemühten, wie dies für 1908 und 1911 belegt ist, ist aufgrund der bekannten Quellen unklar.

Nach einer Begehung 1905, bei der erneut Tontafeln zu Tage gekommen waren, begannen systematische Grabungen im Juli 1906 (Abb. 158). Bereits wenige Wochen nach deren Beginn konnte Hugo Winkler in den Tontafelfragmenten, die im später sogenannten Haus am Hang, auf der Büyükkale – der Königsburg – und in den Magazinen östlich des Großen Tempels gefunden wurden, den Namen der Stadt Hattuscha und Teile der Korrespondenz mit den Pharaonen Ägyptens identifizieren. Während Winkler jedoch nur die akkadisch geschriebenen Texte verstand, gelang dem tschechischen Philologen Friedrich Hrozny 1915 die Entzifferung des Hethitischen und so der Nachweis der ältesten bekannten indoeuropäischen Sprache.

Die reichen Textfunde und deren überragende historische Bedeutung schlugen in der Gelehrtenwelt Berlins im Spätherbst 1906 ein wie eine Bombe. Da die Grabungen Winklers und Makridis aber technisch nicht dem Stand der Archäologie der Zeit entsprachen, entschloß man sich, diesen erfahrene Archäologen und Architekten zur Seite zu stellen. 1907 arbeiteten im Auftrag des Deutschen Archäologischen Instituts unter der Leitung von Otto Puchstein, Emil Puchstein, Heinrich Kohl, Daniel Krencker und Ludwig Curtius in Boğazköy (Abb. 2. 5a, b). Ihre Grabungen und die exakte topographische Vermessung tragen bis heute wesentlich zum Verständnis der Stadt bei. Hugo Winkler und Theodor Makridi arbeiteten nach 1907 nochmals 1911 und 1912 in Boğazköy. Wegen der Erkrankung und des frühen Todes von Hugo Winkler liegen indes über seine Arbeiten kaum Nachrichten vor.

Trotz handwerklicher Unzulänglichkeiten unterscheidet sich die Boğazköy-Expedition vor dem I. Weltkrieg wesentlich von dem damals sonst üblichen Vorgehen. Ziel der Grabungen war nicht die Beschaffung

Abb. 5 a, b: Das Löwentor (oben) und das Königstor (unten) nach den Ausgrabungen 1907

von Fundstücken für ein Museum, sondern die Klärung wissenschaftlicher Fragestellungen. Dies führte zu einer Abgrenzung gegenüber den Museen und zum Verlust der Finanzierung aus diesen Quellen. Gleich-

Abb. 6: Die Grabungen auf Büyükkale in den frühen 1950er Jahren

zeitig stellt die Zusammenarbeit Hugo Winklers mit dem Kaiserlichen Osmanischen Museum vertreten durch Theodor Makridi die erste Kooperation zwischen deutschen und türkischen Wissenschaftlern dar, die 1907 durch das Deutsche Archäologische Institut unterstützt wurde. Diese internationale und interdisziplinäre Gesamtkonstellation des auf die Klärung wissenschaftlicher Fragestellungen ausgerichteten Projekts war in dieser Zeit einzigartig und wegweisend.

Von 1913 bis 1931 ruhten die Arbeiten, bis sie von Kurt Bittel im Namen des Deutschen Archäologischen Instituts und der Deutschen Orient-Gesellschaft – finanziert durch James Simon – wieder aufgenommen wurde. Nach einer erneuten Unterbrechung während der Kriegsjahre werden die Forschungen seit 1952 in alljährlichen Kampagnen bis heute während der Sommermonate fortgeführt (Abb. 6). Die Ausgrabung der Königsburg (Büyükkale), Arbeiten in der Unterstadt und am Großen Tempel sowie die detailierte Erforschung von Yazılıkaya bildeten einige der Schwerpunkte der Arbeiten des Prähistorikers Kurt Bittel, der auch die Umgebung der hethitischen Stadt in die Forschungen einbezog. So haben die Ausgrabungen in Yarıkkaya (nördlich von Yazılıkaya) die Anfänge der Siedlungstätigkeit in der Region während des Chalkolithikums (ca. 6. bis 4. Jahrtausend v. Chr.) erhellt. Gleichzeitig haben Beobachtungen entlang einer römischen Straße, die Aufnahme von antiken und byzantinischen Inschriften (Abb. 155) sowie eine intensive Beschäftigung mit der Geschichte der Gegend in seldschukischer und osmanischer Zeit das Wissen über die Region Boğazköy auch in nach-hethitischer Zeit wesentlich vorangebracht. Im Stadtgebiet waren neben den Monumentalbauten der hethitischen Perioden auch die Frühe Bronzezeit und die Eisenzeit Ziel der Untersuchungen, so daß die Siedlungsgeschichte in ihrer gesamten Dauer erforscht und erstmals umfassend detailreich dargestellt wurde. Dabei ist besonders der Name Rudolf Naumann mit der Interpretation der hethitischen Architektur verbunden.

Die Publikation und die darauf basierende kulturgeschichtliche Erforschung der reichen Textfunde vor allem durch Hans Gustav Güterbock und den langjährigen Grabungsphilologen Heinrich Otten haben die hethitische Philologie als eigenständigen Zweig der Altorientalistik seit den 1920er Jahren etabliert. Die Einbindung von Wissenschaftlern verschiedenster naturwissenschaftlicher Fachrichtungen in die Boğazköy-Expedition unter Kurt Bittel führte in den 1950er und 1960er Jahren zur Anwendung unterschiedlicher, damals völlig neuer Methoden, die heute, viele Jahrzehnte später, zum Standardrepertoire der Archäologie gehören. Darüber hinaus ermöglichten die Grabungen in Boğazköy seit den 1950er Jahren, prähistorischen und vorderasiatischen Archäologen aus Deutschland und der Türkei eine fundierte Ausbildung in der Feldarchäologie. Sie trugen so wesentlich zur Entwicklung der archäologischen Wissenschaften in beiden Ländern bei.

Nachdem der Architekt Peter Neve bereits von 1954 bis 1977 zunächst als Student, dann seit 1963 als lokaler Grabungsleiter in Boğazköy tätig war, war er von 1978 bis 1993 verantwortlich für die Arbeiten. Die Freilegung eines Tempelviertels in der zentralen Oberstadt zählt neben dem Abschluß der Grabungen auf der Königsburg, der Untersuchung von Wohnvierteln in der Unterstadt, der Klärung der Struktur des Großen Tempels und der Erforschung der Südburg und Nişantaşı zu seinen wichtigsten Erfolgen. Neben der Tätigkeit als Ausgräber ist sein bleibendes Verdienst, die Ruine – in einer Zeit, als dies längst nicht überall geschah – durch den örtlichen Bedingungen ideal angepaßte Restaurierungs- und Rekonstruktionsmaßnahmen für den Besucher erleb- und verstehbar gemacht zu haben. In Anerkennung dieser Leistungen wurde Boğazköy/Hattuscha 1986 in die UNESCO-Liste des Weltkulturerbes aufgenommen. Seit 2001 werden zudem die Archive von Boğazköy, die in einer einmaligen Geschlossenheit die älteste bekannte indoeuropäische Sprache dokumentieren, als die bisher einzigen des Alten Orients in der UNESCO-Liste des Menschheitsgedächtnisses geführt.

Von 1994 bis 2005 führte der Prähistoriker Jürgen Seeher die Arbeiten fort. Er konzentrierte sich zunächst auf Büyükkaya, wo er unter anderem Siloanlagen zur unterirdischen Einlagerung von Getreide freilegen konnte. Gleichzeitig gelang ihm dort dank seiner genauen, stratigraphisch orientierten Grabungsweise der Nachweis, daß nach dem Ende der hethitischen Besiedlung unmittelbar eine Nutzung in der Eisenzeit einsetzte, die in Boğazköy ohne Unterbrechung bis in das 6. Jahrhundert v. Chr. reichte. Die bis dato gültige Lehrmeinung, Boğazköy und Zentralanatolien seien 400 Jahre nicht besiedelt gewesen, war damit widerlegt. Auf dem Nordwesthang unterhalb der Büyükkale legte Seeher einen weiteren Getreidespeicher aus dem frühen 16. Jahrhundert v. Chr. und in der südwestlichen Oberstadt mehrere künstliche Wasserreservoire des 16. und 15. Jahrhunderts v. Chr. frei. Diese Befunde erlaubten Einblicke in die kommunale Versorgung der Stadt und die wirtschaftlichen Verteilungsmechanismen. Mit den Grabungen im Tal vor Sarıkale hat er die Erforschung eines unbekannten Stadtbereichs in der westlichen Oberstadt eingeleitet, die einen lebensnahen Einblick in die Dynamik der Stadtentwicklung ermöglicht. Die Verknüpfung stratigraphischer Befunde mit den Ergebnissen modernster naturwissenschaftlicher Datierungsanalytik ist methodologisch wegweisend und hat wesentliche Fortschritte in der Datierung der strukturellen Entwicklung der Stadt ermöglicht.

Neben seinem Wirken als Ausgräber ist Jürgen Seeher in archäologischen Feldversuchen Fragen der hethitischen Bautechnik nachgegangen. Sein in dieser Hinsicht größtes Projekt, die Rekonstruktion eines 68 Meter langen Abschnitts der hethitischen Stadtmauer in der Unterstadt, hat Hattuscha ein neues Wahrzeichen gegeben und vermittelt einen realitätsnahen Eindruck von dem für die Errichtung und den Erhalt eines solchen Bauwerks notwendigen Aufwand (Abb. 8. 28).

In der nun seit mehr als 100 Jahren andauernden Erforschung der hethitischen Hauptstadt spiegelt sich die Entwicklung der Archäologie zu einer modernen interdisziplinären Wissenschaft an der Schnittstelle verschiedener Geistes- und Naturwissenschaften. Die einzigartige Kontinuität der Arbeiten, die durch die Trägerschaft des DAI gewährleistet wird, führt zu einer ungekannten Akkumulation von Erkenntnissen, die durch die fortschreitenden Grabungsergebnisse im Lichte der neuesten Forschungsansätze stets evaluiert, teilweise revidiert und weiterentwickelt werden.

Bis in die 1990er Jahre waren die Forschungen in Hattuscha, abgesehen von Ausgrabungen in Alaca Höyük und Maşat Höyük, die wichtigste Quelle für Informationen über die Kulturgeschichte der Hethiter. Die in vielen Zusammenhängen in Folge der Fokussierung auf die Hauptstadt einseitige Sichtweise wird seither durch neue Projekte in Alaca Höyük, Ortaköy/Schapinuwa, Kayalıpınar und vor allem Kuşaklı/Sarissa nicht nur ergänzt, sondern bisweilen auch wesentlich modifiziert. Dennoch erlaubt vor allem die durch die lange Forschungsdauer in Boğazköy geschaffene breite und historisch tiefe Materialbasis die Annäherung an komplexe Fragestellungen der modernen Kulturwissenschaften.

III
EIN LEBEN AUF DES MESSERS SCHNEIDE: DIE NATURRÄUMLICHEN BEDINGUNGEN ZENTRALANATOLIENS

Nähert man sich heute Boğazköy – meist von Ankara kommend – durch das breite, leicht gewellte Tal des Budaközü von Norden, so gewinnt man besonders im Frühsommer den Eindruck einer fruchtbaren Landschaft (Abb. 7. 53. 82). Dieses Bild ist trügerisch, denn die Region um die hethitische Hauptstadt ist wie ganz Zentralanatolien im Hinblick auf ihr landwirtschaftliches Potential in keiner Weise mit Syrien, Mesopotamien oder dem Niltal vergleichbar.

Abb. 7: Blick von Hattuscha über das Budaközü Tal, im Bildvordergrund liegt Kızlarkayası, auf der rechten Bildseite Kesikkaya und die rekonstruierte Mauer

Abb. 8: Die in der Unterstadt von Hattuscha auf einer Länge von 68 m rekonstruierte Stadtmauer im Winter 2008

Eingefaßt von den Bergketten des Taurus im Süden und des Pontus im Norden ist das Plateau Zentralanatoliens eine der niederschlagsärmsten Regionen der Türkei. Die durchschnittliche Niederschlagsmenge pro Jahr variiert zwischen etwa 300 Millimetern südwestlich des großen Salzsees und bis zu 550/600 Millimetern im Norden und Osten Inneranatoliens. In Verbindung mit einer Höhe von durchschnittlich 900 bis 1200 Meter über dem Meeresspiegel sorgt dies für ein kontinentales Klima mit trockenen, heißen Sommern und kalten Wintern (Abb. 8). Das Land ist infolgedessen karg und es ermöglicht lediglich eine Ernte im Jahr. Die Niederschläge fallen in der Regel im Herbst und im Frühjahr, sie können aber um bis zu ± 50% im langfristigen Jahresvergleich schwanken, so daß bereits wenige Jahre einer unterdurchschnittlichen Versorgung oder auch nur Schwankungen in der jahreszeitlichen Verteilung erhebliche, negative Auswirkungen auf Ernteerträge haben können. Entsprechende kurzfristige oder regionale Schwankungen der Niederschläge in der Antike sind mit den verfügbaren Analysemethoden zwar nicht nachweisbar, jedoch kann man vor dem Hintergrund der Untersuchungen zur Klimageschichte diese rezenten Beobachtungen als allgemeine Anhaltspunkte auch für die hethitische Zeit gelten lassen, um eine Vorstellung von der Unsicherheit der Erträge zu bekommen.

Darüber hinaus bieten das Wasserangebot und die Geländestruktur kaum die Möglichkeit großflächiger Bewässerung, so daß die Produktivität der Böden in vormoderner Zeit nicht beliebig zu steigern war. In Zentralanatolien steht deshalb im Gegensatz zu Mesopotamien oder dem Niltal nicht die Überproduktion, sondern die Selbstversorgung durch den Anbau von Getreide im Mittelpunkt der Landwirtschaft. Eine Steigerung der Produktion ist nur durch die Ausdehnung der bewirtschafteten Flächen zu erreichen, was aber zugleich einen Anstieg der Arbeitsleistung und damit der Bevölkerung voraussetzt. Auf dieser Grundlage sind dem landwirtschaftlichen Potential enge natürliche Grenzen gesetzt, die mit vorindustriellen Mitteln nur bedingt überwunden werden konnten.

Ein Ausgleich von Ernteausfällen, indem mit Wagen aus anderen Regionen Nahrungsmittel herangeführt wurden, war angesichts der unwegsamen Topographie unmöglich. Handelsgüter waren deshalb, soweit wir das für die vorindustriellen Gesellschaften Zentralanatoliens nachvollziehen können, immer wertvolle Gegenstände und Rohstoffe, die klein und leicht genug für den Transport mit Maultieren, Eseln, Pferden und – spätestens seit dem Mittelalter – auch mit Kamelen waren und gleichzeitig großen Gewinn versprachen.

Die Umweltbedingungen zur Zeit der Hethiter rekonstruieren zu wollen ist problematisch. Die durch Pollenanalysen und geologische Beobachtungen gewonnenen Daten lassen darauf schließen, daß sich die klimatischen Grundbedingungen und die Großwetterlagen seit dem Ende der letzten Eiszeit vor etwa 12 000 Jahren kaum verändert haben. Während das Klima in der Bronzezeit dem heutigen wohl grundsätzlich ähnlich war, hat die intensive Nutzung der Landschaft durch den Menschen – insbesondere im Zusammenhang der jahrtausendelangen Herstellung von Keramik und Metallprodukten – zu einem massiven quantitativen und qualitativen Rückgang der Wälder geführt. Diese im Laufe der Jahrhunderte zyklisch zunehmende Verschlechterung der Vegetation ist darauf zurückzuführen, daß sich die Wälder in dem trockenen Klima auch trotz längerer Schonphasen langsamer erholten, als sie abgeholzt wurden. Daß es jedoch im Umland von Boğazköy zu verschiedenen Zeiten ausgedehnte Wälder gegeben haben muß, ist nicht nur an der intensiven Nutzung von Holz als Baumaterial, sondern auch an Pollendiagrammen erkennbar, dic durch Bohrungen in einem See in der Nähe der Stadt gewonnen wurden. Auch berichten hethitische Texte von großen Waldstücken, die wie Ackerland durch sogenannte Landschenkungsurkunden vom König an ausgewählte Personen vergeben wurden. Ein von Peter Neve in den frühen 1980er Jahren eingezäuntes und so vor dem Verbiß der Ziegen geschütztes Waldstück südlich von Yerkapı vermittelt eine Vorstellung von den einst vorhandenen winterharten Laubwäldern.

Nach außen ist das anatolische Hochland durch die Gebirgsketten des Taurus und des Pontus abgeschirmt; nach innen gliedern zahlreiche mittelhohe Gebirge das Land (Abb. 9), so daß zahllose kleine, in sich geschlossene Siedlungsräume entstehen – einer davon ist das Tal des Budaközü. Die topographische und klimatische Heterogenität bietet dem Menschen unterschiedlichste Nischen und kleinteilige Lebensräume, in denen allenthalben einfache Landwirtschaft möglich ist, die den Bauern ein bescheidenes Auskommen sichert. Diese Geländestruktur verhindert aber auch das Entstehen weitreichender Austauschsysteme für Massengüter, so daß die geographische und ökologische Vielfalt in fast allen Epochen eine topographisch bedingte, kleinräumige kulturelle Gliederung Anatoliens hervorbrachte.

Diese geographischen Voraussetzungen Zentralanatoliens hatten für die Landnutzung ebenso wie für die kulturelle und soziale Entwicklung weitreichende Konsequenzen. Im Gegensatz zu Mesopotamien, wo sich parallel zum Bau, zum Erhalt und zur Bewirtschaftung der Bewässerungssysteme eine sehr früh straff hierarchisch organisierte, gut kontrollierbare und örtlich gebundene Gesellschaft entwickelte, prägen Zentralanatolien bis heute kleinbäuerliche, auf Regenfeldbau ausgerichtete Wirtschaftsweisen. Diese haben sich über die Jahrtausende hinweg kaum verändert. Ein hethitischer Text, der den Haushalt des Tiwatapara beschreibt (H. Klengel), zeigt, daß das Land ähnlich wie in byzantinischer und osmanischer Zeit im wesentlichen von Kleinfamilien bestellt wurde, die über eine Ackerfläche in der Größe verfügten, die man mit einem Ochsengespann pflügen konnte. Der Wirtschaftlichkeit und dem Ertrag setzte nicht das Land oder die Dichte der Besiedlung Grenzen, sondern vor allem die Zahl der zur Verfügung stehenden Arbeitskräfte, so daß die Hethiter nach Möglichkeit Deportierte – sogenannte NAM.RA – den Bauern zuteilten. Denn nur durch deren Arbeitsleistung war es möglich, die Anbauflächen zu vergrößern und damit die Erträge zu steigern.

Abb. 9: Die Landschaft in der Region um Boğazköy; Gebirge unterteilen Zentralanatolien und behindern in der Bronzezeit das Fortkommen für Wagen erheblich.

Da die klimatischen Voraussetzungen in allen Bereichen Zentralanatoliens gleichermaßen Landwirtschaft erlauben und freies Land bis ins 19. Jahrhundert ausreichend vorhanden war, war die Bindung der Kleinfamilien an die Scholle gering. Dies hatte zur Folge, daß in den vorindustriellen Epochen die staatliche Kontrolle über das Individuum generell wesentlich schwächer war als in Mesopotamien oder dem Niltal, da man sich dem obrigkeitlichem Zugriff in Anatolien durch Ortswechsel entziehen konnte, ohne damit seine Lebensgrundlage zu verlieren. Beispiele entsprechender Entwicklungen sind für die osmanische Zeit gut belegt. Überträgt man diese Erfahrungen auf die Bronzezeit, so wird deutlich, daß der Herrschaft eines bronzezeitlichen Staates eigentlich enge topographische Grenzen gesetzt waren. Diese mit den damaligen Mitteln zu überwinden ist angesichts der Schwierigkeiten der Kommunikation über größere Entfernungen hinweg insbesondere in den langen Wintern nahezu unmöglich.

Die in der Geschichte Zentralanatoliens einzigartige kulturelle Leistung der Hethiter besteht nun gerade darin, ein Gesellschaftssystem entwickelt zu haben, das die ungünstigen natürlichen Faktoren austarierte, teilweise sogar überwand und über fast 450 Jahre relativ stabil blieb. Erreicht wurde dies durch ein straff organisiertes, jedoch dezentral auf die jeweiligen Provinzzentren ausgerichtetes Abgaben- und Verteilungssystem, das von den regionalen politischen Einheiten kontrolliert wurde. Die Überschüsse der Getreideernten wurden in Speichern gesammelt, die in den meisten hethitischen Siedlungen ausgegraben wurden. Während Abgaben und Steuern in Form von Naturalien oder Metallen in den Tempeln und wohl auch im Palast gesammelt und von dort im modernen Sinne als Bezahlung von Leistungen weiterverteilt wurden, diente das Korn in den zentralen Getreidegroßspeichern als langfristige Rücklage und somit zur Absicherung des angesichts der unkalkulierbaren klimatischen Bedingungen instabilen Wirtschaftskreislaufs.

Die in hethitischen Städten ebenfalls häufig nachgewiesenen hydrotechnischen Großbauten verdeutlichen die Anstrengungen, als zweite Stütze des Systems die Kontrolle über das Wasser zu erlangen, um es für kleinräumige Bewässerung und für die Versorgung während der Trokkenmonate im Sommer zu nutzen.

Die Versorgungsbauten, die großen Tempelmagazine und die mit ihnen seit dem 16. Jahrhundert v. Chr. verbundenen sozialen Veränderungen waren grundlegende Neuerungen in der anatolischen Kulturgeschichte. Durch die Kontrolle über die Lebensgrundlagen – Land, Getreide und Wasser – gelang es den Hethitern, die in Zentralanatolien eigentlich traditionell schwache Bindung des einzelnen an seinen Grund und Boden bis zu einem gewissen Grad zu überwinden. In den Städten trat an die Stelle der Selbstversorgung durch eigene Landwirtschaft eine individuelle Abhängigkeit einzelner Berufsgruppen – z. B. von Priestern, Höflingen, Militärs – vom Staat, indem dieser bestimmte Tätigkeiten entlohnte. Dies hatte nicht nur eine enge Bindung beispielsweise der Beamten an den Staat zur Folge, sondern führte neben der deutlichen Vertiefung der sozialen, technischen und beruflichen Differenzierungen und sozialen Hierarchisierung der Gesellschaft zur Bildung einer eigenen Identität und Mentalität in den gesellschaftlichen Gruppen, die von diesem System besonders profitierten.

Die Erfolge der hethitischen Umgestaltung der Kulturlandschaft Zentralanatoliens seit dem 16. Jahrhundert v. Chr. spiegeln sich eindrucksvoll in der hethitischen Urbanisierung des Landes, die in der Entwicklung von Hattuscha – einer der größten Städte der Spätbronzezeit im Vorderen Orient – ihren Höhepunkt erreichte. Die im archäologischen Befund Zentralanatoliens in der hethitischen Großreichszeit wahrnehmbare Homogenität der materiellen Kultur (Stadtplanung, Architektur, Keramik, Waffen und Geräte, aber auch Schrift, Siegel und Kunst) läßt auf intensive staatliche Kontrolle und die Integration der einzelnen Gebiete in ein übergeordnetes soziokulturelles System schließen.

Ein zweiter wichtiger Faktor für die Errichtung und den Erhalt des Reichs war der Ausgriff auf Gebiete südlich des Taurus. Da die dortigen landwirtschaftlichen Ressourcen aufgrund der mangelhaften Wegeverhältnisse nicht nach Zentralanatolien transportiert werden konnten, schöpften die hethitischen Herrscher Teile des Überschusses in Form von Metallen und hochwertigen Fertigprodukten ab, um so die naturräumlichen Mängel Zentralanatoliens teilweise auszugleichen. Der enorme Einfluß dieser Region auf zentrale Aspekte der hethitischen Lebensweise ist nicht nur im wirtschaftlichen, sondern vor allem auch im kulturellen und religiösen Bereich spürbar. Die wirtschaftliche Stabilität und Bedeutung der südlichen Reichsteile zeigt sich besonders darin, daß nach dem Zusammenbruch des Reichs die zentralanatolischen Gebiete in vorhethitische Strukturen zurückfielen, während im Süden aus den einstigen Provinzen prosperierende Staaten (zum Beispiel Karkemiš oder Halab/Aleppo) hervorgingen.

Die trotz eines hohen gesellschaftlichen Organisationsgrades latente Instabilität des hethitischen Gesellschafts- und Wirtschaftssystems war die Folge der naturbedingten Unwägbarkeiten in Zentralanatolien. Sie waren mit den Mitteln der Hethiter letztlich nicht zu kontrollieren. Die unvorhersehbaren Schwankungen der Niederschläge und der Temperatur in Verbindung mit dem Ausfall eines oder mehrerer Faktoren des sozialen und politischen Systems führten letztlich zum Zusammenbruch des hethitischen Großreichs. Dabei spielten auch negative klimatische Veränderungen eine gewisse Rolle, von denen für das späte 2. Jahrtausends v. Chr. hethitische Texte künden und die auch aufgrund langfristiger klimatischer Modellrechnungen angenommen werden können; doch sind sie mit den gegenwärtig verfügbaren archäologischen und naturwissenschaftlichen Methoden nur unzureichend nachweisbar. Darüber hinaus stehen wir in unserem Bemühen, die teilweise tiefgreifenden Veränderungen der fragilen Landschaft nachzuvollziehen, noch am Anfang der Forschungen. Sicher waren jedoch die klimatischen Veränderungen keinesfalls so stark, daß sie als alleinige Ursache des Untergangs des hethitischen Staats gelten können. Vielmehr erscheinen sie als Teil eines komplizierten Geflechts von Gründen (siehe ab Seite 109).

IV
VOM DORF ZUR STADT: VORGESCHICHTE EINER HOCHKULTUR

Wann die ersten Menschen in der Region um Boğazköy erschienen sind, wissen wir nicht. Daß Gruppen von Jägern und Sammlern bis in die Eiszeit Zentralanatolien durchstreiften, ist jedoch durch Funde im weiteren Umfeld von Ankara belegt. Einige wenige, zufällig im weiteren Umland von Boğazköy gefundene Steinwerkzeuge deuten deren Präsenz auch in dieser Gegend an. Eine zeitliche oder kulturelle Einordnung ist anhand des spärlichen Materials aber nicht möglich. Die mit dem Ende der letzten Eiszeit zwischen etwa 10 000 und 9500 v. Chr. einsetzende Erwärmung führte im Vorderen Orient zu einer sich von Süden nach Norden und von Osten nach Westen ausdehnenden Verbesserung der Lebensbedingungen – zunächst in der heutigen Südost-Türkei und etwa 1000 bis 1500 Jahre später auch im südlichen Zentralanatolien.

Die weite Talsenke, durch die der Budaközü mäandriert und an deren südlichem Ende die spätere hethitische Hauptstadt Hattuscha eingebettet zwischen zahlreichen Felskegeln liegt (Abb. 53), ist heute durch die jahrtausendelange menschliche Nutzung geprägt. Wie diese Landschaft aussah, als sich der Mensch hier einen neuen Lebensraum erschloß, können wir anhand der zur Verfügung stehenden Daten nur ungenau rekonstruieren. Soweit wir wissen, führte das seit dem Ende der Eiszeit zunehmend feuchtere und wärmere Klima zu einer regional unterschiedlichen Ausdehnung der Wälder auch im Bereich der pontischen Gebirge entlang des Schwarzen Meeres und in der Region um Boğazköy.

Das dort durch einen feuchten Wald eher europäischen Charakters und häufig versumpfte Ebenen geprägte ökologische Umfeld unterscheidet sich grundlegend vom Süden Zentralanatoliens, wo ein trockener Wald mit zahlreichen Lichtungen und Steppenelementen einen vielseitigen Lebensraum bot. Dieses Ökosystem gewährte dem prähistorischen

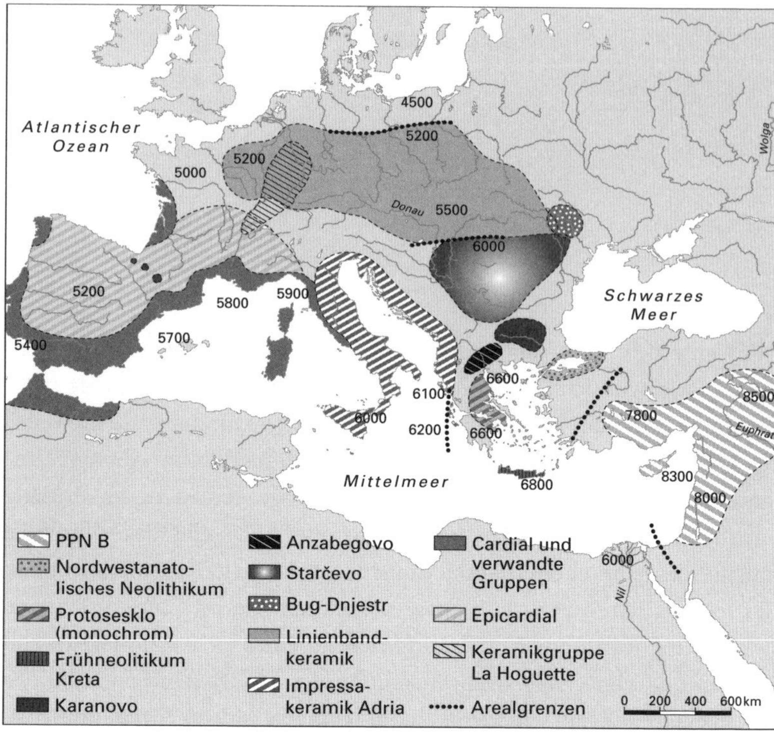

Abb. 10: Die Ausbreitung der neolithischen Lebensweise von Vorderasien nach Europa im Laufe des 9. bis 5. Jahrtausends v. Chr.

Menschen ideale Voraussetzungen, um im 9. Jahrtausend v. Chr. zunächst als Jäger und Sammler (so in Aşıklı Höyük, Can Hasan) und wenig später im 9. und vor allem 8. Jahrtausend v. Chr. als Ackerbauer und Viehzüchter (etwa in Çatal Höyük) ein Auskommen zu finden. Die im Süden Zentralanatoliens lange stabilen und nahezu idealen Bedingungen führten dazu, daß sich in den offenen Steppen seit etwa 7800/7500 v. Chr. die ersten produzierenden Kulturen des zentralanatolischen Neolithikums (der Jungsteinzeit) entwickelten. Die neuen Lebensweisen breiteten sich im 7. und 6. Jahrtausend v. Chr. über Orte wie Hacılar, Kuruçay oder Höyücek nach Westen und über die Flußtäler bis in die Ägäis – z. B. nach Ulucak oder Ege Gübre – aus, um in der Folgezeit von Westanatolien aus Griechenland und Südosteuropa zu erreichen (Abb. 10). Es sind somit die Kulturen des südlichen Zentralanatoliens, die die Grundlagen für die Expansion der bäuerlichen, produzierenden Lebensweise nach Europa darstellen.

Das Chalkolithikum: Erste Weiler im 6. bis 4. Jahrtausend v. Chr.

Im Gegensatz zu zahlreichen Fundorten im Süden des Hochlandes war die Region nördlich einer gedachten Linie von Eskişehir über Ankara, Kırşehir bis Kayseri und Sivas wahrscheinlich nicht in das System der neolithischen Kulturen integriert (Abb. 10). Nördlich dieser imaginären Grenze wurden bislang keine Funde aus dieser Zeit trotz verschiedener Oberflächenbegehungen in den Regionen Kastamonu, Çankırı, Çorum, Amasya oder Tokat gemacht. Angesichts der Abhängigkeit des Menschen von seinem ökologischen Umfeld war der beschriebene Unterschied in den naturräumlichen Voraussetzungen zwischen dem Süden und dem Norden des anatolischen Hochlands wahrscheinlich der Grund dafür, daß sich die südlichen neolithischen Kulturen nicht über die Nordgrenze der offenen Steppengebiete hinaus ausdehnten. Den prähistorischen Menschen fehlten die technischen Mittel und wirtschaftlichen Strategien, um den undurchdringlichen Wäldern des Pontus Herr zu werden.

Die dichten und feuchten Wälder verhinderten großflächige Rodungen – als Voraussetzung für Landwirtschaft – ebenso wie sie die Jagd mit den damaligen Techniken erschwerten. Gleichzeitig waren viele der Ebenen wahrscheinlich versumpft, und die Region bot kaum Rohstoffe, die man mit den Bewohnern der südlichen Bereiche Zentralanatoliens hätte tauschen können. Es bedurfte daher der Entwicklung neuer wirtschaftlicher und technischer Strategien, um in diesem Umfeld zu bestehen. Ausgrabungen der Boğazköy-Expedition in Yarıkkaya (1966 bis 1968), auf Büyükkaya (1994 bis 1998) und 2007 bis 2009 unter Leitung des Prähistorikers U. Schoop in Çamlıbel Tarlası – etwa zwei Kilometer westlich von Boğazköy – ermöglichen Einblicke in diese frühen Entwicklungsphase seßhafter und produzierender Lebensweisen (Abb. 11), die eine bisher unbekannte Spielart der frühen Seßhaftwerdung des Menschen im nördlichen Anatolien erkennen lassen.

Abb. 11: Die ersten Siedlungen des 6. bis 4. Jahrtausends v. Chr. im Umland von Boğazköy

Wenn auch die genauen chronologischen Verhältnisse zwischen den einzelnen Siedlungsplätzen noch nicht abschließend geklärt sind, wird durch neue naturwissenschaftliche Datierungen deutlich, daß man eventuell seit dem 6. Jahrtausend v. Chr. auf Büyükkaya (?) (Abb. 83), sicher aber im Laufe des 5. Jahrtausends v. Chr. – in Büyük Güllücek, etwa 35 km nordöstlich von Boğazköy – und vor allem im 4. Jahrtausends v. Chr. im

Umfeld von Boğazköy – auf dem Plateau von Yarıkkaya und in Çamlıbel Tarlası – mit dauerhaften, produzierenden Siedlungen rechnen kann (Abb. 11). Vergleichbare Keramikfunde in den Nachbarregionen zeigen, daß das Budaközü-Tal keine Ausnahme darstellt, sondern daß sich in dieser Gegend nach allem, was wir wissen, die Inbesitznahme einer ungenutzten Region durch den Menschen geradezu exemplarisch nachvollziehen läßt. Unklar ist zurzeit noch, woher die ersten Siedler kamen. Da sich ihre Wirtschaftsweise aufgrund des ökologischen Umfeldes grundlegend von der des südlichen Steppengürtels Anatoliens unterschieden haben muß und auch angesichts mancher allgemeiner Ähnlichkeiten in der materiellen Kultur, scheint es meiner Meinung nach nicht gänzlich ausgeschlossen, daß die Pontusregionen Anatoliens über das Schwarze Meer von Menschen aus Südosteuropa besiedelt wurde, die an ein vergleichbares Umfeld bereits angepaßt waren.

Im südlichen Zentralanatolien, aber auch in der West- oder Südosttürkei bestimmen die sogenannten Höyüks das Bild der prähistorischen Landschaft. Diese auf den ersten Blick wie natürliche Hügel erscheinenden und für weite Teile des Vorderen Orients typischen Landschaftsformen entstehen dadurch, daß sich die Lage der Siedlung über hunderte, manchmal tausende Jahre nicht veränderte und sich dort immer neue Bebauungsschichten über den älteren ablagerten. Nach der Zerstörung erhält die zerfallende Siedlung eine gerundete, einem natürlichen Hügel ähnliche Form, da als Baumaterial vornehmlich luftgetrocknete Lehmziegel verwendet wurden, die sich durch die Witterungseinflüsse auflösten.

Im Gegensatz zu dieser Form waren die prähistorischen Siedlungen im Umkreis von Boğazköy kurzlebiger. Das Fehlen der markanten Höyüks belegt einen häufigen Wechsel der Siedlungsplätze, die uns als flache, kaum wahrnehmbare Siedlungsflächen erhalten sind (Abb. 12. 13). Diese Form ist darauf zurückzuführen, daß das Umfeld der prähistorischen Siedlungen durch intensive Nutzung in kurzer Zeit so überstrapaziert und ausgelaugt wurde, daß sich die Gemeinschaft gezwungen sah, einen neuen Platz zu wählen. Diese stetige Verlagerung führte dazu, daß wir heute im südlichen Budaközü-Tal mehrere prähistorische Siedlungen finden, die im Chalkolithikum vermeintlich gleichzeitig bestanden (Abb. 11).

Während Yarıkkaya und Çamlıbel Tarlası großflächig untersucht wurden, konnten auf Büyükkaya nur kleine Flächen erforscht werden.

Abb. 12: Die Siedlung von Yarıkkaya liegt auf einem Plateau über der Ebene – etwa in der Bildmitte, rechts des Felsmassivs

Dennoch sind Gemeinsamkeiten erkennbar: Es handelt sich um kleine Siedlungen, die aus einer Ansammlung von wenigen, rechteckigen Einraumhäusern bestanden. Sie lagen nicht in den Ebenen, sondern befanden sich in mittleren Höhenlagen, bisweilen auch auf felsigen Plateaus, meist versteckt in Seitentälern, doch stets im Einzugsbereich ganzjährig wasserführender Bäche (Abb. 12. 13). Den Bewohnern war es so möglich, sowohl die Ebenen als auch die höheren Lagen der Mittelgebirge zu erreichen und wirtschaftlich auszubeuten.

Diese Wahl des Siedlungsplatzes ermöglichte es den Siedlern, die Ökosysteme der Ebenen wie auch der Hochlagen zu erreichen und auszubeuten. Neben einer auf kleine Flächen begrenzten Landwirtschaft spielte die Tierhaltung eine wichtige Rolle für das Überleben. Da jedoch die dichte Bewaldung die Haltung großer Schaf- oder Rinderherden in

Abb. 13: Die Siedlung von Çamlıbel Tarlası liegt auf einer Terrasse rechts im Bildvordergrund. Im Hintergrund ist Yerkapı, der höchste Punkt der hethitischen Stadt, erkennbar.

Ermangelung ausreichender Weideflächen behinderte, war weniger die Fleischgewinnung Ziel der Viehwirtschaft als vielmehr die Erzeugung von Milch und Milchprodukten, Wolle und die Nutzung der durch die Kraft der Tiere gewonnenen Transportmöglichkeiten. Dies führte zur Entwicklung neuer, vielseitiger wirtschaftlicher Strategien, die erst die Aufsiedlung dieser weniger begünstigten Region mit ihren zahlreichen ökologischen Nischen ermöglichten. Archäologisch lassen sich diese Entwicklungen anhand der Tierknochen, botanischer Großreste und spezialisierter Keramikformen ablesen – darunter zum Beispiel solche, die, wie U. Schoop nachgewiesen hat, bei der Herstellung von Milchprodukten zum Einsatz kommen.

Neben der Ausbeutung der natürlichen Ressourcen durch Ackerbau und Viehzucht spielte nach den jüngsten Funden in Çamlıbel Tarlası – einer typischen Siedlung dieser Zeit, die aus mehreren Einraumhäusern besteht (Abb. 14) – die Nutzung von Bodenschätzen eine wesentlich größere Rolle, als wir bisher vermutet haben. U. Schoop konnte zahlreiche primitive, aber

Abb. 14: Luftbild eines Hauses in der Siedlung Çamlıbel Tarlası (Norden ist links)

effiziente Schmelzvorrichtungen nachweisen, die in Verbindung mit kleinräumigen Metallvorkommen (Kupferverbindungen) die Bedeutung dieser Form der Rohstoffnutzung für die Siedlungsentwicklung belegen.

Die Keramik der etwa gleichzeitig existierenden Siedlungen im Raum Boğazköy unterscheidet sich von jener des südlich in der Steppe gelegenen Alişar Höyük. Diese Gegensätze sind ein Zeichen für eine heterogene und regional organisierte Kultur, die sich aus der kleinräumigen topographischen Struktur erklärt. Gleichzeitig ist an einzelnen Fundstücken aus Çamlıbel Tarlası aber auch zu erkennen, daß die Siedlungen in der Region um Boğazköy in Austauschsysteme eingebunden waren, die bis in die Marmara-Region im Westen, zum Schwarzen Meer im Norden oder in das südliche Zentralanatolien reichten.

Die Frühbronzezeit: Dörfer und frühe Städte im 3. Jahrtausend v. Chr.

Noch ist es anhand der verfügbaren Befunde nicht möglich, die kulturelle Entwicklung der Siedlungskammer von Boğazköy lückenlos zu rekonstruieren. Der stetige Wechsel der nur relativ kurze Zeit genutzten Siedlungsplätze dauerte wahrscheinlich im späten 4. und 3. Jahrtausend v. Chr. an. Zumindest fehlen Höyük-Siedlungen im Tal des Budaközü auch während der frühen Bronzezeit, so daß die Lücke zwischen den Befunden auf dem Südhang von Yarıkkaya (spätes 4. bis frühes 3. Jahrtausend v. Chr.) und der Bebauung der 2. Hälfte des 3. Jahrtausends v. Chr. auf dem Nordwesthang in Boğazköy im Moment nicht geschlossen werden kann.

Bis heute bilden die Ausgrabungen des Oriental Instituts der Universität Chicago in Alişar Höyük (1927 bis 1932, unter der Leitung von H. Schmidt und H. H. von der Osten) das Gerüst für die Beurteilung der kulturellen Entwicklung im östlichen Zentralanatolien während des 3. Jahrtauends v. Chr. Trotz vieler ungeklärter Fragen vermittelt die dortige Schichtenabfolge, ergänzt durch Ausgrabungen unter anderem in Alaca Höyük, Eskiyapar, Ahlatlıbel, Etiyokuşu und Koçumbeli, einen Eindruck von der Entwicklung während des 3. Jahrtausends v. Chr. In dieser Zeit verändern sich die kleinen Weiler und Dörfer, die anhand der ausgegrabenen Bauten kaum Unterschiede zwischen bestimmten Funktionsbereichen und sozialen Schichten in der Siedlung erkennen lassen. Mit der Zeit entstehen Gemeinwesen, an deren Siedlungsstruktur und Bebauung funktionale Unterschiede innerhalb des Ortes erkennbar werden. Diese sind Ausdruck sich verstärkender und in der Folge auch in monumentale Architektur umgesetzter sozialer Unterschiede. Spätestens nachdem in der 2. Hälfte des 3. Jahrtausends v. Chr. eine Unterteilung der Siedlung von Alişar Höyük in eine durch eine Befestigung geschützte Unterstadt und eine abgetrennte Oberstadt vollzogen wurde, können wir entsprechende Siedlungen als Frühform einer Stadt bezeichnen.

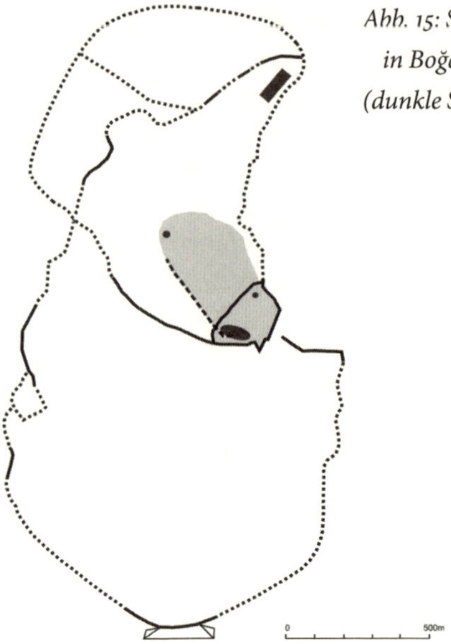

Abb. 15: Schematischer Gesamtplan der Siedlung in Boğazköy im späten 3. Jahrtausend v. Chr. (dunkle Stellen durch Grabungen nachgewiesen)

Eine entsprechende innere Struktur der Siedlungen äußert sich an vielen Fundplätzen in Anatolien auch darin, daß herrschaftliche Bauten oder Gebäude, die kultischen Zwecken dienten, entstanden. Die Siedlungen Zentralanatoliens (etwa Küllüoba, Kültepe, Alişar Höyük, Boğazköy, Alaca Höyük [?]) sind dabei im 3. Jahrtausend v. Chr. jedoch deutlich kleiner als die gleichzeitig existierenden in Syrien. Trotzdem weisen vor allem die Fundplätze in der Ost- und Südosttürkei enge bauliche und organisatorische Parallelen zu Fundorten in den Ebenen Nordsyriens auf. Anhand dieser Ähnlichkeiten wird deutlich, wie durch überregionale Kontakte auch Ideen von gesellschaftlichen Organisationsformen vermittelt wurden.

Wie sind nun die Befunde in Boğazköy in diese kulturgeschichtlichen Abläufe einzuordnen? Obwohl bei den Ausgrabungen die Erforschung der hethitischen Hauptstadt Hattuscha im Vordergrund steht, vermitteln die an den verschiedensten Stellen des Stadtgebiets gefundenen Reste der Epochen, die der hethitischen Periode unmittelbar vorausgingen, einen Eindruck von der Entwicklung der ersten Siedlung bis zur Entstehung einer Großstadt (Abb. 15. 18. 24. 30).

Problematisch ist, daß kaum naturwissenschaftliche Datierungen der verstreuten Befunde vorliegen, da die meisten Grabungen vor Einführung dieser Möglichkeiten durchgeführt wurden. Eine allgemeine Gleichzeitigkeit der weit auseinanderliegenden Siedlungsbereiche kann man nur anhand der Keramik rekonstruieren, was freilich Unsicherheiten mit sich bringt. Da aber die Reste dieser Zeit überall auf dem gewachsenen Boden liegen (Abb. 15), handelt es sich bei dieser Siedlung mit großer Wahrscheinlichkeit um eine Neugründung aus den letzten Jahrhunderten des 3. Jahrtausends v. Chr.

In dem topographisch stark zergliederten Gebiet der späteren hethitischen Hauptstadt wurden Reste der Siedlung der Frühbronzezeit vor allem im Bereich der hethitischen Altstadt und auf dem gegenüberliegenden Felsen von Büyükkaya gefunden (Abb. 15). Dieser Umstand belegt, daß die hethitische Siedlung in einer Traditionslinie mit der ersten Gründung im ausgehenden 3. Jahrtausend v. Chr. zu sehen ist (Abb. 18. 24). Dabei lassen sich in verschiedenen Bereichen unterschiedliche Funktionen der Bauwerke ablesen: in der Unterstadt weist ein Töpfereibetrieb auf handwerkliche Tätigkeiten hin, während auf dem Nordwesthang Reste kleinerer Häuser gefunden wurden. Unter den Ruinen der späteren hethitischen Palastanlage, auf dem die gesamte Stadt überblickenden Plateau der Büyükkale, fanden sich hingegen Reste zweier größerer Gebäude mit jeweils mindestens 8 Räumen. Das besser erhaltene weist einen unregelmäßigen Grundriß auf, der zeigt, daß das Bauwerk auf umliegende Strukturen Rücksicht nehmen mußte und somit in eine dichte Siedlungsstruktur eingebunden war (Abb. 16). Der Plan ist in einer Weise dreigeteilt, daß je ein Teil des Gebäudes auf einer eigenen Höhenstufe des nach Süden abfallenden Geländes liegt. Dies sind Merkmale, die bei Wohnbauten und monumentalen Anlagen bis in hethitische Zeit zu beobachten sind. Der gute Erhaltungszustand des Inventars ist einer plötzlichen Zerstörung zu verdanken und ermöglicht Rückschlüsse auf die Nutzung des Bauwerks. Demnach wurden die beiden etwa quadratischen Räume auf der mittleren Geländestufe, in denen jeweils ein Herd entdeckt wurde, als Arbeits- und Wohnräume genutzt. Im ersten Raum fanden sich neben Inventar zur Vorratshaltung und zur Zubereitung von Speisen auch ausgefallene Gefäße, wie zum Beispiel ein zweihenkeliger Becher und eine reliefverzierte Schnabelkanne. Im zweiten Raum wurden in der Südost-

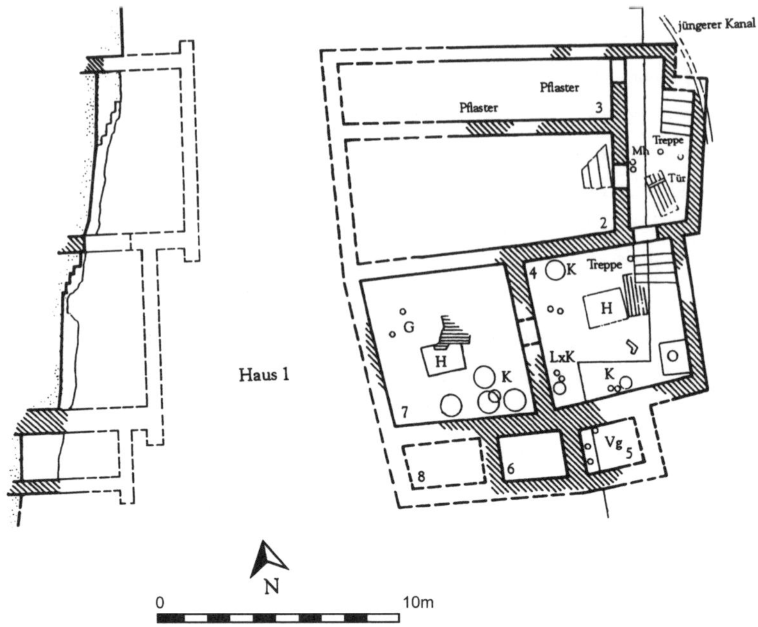

Abb. 16: Ein Wohnhaus in Boğazköy an der Wende vom 3. zum 2. Jahrtausend v. Chr. auf Büyükkale (Schicht BK V) (G = Gefäße, K = Keramik, Vg = Vorratsgefäße, H = Herd, LxK = Luxuskeramik)

ecke drei in den Boden eingelassene Vorratsgefäße, Schnabelkannen und ein Gußform gefunden, so daß dieser Raum als Arbeits- und Vorratsraum zu deuten ist. Die südlich auf der tiefsten Geländestufe anschließenden, kleineren Räume dienten wahrscheinlich als Keller. Zwischen 1994 und 1998 wurde auf Büyükkaya, einem steil aufragenden Felsmassiv in der nördlichen Stadt, eine zweiphasige Siedlung des späten 3. Jahrtausends v. Chr. mit Wohnbauten zu Tage gefördert (Abb. 15). Öfen, zahlreiche Geräte, Gußformen und Tiegel belegen auch dort Metallhandwerk neben Tätigkeiten des Alltags.

Mit seiner Ausdehnung von Büyükkale über den Nordwesthang bis in die Unterstadt und der Einbeziehung von Büyükkaya erreichte der Ort bereits im späten 3. Jahrtausend v. Chr. fast die Größe und topographische Struktur, die er auch in der darauffolgenden Karum-Zeit und der alt-hethitischen Zeit hatte (Abb. 15. 18. 24). Alles in allem wird man sich dieses Gemeinwesen aber nicht als eine in der gesamten Ausdehnung dicht bebaute Siedlung vorzustellen haben. Sondern es wird deutlich, daß ihre Bewohner die strategisch wichtigen Höhenpunkte im Umfeld einer Kernsiedlung zwischen Büyükkale und der Unterstadt kontrollieren wollten.

Zwar wurden bisher in den Schichten dieser Zeit in Boğazköy keine monumentalen Bauten wie etwa Paläste, Tempel oder Wehrbauten festgestellt, dennoch sind die Unterschiede in Bauweise, Größe und Ausstattung der Häuser des späten 3. Jahrtausends v. Chr. in den verschiedenen Bereichen der Siedlung ein Indiz für eine soziale Hierarchie und eine baulich implementierte funktionale Gliederung des Gemeinwesens. Die Siedlung des späten 3. Jahrtausends v. Chr. kann angesichts ihrer Größe, der erkennbaren Differenzierungen und der komplexen Topographie, die man bereits zu dieser Zeit nutzte, um einzelne funktionale Bereiche gegeneinander abzugrenzen und die gleichzeitig einen erheblichen organisatorischen und technischen Aufwand zur Beherrschung der Landschaft erkennen lassen, als frühe Stadt bezeichnet werden. Die Entwicklung von Siedlungen, die zu Beginn des 3. Jahrtausends v. Chr. noch kleine Dörfer waren, zu Städten am Ende dieses Jahrtausends v. Chr. ist ein entscheidender Schritt in der Kulturgeschichte Zentralanatoliens.

Insbesondere das hochentwickelte Metallhandwerk, das sich in Werkstätten, wie z. B. in Boğazköy, aber auch anhand von Artefakten in den reich ausgestatteten Gräbern in Ahlatlıbel, Horoztepe, Mahmatlar und vor allem in Alaca Höyük (ca. 25 km nordöstlich von Boğazköy) sowie in Hortfunden aus Eskiyapar und besonders Troia zeigt, belegt einen deutlich wachsenden Wohlstand der Gesellschaften des späten 3. Jahrtausends v. Chr. Gleichzeitig weisen technische Merkmale einzelner Funde darauf hin, daß die Bewohner Kleinasiens rege Kontakte mit den Kulturen Mesopotamiens, des Kaukasus, der Ägäis und des Balkans unterhielten. Anatolien spielte in diesen Austauschsystemen als Rohstofflieferant (Kupfer, Silber, Gold), aber wahrscheinlich auch als Innovationsquelle im Bereich der Metallurgie eine große Rolle. Gleichzeitig sind in den Schichten dieser Zeit mehrere technische Neuerungen in Anatolien erstmals nachweisbar: die Töpferscheibe, die Zinnbronze, die Verwendung von Eisen oder auch das Wachsausschmelzverfahren. Bei dieser Gußtechnik wurde das gewünschte Objekt in Wachs geformt und in eine Form aus Sand gebettet. Zwei Gußkanäle – einer für den Zufluß, ein anderer für den Abfluß – ermöglichten es, daß man das Wachs durch das heiße Metall ausschmelzen und so komplizierte Objekte herstellen konnte. Während diese technischen Entwicklungen anhand der Artefakte gut zu beschreiben sind, kann man aufgrund der wachsenden Siedlungen und deren zunehmender baulichen Komplexität vermuten, daß sich die anatolischen Gesellschaften in dieser Zeit auch unter dem Einfluß des Kontakts zu den südlich gelegenen Hochkulturen vor allem im Bereich der staatlichen Organisation merklich weiterentwickelten. In dieser Entwicklung werden erste Ansätze zur Überwindung der anatolischen Regionalismen erkennbar.

In einem literarischen Text aus Mesopotamien, der im Kern möglicherweise historische Ereignisse dieser Zeit schildert, wird die später auch von den Hethitern für ihr Land verwendete Bezeichnung «Hatti» das erste Mal erwähnt. 17 Könige hatten sich gegen den akkadischen Herrscher Naram-Sin (ca. 2273 bis 2219 v. Chr.) gestellt, unter ihnen Pamba, König von Hatti, und Zipani, König von Kaniš, das in den Ruinen von Kültepe bei Kayseri identifiziert werden konnte. Zwar ist aufgrund der Überlieferungsgeschichte des Texts nicht ganz sicher, ob Pamba tatsächlich Teil einer Koalition gegen Naram-Sin war oder ob ein jüngerer Herrscher später in den Text eingefügt wurde. Dennoch läßt die Erzählung, die nur in mehrere hundert Jahre jüngeren mesopotamischen und hethitischen Abschriften vorliegt, die Tiefe des historischen Gedächtnisses aufscheinen. Sie vermittelt zusammen mit weiteren Texten aus der Zeit des akkadischen Königs Sargon zudem einen schemenhaften Eindruck von der Expansionspolitik der akkadischen Herrscher der 2. Hälfte des 3. Jahrtausends v. Chr. Richtung Norden und deren ersten vagen Kontakten mit zahlreichen anatolischen Kleinfürsten.

Die linguistische Analyse der Orts- und Personennamen, die in diesen Texten mit Wurzeln im späten 3. Jahrtausend v. Chr. und in den Kültepe-Texten des 19. und 18. Jahrhunderts v. Chr. genannt sind, zeigt, daß bereits im späten 3. Jahrtausend v. Chr. indoeuropäische Bevölkerungsgruppen in Anatolien ansässig waren. Allerdings können diese nicht mit einer der später als Luwier, Palaer oder Hethiter bekannten Gruppen gleichgesetzt werden. Erst die linguistischen und archäologischen Befunde des mittleren und jüngeren 2. Jahrtausends v. Chr. zeigen, daß die Luwier zunächst vor allem im Süden und Westen Anatoliens, die Palaer eher im Nordwesten und Norden gesiedelt haben.

Zwischen dem Schwarzen Meer und dem Kızılırmak-Bogen – d. h. in weiten Bereichen des späteren hethitischen Kernlands – ist im 3. und 2. Jahrtausend v. Chr. eine weitere Bevölkerungsgruppe, die Hattier, belegt, die nach unserem derzeitigen Kenntnisstand keiner bekannten Sprachfamilie zugeordnet werden können (O. Soysal). Ihre Sprache, Hattisch, ist durch wenige Texte aus Boğazköy und Ortaköy sowie durch Lehnwörter in hethitischen Texten des 2. Jahrtausends v. Chr. belegt. Die wenigen erhaltenen Texte lassen einen erheblichen hattischen Einfluß auf die Formierung der hethitischen Religion erkennen; so tragen viele der hethitischen Götter bis in das 14. Jahrhundert v. Chr. hattische Namen. Trotz der fragmentarischen Überlieferung kann man deshalb auf ein enges Verhältnis der beiden Bevölkerungsgruppen im späten 3. und frühen 2. Jahrtausend v. Chr. schließen.

Ob überhaupt, und wenn ja, wann und von woher diese Träger indoeuropäischer Sprachen nach Anatolien eingewandert sind, läßt sich gegenwärtig kaum entscheiden, da weder ausreichende archäologische noch linguistische Fakten vorliegen. Generell nimmt eine Mehrheit der Sprachwissenschaftler eine Einwanderung aus den Steppen Südrußlands an – wo viele Forscher die Urheimat der indoeuropäischen Sprache(n) rekonstruieren –, und zwar über den westlichen Kaukasus von Osten nach Anatolien. Eine entsprechende Wanderung wäre möglich, aber sie ist mit den vorliegenden archäologischen Zeugnissen ebensowenig zu beweisen wie mit linguistischen.

Das archäologische Material (Siedlungs- und Hausformen, Waffen und Geräte sowie Keramik), das in den Siedlungen der Früh- und Mittelbronzezeit Zentralanatoliens entdeckt wurde, läßt auf eine seit dem späten 4. oder frühesten 3. Jahrtausend v. Chr. andauernde, kontinuierliche Entwicklung schließen, die sich ohne tiefgreifende Veränderungen bis in die alt-hethitische Zeit, d. h. in das 17. Jahrhundert v. Chr. verfolgen läßt. Die wenigen archäologischen Indizien reichen jedenfalls nicht aus, die Hypothese der linguistischen Forschungen zur Einwanderung der indoeuropäischen Bevölkerungsgruppen aus dem Osten während des späten (?) 3. Jahrtausends v. Chr. zu stützen.

Die Karum-Zeit: Das Karum Hattusch und seine Stellung im internationalen Fernhandel zwischen Assyrien und Anatolien im frühen 2. Jahrtausend v. Chr.

Über die kulturelle Entwicklung am Übergang vom 3. zum 2. Jahrtausend v. Chr. wissen wir wenig, da schriftliche oder archäologische Quellen weitgehend fehlen. Erst die reichen Textfunde in Kültepe, aber auch in Boğazköy aus dem 19. und insbesondere dem 18. Jahrhundert v. Chr. erlauben detaillierte Einblicke in die historische Epoche, die unmittelbar in die Entstehung des hethitischen Reichs mündet. Vor allem die materielle Kultur zeigt, wie diese Epoche den Boden für die Hochkultur der Hethiter bereitete.

Die etwa 15 Kilometer nordöstlich der modernen Stadt Kayseri gelegene bronzezeitliche Siedlung von Kültepe – die Tahsin Özgüç von 1948 bis zu seinem Tod (2005) untersuchte und die seither von Fikri Kulakoğlu ausgegraben wird – ist ein einmaliger Glücksfall für die Archäologie Anatoliens. Dort kann man anhand gut erhaltener Befunde den Wandel von einer kleinen Stadt der Frühbronzezeit zu einem der wichtigsten urbanen Zentren im frühen 2. Jahrtausend v. Chr. beobachten. Die reichen Textfunde erlauben die Gleichsetzung der Ruinen mit der bronzezeitlichen Stadt Kanisch/Nescha.

Die Bedeutung von Kültepe für die anatolische Bronzezeit ergibt sich aus den reichen Funden, die hier gemacht wurden. Vor allem die östlich des zentralen Stadthügels großflächig untersuchte Unterstadt erlaubt einen differenzierten Einblick in das Leben einer anatolischen Großstadt in der 1. Hälfte des 2. Jahrtausends v. Chr. Die hier in den Privathäusern ausgegrabenen Keilschrifttafeln vermitteln ein weit über die archäologischen Befunde hinausgehendes Bild Anatoliens in dieser Zeit. Demnach hatten sich in diesem Teil der Stadt neben einheimischen Bewohnern auch zahlreiche Kaufleute niedergelassen, die – aus der im heutigen Nord-Irak gelegenen Stadt Assur stammend – einen lukrativen Handel zwischen Anatolien und Mesopotamien etabliert hatten (Abb. 17). Die von den nordmespotamischen Kaufleuten nicht nur in Kültepe, sondern auch in vielen anderen anatolischen Städten gegründeten Stadtviertel

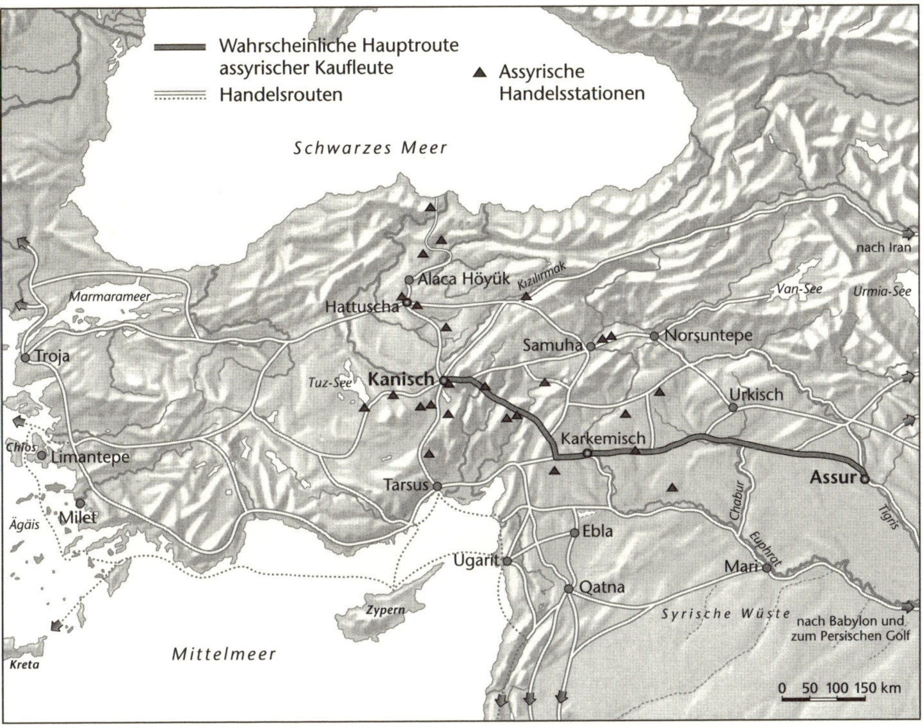

Abb. 17: Das Netz assyrischer Handelsniederlassungen in Zentralanatolien

wurden *karum* genannt, was assyrisch soviel bedeutet wie Hafen; im übertragenen Sinne war der Hafen gemeint, den die Karawanen aus Assur oder Syrien ansteuerten. Diese Besonderheit führte dazu, daß die gesamte Periode nach diesen als Karum-Zeit oder die Zeit der assyrischen Handelskolonien benannt wurde.

Während die materielle Kultur Anatoliens in der Frühbronzezeit noch regional sehr unterschiedliche Ausprägungen erfuhr, wie vor allem der Istanbuler Archäologe T. Efe aufgezeigt hat, lassen sich in der Karum-Zeit erstmals überregional einheitlichere Tendenzen erkennen. Diese Veränderung, die an den Hausformen und der Keramik ebenso zu beobachten ist wie an Elementen der Hochkultur – etwa den Stilen der Stempelsiegel –, geht mittelbar auf das Wirken assyrischer Kaufleute zurück. Ihre zahlreichen Handelsniederlassungen zogen sich wie ein dichtes Netz

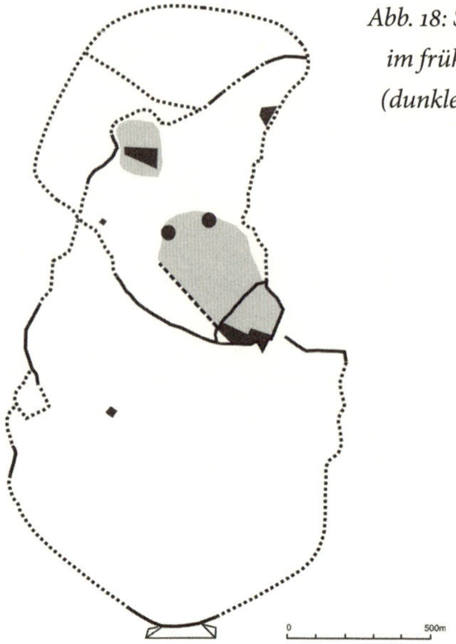

Abb. 18: Schematischer Gesamtplan der Siedlung im frühen 2. Jahrtausend v. Chr. in Boğazköy (dunkle Stellen durch Grabung nachgewiesen)

über weite Teile Zentralanatoliens (Abb. 17). Dort tauschte man vornehmlich Zinn und feine Textilien aus Assur gegen Edelmetalle aus Anatolien. Einerseits steht dieses Netzwerk in unmittelbarer Tradition der Austauschsysteme der 2. Hälfte des 3. Jahrtausends v. Chr., andererseits stellt die dauerhafte Ansiedlung assyrischer Kaufleute im Umfeld anatolischer Städte und die damit verbundene Institutionalisierung des Handels etwas völlig Neues dar. Da sich der Handel jedoch nur auf die südlichen Nachbarn konzentrierte, ging damals die materielle Vielfalt des Austauschs verloren, wie er in der Frühbronzezeit zu beobachten war und bis in die Ägäis und den Kaukasus reichte.

Der Handel der assyrischen Kaufleute verlief gewinnorientiert. Er führte nicht nur zu einer Akkumulation von Wohlstand in den lokalen Fürstensitzen – Acemhöyük, Boğazköy/Hattusch, Konya-Karahöyük, Alişar Höyük und vor allem Kültepe/Kanisch –, sondern trug auch dazu bei, daß die Kontakte zwischen den Regionen Inneranatoliens wesentlich intensiver wurden. Denn die Rohstoffe, die von Kültepe nach Assur gebracht wurden, mußten in Anatolien beschafft werden; und die Güter, die aus Assur kamen, wurden von Kültepe aus in entfernte Gebiete Anatoli-

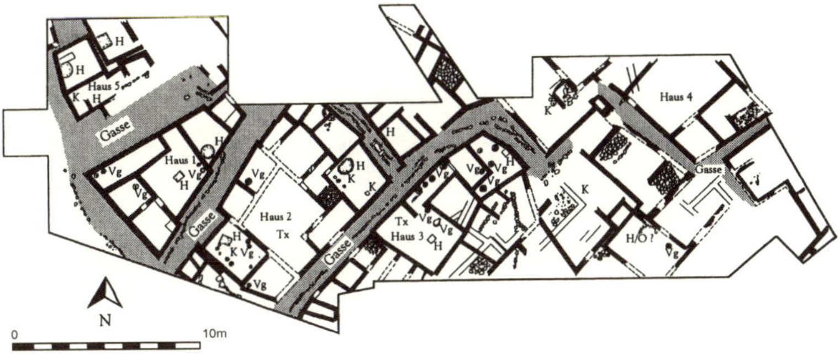

Abb. 19: Ein Quartier im Norden des Karum Hattusch (Vg = Vorratsgefäße, H = Herd, Tx = Keilschrifttexte)

ens vertrieben (Abb. 17). So waren große Teile Zentralanatoliens in ein von Assyrern wie Einheimischen betriebenes Handelsnetz integriert. Dieser Handel führte so zu einem zunehmenden kulturellen, sozialen und wahrscheinlich auch ethnischen Austausch und zu einem bisher ungekannten Maß an Kommunikation innerhalb Zentralanatoliens. Dies hatte erstmals eine graduelle Verknüpfung einzelner Regionen zur Folge, die in der materiellen Kultur im Kızılırmak-Bogen in einheitlichen Bauformen, recht homogener Keramik und überregional einheitlichen Siegelstilen Ausdruck fand. Wahrscheinlich bildete diese wirtschaftliche Entwicklung im 19. bis 18. Jahrhundert v. Chr. eine der Grundlagen für die seit dem 16. Jahrhundert v. Chr. entstehende, einzigartig homogene Kultur des hethitischen Großreichs.

Die wirtschaftlichen und sozialen Entwicklungen führten in den ersten drei Jahrhunderten des 2. Jahrtausends v. Chr. zu einer Beschleunigung der Urbanisierung (Abb. 18. 19). Die Siedlungen wurden größer und neue Hausformen entstanden (Abb. 19. 20), die den sich verändernden Nutzungsweisen durch eine verstärkte Untereilung der Gebäude in verschiedene Räume gerecht wurden. Die im Vergleich zur Frühbronzezeit wesentlich stärker unterteilten Bauten erlaubten eine nach den einzelnen Tätigkeiten differenzierte Nutzung des Hauses. Diese baulichen Entwicklungen trugen einer zunehmenden handwerklichen und technischen Spezialisierung der Menschen sowie einer sich verstärkenden Ausprägung sozialer Hierarchien Rechnung.

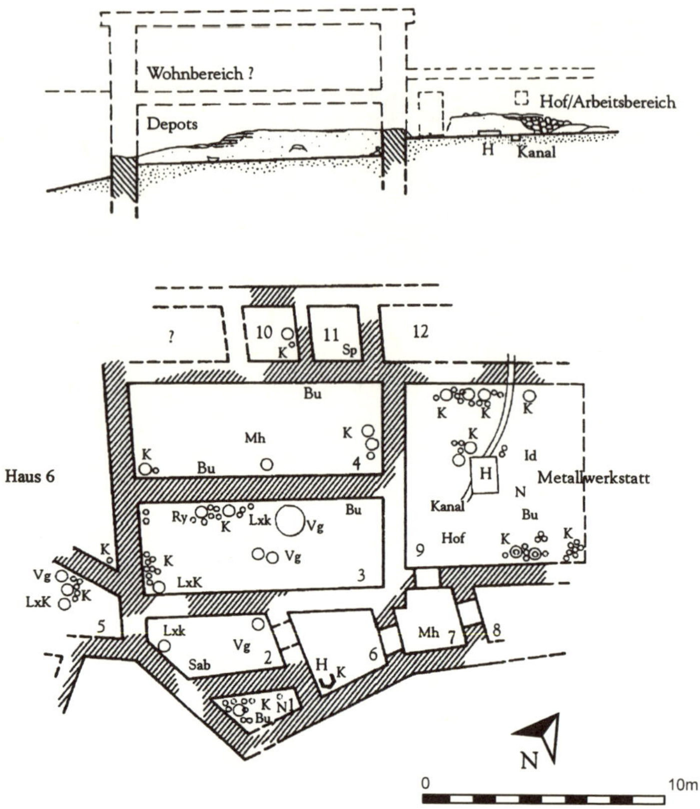

Abb. 20: Beispiel eines Wohnhauses der Karum-Zeit in Hattuscha (Schicht Büyükkale IVd) (Ry = Rython, Bu = Bulla, K = Keramik, Vg = Vorratsgefäße, H = Herd, LxK = Luxuskeramik)

Die ausgegrabenen Wohnhäuser, auch die der assyrischen Kaufleute – in Kültepe ebenso wie in Boğazköy – sind Weiterentwicklungen älterer anatolischer Formen. Sie weisen unregelmäßige, schiefwinklige Grundrisse und manchmal bis zu einem Dutzend Räume auf, die nach Ausweis der Funde ganz unterschiedlichen Zwecken dienten (Abb. 19. 20). Ihren Kern bildet ein multifunktional genutzter Raum, in dem wirtschaftliche und häufig auch handwerkliche Tätigkeiten – etwa die Metallherstellung – vereint waren. Darüber hinaus diente dieser Raum auch als sozialer Mittelpunkt des Hauses. Viele der Funde in diesem zentralen Zimmer, aber vor allem die hier regelmäßig angetroffenen Tontafelarchive der Hausbesitzer sind Belege dafür, daß dieser Raum nicht, wie häufig vermutet, ein offener Hof war, sondern in das Gebäude integriert und überdacht gewesen sein muß. Anderenfalls hätten die Niederschläge die darin untergebrachten luftgetrockneten Tontafeln zerstört (siehe auch Seiten 244–246. Abb. 117).

Manche der Gebäude mögen ein Obergeschoß gehabt haben. In der Regel waren die Mauern der Häuser jedoch zu schmal, um auf der gesamten Fläche ein zweites Stockwerk zu tragen. Die verschiedentlich nachgewiesenen Treppenaufgänge, die häufig als Argument für ein Obergeschoß angeführt werden, können freilich ebenso auch auf ein Flachdach geführt haben, das als Terrasse diente. Diese wurden in der dicht gedrängten Siedlung als Arbeitsflächen für unterschiedlichste Aufgaben genutzt. Da die Bewohner einen Lebenshintergrund hatten, der eher auf Handel und Handwerk und weniger auf landwirtschaftlicher Produktion beruhte, benötigte man in den dicht gedrängten Quartieren kaum Platz zum Dreschen oder Unterstellen von Tieren – den traditionellen Aufgaben eines außen an das Haus angeschlossenen Hofes in Zentralanatolien. Vielmehr brauchte man abgegrenzte Flächen, die man leicht sauber halten konnte, um hier beispielsweise Früchte zu trocknen oder Getreide zu sortieren, ähnlich wie es heute noch in vielen Regionen Anatoliens üblich ist. Hierfür reichten die begrenzten Dachflächen aus.

Im Gegensatz zur Entwicklung der Wohnhäuser zeigt die Architektur der bisher ausgegrabenen, repräsentativen, staatlichen Bauten der Karum-Zeit Ähnlichkeiten mit jener der südlichen Hochkulturen. Die palastartigen Gebäude in Beycesultan, Konya-Karahöyük, Acemhöyük, aber vor allem in Kültepe, weisen enge strukturelle Parallelen mit Palästen in Syrien, etwa in Mari auf. Das gleiche gilt für die in religiösem Zusammenhang stehenden Bauten in Kültepe, deren Architektur den sogenannten Migdol-Tempeln (oder auch Antentempeln) der Levante und Syriens weitgehend entspricht. Diese Parallelen öffentlicher Bauten in Anatolien zu syrischen Vorbildern zeigen, daß die anatolischen Herrscher sich unter dem Eindruck der rapide zunehmenden Komplexität ihrer Gesellschaften zur Darstellung ihrer Macht entwickelter Formen der benachbarten Kulturen bedienten. Wahrscheinlich hielt die Entwicklung eigenständiger, repräsentativer Bauformen nicht mit den schneller ablaufenden sozialen Entwicklungen Schritt. Dieser Befund ist um so bemerkenswerter, als in der späten Frühbronzezeit in Kültepe Gebäude, die wahrscheinlich öffentliche Funktionen hatten, durchaus anatolische Charakteristika aufweisen.

Zahlreiche Texte vermitteln nicht nur ein Bild der wirtschaftlichen Aktivitäten und der Organisation des Handels, sondern erlauben auch Einblicke in das Alltagsleben und das enge Verhältnis zwischen der einheimischen Bevölkerung und den assyrischen Kaufleuten. Da aber die materielle Kultur, abgesehen von den verschiedenen Siegelstilen, kaum äußere Einflüsse aufweist, wüßten wir ohne die mehreren zehntausend assyrischen Keilschrifttexte nichts über die Anwesenheit der Assyrer in Anatolien.

Man würde vermuten, daß Zentralanatolien durch die Verwendung der Keilschrift auch mit der Geisteswelt Mesopotamiens in Kontakt gekommen ist. Die Nutzung dieses Schriftsystems blieb jedoch, in einem auffälligen Gegensatz zur späteren hethitischen Tradition, weitgehend auf wirtschaftliche und nur sehr vereinzelt auf politische Aktivitäten beschränkt. Texte literarischen und religiösen Inhalts sind hingegen äußerst selten. Die intensiven wirtschaftlichen Kontakte konnten offenbar bestehende Differenzen in der geistigen Kultur und der Mentalität zwischen den assyrischen Händlern und den Einheimischen nicht überwinden.

Die Texte konzentrieren sich in Kültepe ebenso wie in Boğazköy in den Wohnhäusern der Händlerniederlassungen, dem *karum*. Im Palast und auf der Zitadelle von Kültepe wurden dagegen nur wenige Keilschrifttexte gefunden. In Boğazköy fehlen Keilschrifttexte in den Häusern der Büyükkale, des späteren hethitischen Palastareals, gänzlich. Es liegt der Schluß nahe, daß nur ein kleiner Teil der lokalen Bevölkerung schreiben konnte. Denn die Texte sind ausnahmslos in assyrischer Sprache und im altassyrischen Duktus der Keilschrift geschrieben (Abb. 21c. d.). Schreiben blieb wohl weitestgehend ein Privileg der Fremden, was auch erklärt, warum die Keilschrift mit dem Niedergang der assyrischen Handelsniederlassungen im späten 18. Jahrhundert v. Chr. schlagartig verschwand, um 100 Jahre später von den Hethitern – dann aber nicht aus Assyrien, sondern aus Syrien bzw. Babylonien – erneut importiert zu werden.

Während die assyrischen Texte mit den für Syrien und Mesopotamien typischen Rollsiegeln gesiegelt wurden, fanden sich in den Palästen der einheimischen Herrscher in Kültepe, Konya-Karahöyük und Acemhöyük die traditionellen, in großer Zahl mit Stempelsiegeln gesiegelten Bullae – Plomben aus Ton, auf die die Siegel gedrückt wurden, um so die Unversehrtheit einer Lieferung, eines Pakets oder auch eines Türverschlusses zu gewährleisten. Die Bullae, die in ihrer Funktion Besitz- oder Zugangsrechte sicherten, wie Versiegelungen es bis heute gewährleisten, belegen, daß im Wirkungsbereich der einheimischen Fürsten die mit den Stempelsiegeln verbundene, traditionelle anatolische Verwaltungspraxis parallel zur mesopotamischen Vorgehensweise, für die man im *karum* in vergleichbarer Art und Weise Rollsiegel verwendete, weiterbestand. Der Keilschrift bediente man sich seitens der lokalen anatolischen Fürsten allenfalls in sehr eingeschränktem Maße.

Unterschiede in der Verwaltungspraxis – Stempel- versus Rollsiegel – sind auch an der Ikonographie der Siegelbilder erkennbar: Während die Rollsiegel vor allem syrische oder assyrische Bildmotive zeigen, die selbst bei den sogenannten einheimischen Siegelstilen thematisch überwiegen, weisen die Stempelsiegel kaum äußere Einflüsse auf. Dafür belegt das Ausstrahlen der einheimischen Motive und des Stils anatolischer Siegel (vor allem der Konya-Karahöyük Gruppe) nach Westen, bis in die Ägäis, die weitreichenden Beziehungen der anatolischen Fürstentümer. Bemerkenswert ist in diesem Zusammenhang, daß zwar Rollsiegel in hethitischer Zeit nicht verwendet wurden, dafür aber Stempelsiegel leicht modifizierter Art weiterhin als weitverbreitetes Medium der Verwaltung dienten. Es läßt sich somit auch in der Verwaltungspraxis eine direkte Verbindung zwischen den anatolischen Traditionen der Früh- und Mittelbronzezeit und der hethitischen Epoche feststellen.

Stempelsiegel wurden zwar in den verschiedenen Orten Zentralanatoliens gefunden, doch weisen sie jeweils deutliche Unterschiede der Motive und des Stils auf. Diese Heterogenität ist mithin Ausdruck der kleinstaatlichen Gliederung Zentralanatoliens, die starke regionale Unterschiede ebenso hervorbrachte wie regional unterschiedlich starke Einflüsse Syriens und Assyriens auf die Bildkunst festzustellen sind. In den regionalen Varianten der Siegelstile spiegelt sich die textlich belegte kulturelle Vielfalt der Gesellschaft, ohne daß es möglich wäre, von den verschiedenen Siegelstilen auf die ethnische Zugehörigkeit der Träger zu schließen. Dieser kulturelle Pluralismus der ersten drei Jahrhunderte des 2. Jahrtausends

v. Chr. steht in einem auffälligen Kontrast zur Homogenität der materiellen Kultur der hethitischen Großreichszeit nach dem 16. Jahrhundert v. Chr.

Da abgesehen von einzelnen Bauwerken bisher keine Beispiele monumentaler Kunst überliefert sind, mag man schließen, daß die Darstellung herrschaftlicher Macht mittels vereinheitlichter, staatlicher Mittel noch nicht in dem Maße notwendig war, wie dies in alt- und vor allem seit mittel-hethitischer Zeit in Boğazköy erkennbar wird. Die Reichweite der Macht eines Herrschers der Karum-Zeit war im Vergleich zu den hethitischen Großkönigen auf relativ kleine geographische Gebiete beschränkt, was anhand der beschriebenen Kommunikationsmittel (Siegel versus Keilschrifttexte) deutlich wird. Deshalb bestand die Notwendigkeit über die natürlichen Grenzen hinausreichender Mittel der Machtdarstellung und -erhaltung noch nicht.

Die Eliten der Karum-zeitlichen Siedlungen verändern sich unter dem Einfluß der südlichen Hochkulturen, was vor allem an einer graduellen Vereinheitlichung der staatlichen Kultur erkennbar wird – zum Beispiel an den Monumentalbauten, den Siegeln, der graduellen Verwendung der Keilschrift in wirtschaftlichen Zusammenhängen und an solchen Funden, die aus religiöse Zusammenhängen stammen. Dagegen weisen die langlebigeren Traditionen der Alltagskultur – etwa im Hinblick auf Wohnhäuser (Abb. 19. 20. 117), Keramik, Geräte und Waffen – bis in das 16. Jahrhundert v. Chr. kaum Veränderungen auf.

In den Texten der Karum-Zeit aus Kültepe wird erstmals der Stadtname Hattusch erwähnt. Ähnlich wie in Kültepe/Nescha entstand auch in Boğazköy am Fuß der sich auf dem Nordwesthang und Büyükkale ausdehnenden, anatolischen Stadt ein Karum, eine Siedlung assyrischer Kaufleute (Abb. 18. 19). In einigen Texten wird der Name der Stadt, Hattusch, mit dem sumerischen Wortzeichen KÙ.BABBAR geschrieben, das im Sumerischen «Silber» bedeutet. Da es sich bei dieser Schreibung um ein feststehendes Zeichen handelt, das der anatolische Leser als Symbol verstand und in seiner eigenen Sprache las beziehungsweise aussprach, vermuten manche Forscher, daß der Karum-zeitliche Stadtname Hattusch das uns bis jetzt unbekannte hattische Wort für Silber enthält. In diesem Fall wäre wahrscheinlich auch der hethitische Name Hattuscha als «die Silberstadt» zu verstehen. Das muß nicht bedeuten, daß hier Silber gefunden wurde, vielmehr könnte es sein, daß im Karum-zeitlichen Hattusch große Mengen Silber umgeschlagen wurden.

In Boğazköy läßt sich die Karum-Zeit anhand von Befunden in verschiedenen Bereichen der Stadt archäologisch verfolgen (Abb. 18), ohne daß freilich bisher religiöse oder machtpolitische Großbauten entdeckt worden wären. Im Zuge der Grabungen der 1930er Jahre wurde in der nördlichen Unterstadt ein Stadtareal mit Wohnhäusern der Karum-zeitlichen Siedlung untersucht (Abb. 19). Die innere Struktur der Siedlung mit engen, sich in unregelmäßigen Winkeln treffenden Gassen und schiefwinkligen Hausgrundrissen mit jeweils einem Zentralraum entspricht den in Kültepe freigelegten Stadtvierteln. Im größten Raum des jeweiligen Hauses befand sich stets eine Herdstelle, bisweilen ergänzt durch einen Kuppelofen (Abb. 20). Das bewegliche Inventar bestand unter anderem aus Geräten und bisweilen auch Tontafeln. In den kleineren Nebenräumen, bei denen es sich auch um Keller gehandelt haben kann, wurden Vorratsgefäße entdeckt. Offenbar waren die Gebäude in Wohn- und Arbeitsräume sowie Vorratsräume unterteilt.

In den Häusern des nördlichen Teils des Karum-Hattusch wurden mehr als 60 Keilschrifttafeln gefunden, die wie in Kültepe das Engagement der Hausbesitzer im anatolischen Handel überliefern. Namentlich können *Daja*, Sohn des *Il-bani*, und *Schamaschtaklaku* identifiziert werden. Die Beteiligung jenes *Daja* am inneranatolischen Handel wird durch einen Text mit seinem Namen aus Alişar Höyük belegt, so daß eine generelle Synchronisierung der Befunde in Boğazköy mit der Schicht Ib (die etwa um 1720 v. Chr. endete) im Karum von Kültepe möglich ist.

2009 und 2010 wurde südlich des großen Tempels und westlich von Kesikkaya unter den hethitischen Schichten erneut ein durch Brand zerstörtes Gebäude des Karum-Hattusch angeschnitten. Offenbar erstreckte sich die assyrische Händlersiedlung zumindest in ihrer jüngsten Phase über weite Teile der späteren Unterstadt der hethitischen Hauptstadt bis hin zur späteren Poternenmauer. Mehrere außergewöhnliche Kleinfunde, darunter die Figur eines Löwen (Abb. 21a), ein teilweise gut erhaltenes Keramikinventar (Abb. 21b) mit einem seltenen Vexiergefäß (Abb. 21e, f) und nicht zuletzt eine Tontafel (Abb. 21c, d) bestätigen die Datierung in die späte Karum-Zeit.

Oberhalb des Karum, auf dem Nordwesthang, wurde ein Vorrats-

a

b

Rs.
c

Vs.
d

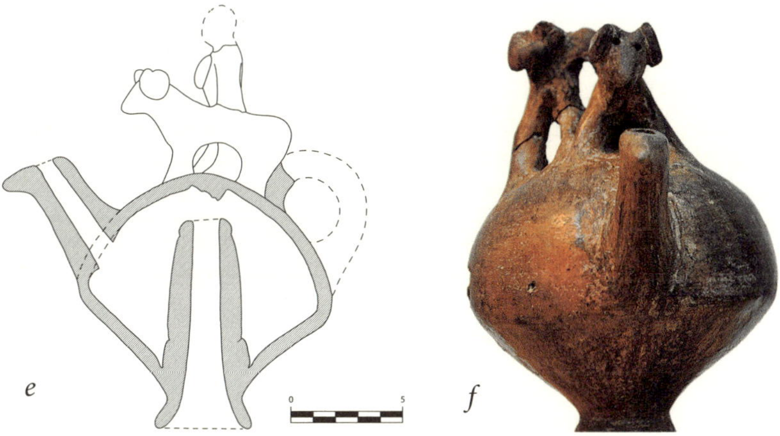

Abb. 21: Funde aus den neuen Grabungen im Bereich des Karum Hattusch: a) die Figur eines Löwen (Länge 21,6 cm), b) ein Keramikinventar, c. d) eine Tontafel im altassyrischen Duktus (Höhe 4,8 cm), e. f) ein Vexiergefäß (Kultgefäß)

gebäude mit zahlreichen großen, eingelagerten Gefäßen am Fuß von Amabarlıkaya entdeckt, während auf der Büyükkale, der späteren hethitischen Königsburg, ein großes Haus ausgegraben wurde, das zumindest teilweise als Metallwerkstatt diente (Abb. 20). Möglicherweise war Büyükkale in dieser Zeit bereits mit einer Mauer umschlossen und befestigt. Indes gilt es, durch Grabungen noch zu klären, ob auch die tiefer gelegenen Bereiche der Altstadt durch eine Mauer befestigt waren oder ob das Karum in der nördlichen Unterstadt ohne Befestigung unterhalb der einheimischen Siedlung lag (Abb. 18).

Außerhalb dieser Kernsiedlung gelang Jürgen Seeher nördlich des Budaközü auf dem Felsplateau von Büyükkaya der Nachweis einer kleinen Gruppe von Häusern. Ein ähnlicher Befund könnte in der Oberstadt vorliegen, so daß ähnlich wie bereits in der späten Frühbronzezeit die Kernsiedlung zwischen der Büyükkale und der späteren Unterstadt durch eine Besetzung der umliegenden Höhen abgesichert wurde (Abb. 15. 18).

Trotz der bisher nur in begrenzten Flächen freigelegten Siedlung des Karum-Hattusch wird bereits in diesem Zeithorizont in Boğazköy eine komplexe Siedlung erkennbar, die ein topographisch heterogenes Gebiet umfaßt (Abb. 18). Gleichzeitig spiegeln sich in den verschiedenen Bauformen Unterschiede in der Funktion und der sozialen Zusammensetzung der Bevölkerung einzelner Siedlungsbereiche. Die Ausdehnung der Stadt von Büyükkale über den Nordwesthang, große Teile der Unterstadt, Büyükkaya und zumindest einige Stellen in der westlichen Oberstadt entsprach dabei weitgehend der Größe der alt-hethitischen Stadt (Abb. 24). Gleichzeitig ist das Karum-zeitliche Hattusch mit einer Größe von mindestens 48 ha Städten wie Kültepe (mindestens 50 ha), Acemhöyük (mindestens 56 ha) und Konya-Karahöyük (mindestens 50 ha) vergleichbar. Diese unterscheiden sich von kleineren Siedlungen wie etwa Alişar Höyük (mindestens 28 ha). Diese Größenunterschiede sind nicht zufällig, sondern Ausdruck eines hierarchisch organisierten Siedlungssystems, in dem zwischen großen und kleinen Städten und wahrscheinlich Dörfern unterschieden wird.

Der Übergang von der Karum-zeitlichen zur hethitischen Epoche ist in Boğazköy noch immer in vielen Punkten unklar. Gingen viele Forscher bisher aufgrund eines Berichts des Königs Anitta von Nescha (Kültepe) davon aus, daß dieser Hattusch um 1750 v. Chr. zerstört und mit einem Fluch belegt hatte und daß die Stadt danach für mehr als 100 Jahre nicht besiedelt wurde, lassen die genannten, neue Befunde aus der Oberstadt und aus den neuen Grabungen in der Unterstadt auch eine andere Interpretation möglich erscheinen. Denn dort gefundene Siegel stammen aus einer Epoche nach der Regierungszeit des Anitta, möglicherweise sogar nach dem Ende der Karum-zeitlichen Siedlung von Kültepe Ib (bis ca. 1720 v. Chr.). Auch die wenigen bisher vorliegenden Radiokarbondaten könnte man in diesem Sinne auslegen. Es spricht deshalb einiges dafür, daß auch lange nach Anitta, im ausgehenden 18. Jahrhundert v. Chr., noch eine Siedlung in Boğazköy bestand, die sich im Laufe des 17. Jahrhunderts v. Chr. unmittelbar zum alt-hethitischen Herrschersitz weiterentwickelte.

V
VON EINER ANATOLISCHEN STADT ZUR HAUPTSTADT EINES GROSSREICHS: ENTSTEHUNG, ENTWICKLUNG UND WANDEL HATTUSCHAS IN HETHITISCHER ZEIT

Eines der markantesten Merkmale der hethitischen Hauptstadt ist die Landschaft, in die sie eingebettet liegt. Nähert man sich ihr von Norden durch das Tal des Budaközü, so ist die imposante Topographie bereits aus einer Entfernung von fast 20 km auszumachen (Abb. 22. 53). Wie mag die

Abb. 22: Luftbild von Hattuscha von Norden (2001); im Vordergrund die nördliche Stadtbefestigung bei Büyükkaya, dahinter Büyükkale, rechts davon die Unterstadt und der Große Tempel, im Bildhintergrund die Oberstadt und Yerkapı, am Horizont ist die Bergkette auszumachen, die die Ebene des Budaközü gegen die südlichen Steppengebiete Zentralanatoliens abschirmt.

Silhouette der in ihrer Blütezeit im 14. und 13. Jahrhundert v. Chr. dicht bebauten Stadt mit ihren Türmen und Gebäuden auf unterschiedlichen Höhenstufen auf einen hethitischen Reisenden gewirkt haben, der sie mindestens einen Tagesmarsch lang vor Augen hatte?

Bereits bei ihrer Gründung im späten 3. Jahrtausend v. Chr. war die Stadt aufgrund ihrer Lage im Gebirge, eingebettet zwischen Felskegeln, einmalig. Jedoch erst durch den stetigen Ausbau während des 2. Jahrtausends v. Chr. wurde sie zu einer der eindrucksvollsten Metropolen der Spätbronzezeit im Vorderen Orient. Dieser Aufstieg und Wandel von einem lokalen Zentrum anatolischer Prägung zu einer der beherrschenden Residenzstädte des östlichen Mittelmeerraums ist das Ergebnis eines kulturellen Prozesses, der für Zentralanatolien über die hethitische Epoche hinaus einzigartige Maßstäbe der Urbanistik setzt. Denn im Laufe der hethitischen Zeit, parallel zur Entwicklung des Reichs von einem anatolischen Fürstentum zu einem international agierenden Großreich, erreicht die Stadt völlig neue Dimensionen. Hattuscha ist zwischen dem 16. und dem frühen 17. Jahrhundert v. Chr. nicht nur wesentlich größer als sämtliche Siedlungen an gleicher Stelle vorher und nachher. Die Stadt dieser Epoche ist zudem komplexer und verfügt über zahlreiche Bauformen, die sich auch in anderen hethitischen Städten nicht finden. Diese Entwicklung gilt es nachzuzeichnen, bevor in den folgenden Abschnitten einzelne Funktionen dargelegt werden.

In der Zeit ihrer größten Ausdehnung zwischen ca. 1650 und ca. 1180 v. Chr. kann man in Hattuscha die Altstadt – die sogenannte Unterstadt – und eine Neustadt – die sogenannte Oberstadt – unterscheiden (Abb. vorderer Vorsatz). Diese Trennung, die sich so auch in den zeitgenössischen Texten findet, ist nicht nur im Gelände offensichtlich, sondern wird auch in der Struktur der beiden Stadtteile deutlich. Diese werden in der hethitischen Großreichszeit durch eine etwa 6,8 km lange Mauer eingefaßt und durch Siedlungsbereiche außerhalb der Stadt ergänzt.

Die Altstadt: Büyükkale, die Unterstadt und Büyükkaya

«[...] *und in der Nacht nahm ich sie [die Stadt Hattuscha] mit Gewalt, an ihrer Stelle aber säte ich Unkraut. Wer nach mir König wird und Hattuscha wieder besiedelt, den soll der Wettergott des Himmels treffen!*» (Übersetzung nach E. Neu)

Mit diesem Fluch soll Anitta von Nescha (um 1750 v. Chr.) einer mehrere Jahrhunderte jüngeren hethitischen Überlieferung zufolge die Karumzeitliche Stadt Hattusch nach seinem Sieg über den Konkurrenten Pijuschti von Hatti belegt haben. Bemerkenswert ist, daß der erste hethitische König Hattuschili I. nur etwa 100 Jahre später trotz dieser Verwünschungen bewußt diesen Platz für seine neue Hauptstadt wählte und deren Namen zu seinem Königsnamen machte. Jüngste Funde in der westlichen Oberstadt und in der südlichen Unterstadt sprechen entgegen älteren Interpretationen, die die historische Überlieferung für real hielten (K. Bittel), ebenso wie die Kontinuität des Namens dafür, daß die Stadt vermutlich nie völlig verlassen wurde. Wahrscheinlich bestand dort trotz der Eroberung durch Anitta eine funktionierende Siedlung, deren Ausbau sich für einen ambitionierten Herrscher lohnte. Die Tatsache, daß die alt-hethitische Siedlung in etwa so groß ist wie die der Karum-Zeit (Abb. 18. 24), ist ein weiteres Indiz für eine andauernde Besiedlung. Insofern ist die textliche Überlieferung wahrscheinlich als eine in altorientalischer Zeit übliche Form der Mythenbildung zu verstehen.

Sicher ist jedoch, daß die Wahl des Siedlungsplatzes nicht zufällig erfolgte. Ausschlaggebend für die Wahl von Labarna/Hattuschili I., in der dessen aktiver Herrscherwille exemplarisch zum Ausdruck kommt, war die strategisch günstige Lage (Abb. 22). Eine nicht sehr hohe, jedoch unwegsame Bergkette trennt die Siedlungskammer um Boğazköy von den südlich gelegenen offenen Steppengebieten Zentralanatoliens, in denen die potentiellen Konkurrenten lebten. Gleichzeitig schützt die Topographie die Stadt an sich. Hattuscha liegt am südlichen Ende der weitläufigen Talauen des Budaközü-Flusses und erstreckt sich auf einem natürlichen Hochplateau, das im Osten und Westen durch die tief ein-

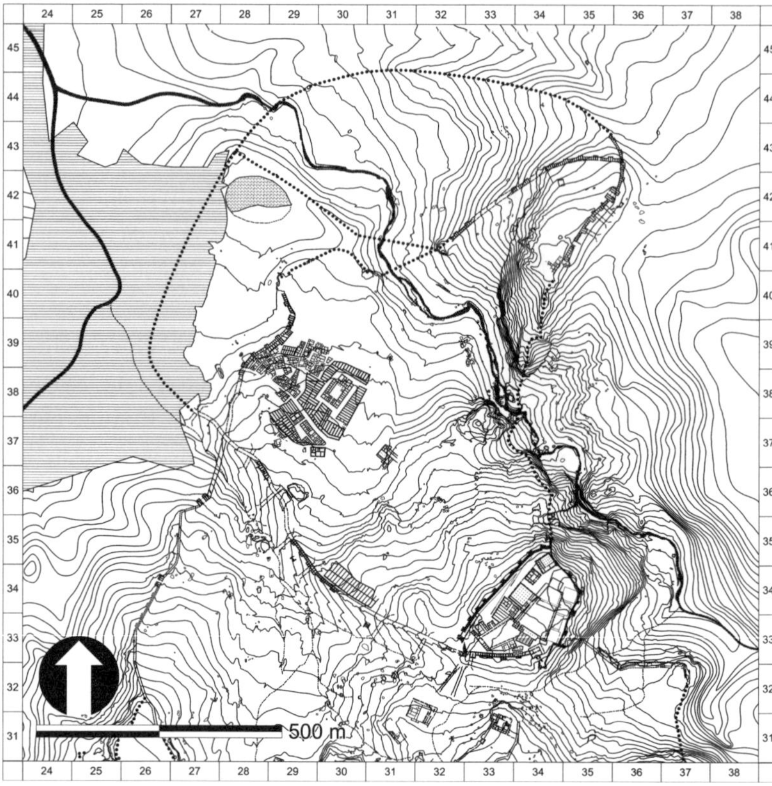

Abb. 23: Gesamtplan der Unterstadt mit Büyükkale und Büyükkaya

gegrabenen Läufe des Budaközü im Osten und des Yazır im Westen begrenzt wird (Abb. 22. 23. 53). Diese scharfen Einschnitte schaffen eine ideale Verteidigungslinie. Obwohl das Stadtgebiet erhöht liegt, ist die Versorgung mit Wasser in der Unterstadt durch den Zugang zum Budaközü und in der Oberstadt durch zahlreiche Quellen gesichert (Abb. 111).

Der Ausbau der Stadt erfolgte im 17. Jahrhundert v. Chr. durch Hattuschili I. nicht in der Absicht, hier das Zentrum eines Großreichs aufzubauen. Vielmehr bot Hattuscha im Hinblick auf die damals andauernden inneranatolischen Kämpfe einen sicheren Rückzugsraum. In die Rolle der Hauptstadt einer Weltmacht der damaligen Zeit mußte die Siedlung mit dem stetigen Machtzuwachs ihrer Herrscher erst langsam hinein-

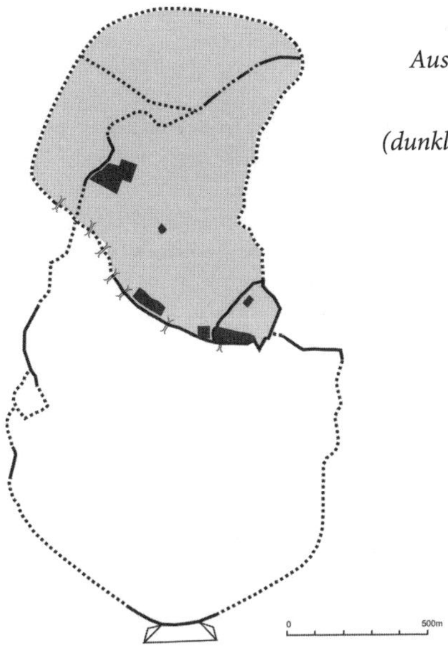

Abb. 24: Schematischer Plan der Ausdehnung der Stadt im 17. und frühen 16. Jahrhundert v. Chr. (dunkle Stellen durch Grabung nachgewiesen)

wachsen. Dabei zeigt sich, daß das unwegsame Gelände die eigenständige und repräsentative Prägung der Stadt durch die aktive Gestaltung des Landschaftsraums und die Entwicklung besonderer Architekturformen förderte. Eine vergleichbar intensive und unveränderliche Umformung der Landschaft, wie sie in Boğazköy erfolgte, ist in keiner anderen hethitischen Stadtanlage zu beobachten.

Die Stadt Hattuschilis I. konzentrierte sich wie die älteren Siedlungen zwischen zwei Polen – einerseits der Büyükkale (zu deutsch: die große Burg) und andererseits der Unterstadt (Abb. 23. 24). Obwohl das Gebiet zwischen diesen beiden Bereichen bisher nur ansatzweise untersucht ist, zeigen die Grabungen auf dem Nordwesthang von Büyükkale, daß dieser bebaut gewesen ist. Ob die Siedlung mit einer Mauer befestigt war, ist archäologisch noch nicht geklärt, aber wahrscheinlich.

In einem Text nimmt der dritte hethitische Großkönig, Hantili I. (frühes 16. Jahrhundert v. Chr.), für sich den Bau von Stadtmauern in Hattuscha in Anspruch (Abb. 23). Die Errichtung des südöstlichen Abschnitts der Poternenmauer unterhalb der Büyükkale kann wegen deren Verbin-

Abb. 25: Luftbild (2007) von Büyükkale der Periode III (im Vordergrund), links dahinter liegen die Südburg, Nişantepe und das Plateau mit dem Nordbau; im Bildhintergrund befinden sich der Tempel 7 und Sarıkale.

dung zu dem Silogebäude auf dem Nordwesthang und den dort von J. Seeher gewonnenen Radiokarbondatierungen in das späte 17. oder frühe 16. Jahrhundert v. Chr. datiert werden (Abb. 24).

Mit der Poternenmauer wird erstmals das für den hethitischen Festungsbau typische Schema einer Kastenmauer in Boğazköy verwendet (Abb. 22. 23), dessen Vorläufer bereits in den spät-Karum-zeitlichen Schichten von Alişar Höyük und Konya-Karahöyük belegt sind. Wahrscheinlich veränderte sich der Grundriß insbesondere der Türme im Laufe der Zeit. Denn es können zwei verschiedene Formen von Türmen festgestellt werden, die ich im Abschnitt über die Befestigungsanlagen (ab Seite 154) näher beschreiben werde. Die neueren Grabungen in der südlichen Unterstadt von Hattuscha haben Unterschiede in der Anlage der Stadtmauer zutage gefördert, die darauf hindeuten, daß die Poternenmauer nicht einem einheitlichen Planungsschema folgt, sondern daß wahrscheinlich die Ausführung des Baus in Abschnitten und über einen längeren Zeitraum hinweg erfolgte.

Die Südseite der Stadt wurde wegen des ansteigenden Terrains, das potentiellen Angreifern eine gute Aufmarschposition bot, durch unter der Mauer hindurchführende und so den Belagerten eine Ausbruchsmöglichkeit bietende Tunnel, die sogenannten Poternen, und durch zwischen den östlichen Poternenausgängen freistehende Türme zusätzlich gesichert (Abb. 23. 68). Im Norden der Altstadt waren entsprechende Vorkehrungen nicht erforderlich, jedoch zeigen die Türme der nördlichen Außenmauer im Bereich von Büyükkaya (Abb. 22. 23. 66. 68), die hier im selben Schema wie die auf der Südseite (östlich von Kesikkaya) errichtet wurden, daß dieser Mauerabschnitt etwa gleichzeitig erbaut wurde.

Die Errichtung der Poternenmauer und des damit verbundenen Silokomplexes auf dem Nordwesthang an der Wende vom 17. zum 16. Jahrhundert v. Chr. repräsentieren das erste umfassende Bauprogramm in hethitischer Zeit (Abb. 23. 24). An den erhaltenen Resten wird nicht nur eine raumgreifende Planung und gut organisierte Durchführung erkennbar; sie belegen auch eine große Vertrautheit mit der Landschaft. Diese wird insbesondere daran deutlich, daß die Mauer zwischen Büyükkale und Kesikkaya bewußt nicht der idealen Geländelinie folgend über mehrere Felskegel hinweg gebaut wurde, sondern in diesem Abschnitt leicht nach Süden versetzt steht, um so in der Lücke zwischen der Mauer und den Felskegeln das große Silo auf dem Nordwesthang errichten zu können. Auf diese Weise sparte man sich metertiefes Ausschachten für den unterirdischen Getreidespeicher.

Während auf Büyükkale in der Karum-Zeit (Schicht IVd) größere Wohngebäude freigelegt wurden, lassen die ausgegrabenen Strukturen der ältesten hethitischen Schicht IVc Neuerungen erkennen. Es ist zu wenig erhalten, um das Stadtbild vollständig zu rekonstruieren, jedoch belegen die am Fuß von Büyükkale neu errichteten Befestigungsanlagen eine Trennung von der Stadt (Abb. 26). Diese Abgrenzung entspricht

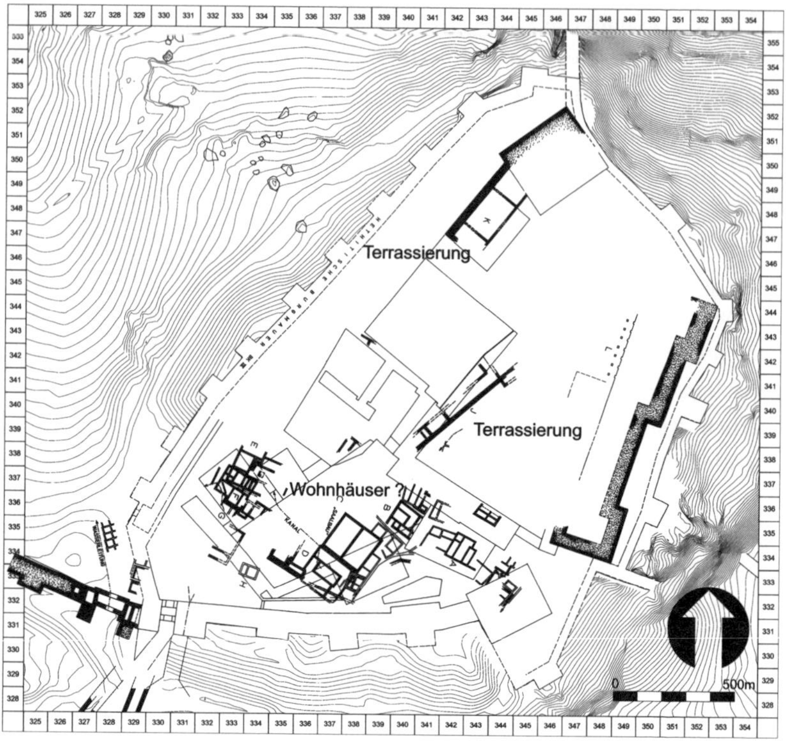

Abb. 26: Periode IVb–a der Büyükkale

früh-urbanen Siedlungen wie etwa in Alişar Höyük oder Kültepe, jedoch wird sie in Boğazköy durch die Topographie verstärkt.

In der Folgezeit setzt sich die Umgestaltung des trapezförmigen Plateaus der Büyükkale fort. Während die Schicht IVc noch weitgehend durch kleinteilige Bebauung charakterisiert ist und repräsentative Gebäude zu fehlen scheinen, zeichnen sich die folgenden Schichten IVb und IVa durch großzügige Terrassierungen im Norden und in der Mitte sowie durch einzelne größere Gebäudekomplexe im Süden aus (Abb. 26). Zumindest der nördliche, mittlere und östliche Bereich der Burg bietet Indizien für eine übergeordnete Planung und Gestaltung, während im Süden des Plateaus noch kleinteilige Bebauung zu vermuten ist. Offenbar wurde die in verschiedenen Höhenstufen gestaffelte Landschaft seit dieser Zeit genutzt und gestaltet, um einzelne Bereiche abzutrennen oder hervorzuheben.

Diese Entwicklung setzt sich in der Großreichszeit (ca. 1350 bis 1180 v. Chr.) verstärkt fort (Abb. 25. 60–62). Denn Büyükkale erhält in der Schicht III eine neue Struktur, in der das gesamte Plateau öffentlichen Bauten vorbehalten blieb. Im Gegensatz zu mesopotamischen oder syrischen Palästen, die, wie das Beispiel des Palastes des Zimri-Lim in Mari exemplarisch zeigt, als ein umfassendes Bauwerk angelegt wurden und deren unterschiedliche Funktionsbereiche durch Raumunterteilungen nach innen getrennt waren, offenbart die Anlage in Hattuscha eine andere Struktur. Die verschiedenen Funktionsbereiche des Palastes waren nicht in unterschiedlichen Räumen oder Raumgruppen eines einzigen Bauwerks, sondern in jeweils separaten Gebäuden untergebracht, die locker um Höfe gruppiert sind (Abb. 60. 61). Der im Zuge der Ausgrabungen rekonstruierte Plan verdeutlicht den Endzustand, wobei am Verhältnis einzelner Gebäude zueinander erkennbar wird, daß sie nicht alle gleichzeitig errichtet wurden (Abb. 61. 62). Die Königsburg des 13. Jahrhunderts v. Chr. war damit weniger das Ergebnis eines von vornherein

Abb. 27: Luftbild der Unterstadt, Norden ist am unteren Bildrand (2007)

durchdachten Planungsvorgangs. Vielmehr entwickelte sich die Anlage über einen längeren Zeitraum je nach Bedarf und Notwendigkeit; Gebäude kamen hinzu, wenn entsprechende Notwendigkeiten auftraten. Selbst wenn es nicht möglich ist, diese Entwicklung mit einzelnen Königen oder historischen Ereignissen zu verknüpfen, so wird doch deutlich, daß der Palast des 13. Jahrhunderts v. Chr. eine im Laufe der Zeit gewachsene Struktur darstellt, die man aufgrund sich verändernder Bedürfnisse stetig weiterentwickelt hat (Abb. 60. 61). Obwohl in den älteren Schichten der Büyükkale die funktionale Struktur des Burgberges nicht nachvollzogen werden kann, ist die Entwicklung des Reiches über mehr als 450 Jahre von einem lokalen Fürstentum zu einer Großmacht an der Veränderung von bescheidenen Anfängen zum monumentalen Ausbau ablesbar.

Die sogenannte Unterstadt, die sich auf mehreren Stufen einer Hochebene entlang des Budaközü erstreckt, bildet den zweiten Pol der Altstadt (Abb. 23. 27). Auch dort sind im Laufe der Jahrhunderte wesentliche Veränderungen in der Struktur der Siedlung und ihrer Bauten erkennbar. War die alt-hethitische Stadt ähnlich wie ihr Vorgänger in der Karum-Zeit durch ein verwinkeltes System von Gassen geprägt, die zwischen Häusern unterschiedlicher Größe mit unregelmäßigen schiefwinkligem Grundrissen verliefen, änderte sich ihr Aussehen spätestens im 14. Jahrhundert v. Chr. grundlegend (Abb. 23).

Bis in die ältere Großreichszeit standen die Wohnhäuser in der seit der Frühbronzezeit andauernden Tradition: Man lebte und arbeitete in demselben Gebäude. Eine wohl schon im 15. Jahrhundert v. Chr. auftretende neue Hausform ist deutlich größer, ihr Grundriß ist regelmäßiger, und vor allem deutet die innere Gliederung um einen hallenartigen, langrechteckigen, zentralen Raum auf eine Veränderung der Nutzung hin (Abb. 117). Wahrscheinlich diente dieser neue Bautyp seinen Bewohnern weniger für wirtschaftliche Aktivitäten als zu repräsentativen Lebensformen im Rahmen einer städtischen Gesellschaft. Peter Neve beschreibt diese neue Form als Stadthäuser, die in dem beschriebenen funktionalen Gegensatz zu den früheren Gebäuden stehen, die – auch wenn sie innerhalb der Stadt errichtet wurden – noch den Notwendigkeiten einer agrarischen Lebensweise untergeordnet waren.

Zu einem gegenwärtig weder mit archäologischen noch historischen Mitteln datierbaren Zeitpunkt erfährt die Unterstadt einen tiefgreifen-

Abb. 28: Überblick über die Unterstadt von Süden (2009); in der Bildmitte liegt das Wohnviertel und links davon im Hintergrund die rekonstruierte Stadtmauer.

den Wandel, der ihr die bis heute prägenden Züge verlieh (Abb. 23. 27. 28). Dieser manifestiert sich in der Errichtung des Großen Tempels, seiner Magazine, der nach Süden anschließenden, großen Gebäude und wahrscheinlich auch der westlichen Abschnittsmauer (Abb. 23. 85). Diese monumentalen Bauten bestimmen bis heute die Gestalt dieses Stadtviertels. Zwar sind unter dem Großen Tempel Vorgängerbauten zu vermuten, doch ändert sich mit dem Bau des Tempels, seiner Magazine und der südlich anschließenden Gebäude der Charakter des gesamten Quartiers von einem bis dahin hauptsächlich durch Wohnbebauung geprägten zu einem nun durch öffentliche Bauten dominierten Bereich.

Diese umfassende Neugestaltung erfolgte – so Peter Neve – in der Regierungszeit von Hattuschili III., als starke hurritische Elemente in die hethitische Religion übernommen wurden: diese seien insbesondere an den beiden Kulträumen des Großen Tempels erkennbar, wo Wettergott und Sonnengöttin in zwei parallel angeordneten Kulträumen verehrt wurden (Abb. 85). Die gleichberechtigte Dualität des obersten Götterpaares, die entsprechend in dem Gebäude ihren Ausdruck fand, sei auf hurritischen Einfluß zurückzuführen und spräche für eine Datierung des Gebäudes in das späte 14. oder 13. Jahrhundert v. Chr. Allerdings könnten typologische Merkmale des Tempelgebäudes (Abb. 83) und stratigraphische Beobachtungen in den nach Süden anschließenden neuen Grabungen auch für eine deutlich frühere Errichtung bereits im 15. Jahrhundert v. Chr. ins Feld geführt werden.

An der skizzierten Entwicklung der Unterstadt läßt sich der Wandel von einer traditionellen, organisch gewachsenen zentralanatolischen Stadt, die sich bis in mittel-hethitische Zeit durch ein unregelmäßiges Gassengewirr mit schiefwinkligen Häusern auszeichnete, zu einer geplanten Metropole von internationaler Bedeutung gut verfolgen. In der älteren hethitischen Phase entspricht die Siedlung noch weitgehend den Strukturen der Karum-Zeit. Diese werden spätestens in der Großreichszeit durch ein umfassendes Bauprogramm aufgebrochen (Abb. 85). Es entstehen neue, auf die Königsburg von Büyükkale hin ausgerichtete Achsen und monumentale Architektur tritt an die Stelle der älteren Wohnhäuser. Obwohl die Unterstadt in ihrem Endzustand nicht die strukturelle Regelmäßigkeit aufweist wie Teile der Oberstadt, so sind die westlich des Tempels bis zur Abschnittsmauer erhaltenen Stadthäuser und unregelmäßigen Gassen nur noch Reste der ursprünglich durch ein Gassengewirr geprägten Stadt.

Später wurden – ähnlich wie in der Oberstadt – noch in hethitischer Zeit manche der monumentalen Gebäude durch einfachere Bauten überbaut. Offensichtlich verloren damals Teile der repräsentativen Bauwerke ihre Funktion. Wann sich dieser Umbruch vollzog, ist nicht zu rekonstruieren, aber die Parallelität zur Entwicklung der Oberstadt ist wahrscheinlich (ab Seite 94).

Unklar ist beim derzeitigen Stand der Grabungen auch, wann dieses Stadtviertel durch nachträglich errichtete Stadtmauern, die beide natürlichen Terrassen folgen, im Westen und Norden unterteilt wurde (Abb. 29). Die Errichtung der westlichen Abschnittsmauer mag im Zusammenhang mit der Errichtung des Tempels erfolgt sein, was daraus zu folgern ist, daß die ausgebauten Straßen zur Erschließung der Monumentalbauten an den Toren der Abschnittsmauer ihren Ausgangspunkt haben.

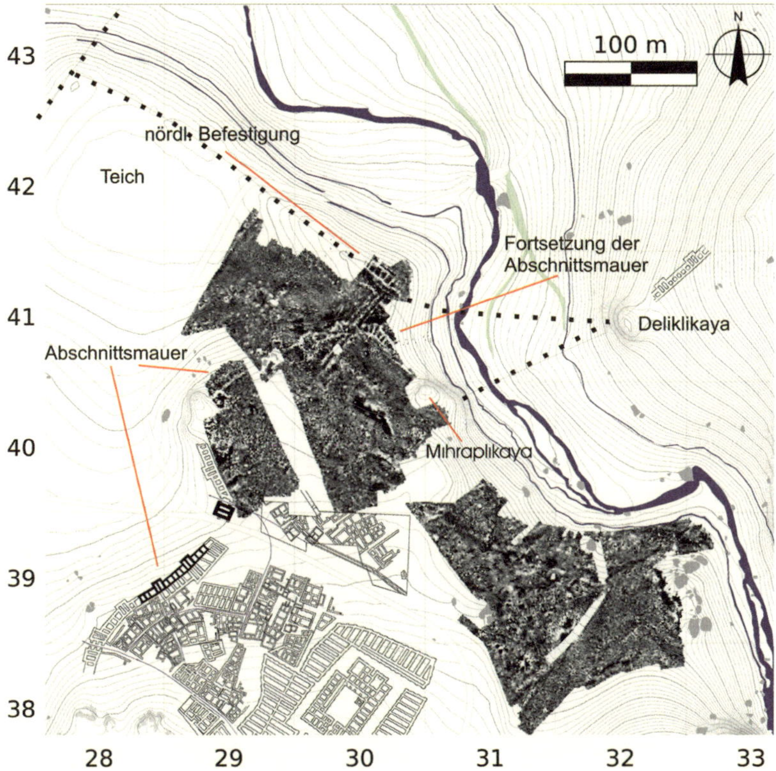

Abb. 29: Geophysikalische Untersuchungen in der nördlichen Unterstadt zeigen erstmals den Verlauf der dortigen Stadtmauern (Abschnittsmauern), der hier punktiert eingetragen ist.

Die nördliche Abschnittsmauer, deren Verlauf 2008 und 2009 mittels geophysikalischer Untersuchungen neu kartiert wurde, wurde hingegen wahrscheinlich später, zu einem ohne Ausgrabungen nicht genauer zu fixierender Zeitpunkt quer zur Abflußrichtung des Wasser zum Budaközü errichtet (Abb. 29). Sie bindet in der nordwestlichen Ecke der unteren Unterstadtterrasse in die ältere Poternenmauer ein. In der so künstlich entstandenen Ecke der beiden Mauern befindet sich im äußersten Norden des heutigen Dreschplatzes ein mit mehreren Metern Sediment gefüllter Bereich, der in hethitischer Zeit als Teich diente (Abb. 29). Allerdings kann in diesem Fall nicht die Versorgung mit Frischwasser Zweck des Bauwerks gewesen sein. J. Seeher schlägt vor, daß es sich um ein Sammelbecken für Abflußwasser handelte, das als Viehtränke oder Löschteich genutzt worden sein könnte.

Die Neustadt: Der Ausbau der Oberstadt

Als Oberstadt werden die durch die Stadtmauer eingefaßten Bereiche südlich der Poternenmauer bezeichnet (Abb. 30. 31). Während Peter Neve annahm, dieser Ausbau der Stadt habe erst im 13. Jahrhundert v. Chr. stattgefunden, belegt eine Vielzahl von neuen Befunden den Beginn dieser wohl bewußt geplanten Erweiterung bereits um die Mitte des 16. Jahrhunderts v. Chr.

Die Ausdehnung der Siedlung nach Süden stellt eine grundlegende strukturelle Veränderung dar. Die Stadtfläche wurde nicht nur verdoppelt, sondern es wurden auch Bereiche einbezogen, die man bis dato

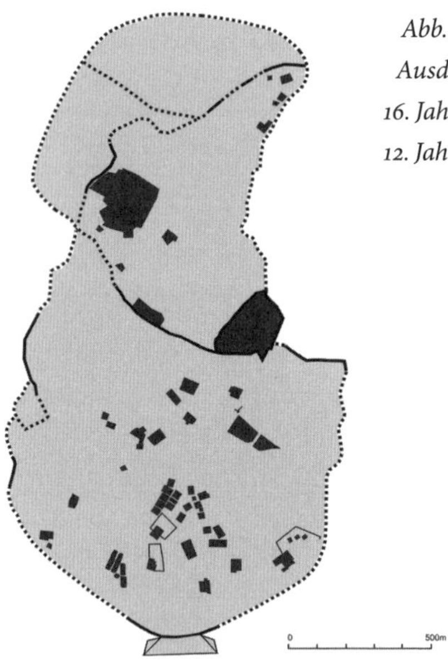

Abb. 30: Schematischer Überblick über die Ausdehnung der Stadt von der 2. Hälfte des 16. Jahrhunderts bis zu ihrem Ende im frühen 12. Jahrhundert v. Chr. (dunkle Flächen durch Grabung nachgewiesen)

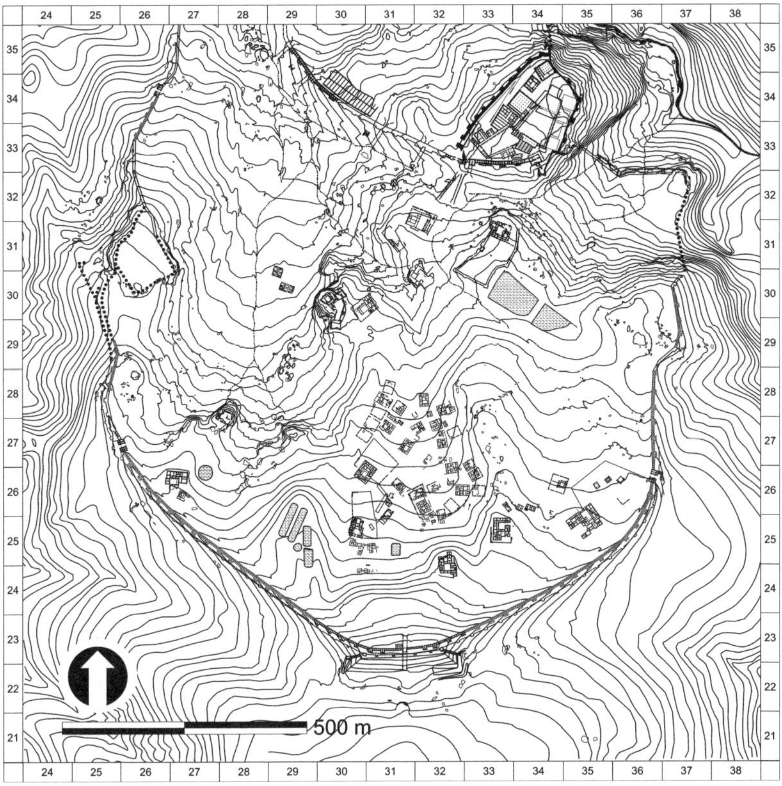

Abb. 31: Übersichtsplan der Oberstadt von Hattuscha

nirgendwo in Anatolien als Siedlungsraum genutzt hatte (Abb. 30. 31). Das neue Stadtgebiet war durch die Geländeform in zahlreiche, klar abgegrenzte Bereiche unterteilt, die auch funktional unterschiedlich genutzt wurden (Abb. 32). Durch diesen Schritt veränderte sich die Siedlung als Ganzes von einer traditionellen anatolischen Stadt zu einer durch eine völlig neue Form des Urbanismus charakterisierten Metropole.

Man stellt sich unwillkürlich die Frage, warum die hethitischen Stadtplaner die Siedlung nach Süden hin in ein von Felsen derart zerklüftetes Gebiet vergrößerten und nicht nach Norden, wo man in der Schwemmlandebene große Flächen hätte regelmäßig bebauen können. Die Antwort liegt in der Struktur der Landschaft und der Geologie des neuen

Abb. 32: Luftbild der Oberstadt von Süden. Im Zentrum liegt das Tempelviertel, dessen prominenteste Bauten (T2–5) leicht erhöht auf Terrassen liegen.

Stadtareals. Denn die tief in den Untergrund reichenden, aber untereinander nicht verbundenen Kalksteinfelsmassive bewirken, daß sich das Grundwasser an ihnen staut und so in deren Umfeld an vielen Stellen an die Oberfläche tritt (H. Wittenberg). Allein das Gebiet der Oberstadt mit seinen zahlreichen natürlichen Quellen bietet im Gegensatz zu den Regionen nördlich der Stadt, wo die eingeschwemmten Sedimente verhindern, daß das Grundwasser an die Oberfläche tritt, eine gesicherte Wasserversorgung (Abb. 111. 114).

Unklar ist, ob diese Stadterweiterung auf ein entsprechendes Bevölkerungswachstum zurückzuführen war. Ich bezweifle dies, da in den neuen Stadtbereichen hauptsächlich öffentliche und repräsentative Bauten errichtet wurden, die die Macht des sich gleichzeitig wesentlich verändernden Staates repräsentierten oder zu dessen wirtschaftlicher Absicherung dienten. Wohnbauten sind hingegen in diesem Bereich bis in das 13. Jahrhundert v. Chr. kaum belegt. Darüber hinaus hätte ein Bevölkerungsanstieg unter den wirtschaftlichen Bedingungen Zentralanatoliens nur sehr langsam erfolgen können und würde eine derartig groß angelegte, mit einem Mal erfolgende Erweiterung nicht begründen.

Das 16. bis 14. Jahrhundert v. Chr.

Da große Flächen der Oberstadt noch nicht ausgegraben sind, ist unklar, ob die Besiedlung dieses riesigen Stadtbereichs nur einen Ausgangspunkt hatte oder ob die Erschließung an mehreren Stellen gleich-

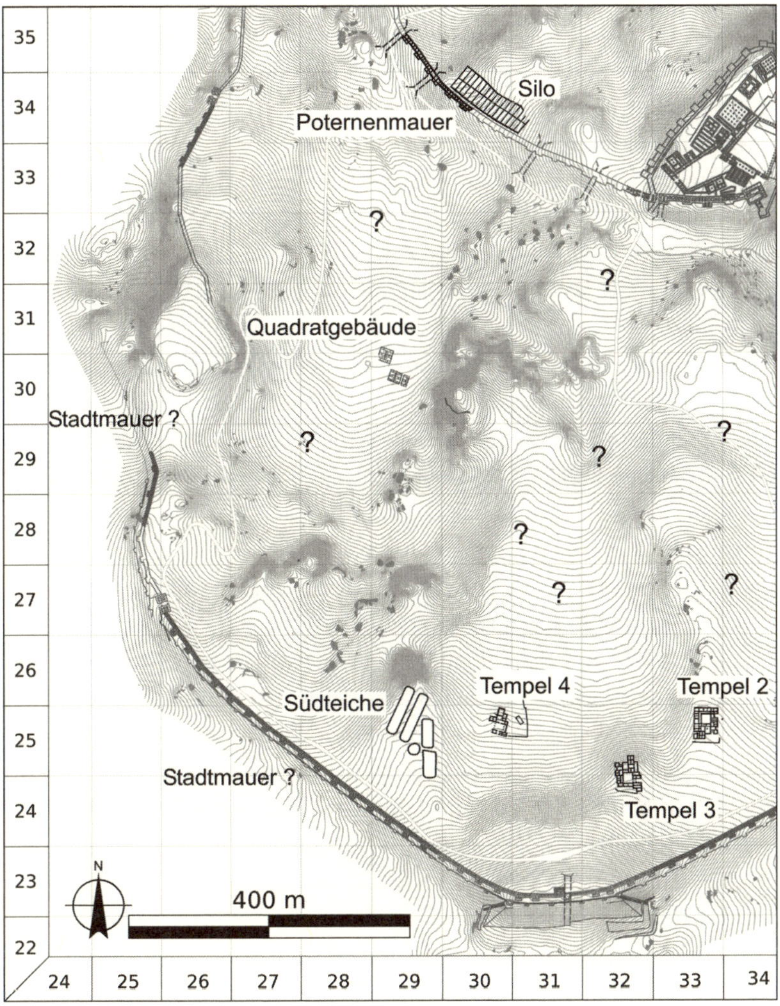

Abb. 33: Die Oberstadt von Hattuscha in der 2. Hälfte des 16. Jahrhunderts v. Chr.

zeitig begann (Abb. 31–33). Die ältesten Belege für hethitische Aktivitäten wurden auf einem markanten Geländesporn nordwestlich von Yerkapı untersucht, wo spätestens um die Mitte des 16. Jahrhunderts v. Chr. ein unterirdischer Getreidespeicher angelegt wurde (J. Seeher). Da solche Speicher zur langfristigen Vorratshaltung größerer Mengen an Getreide geeignet waren, die nach der Öffnung der Speichergrube binnen kurzer Zeit genutzt werden mußten, könnte die Form der Lagerung ein Indiz dafür sein, daß dort Saatgut aufbewahrt wurde. Die Ebenen der späteren Oberstadt wurden in dieser Zeit – d. h. im 17. und frühen 16. Jahrhundert v. Chr. – vielleicht noch als Felder genutzt, wie es im Falle ähnlicher Strukturen aus mittel- und neuassyrischer Zeit in Nordmesopotamien der Fall war.

Nach einer kurzen Nutzung ersetzte man das Getreidesilo noch im 16. Jahrhundert v. Chr. durch fünf große Wasserspeicher – die sogenannten Südteiche –, die die gesamte Fläche des Geländesporns einnahmen und mindestens 150 Jahre in Benutzung waren (Abb. 113). Etwa zur gleichen Zeit, in der 2. Hälfte des 16. Jahrhunderts v. Chr., lassen sich erste Siedlungsaktivitäten in der Ebene westlich von Sarıkale nachweisen (Abb. 33). Im Gegensatz zu den organisch gewachsenen Stadtbereichen der Altstadt mit ihren unregelmäßigen Gassen und schiefwinkligen Grundstücksgrenzen, liegen diese Bauten entlang sich im rechten Winkel treffender Gassen. Dies wurde dadurch möglich, daß man symmetrisch vorgeplante Raummodule zu quadratischen oder rechteckigen Gebäuden kombinierte (Abb. 34). Offensichtlich ersetzte man die älteren, gewachsenen und dadurch unregelmäßigen Strukturen durch eine bewußt festgelegten Kriterien folgende Planung. Erstmals und bemerkenswert früh in der Geschichte des anatolischen Städtebaus wird an diesen Befunden der Wille zu einer übergreifenden Raumordnung erkennbar, der in der zentralanatolischen Bronzezeit nur bei hethitischen Städten (z. B. in Kuşaklı) deutlich wird, die im 16. Jahrhundert oder später gegründet wurden.

Da in der Oberstadt nur natürliche Quellen Möglichkeiten boten, Wasser zu nutzen, ist es kein Zufall, daß die Errichtung der Siedlung im Tal westlich von Sarıkale und die Anlage großer Wasserbauten zeitlich Hand in Hand gingen (Abb. 33. 111); zumal auch in anderen Städten – wie Kuşaklı/Sarissa –, die etwa zur gleichen Zeit entstanden, entsprechende Strukturen entdeckt wurden. Erst die Errichtung von Wasserspeichern,

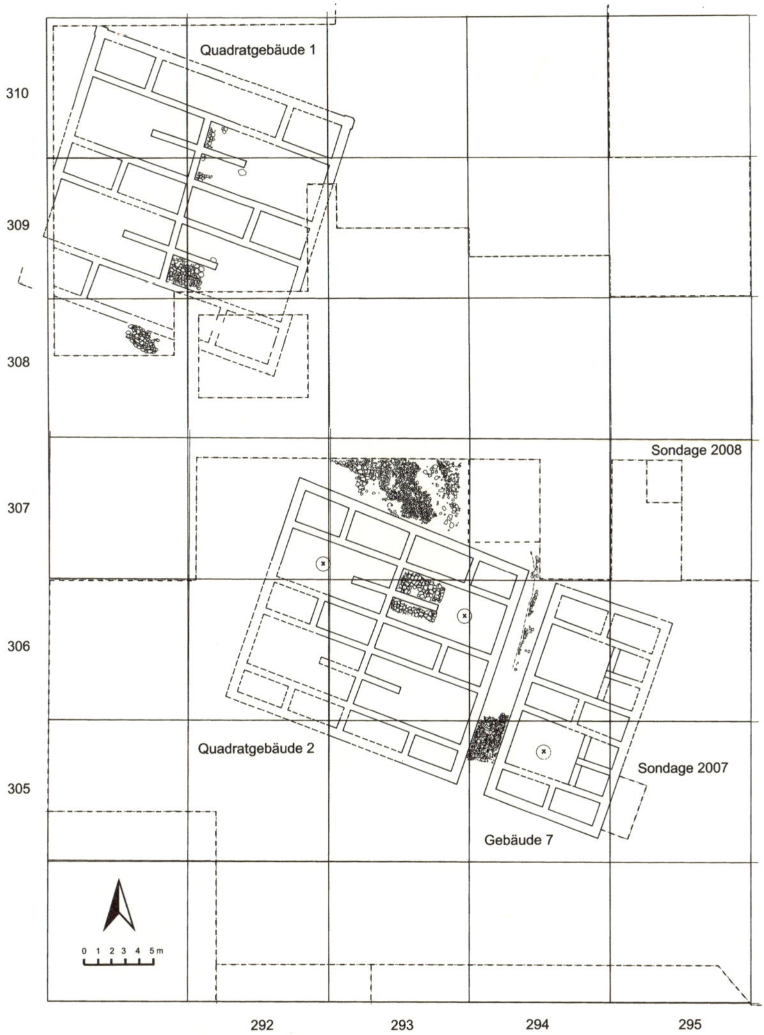

Abb. 34: Modulare Bebauung des letzten Drittels des 16. Jahrhunderts v. Chr. an einem rechtwinkligen Straßensystem in der westlichen Oberstadt von Hattuscha (Tal vor Sarıkale)

die dazu dienten, den im Sommer stets latent drohenden Wassermangel zu kompensieren, ermöglichte es den hethitischen Baumeistern, neue Siedlungsbereiche zu erschließen. In der Hauptstadt belegt dies vor allem die Bebauung der Oberstadt – und auf dem zentralanatolischen Hochland weitere Stadtgründungen wie beispielsweise Kuşaklı/Sarissa, die ein neues, urban geprägtes und wahrscheinlich flächendeckendes Siedlungssystem darstellen. Dieses ist charakterisiert durch die Wahl neuer Siedlungsplätze häufig auf Hochplateaus und im Gebirge; es bricht durch neue, regelmäßige, geplante Stadtstrukturen augenscheinlich mit den älteren Siedlungstraditionen.

Stärker noch als die Altstadt von Hattuscha ist die Oberstadt durch die Geländeformationen in voneinander getrennte Bereiche gegliedert (Abb. 31. 32). Ihren natürlichen Mittelpunkt bildet eine Senke, die sich nach Norden direkt auf Büyükkale – den Bereich des Palastes – öffnet. In diesem Becken hat Peter Neve zwischen 1978 und 1986 nicht weniger als 27 Gebäude freigelegt, die er als Tempel interpretiert (Abb. 31. 35). Trotz

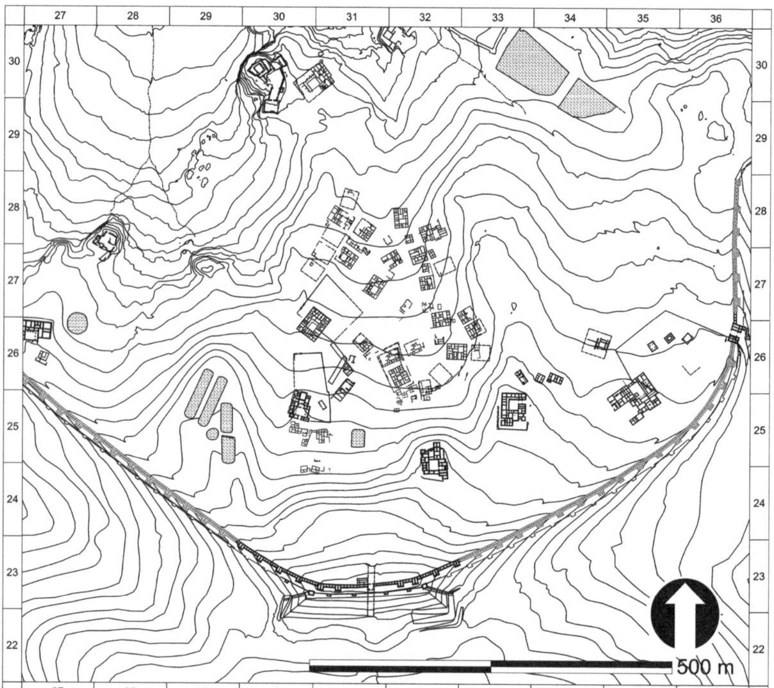

Abb. 35: Übersicht über die Bebauung des zentralen Tempelviertels in der älteren Phase (Obst. 3).

großflächiger Grabungen ist es jedoch nicht möglich zu entscheiden, ob, und wenn ja, welcher der Tempel im zentralen Tempelviertel bereits in der frühen Phase des Ausbaus der Oberstadt im 16. Jahrhundert v. Chr. errichtet worden sein könnte.

Die Bauwerke weisen eine typologische Entwicklung ihrer Grundrisse von unregelmäßigen Gebäuden zu linear geplanten, regelmäßigen Anlagen auf (Abb. 83), die durch die Überlagerung der Bauschichten in der Oberstadt von Hattuscha in eine relative zeitliche Abfolge gebracht werden können. Zwar können wir die Veränderung der Architekturformen aufgrund der zur Verfügung stehenden Materialien nicht mit historischen Daten verknüpften, doch ist aufgrund neuerer Forschungen zumindest klar, daß einige Tempel mit einem charakteristischen Bauplan sehr viel älter sind, als ursprünglich von Peter Neve angenommen (Abb 83). Ausgangspunkt für diese Vermutung ist, daß in Kuşaklı das Gebäude C, der Tempel des Wettergottes von Sarissa, der im Sinne der genannten Typologie der Gebäudeformen bereits der mittleren Entwicklungsstufe angehört, aufgrund der dort gewonnen dendrochronologischen Datierungen bereits im letzten Drittel des 16. Jahrhunderts v. Chr. errichtet wurde (A. Müller-Karpe). Folglich müßten die typologisch älteren Heiligtümer wie zum Beispiel die Tempel 2, 3, 4, 5 in der Oberstadt von Hattuscha noch älter sein (Abb. 33. 83).

Ein weiteres, indirektes Indiz, das für diese Vermutung spricht, liefern großen Mengen Keramik, die in einem der Wasserspeicher in der südwestlichen Oberstadt – in unmittelbarer Nähe einiger der älteren Tempel – ausgegraben wurden. Die Scherben wurden offensichtlich zusammen mit Brandschutt in den Wasserreservoiren deponiert. Dabei ermöglichen es die verbrannten organischen Reste, dieses Ereignis durch Radiokarbonanalysen in das frühe 14. Jahrhundert v. Chr. zu datieren (U. Schoop, J. Seeher).

Was haben aber diese Abfallhaufen mit der Problematik der Tempel zu tun? Der Zusammenhang ergibt sich aus der Tatsache, daß es sich bei den Gefäßformen nicht um solche des alltäglichen Lebens handelt, sondern viele besondere, vor allem für Kulthandlungen verwendete Formen darunter waren. Wahrscheinlich wurde hier das Inventar eines abgebrannten Tempels ausgegraben (J. Seeher). Da es unwahrscheinlich ist, daß der Brandschutt über weite Strecken transportiert wurde, stammt er wahrscheinlich von einem der nahegelegenen Tempel, von denen einige Merkmale der ältesten Architekturform aufweisen. Es deutet deshalb vieles daraufhin, daß parallel zu den großen Wasserspeichern in der Oberstadt im ausgehenden 16. Jahrhundert v. Chr. auch schon die markanten Höhenpunkte in diesem Stadtbezirk durch monumentale Tempel – die Heiligtümer 2, 3, 4 und vielleicht auch 5 – besetzt waren (Abb. 32. 33).

In der Senke zwischen Sarıkale im Norden und Yerkapı im Süden wurden im Laufe der Zeit Gruppen von Tempeln errichtet, die gewisse Beziehungen zueinander aufweisen (Abb. 35). Denn im Plan des Stadtviertels ist eine Ausrichtung der Tempel der jüngeren Bauform entlang eines regelmäßigen Straßensystems sowie um einen zentralen Platz zu erkennen. Matthias Dürr hat zudem anhand der rekonstruierten Blickverbindungen festgestellt, daß die jüngeren Bauwerke in der Senke optisch auf die erhöht liegenden Tempel der älteren Bauformen ausgerichtet waren.

Bemerkenswert ist zudem, daß sämtliche datierbaren Schriftfunde aus dem Tempelviertel in die mittel-hethitische Zeit zu datieren sind (J. Klinger). Bedenkt man, daß ein Tempel wahrscheinlich bei seiner Einweihung mit den nötigen religiösen Texten ausgestattet wurde, ist es sehr unwahrscheinlich, daß die Texte nachträglich in die Tempel umgelagert wurden. Deshalb müßte die Mehrheit der Tempel spätestens bereits im frühen 14. Jahrhundert v. Chr. bestanden haben (Abb. 35).

Auch wenn diese Rekonstruktion noch verschiedene Probleme aufwirft, so erscheint sie im Lichte der zur Verfügung stehenden archäologischen Befunde weitgehend schlüssig. Bezieht man alle Ergebnisse in die Bewertung mit ein, so hat sich die Entwicklung dieses für die hethitische Kulturgeschichte eminent wichtigen Stadtareals über einen wesentlich längeren Zeitraum erstreckt, als man lange vermutet hat.

Unklar ist, wann die ersten Befestigungsanlagen der Oberstadt errichtet wurden. Wir haben gehört, daß einiges dafür spricht, daß es im frühen 16. Jahrhundert v. Chr. noch Felder in der Oberstadt gab. Dagegen ist es unwahrscheinlich, daß im letzten Drittel desselben Jahrhunderts die großen Wasserspeicher, das innovativ geplante Stadtviertel in der Senke westlich von Sarıkale und vielleicht auch einige Tempel außerhalb einer umwallten Siedlung lagen. Da die bis heute sichtbare Befestigungsanlage dem mindestens seit dem späten 16. Jahrhundert v. Chr. verwendeten Planschema entspricht und der idealen Verteidigungslinie im Gelände folgt, ist

Abb. 36: Das Löwentor in der südwestlichen Oberstadt. Das obere Bild (a) zeigt den Zustand vor der umfassenden Restaurierung 2010, das untere (b) den nach dem Abschluß der Arbeiten im Oktober 2010, bei denen unter anderem der verlorene Kopf des linken Löwen ergänzt wurde.
Der linke Löwe ist mehr als 10 % größer als der rechte.

es wahrscheinlich, daß hier seit dieser Zeit eine Stadtmauer verlief; auch wenn wir die erhaltenen Resten zeitlich nur ungenau einordnen können.

Die Stadtmauer der Oberstadt weist fünf Toranlagen auf, die sich dadurch auszeichnen, daß die Torlaibungen aus monumentalen Blöcken errichtet wurden und eine parabelförmige Fassade des Durchgangs aufweisen (Abb. 36 a, b). Da uns die hethitischen Bezeichnungen unbekannt sind, verwenden wir heute assoziativ entstandene moderne Benennungen. Das Löwentor (Abb. 36), das Sphingentor – ein Fußgängertor auf Yerkapı – und das Königstor (Abb. 69) waren zudem mit Skulpturen verziert, die aus den Monolithen der Torlaibungen gemeißelt wurden. Der künstlich aufgeschüttete Wall von Yerkapı, unter dem eine auf der Stadtaußenseite weithin sichtbare Poterne – ein überbauter Tunnel unter dem Festungswerk – hindurchläuft (Abb. 32. 70. 71), ist gleichsam die Krönung der Stadt und erfüllt keine fortifikatorische Funktion. Vielmehr diente das Bauwerk wahrscheinlich als Bühne für religiöse Inszenierungen und Prozessionen, die räumlich und sachlich im Zusammenhang mit den nahegelegenen Tempeln gestanden haben könnten.

Yerkapı beherrscht als weithin sichtbare Landmarke vom höchsten Punkt des Geländes aus die gesamte Stadt und deren Umland (Abb. 22. 32). In der Gesamtanlage der Oberstadt mit Yerkapı, den Stadttoren und den auf diese bezogenen Tempeln kommt ein weitreichender Gestaltungswille und ein umfassendes planerisches Denken zum Ausdruck, hinter denen sich ein Machtverständnis offenbart, das sich in neuer Architektur und einer bewußt gestalteten urbanen Landschaft in auch für die hethitische Welt einmaliger Art und Weise inszenierte.

Unklar ist jedoch, wann der monumentale Ausbau der Stadtmauer mit den großen Toren und mit dem künstlich aufgeschütteten Wall von Yerkapı erfolgte. Lange verband man dieses Projekt mit den mächtigen hethitischen Königen des 13. Jahrhunderts v. Chr.; neue Überlegungen zur Datierung der Entwicklung der Oberstadt und neue Funde in hethitischen Provinzorten erlauben aber auch andere Schlüsse: Geht man davon aus, daß die Verlagerung der Hauptstadt unter Muwattalli II. in der 1. Hälfte des 13. Jahrhunderts v. Chr., auf die ich noch eingehen werde (ab Seite 94), das Ende der meisten Tempel bedeutete, so könnte es sein, daß der Ausbau der Stadtbefestigung mit der Errichtung der monumentalen Tore und der Anlage von Yerkapı bereits im 14. Jahrhundert v. Chr. erfolgte (Abb. 35). Bestehen doch klare funktionale Verbindungen zwischen den Tempeln, den Toren und der Stadtmauer – etwa zwischen dem Königstor und Tempel 5 bzw. zwischen dem Löwentor, Tempel 30 und Yenicekale. Eine Errichtung der monumentalen Stadttore erst im 13. Jahrhundert, d. h. in einer Zeit, als die Oberstadt wahrscheinlich weitgehend als Handwerkerviertel diente, wäre hingegen kaum erklärbar, zumal der Kultbetrieb in den meisten Tempeln damals schon zum Erliegen gekommen war.

Die Tatsache, daß am Löwentor die Bearbeitung der Mauerquader auf der Außenseite nicht vollendet wurde (Abb. 121), führte man häufig als Indiz für eine Datierung des Tors an das Ende der hethitischen Epoche an (R. Naumann). Dieses Phänomen könnte meiner Meinung nach aber genauso plausibel damit begründet werden, daß man mit den Bauarbeiten an dem Tor vor der Verlegung der Hauptstadt im frühen 13. Jahrhundert v. Chr. begonnen und es dann nicht mehr fertiggestellt hatte, da mit der allgemeinen Funktionsveränderung der Oberstadt auch das Tor seine ihm zugedachte repräsentative Stellung verlor. Gestützt würde diese Einordnung durch neue Relieffunde in Kayalıpınar (A. Müller-Karpe), die stratigraphisch in die mittel-hethitische Epoche zu datieren sind und Konsequenzen für eine wesentlich frühere Datierung des Königstores in Boğazköy und des Sphingentores in Alaca Höyük haben, auf die ich im Abschnitt zur hethitischen Kunst noch detailiert eingehen werde (ab Seite 204).

Im 14. Jahrhundert v. Chr. pflegten die Hethiter intensive internationale Kontakte. An den repräsentativen Bauformen ist dennoch kein überregionaler Einfluß erkennbar. Vielmehr ist das Bemühen offensichtlich, eigene Formen der Repräsentation herrschaftlicher Macht zu entwickeln. Die Tempel und Paläste, besonders aber die Tore der Oberstadt mit ihrer einzigartigen Gestalt der Fassade der Durchfahrt belegen das Bemühen, der Stadt zu repräsentativen Bauformen zu verhelfen; das gleiche gilt für die künstlich aufgeschüttete Anlage von Yerkapı, die gleichsam als Krönung des Stadtbildes den hethitischen Machtanspruch verkörpert.

Trotz der im Hinblick auf die Datierungen einzelner Gebäude bestehenden Probleme wird deutlich, daß im 15. und 14. Jahrhundert v. Chr. zahlreiche und formal verschiedene Großbauten in der Oberstadt vorhanden waren, die diesem Stadtviertel eine ganz eigene, repräsentative

Prägung verliehen. Einzelne Bereiche haben zwar kurzzeitig als Wohn- und Handwerkerviertel gedient (z. B. im Tal vor Sarıkale), aber ein Bevölkerungszuwachs, der diese riesige Stadtfläche hätte füllen können, ist in den archäologischen Befunden nicht erkennbar. Die Dominanz der repräsentativen und technischen Bauten steht bis in das frühe 13. Jahrhundert v. Chr. klar im Vordergrund.

Das 13. Jahrhundert v. Chr.

Anhand der baulichen und funktionalen Unterschiede zwischen den Gebäuden der Schichten Oberstadt 3 und 2 wird ein tiefgreifender funktionaler Wandel des zentralen Tempelviertels erkennbar. An die Stelle der meisten Tempel der Schicht 3 treten in der Schicht 2 Töpferwerkstätten und andere Gebäude mit profanen Funktionen (Abb. 35. 37). Diese Entwicklung umfaßte weite Teile der zentralen Oberstadt und angrenzender Areale. So wurde auch der Tempel 30 am Löwentor zugunsten einer Töpferwerkstatt mit angeschlossenen Gebäuden aufgegeben (Abb. 31. 131). Im Tal vor Sarıkale datiert das Ende der letzten Phase der Besiedlung spätestens etwa um 1250 v. Chr., das heißt ebenfalls ungefähr in diese Zeit der Veränderungen (J. Seeher).

In den veränderten Nutzungsformen zentraler Bereiche der Oberstadt spiegelt sich ein tiefgreifender Wandel: Die Stadt existierte zwar weiterhin in ihrer alten Größe, doch wurden viele der Tempel von einem bestimmten Zeitpunkt an offenbar nicht mehr benötigt. Dies ist ein Zeichen für eine grundlegende Veränderung, welche die politische Herrschaft und die Kultpraxis gleichermaßen betrifft. Zwar wäre es denkbar, diese Entwicklungen mit den Unruhen am Ende der hethitischen Epoche zu verbinden; gegen diese ursprüngliche Annahme spricht jedoch, daß die ausgegrabenen Reste eine längerfristige Nutzung des ehemaligen Tempelviertels als Werkstattareal andeuten. Vielmehr könnte sich in den baulichen Veränderungen die Zeit des ersten Viertels des 13. Jahrhunderts v. Chr. widerspiegeln (D. Mielke), als Muwattalli II. die Hauptstadt, wie er betont «[...] *mit den Göttern von Hatti und den Manen* [...]» nach Tarhuntassa verlegte, das im Süden des anatolischen Hochlandes vermutet wird. Die-

Abb. 37: Bebauung des zentralen Tempelviertels in der jüngeren Phase (Obst. 2)

ses Ereignis stellt die einzige tiefgreifende Zäsur in der Geschichte der hethitischen Hauptstadt dar, von der nach Aussage der Texte auch die Kulte betroffen waren; es könnte deshalb eine Erklärung für die ungeplante Umgestaltung der Oberstadt sein. Denn nur ein solch gravierendes Ereignis könnte die Aufgabe der Tempel begründen.

Murschili III. verlegte die Hauptstadt wahrscheinlich in den späten 70er oder 60er Jahren des 13. Jahrhunderts v. Chr. wieder zurück nach Hattuscha – wahrscheinlich, weil er erkennen mußte, daß die Stadt über ihre Funktion als Aufenthaltsort des Herrschers hinaus als kulturelles und religiöses Zentrum von entscheidender Bedeutung für die Identitätsbildung des hethitischen Reichs war. Denn dort waren nicht nur die Kulte der wichtigsten Reichsgötter angesiedelt, sondern dort wurde traditionell auch der neue König in sein Amt eingeführt und nahm die Eidleistungen des Adels entgegen. Darüber hinaus befanden sich wahrscheinlich auch die meisten Gräber und Einrichtungen für den Ahnenkult der verstorbenen Könige in Hattuscha, so daß die Stadt neben ihren herkömmlichen wirtschaftlichen, politischen und religiösen Funktionen auch eine große Bedeutung für die Legitimation der Könige hatte. Da diese spirituelle und erinnerungsgeschichtliche Qualität auf keine andere Stadt übertragen werden konnten, war es den hethitischen Herrschern unmöglich, die im Hinblick auf die geopolitische Situation des 13. Jahrhunderts v. Chr. strategisch eher ungünstig gelegene Stadt auf Dauer aufzugeben.

Mit dem Friedensschluß zwischen Hattuschili III. und Ramses II. wurde – nachdem die Hethiter und Ägypten seit ersten Kontakten im 15. Jahrhundert v. Chr. als Konkurrenten und Feinde aufgetreten waren – 1259 v. Chr. außenpolitisch eine lang anhaltende überregionale Stabilität im Vorderen Orient erreicht. Die innerhethitischen Spannungen verstärkten sich jedoch dadurch, daß Hattuschili III. kurz zuvor seinen Neffen Murschili III. (Urhi-Teschub) vom Thron verdrängt hatte. Inwieweit Hattuscha von diesen Umwälzungen betroffen war, läßt sich nur indirekt erschließen. Immerhin lassen die ausgegrabenen Befunde erkennen, daß die Stadt auch nach der Rückverlegung der Machtzentrale weiter entwickelt wurde: der Sohn Hattuschilis III. – Tuthalija IV. – engagierte sich vor allem in der Gestaltung des Felsheiligtums von Yazılıkaya (Abb. 59), während dessen Sohn, Schuppiluiluma II., als Bauherr in der Stadt selbst hervortritt (Abb. 38).

Im späten 13. Jahrhundert v. Chr. entsteht südlich des Palasts, zwischen Büyükkale, Nişantepe und der Südburg ein umfassender, funktional zusammengehörender Komplex (Abb. 38). Dieser besteht im Westen aus der Anlage von Nişantepe, die wohl – wie noch zu zeigen sein wird – als sogenanntes ^{NA4}*hegur* im Zusammenhang mit dem Totenkult des Königs stand. Das gleiche gilt wahrscheinlich auch für die sogenannte Kammer 2 auf der östlich gelegenen Südburg, die durch einen etwas nördlich gelegenen Tempel (31) ergänzt wird (Abb. 38). Diese Gruppe von Gebäuden, die alle auf die eine oder andere Weise eine Rolle im Kult der Erinnerung an

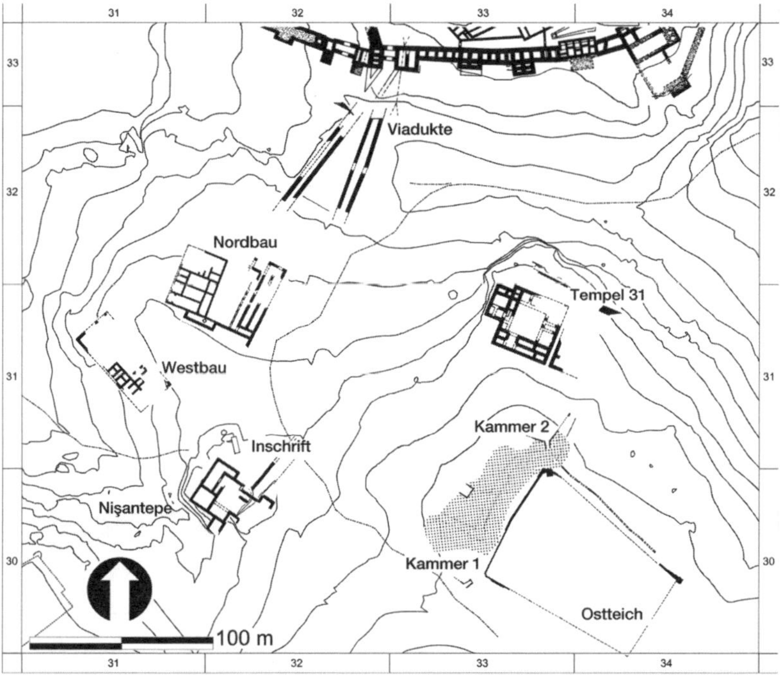

Abb. 38: Die Bebauung des ausgehenden 13. Jahrhunderts v. Chr. zwischen Nişantepe, Kammer 2 und Tempel 31

den verstorbenen König spielten, hatte Kraft dieser Funktion aber auch enorme Bedeutung für die Legitimation des regierenden Königs. Die Gruppierung der Gebäude greift vergleichbare ältere Gestaltungsmuster der Stadtviertel im Umfeld von Yenicekale und Sarıkale auf. Diese Neugestaltung wurde notwendig, da die Familienlinie von Schuppiluliuma II. seit den Ereignissen im Zusammenhang der Thronergreifung durch Hattuschili III. ein Legitimationsproblem hatte. Zudem hatte sich die Gestalt der zentralen Oberstadt aber auch in der Zeit, als die Hauptstadt in Tarhuntassa lag, grundlegend verändert, so daß die alte Kulttopographie nicht mehr nutzbar war.

Die damit notwendig gewordene Errichtung entsprechender neuer Bauten noch zu Lebzeiten des Königs Schuppiluliuma II. in einem topographisch klar definierten und abgegrenzten Bereich unmittelbar südlich der Büyükkale ist das letzte große Bauprogramm in der hethitischen Hauptstadt. Es fällt in eine Zeit, die den Schriftquellen zufolge durch schwere innenpolitische und wirtschaftliche Krisen geprägt war. Während im östlichen Teil der Oberstadt noch einmal monumentale Bauten errichtet wurden, belegen Brachflächen im Tal westlich von Sarıkale, daß der Niedergang der Stadt bereits partiell in der Mitte des 13. Jahrhunderts v. Chr. eingesetzt hatte.

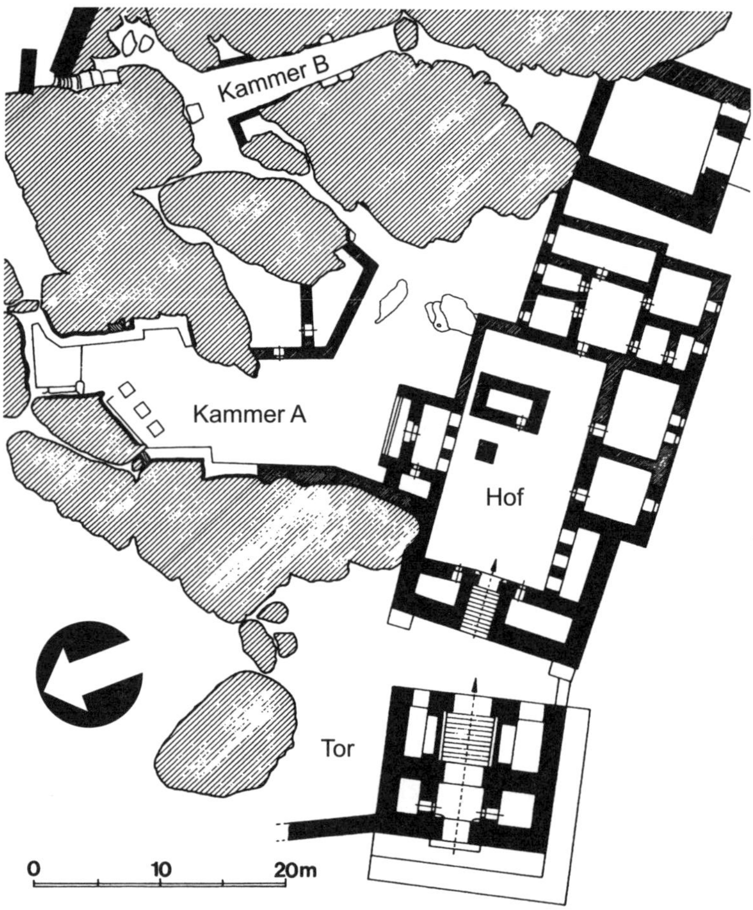

Abb. 39: Plan des offenen Heiligtums von Yazılıkaya; dargestellt ist die jüngste Bauschicht im 13. Jahrhundert v. Chr.

Eine Besiedlung außerhalb der Stadtmauern

Bereits bei der Entdeckung der Ruinen von Boğazköy war klar, daß auch außerhalb der Mauern mit Kulturresten der hethitischen Epoche zu rechnen sein würde. Etwa 2 km nordöstlich der Stadt entdeckte Charles Texier versteckt in einer labyrinthartigen Felsengruppe das Heiligtum von Yazılıkaya (zu deutsch: beschriebener Fels) (Abb. 4. 39–45. 136. 137). Dort haben sich in zwei Felskammern in einmaliger Art und Weise in den Fels gemeißelte Reliefzyklen erhalten, die einen bildlichen Eindruck der hethitischen Götterwelt des 13. Jahrhunderts v. Chr. vermitteln. Während die bis heute erhaltene Ausgestaltung wahrscheinlich auf Tuthalija IV. (ca. 1240 bis 1220/15), den Sohn von Hattuschili III., zurückgeht, der sich – ähnlich einem Stifter in Kirchenbildern des Mittelalters – mit seinem eigenen Bild gegenüber der Hauptszene in der Kammer A verewigt hat (Abb. 59), haben Grabungen in den zahlreichen Felsspalten und vor dem Felsenhain gezeigt, daß dort bereits seit der Frühbronzezeit Kulthandlungen vollzogen wurden. In hethitischer Zeit wurden in drei Phasen vor der Felsengruppe Gebäude errichtet, die die Kultkammern nach außen abschirmten und der Gesamtanlage die Gestalt eines Tempels verliehen (Abb. 39).

Abb. 40: Ein Teil der Götterreihung auf der linken Seite der Kammer A: Anhand der Beischriften in luwischen Hieroglyphen – jeweils vor der erhobenen linken Hand – können die männlichen Götter als ein unbekannter Gott, als Pischaischaphi, als der Gott der Unterwelt Nergal, als die göttlichen Stiere – Scherri und Hurri, die auf dem Zeichen für «Erde» stehen und das für den «Himmel» tragen – , als der Kriegsgott ZABABA, als Pirinkar (?), als ein unbekannter Schutzgott und als ein weiterer Kriegsgott Aschtabi gedeutet werden.

Abb. 41: Ein Teil der weiblichen Götter auf der rechten Seite der Kammer A

Abb. 42: Das wichtigste Götterpaar des hethitischen Pantheons im 13. Jahrhundert v. Chr. steht einander in der Kammer A gegenüber: der Wettergott Teschub links und die Sonnengöttin Hepat rechts

Abb. 43: Großkönig Tuthalija IV. in der Umarmung durch seinen Lieblingsgott Scharumma, den Sohn des Wettergottes und der Sonnengöttin (Kammer B). In der rechten oberen Ecke des Relieffelds befindet sich die Namenskartusche des Königs.

Abb. 44: Die Kammer B, in der Bildmitte das Relief eines in den Boden gestoßenen Schwertes, dessen Griff durch Löwen gebildet wird und das Nergal, den Gott der Unterwelt, symbolisiert.

Abb. 45: Die zwölf marschierenden Götter in der Kammer B von Yazılıkaya

Die Bilder in der Kammer A zeigen in einmaliger Aufreihung die männlichen Götter des hethitischen Pantheon auf der linken (Abb. 40) und die weiblichen (Abb. 41) auf der rechten Seite der Felskammer. An der Stirnseite treffen sich beide Reihen und der Wettergott von Hatti (Teschub) – links – und die Sonnengöttin von Arinna (Hepat) – rechts – stehen einander gegenüber (Abb. 42).

Stilistische Gemeinsamkeiten der Götterbilder und der Darstellung des Königs sprechen dafür, daß sie mit einiger Wahrscheinlichkeit gleichzeitig aus dem Fels gemeißelt wurden, so daß der bis heute in der Kammer A erhaltene Bildzyklus wahrscheinlich in die Mitte des 13. Jahrhunderts v. Chr. zu datieren ist. Die Reliefs der Kammer B sind hingegen aufgrund ihres Inhalts in die Zeit nach Tuthalija IV. zu datieren, der – versehen mit seiner Namenskartusche – dort mit einer Hörnermütze als Zeichen der Vergöttlichung als verstorbener König dargestellt wurde. Er wird bildlich von seinem persönlichen Schutzgott Scharumma (Abb. 43) – dem Sohn des Wettergottes von Hatti und der Sonnengöttin von Arinna –, dem Gott der Unterwelt Nergal – symbolisiert durch ein in den Boden gerammtes Schwert – übergeben (Abb. 44). Auf der dieser Szene gegenüberliegenden Seite der Felskammer B sind zwölf identisch gekleidete und jeweils mit einem Sichelschwert bewaffnete Götter dargestellt (Abb. 45), die sich in fast identischer Darstellungsweise auch auf der linken Seite der Kammer A finden und durch einen Ritualtext in ein nicht näher deutbares Verhältnis zu Nergal – dem Gott der Unterwelt – gesetzt wurden. Dieser Raum diente offenbar dem Totenkult des verstorbenen Königs Tuthalija IV., der vielleicht als Statue am nördlichen Kopfende präsent war, wo sich eine zweite Namenskartusche befindet. Wahrscheinlich wurde Kammer B (eventuell als ^{NA4}*hegur*, siehe ab Seite 165) erst unter seinem Sohn Schuppiluliuma II., am Ende des 13. Jahrhunderts v. Chr. fertiggestellt.

Während das Ensemble der Kammer B dem Totenkult und der Erinnerung an den verstorbenen König diente, ist der einmalige Bildzyklus der Kammer A als Dekoration des Tempels zu verstehen. Obwohl man aufgrund der Schrittstellung der Götter im modernen Bildverständnis eine Art Prozession vermuten könnte, handelt es sich lediglich um die Darstellung einer Versammlung, ohne daß eine Bewegung gemeint wäre. Denn die altorientalischen Künstler konnten menschliche Figuren proportional richtig nur in Seitenansicht darstellen. Die Kammer diente wahrscheinlich als Bühne für Feierlichkeiten anläßlich des Frühjahrsfestes (K. Bittel, H. G. Güterbock). Die in Yazılıkaya bildlich erhaltene Götterversammlung weist Parallelen zu einem Keilschrifttext auf, der beschreibt, wie sich die Götter anläßlich des Frühjahrsfestes im Haus des Wettergottes versammelten (H. Otten). Darüber hinaus entspricht die Anordnung der Bilder der Reihenfolge der Gottheiten in den Opferlisten.

Darüber hinaus könnte Kammer A in Yazılıkaya auch bei der Krönungszeremonie der Könige eine Rolle gespielt haben; zumal die komplementäre Verbindung zu Kammer B als Ort der Erinnerung (^{NA4}*hegur*) an den verstorbenen König wesentlich zur Legitimation des neu eingeführten Königs beitrug.

In den 1960er Jahren erkannte man, daß auch die nur wenige hundert Meter nördlich außerhalb der Stadt am Weg nach Yazılıkaya gelegene Felsgruppe von Osmankayası von den Hethitern genutzt wurde (Abb. 46). Hier wurde die bisher einzige Nekropole im Umfeld von Hattuscha freigelegt. Sie datiert in das 17. und 14. Jahrhundert v. Chr. und umfaßt neben Körperbestattungen vor allem Urnen, in denen sich Reste von Feuerbestattungen fanden (siehe ab Seite 293).

Im Südosten der Stadt liegt unmittelbar nordwestlich der Kayalıboğaz-Klamm, durch die auch in der Antike der Weg nach Süden in die Berge eintrat, eine mittelgroße Anlage. Auch wenn anhand der Oberflächenfunde und trotz geophysikalischer Untersuchungen kein Grundriß zu rekonstruieren ist, so sprechen doch die Bauweise mit massiven Werksteinblöcken und die strategische Lage dafür, daß es sich dabei um ein der Stadt vorgelagertes Bollwerk handelte, das den von Süden durch die Klamm heranführenden Weg in Richtung Königstor sicherte.

Diesen deutlichen Hinweisen auf hethitische Aktivitäten außerhalb der Stadt wurde lange nicht weiter nachgegangen. Erst seit den 1990er Jahren wird das Umfeld der Stadt auch mit Hilfe neuer Methoden nach und nach erforscht: Zunächst entdeckte der Archäologe Rainer Czichon im Rahmen einer Geländebegehung verstreute Keramik und damit Hinweise auf Siedlungsareale außerhalb der Stadtmauern. Die seit 2006 andauernde Erforschung des Umfelds der Stadt mittels geophysikalischer Methoden erlaubt nun auch Rückschlüsse auf die einstige Architektur. So ist es gelungen, eine lockere Bebauung im nördlichen und östlichen Umfeld der Stadt zwischen Büyükkaya und Yazılıkaya nachzuweisen (Abb. 47. 48).

Abb. 46: Die Nekropole von Osamankayası liegt zwischen einer Ansammlung von Felsen nördlich der Stadt.

Besonders bemerkenswert sind zwei Anlagen, die 2007 östlich der modernen Straße in Richtung Yozgat erkundet wurden. Diese finden Parallelen in Kuşaklı/Sarissa, die dort zunächst geophysikalisch untersucht und dann ausgegraben wurden (Abb. 112): Demzufolge dürfte es sich um zwei Wasserreservoire handeln (Abb. 48). Während eine Talsperre das durch die Senke abfließende Wasser südwestlich von Yazılıkaya auffängt, liegt ein zweites Reservoir, das den Ostteichen in der Oberstadt entspricht, nur wenig südlich in einer natürlichen Senke (Abb. 48). Ein weiteres potentielles Staubecken, von dem man in den 1960er Jahren die Pflasterung einer der Staumauern zufällig angeschnitten hat, liegt einige hundert Meter nördlich in der Ebene.

Die Funktion dieser Wasserreservoire unterscheidet sich wahrscheinlich von denen in der Stadt. Die bislang außerhalb der Stadtmauern nachgewiesene unzusammenhängende Bebauung dürfte schwerlich solch aufwendige Staubauten für ihre Wasserversorgung benötigt haben. Vielmehr dienten diese Konstruktionen wahrscheinlich zur Anlage kleinräu-

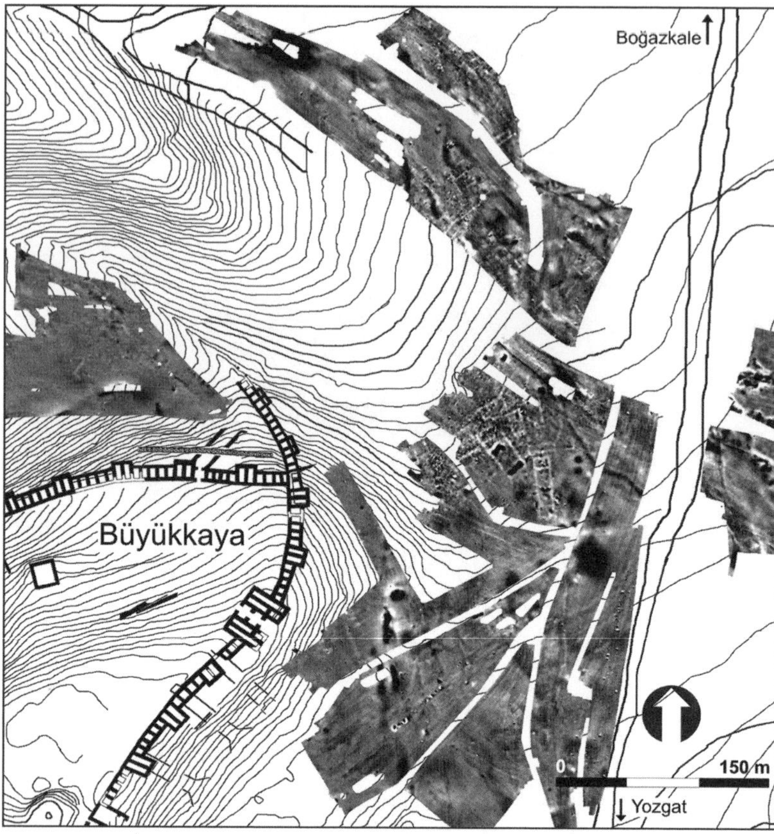

Abb. 47: Zwischen Büyükkaya und Yazılıkaya wurden durch geophysikalische Untersuchungen zahlreiche Gebäude der hethitischen und der byzantinischen Periode festgestellt.

miger Bewässerungssysteme für Felder und Gärten. Diese Praxis spiegelt sich in den hethitischen Gesetzestexten, aus denen zum Beispiel hervorgeht, daß bewässertes Land deutlich teurer war als nicht bewässertes.

Da Rainer Czichon Keramikstreuungen auch im Westen und vor allem im Norden der Stadt entlang des Budaközü entdeckt hat, ist wahrscheinlich auch dort mit einer lockeren Bebauung zu rechnen. Vielleicht haben die Hethiter entlang des Flusses an geeigneten Stellen, wo dieser kanalisiert und abgeleitet werden konnte, Gruben zur Herstellung von Lehm-

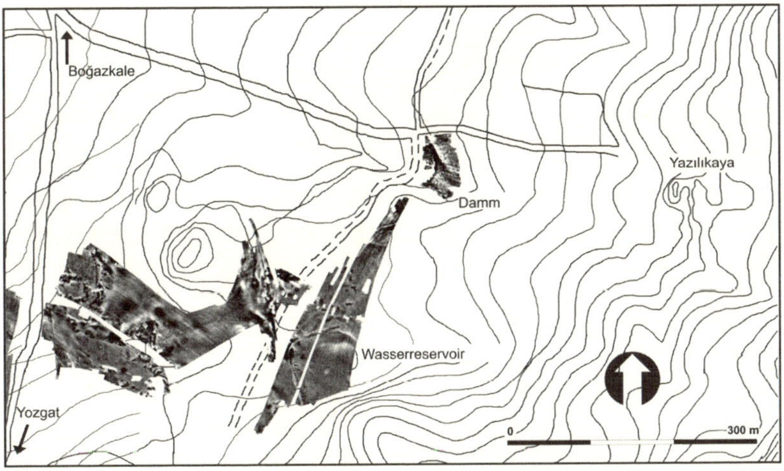

Abb. 48: Zwischen Büyükkaya und Yazılıkaya wurden zwei Wasserreservoire festgestellt.

ziegeln, Gerbereien oder Färbereien betrieben, deren Wasserversorgung in der Stadt aufgrund der Unterschiede im Höhenniveau nicht zu gewährleisten gewesen wäre.

Obwohl wir bei der Erforschung des Umlandes von Hattuscha und dem Verständnis des Verhältnisses zwischen der Stadt und den Bereichen außerhalb der Mauern noch am Anfang stehen, zeigen die Befunde, daß das die Stadt umgebende Tal intensiv genutzt wurde. Die geophysikalischen Arbeiten lassen ganz unterschiedliche Gebäudeformen erkennen: neben einfachen Gehöfte belegen die hydrotechnischen Bauten ebenso wie die großangelegten, regelmäßigen Grundrisse im Bereich von Osmankayası eine vielfältige Bandbreite von landwirtschaftlichen, aber auch von offiziellen Bauwerken und deren Funktionen im Umfeld der Stadt. Diese Art der strukturell und funktional differenzierten Nutzung des Umfelds unterscheidet Boğazköy von Kuşaklı, wo nach Ausweis der geophysikalischen Prospektionen eher mit einer geschlossenen Siedlung zu rechnen ist, die sich entlang der westlichen Ausfallstraße konzentrierte.

Da die Bebauung in der Umgebung von Hattuscha bisher lediglich durch geophysikalische Untersuchungen und Geländebegehungen nachgewiesen wurde, ist ihre Datierung unsicher. Struktur und Größe der

Abb. 49: Eine Brunnenstele aus Bişek/Arifegazili (Höhe 97 cm)

Bauten deuten zwar auf die hethitische Epoche hin, ohne daß gegenwärtig eine weitere Eingrenzung möglich wäre. Alles in allem muß sich diese Erschließung des Umlandes jedoch in einer stabilen und friedlichen Zeit vollzogen haben, sonst wäre eine ausgedehnte Bebauung außerhalb der schützenden Stadtmauern nicht möglich gewesen.

Grundsätzlich ist der Nachweis eines aktiv genutzten Umlandes nicht verwunderlich, zumal er sich mit der textlichen Evidenz deckt. Ein vor wenigen Jahren in Boğazköy gefundener Text beschreibt in einmaliger Genauigkeit das Umland der bisher nicht lokalisierten Stadt *Šaššuna* (E. Rieken). Dieser Text vermittelt einen guten Eindruck davon, wie rational die Hethiter ihre Umwelt wahrnahmen und diese detailreich klassifizierten.

Im Gegensatz zu der vielschichtigen und zumindest teilweise noch urbanen Nutzung des unmittelbaren Umfelds der Städte deuten Zufallsfunde aus der weiteren Umgebung von Boğazköy – beispielsweise reliefverzierte Brunnenstelen aus Derbent und Bişek/Arifegazili (Abb. 49) – und Kuşaklı – eine Stele aus Altınyayla – ebenso wie Funde aus Bereichen, die nicht unmittelbar aus dem Umfeld von Städten stammen – wie etwa das Becken aus Dokuz, die Inschrift vom Staudamm bei Karakuyu oder Inschriftenstelen unbekannter Herkunft, die heute in den Museen von Afyonkarahisar, Yozgat und Sivas aufbewahrt werden –, darauf hin, daß auch weit von urbanen Zentren entfernte Gegenden durch die Besetzung ausgewählter Punkte in das staatliche Wirkungssystem eingebettet waren. Durch diese Markierung der Landschaft wird das Wirken des Staates und seine Ideologie, die durch die verwendeten Bilder transportiert wird, in die Weite des Landes getragen. Die zahlreichen Felsreliefs des 13. Jahrhunderts v. Chr., die in weiten Teilen Anatoliens zu finden sind, lassen ebenso das Bemühen des Staates erkennen, allenthalben Präsenz zu dokumentieren.

Das Ende der hethitischen Metropole

Die letzten Jahrzehnte der hethitischen Hauptstadt können auf der Grundlage der zur Verfügung stehenden archäologischen und textlichen Quellen nur unzureichend beschrieben werden. Ging man lange Zeit davon aus, daß Hattuscha an der Wende vom 13. zum 12. Jahrhundert v. Chr. – evtl. um 1180 – in einer großen, durch äußere Feinde bewirkten Katastrophe schlagartig zugrunde ging und dann über mehrere hundert Jahre verwaist war, wie unter anderem der langjährige Ausgräber Kurt Bittel vermutete, so erlauben die Befunde der 1990er Jahre auf Büyükkaya eine differenziertere Rekonstruktion der Geschichte, auch wenn uns für ein vollständiges Bild noch viele Mosaiksteine fehlen (J. Seeher).

Das Reich der Hethiter und wahrscheinlich auch die Stadt scheinen in der Zeit, in der die Staatenwelt der Spätbronzezeit im östlichen Mittelmeerraum Stück für Stück zusammenbrach, eine wechselvolle Geschichte erlebt zu haben. Textquellen deuten auf innere Unruhen und wirtschaftliche Schwierigkeiten infolge von Mißernten hin. Im Laufe der Regierungszeiten von Arnuwanda III. und vor allem von Schuppiluliuma II., die an der Wende vom 13. zum 12. Jahrhundert v. Chr. herrschten, kulminierten diese Probleme unter anderem in einem offenen Konflikt zwischen der Zentralmacht in Hattuscha und der Sekundogenitur in Tarhuntassa, den Schuppiluliuma II. – den Inschriften in der Kammer 2 auf der Südburg zufolge (Abb. 50. 51) und an Nişantaşi (Abb. 52) noch einmal für sich entscheiden konnte.

Folgt man den Textquellen, so hatten die innenpolitischen Spannungen ihren Ursprung in der Legitimationskrise, die mehr als ein halbes Jahrhundert zuvor dadurch entstanden war, daß Hattuschili III. seinen rechtmäßig regierenden Neffen Murschili III. (Urhi-Teschub) vom Thron verdrängt hatte. Wie drängend die Problematik der Legitimation war, spiegelt sich nicht nur darin, daß man hohe Beamte zu besonderen Eidleistungen auf den König verpflichtete, sondern auch im oben beschriebenen Bauprogramm von Schuppiluliuma II., das in den an Nişantepe und in der Kammer 2 angebrachten Inschriften die Legitimation des Königs besonders in den Vordergrund rückt (Abb. 38. 50. 51). Diese prekären Umstände spielten eine wichtige Rolle für den Untergang, doch hatte das hethitische Königshaus ähnliche Krisen bereits früher mehrfach überwunden. Neben innenpolitischen und wirtschaftlichen Schwierigkeiten – ausgelöst durch eine Klimaschwankung – könnten sich auch demographische Veränderungen ungünstig auf die Stellung der hethitischen Elite ausgewirkt habe (T. van den Hout). Sichtbar werden diese nur in Ansätzen an der sich in den letzten Dekaden des Reichs verstärkenden Präsenz des Luwischen in dessen Zentrum – so besonders deutlich in den Inschriften von der Kammer 2 auf der Südburg und Nişantepe. Bemerkenswert ist, daß das in Keilschrift geschriebene Hethitisch mit dem Zusammenbruch des Reichs völlig verschwindet, während das mit Hieroglyphen geschriebene Luwische auch in der sich anschließenden Epoche

Abb. 50: Die Kammer 2 auf der Südburg; im Bildvordergrund befinden sich eisenzeitliche Häuser.

Abb. 51: Die sechszeilige Inschrift in der Kammer 2 ist in luwischen Hieroglyphen abgefaßt und berichtet darüber, wie der König Schuppiluliuma mit Hilfe der Götter mehrere Länder in Anatolien erobert, neue Städte gründet und den Göttern opfert (Länge 4 m; Höhe 1,95 m). Die Inschrift endet mit der Erwähnung eines «göttlichen Erde-Wegs», was man dahingehend deuten kann, daß der Weg in die Erden – in den Untergrund – gemeint ist. Möglicherweise könnte man die Kammer 2 deshalb als symbolischen Eingang in die Unterwelt deuten.

Abb. 52: Die Hieroglyphen der Inschrift von Nişantepe sind durch die Witterung so stark abgerieben, daß nur Teile der ersten Zeile lesbar sind. Im Winter werden die erhaltenen Konturen sichtbar.

der Eisenzeit gut belegt ist. Man kann schließen, daß diejenigen, die das Keilschrifthethitische verwendet haben – nämlich die Elite des Reichs –, mit dessen Zusammenbruch verschwanden, während die Träger des Luwischen im Süden Zentralanatoliens und vor allem südlich des Taurus lokale Fürstentümer gründeten.

Während sich die beschriebenen Entwicklungen in den Textquellen deutlich niederschlagen, ist es schwierig, das Ende der Metropole anhand archäologischer Befunde zu rekonstruieren. Zwar weisen viele der Großbauten auf dem Burgberg, in der Oberstadt und in anderen Bereichen der Stadt Spuren von Zerstörungen durch Feuer auf. Doch deutet das häufige Fehlen von Fundstücken in diesen Gebäuden darauf hin, daß sie erst in Brand gerieten oder angezündet wurden, nachdem sie ausgeräumt worden waren. Zudem läßt sich archäologisch die Gleichzeitigkeit dieser Brandereignisse nicht sicher belegen. Jürgen Seeher schloß aus dieser Befundlage auf einen schleichenden Niedergang, der sich in einer Aufgabe der offiziellen Gebäude niederschlug, was gleichbedeutend mit der Auflösung der staatlichen Strukturen war. Lediglich unbrauchbare Dinge bleiben zurück – darunter nicht zuletzt die in einer Krisensituation des Systems nicht mehr benötigten Tontafeln und gesiegelten Tonbullae.

Möglicherweise hat die staatliche Elite im Zuge allgegenwärtiger Auflösungserscheinungen versucht, das Reich durch eine neuerliche Verlegung der Machtzentrale in strategisch günstigere Regionen – das hieße dann wahrscheinlich nach Süden – zu retten. In diesem Fall hätte der Abzug der zentralen Organisation zu einer Verstärkung der Tendenzen des Zerfalls der Stadt geführt. Wahrscheinlich wurden in dieser Zeit die Großbauten verlassen, danach mehrfach geplündert und gerieten schließlich in Brand – sei es aus Unachtsamkeit, Mutwille oder Zerstörungswut.

Insbesondere an der Entwicklung der Keramik läßt sich ablesen, daß am Ende des hethitischen Reichs auch die bis dato sehr homogene materielle Kultur langsam zerfiel: Im Material der Grabungen auf Büyükkaya konnte Hermann Genz individuelle Tendenzen der Fortführung hethitischer Formen beobachten. Diese weichen jedoch deutlich von den «echten» hethitischen Konventionen ab. Parallel dazu traten bereits neue Formen auf, die Traditionen der älteren mittel-bronzezeitlichen Keramik aufzunehmen scheinen.

Alles in allem deuten die archäologischen und textlichen Indizien eher auf eine schrittweise und schleichende Auflösung des fragilen hethitischen Wirtschafts- und Sozialgefüges hin, als daß sich ein einmaliges kriegerisches Invasionsszenario rekonstruieren ließe (J. Seeher). Das hethitische System, mit dem es gelungen war, die ökologischen Nachteile Zentralanatoliens über mehr als vier Jahrhunderte zu überwinden, konnte demnach nicht in der Weise weiterentwickelt werden, daß es den innenpolitischen Problemen, klimatischen Veränderungen (Dürren), der Überbeanspruchung der natürlichen Ressourcen und dem Zusammenbruch der Staatenwelt der ausgehenden Spätbronzezeit hätte standhalten können. Es wirken somit mehrere innere und äußere Faktoren zusammen, die den Kollaps des hethitischen Reichs in relativ kurzer Zeit verursachten. Von ersten Anzeichen der Schwäche bis zum völligen Zerfall der zentralstaatlichen Strukturen dauerte es wahrscheinlich nur wenige Jahrzehnte. Dieser Prozeß führte schließlich früh in der ersten Hälfte des 12. Jahrhunderts v. Chr. zum völligen Verschwinden der hethitischen Kultur und Sprache in Zentralanatolien, wobei man jedoch angesichts vergleichbarer und wesentlich besser dokumentierter Ereignisse in anderen historischen Epochen nicht von einer völligen Entvölkerung der Region ausgehen sollte.

Eine früher von der Forschung angenommene Lücke in der Besiedlung von Hattuscha zwischen dem Ende der hethitischen Epoche und der eisenzeitlichen Siedlung ist jedenfalls nicht erkennbar, da auch in den Ruinen der hethitischen Stadt früheisenzeitliche Siedlungsspuren nachweisbar sind. Diese unterscheiden sich kaum von Lebensformen während der Zeit der frühen Seßhaftwerdung und verdeutlichen eindrücklich, wie tiefgreifend die Umwälzungen wirkten, die zum völligen Verschwinden staatlicher und urbaner Strukturen führten. Mit dem Zusammenbruch der staatlichen hethitischen Organisation und dem damit verbundenen Verschwinden der hethitischen Keilschrift endet nicht nur die autochthone historische Überlieferung in Zentralanatolien; vielmehr verschwinden eine Kultur und ihre Sprache völlig aus dem Gedächtnis der Menschheit, bis sie erst zu Beginn des 20. Jahrhunderts durch die Spaten der Archäologen und die Studien der Philologen wiederentdeckt wurden.

Da die wirtschaftlichen und sozialen Grundlagen der östlichen und südöstlichen Teile des Reichs aufgrund der dort besseren geographischen und klimatischen Bedingungen stabiler waren und zudem von den Ereignissen nördlich des Taurus und in unmittelbarer Küstennähe weitgehend unberührt blieben, konnten sich diese Regionen im 1. Jahrtausend v. Chr. als eigenständige Fürstentümer – beispielsweise in Tabal, Malatya, Karatepe, Karkemiš, Aleppo oder Ain Dara – weiterentwickeln.

Hattuscha – eine Stadt wie jede andere?

Bereits in den vorangegangenen Kapiteln wurde der Begriff «Stadt» für die sich seit dem späten 3. Jahrtausend v. Chr. in Boğazköy entwickelnde Siedlung verwendet, ohne diesen grundsätzlich im Hinblick auf die Besonderheiten der altanatolischen Kulturen näher zu erklären. Während in der griechisch-römischen Antike oder auch im islamischen wie europäischen Mittelalter die damalige Definition und Bezeichnung einer Siedlung als Stadt bis heute nachvollzogen werden kann, ist es im Hinblick auf den Alten Orient und seine Siedlungen schwieriger, eine allgemeingültige Definition zu formulieren. So sind wir gezwungen, eher unsere Kategorien auf die bronzezeitliche Lebenswelt zu übertragen, als daß uns zeitgenössische Bewertungen zur Verfügung stünden.

Das Beispiel Hattuscha, das auf alle in diesem Buch als Stadt angesprochenen Siedlungen übertragbar ist, ermöglicht einige Merkmale zu benennen, die eine Siedlung als Stadt definieren. Während die Größe einer Siedlung kein hinreichendes Argument sein kann, deutet deren Komplexität, die archäologisch an der Verschiedenheit ausgegrabener Grundrißformen von Gebäuden erkennbar wird, darauf hin, daß dort eine differenzierte Gemeinschaft lebte, deren verschiedene soziale Gruppen unterschiedliche Bauformen genutzt haben.

Aufgrund der bisher freigelegten Flächen ist noch unklar, ob *die* hethitische Stadt durch eine festgelegte Kombination bestimmter Bauwerke charakterisiert war, wie etwa hellenistisch-römische Städte regelmäßig Tempel, Gymnasium, Theater/Stadion, Therme, Bouleuterion (Ratsgebäude) und Agora (Markt) besaßen oder beispielsweise mittelalterliche, islamische Städte, die sich traditionell durch eine Kombination von Freitagsmoschee, Hamam (Bad), Bazar und Medresse (Hochschule) auszeichneten. Doch deuten die überregional einheitlichen Bauformen der Tempel, der Befestigungsanlagen und anderer offizieller Gebäude ebenso wie die Existenz von weitgehend baugleichen Wasserreservoiren und Getreidespeichern in den meisten der im 16. Jahrhundert v. Chr. neu gegründeten Siedlungen auf einen vergleichbaren Kanon in hethitischer Zeit hin, demzufolge bestimmte Gebäudeensembles im hethitischen Sinne eine Stadt ausgemacht haben könnten.

Lange ging man aufgrund der Ausgrabungsergebnisse davon aus, daß Hattuscha hauptsächlich als Residenz der Könige und als Kultstadt (P. Neve) diente. Während Bauten mit entsprechenden öffentlichen Funktionen die Stadt zunächst als Konsumenten der Produktion ihres Hinterlands charakterisieren, ist der Aspekt einer in Hattuscha ansässigen, produzierenden Gemeinschaft derzeit noch unzureichend bekannt. Dies hängt nicht damit zusammen, daß es in Hattuscha keine Produktionsstätten gegeben hätte, sondern ist vielmehr das Ergebnis zeitweiliger Forschungsschwerpunkte. Aber beispielsweise zeigt die unerwartete Aufdeckung von Speicherbauten und Wasserreservoiren durch Jürgen Seeher in den 1990er Jahren, daß die Stadt wichtige wirtschaftliche Funktionen erfüllte. Eine Analyse der Textquellen belegt darüber hinaus die Existenz eines vielfältigen produktiven Gewerbes (H. Klengel), dessen archäologische Reste in verschiedenen Bereichen untersucht wurden. Heinrich Otten und Gernot Wilhelm betonen zudem, daß das hethitische Wort für Stadt *happir(i)ja*, das auch auf Hattuscha regelmäßig angewendet wird, seinen etymologischen Ursprung in wirtschaftlichen Handlungszusammenhängen hat. Aus Sicht der Hethiter wurde mit diesem Wort offenbar ein Ort bezeichnet, an dem Wirtschaft und Handel betrieben wurden. Insofern ist der Schluß, Hattuscha und andere hethitische Städte seien lediglich Konsumenten gewesen, verfehlt. Hethitische Städte, aber vor allem Hattuscha, dienten dem Herrscher als Residenz und als Kultzentren; sie hatten aber darüber hinaus unübersehbar differenzierte, wirtschaftliche Funktionen. Handwerk, Produktion und wohl auch Handel waren wesentliche Elemente der Lebenswelt großer Teile der urban geprägten Bevölkerung in der Spätbronzezeit. Unter diesen Gesichtspunkten ist es angemessen, von Hattuscha als Stadt, ja im Vergleich zu anderen hethitischen Städten sogar als Großstadt oder gar Metropole zu sprechen, auch wenn letzterer Begriff in seinem modernen Sinne nur bedingt anwendbar ist.

Es bleibt die Frage, wie die Vorgängersiedlungen in Boğazköy in dieser Hinsicht zu bewerten sind. Auch wenn wir über diese weit weniger wissen, zeigen die in allen älteren Siedlungsbereichen ausgegrabenen, formal sehr unterschiedlichen Gebäude, daß dort bereits früher eine vergleichbare topographische und funktionale Komplexität anzutreffen war, wie in der hethitischen Stadt. Sowohl in der späten Frühbronzezeit als auch in der Karum-Zeit finden sich Hinweise auf Handwerk und auf kommunale Einrichtungen, so daß man wohl auch im Hinblick auf die damaligen Sozialstrukturen von urbanen Siedlungsstufen sprechen kann.

Doch trotz der bereits hochentwickelten Vorgänger setzt die hethitische Epoche in Boğazköy völlig neue Maßstäbe: Neue Siedlungsbereiche werden systematisch erschlossen, die Größe der Stadt wird im späten 16. Jahrhundert v. Chr. verdoppelt, und die Gesellschaft bringt bis dahin unbekannte, völlig eigenständige Architekturformen für die Bereiche der Religion ebenso wie für staatliche Repräsentation und Machtentfaltung hervor.

Die einmalige Bedeutung, die Hattuscha für die Hethiter hatte, wird nicht zuletzt daran deutlich, daß Versuche, die Hauptstadt in strategisch günstigere Regionen zu verlegen, scheiterten. Deshalb bezeichnet der Begriff «Hauptstadt» auch nicht nur den Aufenthaltsort des Königs – unabhängig davon, wie lange er sich an einem Ort aufhielt –, vielmehr ist die Stadt als Kulminationspunkt vieler Aspekte der hethitischen Königsideologie, der Legitimation von Herrschaft und der Kultausübung zu verstehen. Diese Aspekte werden nur in Hattuscha sichtbar und manifestieren sich in einer Vielzahl von Gebäuden und Architekturformen, die sonst in keiner anderen hethitischen Stadt zu finden sind.

Gleichwohl gab es gelegentlich Situationen, in denen Hattuscha als Hauptstadt zur Disposition gestanden zu haben scheint. In der Regierungszeit von Tuthalija II. (etwa in der Mitte des 15. Jahrhunderts) ist die Lage aufgrund der weitgehend noch unpublizierten Texte aus Ortaköy unklar. Bei dem Aufenthalt des Königs in Schapinuwa handelte es sich wahrscheinlich um eine Vorsichtsmaßnahme im Zuge einer militärischen Bedrohung der Hauptstadt. Dagegen stellt der Umzug unter Muwattalli II. (in den ersten Jahrzehnten des 13. Jahrhunderts v. Chr.) *«mit den Göttern von Hatti und den Manen»* unzweifelhaft den Versuch dar, die ideologischen und religiösen Hauptstadtfunktionen vollständig an einen strategisch günstigeren Ort (Tarhuntassa, wohl im südlichen Zentralanatolien) zu verlegen. Um so eindrücklicher belegt die Rückkehr der Hauptstadt nach weniger als einer Generation unter Murschili III., daß sich die mit Hattuscha verbundenen ideologischen und identitätsstiftenden Merkmale eben nicht ohne weiteres verlegen ließen. Besser läßt sich nicht zeigen, daß die Bedeutung Hattuschas für die gemeinschaftliche Identität des hethitischen Reichs weit über die Funktion als Aufenthaltsort des Königs hinausreichte. Diese komplexe, nicht zuletzt ideelle Aufladung Hattuschas ist es, die sich architektonisch in einer großen Zahl von Bauformen manifestiert, die an keinem anderen hethitischen Ort anzutreffen sind.

VI
FUNKTIONEN EINER SPÄTBRONZEZEITLICHEN GROSSSTADT

Gestalterische Besonderheiten der hethitischen Hauptstadt

Auf den ersten Blick ist in Hattuscha eine die gesamte Stadt umfassende, übergeordnete Planung nicht erkennbar. Bei näherer Betrachtung erkennt man jedoch ein enges Verhältnis zwischen den topographischen Bedingungen und der Anlage der Siedlung. Die stark zerklüftete Landschaft schafft innerhalb der Stadt gegeneinander abgegrenzte Areale (Abb. 22. 32. 53). Diese durch die Natur vorgegebenen Grenzen werden für eine Gliederung in einzelne Siedlungsbereiche unterschiedlicher Funktion genutzt: So lassen sich zum Beispiel die einzelnen Terrassen in der Unterstadt, die Königsburg (Büyükkale), das zentrale Tempelviertel in der Oberstadt oder auch die Bebauung auf den Felsmassiven von Ambarlıkaya, Taanıkkaya, Nişantepe, Sarıkale und Yenicekale klar von den übrigen Siedlungsbereichen unterscheiden. Die Topographie schafft somit Nutzungsareale, in denen jeweils auf dieses Stadtgebiet beschränkte Funktionen und Planungsmuster deutlich werden.

Gewachsene versus geplante Strukturen

Im Gegensatz zu den älteren Kulturen Anatoliens, die sich mit der Anlage ihrer Siedlungen völlig den Vorgaben der Natur und des Ortes anpassen mußten, zeichneten sich die hethitischen Planer dadurch aus, daß sie die natürliche Landschaft aktiv gestalteten. Dabei wurden Grenzen bewußt geschaffen oder auch überwunden. Durch Terrassierungen, Abtragungen oder Anschüttungen – so zum Beispiel die im Süden die Stadt übergende Wallanlage von Yerkapı (Abb. 32. 70) – wurden Landmarken gesetzt, die die urbane Landschaft und das natürliche Umfeld der Stadt bis

Abb. 53: Die hethitische Hauptstadt von Norden. Deutlich wird die zerklüftete Landschaft mit ihren unterschiedlichen Terrassen und den zahlreichen Felskegeln in der Stadt.

heute unveränderlich beherrschen. Stellenweise werden die realen Grenzen aber auch durch Bauwerke überwunden: so zum Bespiel durch ein Viadukt, das die Königsburg mit den südlich anschließenden Bereichen auf Nişantepe verbindet (Abb. 38). Über diese brückenähnliche Rampe konnte man nicht nur direkt in die Burg fahren, sondern das Plateau von Nişantepe und das Felsmassiv der Südburg wurden zudem gleichsam als deren funktionale Erweiterung in die Königsburg einbezogen.

Besonders markante Landmarken sind die künstlich abgearbeiteten Felsenkegel von Ambarlıkaya, Kesikkaya, Kızlarkayası, Yenicekale, Sarıkale und Nişantepe (Abb. 53. 61–63. 76–81). Hier lassen sich zahllose künstliche Bettungen in den Felsen feststellen, die als Fundamente für die dort einst errichteten Mauern interpretiert werden können. Viele dieser Felsen waren auf der Außenseite durch hohe Mauern eingefaßt, so daß die natürlichen Felsterrassen durch Anschüttungen vergrößert werden konnten. Darauf errichtete man dann Gebäude. Deren Grundriß oder Funktion ist abgesehen von Sarıkale und Yenicekale jedoch nur in wenigen Fällen anhand der in den Fels gemeißelten Abarbeitungen rekonstru-

ierbar, die als Fundamentgräben und Auflager für die Mauern dienten. Da aber auch auf den weniger exponierten Felskuppen entsprechende Abarbeitungen sichtbar sind, muß man sich wahrscheinlich die Mehrheit der Felsen und Kegel in der Stadt bebaut vorstellen. Eine Datierung in die hethitische Epoche ist anhand der Steinbearbeitungstechniken und der monumentalen Architekturformen möglich, da diese sich von Steinbruchspuren der Spätantike klar unterscheiden.

Durch diese intensive und bewußte Nutzung der topographischen Gegebenheiten entstanden innerhalb der Stadt in sich geschlossene und voneinander abgegrenzte Bereiche, deren jeweilige Funktionen jedoch nur in wenigen Fällen – wie zum Beispiel der Königsburg auf Büyükkale (Abb. 25. 60) oder dem zentralen Tempelviertel (Abb. 32. 61. 62. 75) – rekonstruierbar sind.

Diese Form des Bauens ist in ihrer bis heute sichtbaren Ausprägung zwar ein Phänomen der Blütezeit der hethitischen Stadt, jedoch treten verschiedene grundsätzliche Merkmale schon in den früheren Epochen auf: Bereits die chalkolitischen Siedlungen zeichnen sich durch eine ungewöhnliche Lage auf Höhenrücken aus. Im ausgehenden 3. und frühen 2. Jahrtausend v. Chr., das heißt in der Zeit, bis in die die Wurzeln der hethitischen Kultur zurückreichen, ist die Nutzung exponierter und durch die Höhenunterschiede separierter Siedlungsareale auf Büyükkaya, Büyükkale und auch in der Oberstadt trotz der wenigen ausgegrabenen Flächen nachweisbar. Die alt-hethitische Nutzung des Siedlungsraums greift demnach zunächst ältere Traditionen auf. Diese wurden aber im Lauf der hethitischen Herrschaft unter dem Einfluß neuer Notwendigkeiten zu einer in Anatolien bis dato einmaligen Form des Städtebaus weiterentwickelt.

In Zentralanatolien ist es nur in Boğazköy möglich, die kontinuierliche Entwicklung einer Siedlung vom späten 3. Jahrtausend über die Karum-Zeit bis in die alt-hethitische Zeit zu verfolgen. In allen Zeitstufen erscheint der freigelegte Teil der Unterstadt als ungeplante Struktur mit verwinkelten Gassen und schiefwinkligen Hausgrundrissen (Abb. 85. 117): Wurde ein Haus zerstört oder aufgegeben, konnte es innerhalb des dichten Häuserverbandes nur an der gleichen Stelle wiedererrichtet werden. Wollte jemand sein Haus vergrößern, so konnte er das nur durch die Übernahme des Nachbarhauses; sei es, indem er es als ganzes oder indem er vielleicht auch nur ein Zimmer erwarb. So entstanden unregelmäßige, schiefwinklige, organisch über Jahrzehnte und Jahrhunderte gewachsene Hausgrundrisse und Stadtviertel (Abb. 85. 117), zwischen denen die Gassen und Straßen zufällig freigebliebene Räume bildeten, nicht aber als geplante Achsen funktionierten.

Das über Jahrhunderte gewachsene Siedlungsgefüge veränderte sich mit der Gründung der hethitischen Herrschaft im 17. Jahrhundert v. Chr. zunächst nicht. Neue Grabungsergebnisse in der westlichen Oberstadt zeigen nun aber erstmals, daß sich das Stadtbild seit der 2. Hälfte des 16. Jahrhunderts v. Chr. und damit bemerkenswert früh grundlegend wandelte. Im Gegensatz zu den älteren Stadtvierteln ist der völlig neugegründete Stadtteil im Tal westlich von Sarıkale an Straßen ausgerichtet, die sich in Winkeln von 90° treffen. Die Gebäude folgen zudem übergeordneten, architektonischen Kriterien (Abb. 34). Sie basieren auf vorgeplanten Modulen, deren Planer ältere Raumgruppierungsmuster aufgriffen und in eine regulierte Form brachten. Entweder wurden vier der stets gleichen Gebäudeteile zu einem quadratischen Haus verbunden, oder zwei Module bildeten ein rechteckiges Bauwerk. Diese Regelmäßigkeit der Häuser, die erstmals auch freistehend errichtet wurden, und darauf basierend auch der Siedlung stellte eine neue Qualität des Städtebaus dar, die auf eine tiefgreifende Veränderung im Verständnis des Siedlungswesens schließen läßt.

Die partiell ebenfalls regelmäßige Straßenführung im zentralen Tempelviertel der Oberstadt ist ein weiteres Indiz dafür, daß ab der 2. Hälfte des 16. Jahrhunderts v. Chr. eine geordnete Stadtplanung in jenen Bereichen angestrebt wurde, die bis dato unbebaut waren (Abb. 74). Im Gegensatz dazu konnten in der Unterstadt die städtebaulichen Fesseln der älteren Traditionen im Zuge der Errichtung des Großen Tempels nur bedingt aufgebrochen und eine geradlinige Straßenführung umgesetzt werden (Abb. 23. 85. 86).

Betrachtet man die Entwicklung hethitischer Städte über Hattuscha hinaus, so wird deutlich, daß in der 2. Hälfte des 16. Jahrhunderts v. Chr. weitere Städte planvoll angelegt wurden. Als bestes Beispiel kann das von Andreas Müller-Karpe mustergültig erforschte Kuşaklı/Sarissa gelten. Daß die älteren Siedlungen (Kültepe oder Acemhöyük) bereits in althethitischer Zeit aufgegeben oder allenfalls eingeschränkt (Alişar Höyük, Kaman-Kalehöyük) weiterentwickelt wurden, macht deutlich, daß die hethitische Zentralmacht spätestens seit der 2. Hälfte des 16. Jahrhunderts v. Chr. die Einführung neuer urbaner Formen flächendeckend durchsetzten konnte. Die im Vergleich zu den traditionellen anatolischen Siedlungsmustern stark regulierten Strukturen sind ein Merkmal dieses hethitischen Urbanismus, der in weiten Bereichen des Oberen Landes, d. h. innerhalb des Kızılırmak-Bogens greifbar wird. Auch deutet diese angestrebte Einheitlichkeit auf das Wirken regulierender staatlicher Instanzen hin.

Zwar wurden bisher nur Teile des Stadtgebiets von Hattuscha ausgegraben, jedoch zeigen die ergänzenden geophysikalischen Untersuchungen ebenso wie Geländebegehungen, daß die gesamte umwallte Fläche genutzt wurde. Dabei wurden auch große kommunale Bauten (z. B. die Wasserreservoire), Freiflächen und Plätze als Teil der Stadtplanung und urbanen Inszenierung politischer Inhalte bewußt angelegt. An anderen Stellen bilden die großen Wasser- und Getreidespeicher unbebaute, aber für die städtische Versorgung genutzte Areale (Abb. 32. 33. 111. 113). Allerdings können wir anhand neuer Befunde nachweisen, daß stellenweise zwischen Gebäuden zeitweise auch Brachflächen oder Ruinen von Bauwerken lagen. Da zudem die meisten Felsen bebaut waren, kann man in der hethitischen Großreichszeit von einem recht dicht bebauten, heterogenen und aufgrund der abwechslungsreichen Landschaft, in der sich die Stadt auf unterschiedlichen Höhenstufen ausbreitete, optisch spektakulären Stadtbild ausgehen (Abb. 22. 32. 53).

Die archäologischen Befunde zeigen, daß sich die topographisch abgegrenzten Stadtviertel individuell entwickelten. Dabei wurden Funktionsbereiche teilweise sehr lange beibehalten, wie zum Beispiel das Wohnviertel in der Unterstadt oder das zentrale Tempelareal in der Oberstadt; andererseits kann man auf der Büyükkale, im Tal westlich von Sarıkale und im 13. Jahrhundert v. Chr. auch in der zentralen Oberstadt beobachten, wie sich die Funktionen dieser Bereiche im Laufe der Zeit veränderten.

Je detaillierter unsere Kenntnis von der Stadtentwicklung wird, um so deutlicher zeigt sich, daß bewußt angelegte Planung und gestalterische Konzepte jeweils nur bestimmte Stadtbereiche umfaßten. Einer die gesamte Stadt umfassenden Planungskonzeption stand die unwegsame Topographie entgegen (Abb. 22). Dennoch belegen die archäologischen Befunde, daß Planung und bewußte Gestaltung der Stadt spätestens seit der 2. Hälfte des 16. Jahrhunderts v. Chr. deutlich verstärkt wurden. Diese durchdachte Planung war – wie ein Ritualtext belegt, der die Gründung einer neuen Stadt allgemein beschreibt – in ein komplexes, religiöses und ideologisches Gedankensystem eingebunden (A. Ünal), das dazu diente, sich des Wohlwollens der Götter für das Projekt zu versichern.

Das Straßensystem

Einblicke in das Straßensystem, das die einzelnen Teile des Stadtorganismus zusammenhielt, lassen sich nur an wenigen Stellen gewinnen. Grundsätzlich ist davon auszugehen, daß sich die Wege in der spätbronzezeitlichen Siedlung der zerklüfteten Landschaft anpaßten (Abb. 22. 53). Da Verkehrsmittel wie zum Beispiel Ochsenkarren bis in die frühe Neuzeit denen der Hethiter ähnelten, vermitteln die in der Stadtruine noch heute sichtbaren und bis in die Mitte des 20. Jahrhunderts genutzten Karrenwege zudem einen Eindruck von den möglichen Verkehrswegen in der hethitischen Stadt (Abb. 54).

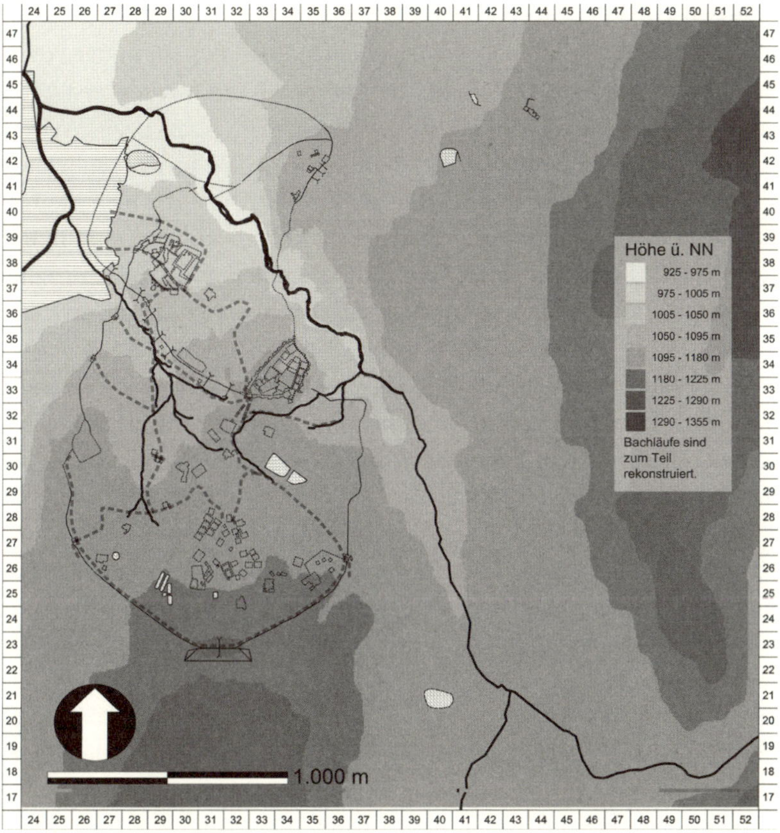

Abb. 54: Rekonstruktion der wichtigsten Verbindungswege in Hattuscha in der Zeit des hethitischen Großreichs

Ausgangspunkt des innerstädtischen Systems waren die Stadttore, wo die mit Namen bezeichneten Fernstraßen, wie zum Beispiel die «*Tippuwa-Straße*» oder die «*Straße des Wettergottes von Nerik*», die Stadt erreichten (Abb. vorderer Vorsatz; Abb. 54). Die Stadttore bildeten nach hethitischem Verständnis ähnlich wie in der Gedankenwelt der übrigen altorientalischen Kulturen den Übergang vom «Chaos» außerhalb zur geordneten, zivilisierten und urbanen Welt innerhalb der Stadtmauern. Deshalb kam ihnen über ihre verkehrstechnische Funktion hinaus hohe mythologische Bedeutung zu.

Bis zu ihrer Erweiterung in der 2. Hälfte des 16. Jahrhunderts v. Chr. war die Altstadt von Süden wahrscheinlich durch ein Tor in der Poternenmauer unterhalb der Büyükkale und durch ein zweites, erst 2009 entdecktes Tor westlich von Kesikkaya erreichbar (Abb. 54. 56). Weitere Zugänge lagen im Nordwesten. Während heute die Tore im äußersten westlichen und gleichzeitig ältesten Stadtmauerring unter dem modernen Dorf liegen und somit nicht erforscht werden können, sind in der westlichen Abschnittsmauer – die wahrscheinlich im 15. oder 14. Jahrhundert v. Chr. eventuell gleichzeitig mit dem Großen Tempel errichtet wurde – zwei Tore bekannt (Abb. 23).

Ausgehend vom südlichen dieser beiden Tore läßt sich eine ausgebaute Straße bis zu einer Platzanlage östlich des Großen Tempels verfolgen. Entlang dieser breiten und vergleichsweise geradlinig geführten Straße liegen monumentale öffentliche Bauten (Abb. 85). Gleichzeitig bricht sie mit dem älteren, verwinkelten Gassensystem und scheint auf die Königsburg ausgerichtet gewesen zu sein. Ohne archäologischen Nachweis kann man zur Zeit nur anhand der topographischen Struktur auf dem Nordwesthang vermuten, daß sich, ausgehend von der großen Freifläche östlich des Bezirks des Großen Tempels, auf die von Westen mindestens zwei Straßen mündeten, die Hauptverbindung in der Altstadt in einer großen Serpentine über den Nordwesthang bis zum Südtor in der Poternenmauer unterhalb von Büyükkale fortsetzte (Abb. 23. 54).

Im Gegensatz zur Altstadt mußte man in der neugegründeten Oberstadt auf ältere Siedlungsstrukturen und damit vorgegebene Wege oder Grundstücksgrenzen keine Rücksicht nehmen, so daß dort neue Planungsschemata angewandt werden konnten. Anhand der am Königstor, Yerkapı und nördlich des Löwentors ausgegrabenen Reste kann man eine gepflasterte Ringstraße rekonstruieren (Abb. 54. 55). Diese verlief auf der Innenseite der Stadtmauer von Taanıkkaya (?) mindestens bis zum Königstor.

Östlich des Löwentors könnten Anomalien in der geomagnetischen Prospektion auf eine Kreuzung und den Verlauf einer Straße hinweisen, die nach Osten einem noch in der frühen Neuzeit genutzten Karrenweg zu folgen scheint (Abb. 54). Dieser schlängelt sich in einer S-Kurve den Hang hinunter und verläuft auf einer natürlichen Terrasse unterhalb von Yenicekale quer zum Tal von Sarıkale. Es ist denkbar, daß dieser sich mit

Abb. 55: Bei Yerkapı ist die gepflasterte und parallel zur Stadtmauer (links) verlaufende Ringstraße noch gut erhalten; rechts verläuft die moderne Straße.

einem wahrscheinlich etwa in der Mitte des Tals westlich von Sarıkale von Norden kommenden Weg traf und über ein Plateau südwestlich von Sarıkale bis zum Tempelviertel führte. Dies ist angesichts der Beschaffenheit des Geländes die einzige mögliche Routenführung einer west-östlichen Querverbindung durch die westliche Oberstadt. Dieser Weg führt oberhalb des Hauses des MESCHEDI-Kommandanten vorbei und endet unterhalb von Sarıkale und dem Tempel 7 als Zugang zum zentralen Tempelviertel.

Geoelektrische Prospektionen zeigen eine Straße, die vom Oberen Westtor kommend quer über den Westhang nördlich von Taanıkkaya verläuft und sich dabei in ihrem Verlauf exakt der Landschaft anpaßt (Abb. 54).

Einen weiteren Zugang zur Oberstadt bot im Westen das möglicherweise *puhlaš* KÁ.GAL genannte Untere Westtor (S. Pierallini – M. Popko). Wahrscheinlich folgt der heute noch vom Dorf durch das Tor verlaufende Karrenweg der ursprünglichen hethitischen Straßenführung, die sich in der stark zerklüfteten Felsenlandschaft der nördlichen Oberstadt verliert (Abb. 57). Man kann nur vermuten, daß sich diese Straße östlich des Felsmassivs von Kızlarkayası und südlich der Poternenmauer nach Osten hangaufwärts fortsetzte (Abb. 54). Alternativ könnte sie in die bereits erwähnte Trasse münden, die sich etwa in Nord-Süd-Richtung durch das Tal von Sarıkale erstreckte. Diese könnte relativ gerade verlaufen sein, wie der frühneuzeitliche Karrenweg und die hethitischen Gassen zeigen, die westlich von Sarıkale ausgegraben wurden (Abb. 33. 34). Dieser Weg läßt sich nach Norden bis zu einem in der Kampagne 2009 nachgewiesenen Tor in der Poternenmauer verfolgen (Abb. 56), demzufolge eine direkte Verbindung zwischen der Unterstadt und der westlichen Oberstadt bestand. Die Straße führte in einer S-Kurve durch das Tor und von dort nördlich an Kızlarkayası vorbei bis ins Tal vor Sarıkale (Abb. 54).

In der östlichen Oberstadt ist anhand von Abarbeitungen im Fels ein kurzes Stück der Verbindungsstraße erkennbar, die vom Königstor wahrscheinlich entlang der Südseite der Ostteiche in Richtung Südburg führte. Südlich zwischen der Südburg und Nişantepe traf diese Straße auf die Achse, die Büyükkale und das zentrale Tempelviertel miteinander verbunden hat und deren nordsüdlicher Verlauf durch die Struktur

Abb. 56: Neu gefundenes Stadttor in der Poternenmauer, westlich von Kesikkaya (2009)

der Landschaft und durch geophysikalische Befunde weitgehend gesichert ist.

Wie sahen die hethitischen Wege in der Stadt aus? Da weite Teile der Stadt bebaut gewesen sein dürften, ist mit einer starken Versiegelung der innerstädtischen Flächen zu rechnen. Zudem ist das Stadtgebiet fast überall abschüssig, so daß das Regenwasser in der Hauptsache über diese Straßen bei starken Niederschlägen abgeflossen ist. Dies dürfte die hethitischen Baumeister vor erhebliche Probleme gestellt haben, denn

Abb. 57: Verbindung vom Unteren Westtor (links im Bild) bis Kızlarkayası (Bildmitte)

ungepflasterte Straßen verwandeln sich dann im Nu in unpassierbare Schlammpfade.

Um dies zu verhindern, waren manche Gassen mit Steinen gepflastert (Abb. 55. 58. 87). Es wurden sehr sorgfältige Pflasterungen aus großen, gut zugehauenen Quaderblöcken ausgegraben – wie zum Beispiel im Bereich des Großen Tempels (Abb. 58. 87). Die Mehrheit der Straßen aber war entweder mit einem unregelmäßigen Steinpflaster gedeckt oder wies gar keine besondere Pflasterung auf. Die Tatsache, daß man bei Ausgrabungen auf den Gassen und Straßen häufig große Mengen von Abfällen findet, läßt darauf schließen, daß sich deren Niveau im Laufe der Zeit durch die Ablagerung von Unrat langsam anhob.

Gleichzeitig versuchte man dem Wasser mit Kanälen, die meist abgedeckt und unter der Straße verliefen, eine Abflußmöglichkeit zu schaffen. In einer Anweisung an die dem *bel madgalti* unterstellten Beamten heißt es: «[…] *und die Kanäle des Waschhauses* […] *sollen in Bewegung sein* […]» – das heißt, daß diese sauber zu halten waren, um den Abfluß des Wassers zu gewährleisten. Ähnliche Anweisungen finden sich auch

Abb. 58: Sorgfältig gepflasterte Straße zwischen dem Großen Tempel (rechts) und den Magazinen (links)

an den *hazannu*, die belegen, daß man sich der Gefahr, die vom Wasser für die Bebauung ausging, bewußt war und alles unternahm, die Abflußkanäle in gutem Zustand zu halten.

Die Ausgrabungen der letzten Jahre im Tal westlich von Sarıkale haben eindrücklich gezeigt, daß diese Appelle und Anweisungen geboten waren und der Kampf mit dem Wasser einer Sisyphos-Arbeit geglichen haben muß. Konnten wir doch beobachten, daß einer der Kanäle an einer Stelle, an der er dem Gassenverlauf in einer 90°-Biegung folgt, mehrfach gebrochen ist. Dabei wurde das nördlich angrenzende Gebäude wiederholt schwer beschädigt und mußte als Folge des angeschwemmten Materials auf deutlich höherem Niveau wieder aufgebaut werden.

Stadt der Herrschaft

«*Das Land gehört dem Wettergott allein, Himmel und Erde, das Heer gehört dem Wettergott allein, und er hat den Labarna, den König, zu seinem Verwalter gemacht. Er hat ihm das ganze Land von Hattuscha gegeben.*»

(Übersetzung T. van den Hout)

Der hethitische Staat erscheint in den Textzeugnissen als feingliedrig differenzierte und hierarchische Gesellschaft. An der Spitze der militärischen, juristischen, zivilen und religiösen Rangfolgen stand der Großkönig, der im Namen der Götter regierte (Abb. 59). Er war der Mittler zwischen Göttern und Menschen, was in der nahezu identischen Darstellungsweise des Königs und des Sonnengottes (Abb. 59. 136) deutlich wird (T. van den Hout). Nominell war der König zwar ein absoluter Herrscher, faktisch mußte er sich jedoch häufig in einem verworrenen Geflecht von familiären und politischen Beziehungen seine Legitimation erkämpfen und diese stets aufs Neue behaupten. Trat ein neuer König die Herrschaft an, wurden die hohen Beamten, Militärs und Provinzfürsten durch besondere Eidleistungen auf ihn eingeschworen.

Wer im Namen des Herrschers die Macht im Staate ausübte, erfahren wir durch verschiedene Instruktionstexte, in denen die Aufgaben der sogenannten Ältesten festgelegt waren; dabei handelte sich es sich in der Regel um nahe Verwandte des Königs. Diese versahen ihre Aufgaben in der Verwaltung, dem Militär oder anderen öffentlichen Bereichen. Weiteren Aufschluß über die Umsetzung der königlichen Macht bieten die hethitischen Gesetzessammlungen, die weite Bereiche des offiziellen und alltäglichen Lebens regulierten.

Doch werden diese sozialen, machtpolitischen und religiösen Hierarchien auch im archäologischen Befund der Stadt sichtbar? Und wie können wir diese materiellen Hinterlassenschaften interpretieren? Die modernen Gesellschafts- und Geschichtswissenschaften haben unter anderem anhand ethnographischer Beispiele allgemeine Modelle entwickelt, um der Beantwortung dieser Fragen näher zu kommen. Auf die

Abb. 59: Felsrelief von Tuthalija IV. in der Kammer A von Yazılıkaya. Der König steht auf durch Schuppen angedeuteten Bergen, ist in ein knöchellanges Gewand gekleidet, hat seine rechte Hand in einer Anbetungsgeste erhoben und hält in der linken einen Litus, einen am Ende spiralförmig eingebogenen Stab. Oberhalb der rechten Hand ist seine Namenskartusche in luwischen Hieroglyphen geschrieben.

Gesellschaften des Alten Orients können diese Modelle oft nur bedingt angewendet werden. Hattuscha bietet aber qualitativ und quantitativ Architektur in einer seltenen Fülle und formalen Vielfalt. Anhand dieser ergeben sich zahlreiche Ansatzpunkte, um zu untersuchen, wie die erwähnten Hierarchien im Weichbild der Stadt Ausdruck gefunden haben. Bei der Interpretation der steinernen Quellen gehen wir davon aus, daß die Form eines Gebäudes durch seine Funktion bestimmt ist und insofern Rückschlüsse vom ausgegrabenen Grundriß auf die Lebenswirklichkeit der Gesellschaft möglich sind. Ferner erlauben auch die Rekonstruktion der Entwicklungsgeschichte der Stadt und ihre sich mit den Ereignissen im Laufe der Zeit wandelnde Struktur Schlußfolgerungen, welche sozialen und ideologischen Prozesse das Siedlungsbild geprägt haben, das die Ausgräber antreffen.

Wohngebäude und Bauwerke mit staatlichen oder kultischen Funktionen weisen erkennbar unterschiedliche Grundrißformen auf. Selbst wenn wir im Einzelfall vielleicht nicht einmal bestimmen können, welche öffentliche Funktion ein Gebäude genau hatte, so zeigen die rein formalen Unterschiede, daß es Kräfte in der Gesellschaft gab, die entsprechend differenzierte und spezialisierte Bauformen durchsetzen wollten und konnten. Finden sich solche Grundrißformen unverändert in mehreren aufeinanderfolgenden Bauschichten – und mithin über einen längeren Zeitraum hinweg – und lassen sie sich einheitlich auch überregional nachweisen, so kann man von diesen Formen auf stabile Hierarchien in der Gesellschaft schließen, die diese Architektur hervorgebracht haben. Zwar wechselten die konkreten Personen im Laufe der Zeit, aber die machtpolitischen, ideologischen und religiösen Rahmenbedingungen, aufgrund derer man bestimmte Gebäudeformen verwirklichte, bestanden weiter. Man kann deshalb folgern, daß eine Siedlung mit besonders ausdifferenzierten Grundrißformen auch eine entsprechend feingliedrige gesellschaftliche Hierarchie aufgewiesen hat.

Im Falle des hethitischen Reichs und seiner Hauptstadt Hattuscha ergänzen sich die Textquellen und die archäologischen Befunde nur bedingt. Direkte Bezüge zwischen den Überlieferungssträngen sind die Ausnahme, und vieles bleibt vage, da Bauinschriften – wie in Ägypten, Mesopotamien oder in Syrien üblich – den Hethitern fremd waren. Deshalb ist es praktisch unmöglich, die ausgegrabenen Gebäude mit historischen Ereignissen oder Personen zu verbinden oder ihnen durch zeitgenössische Texte gesicherte Funktionen zuzuweisen. Die durch die Analyse der archäologischen Befunde erzielten Ergebnisse sind deshalb weit weniger differenziert als die schriftliche Überlieferung. Das, was die Schriftquellen überliefern, kann seinerseits wegen der Inhalte der meisten Texte nur in seltenen Fällen in den Ruinen verortet werden. Deshalb gilt es, zunächst die archäologischen Befunde zu analysieren, um diese dann mit der gebotenen Vorsicht und nur dort, wo es wirklich vertretbar ist, mit der textlichen Überlieferung zu verbinden.

Anders als die organisch gewachsenen Siedlungen der Frühen und Mittleren Bronzezeit weisen Hattuscha und auch die übrigen hethitischen Städte seit der 2. Hälfte des 16. Jahrhunderts v. Chr. erkennbar vorgeplante Siedlungs- und Gebäudestrukturen auf. Zu ihnen gehören neben dem Palast auf Büyükkale, den großen Tempeln und den Befestigungsanlagen auch die Versorgungseinrichtungen. All dies ist Ausdruck Ordnung und Planung generierender Machtstrukturen. Dabei belegen die Überwindung der naturräumlichen Hindernisse und die bewußte Formung der Stadt in dieser Zeit bemerkenswerte Abstraktionsleistungen der hethitischen Auftraggeber, Planer und Bauleute, deren Wirken in der zentralanatolischen Kulturgeschichte einen einmaligen Höhepunkt markiert.

Der königliche Palast auf Büyükkale

Am deutlichsten manifestieren sich machtpolitische Bestrebungen im unmittelbaren Zentrum der Herrschaft, d. h. dort, wo sich der König aufhielt. Obwohl uns die Palastanlage, die in den hethitischen Texten *halentuwa* genannt wird (H. G. Güterbock), in Hattuscha im 13. Jahrhundert v. Chr. als Ansammlung von zahlreichen Gebäuden, Plätzen und Gassen erscheint (Abb. 25. 26. 61–63), müssen wir die Textbelege so verstehen, daß der hethitische Begriff nicht unbedingt einen großen Palastkomplex bezeichnet haben muß. Vielmehr zeigt das Beispiel eines Texts, der sich auf die Provinzstadt Sarissa bezieht, daß *halentuwa* auch ein relativ kleines Gebäude oder sogar nur einen Teil eines Gebäudes meinen konnte – je nachdem, wo sich der König in einer Stadt eben aufhielt.

In Provinzstädten wie Alaca Höyük, Maşat Höyük/Tapigga, Kayalıpınar und Ortaköy/Schapinuwa wurden monumentale Gebäude freigelegt, die als lokale Paläste gedeutet werden können und untereinander vergleichbare Grundrisse aufweisen, wie der Prähistoriker Andreas Müller-Karpe beobachtet hat. In vergleichbarer Weise strukturierte, öffentliche Bauten fehlen in Hattuscha, so daß sich die Paläste in den Provinzstädten und der zentrale Palast in Hattuscha baulich deutlich voneinander unterscheiden.

Durch diese öffentlichen Gebäude in den Provinzorten wird jedoch der Status von Hattuscha als ideologischer und mentaler Hauptstadt im Verständnis der Hethiter nicht in Frage gestellt. Wird doch dieser besondere Status der Stadt eben nicht nur durch die Anwesenheit des Königs, sondern vielmehr durch eine Vielzahl ideologischer und mentaler Bindungen konstituiert, die nicht ohne weiteres aufgelöst und anderswo neu gegründet werden konnten, wie die bereits erwähnte Verlegung der hethitischen Hauptstadt nach Tarhuntassa und ihre Rückverlegung nach Hattuscha im 13. Jahrhundert v. Chr. eindrücklich belegen.

Daß die Hethiter dasselbe Wort zur Bezeichnung architektonisch unterschiedlicher Gebäude verwendeten, rührt daher, daß bis zur Gründung eines zentralisierten Staates jede Stadt über einen eigenen Herrscher und lokalen Palast verfügte. Trotz einer mit Provinzorten geteilten Benennung zeichnet sich die Anlage in Hattuscha durch eine Vielzahl

Abb. 60: Luftbild der Palastanlage des 13. Jahrhunderts v. Chr. (Norden links oben) (Phase Büyükkale III)

einmaliger Merkmale aus, die ihre Sonderstellung unübersehbar machten. Die in den hethitischen Texten für den Palast belegte und aus dem mesopotamischen Raum übernommene Schreibung É.GAL – die aus

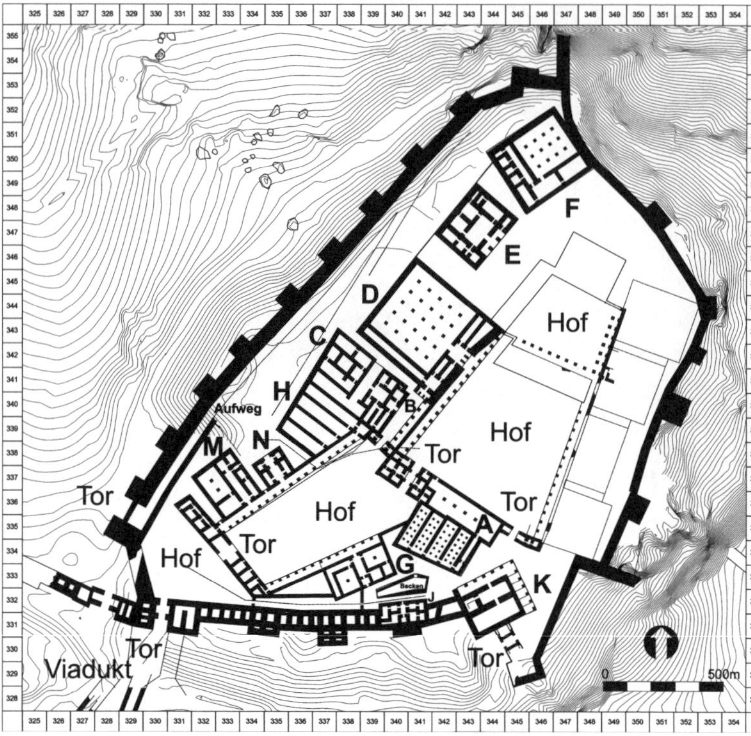

Abb. 61: Rekonstruierter Plan der Palastanlage des 13. Jahrhunderts v. Chr. (Phase Büyükkale III)

den sumerischen Wortzeichen für É = Haus und GAL bzw. LUGAL = groß bzw. König besteht – bezeichnet im Gegensatz zu *halentuwa* die Institution des Palastes.

Der zentrale Palast der hethitischen Großkönige liegt auf dem die Altstadt überragenden Felsmassiv von Büyükkale (zu Deutsch: die Große Burg) und wurde in Etappen von 1906 bis 1966 fast vollständig freigelegt (Abb. 25. 60–62. 146). Einerseits betont die topographisch exponierte Anlage, von der aus man die Stadt und ihr Umfeld fast vollständig überblicken kann, den Herrschaftsanspruch der Großkönige, andererseits ermöglicht die Lage eine deutliche Absonderung des Königs und seinen Schutz, wenn es – was nicht selten geschah – zu inneren Unruhen kam.

Trotz eines Mangels an entsprechenden Befunden aus älteren Schichten vermutete der Prähistoriker Kurt Bittel, daß das hethitische Herrschaftszentrum auf Büyükkale in der Tradition älterer, vorhethitischer Perioden steht. Allerdings erreicht der Ausbau von Büyükkale erst im Laufe der hethitischen Epoche, die in den Perioden IVb–a und III ausgegraben wurden (Abb. 25. 26. 60–62), eine Komplexität und Monumentalität, die der Anlage einen neuen, in der anatolischen Kulturgeschichte einzigartigen Rang verleiht.

Da von vielen der Gebäude nur die Fundamente und oft nicht einmal der Fußboden des Erdgeschosses erhalten geblieben waren, gibt der Plan der großreichszeitlichen Periode III nicht den *ausgegrabenen*, sondern den von Peter Neve *rekonstruierten* Zustand wieder (Abb. 61). Die Bebauung, die der Besucher heute noch auf Büyükkale antrifft, stellt den Zustand im 13. Jahrhundert v. Chr. dar. Er ist das Ergebnis einer längeren Entwicklung, deren Beginn wir nicht genau fassen können. Obwohl sich die Büyükkale in der hethitischen Großreichszeit (Schicht III) – im Vergleich zu den älteren hethitischen Phasen IVc–a (Abb. 26) – tiefgreifend wandelte, können Aspekte wie die Abgrenzung bestimmter Bereiche durch Ausnutzung der Höhenunterschiede des Geländes, aufwendige Terrassierungen und jene großen Hofanlagen, um die die einzelnen Gebäude gruppiert waren, bereits in der älteren Bauschicht IV als Merkmale hethitischer Herrschaftsarchitektur identifiziert werden.

In der jüngeren hethitischen Ausbauphase (Schicht III) bildeten drei große Hofanlagen das Rückgrat des Palastkomplexes (Abb. 61). Um sie herum lagen auf unterschiedlichen Höhenstufen zahlreiche Gebäude. Selbst wenn wir in den meisten Fällen die Funktion dieser Bauwerke nicht kennen, können wir doch von den ganz unterschiedlichen Grundrißformen auf verschiedene und jeweils spezialisierte Nutzungen schließen.

Durch die Struktur der Residenz, deren verschiedene Funktionseinheiten nicht in einer einzigen, entsprechend unterteilten großen Anlage, sondern in jeweils eigenen Gebäuden untergebracht waren, unterschied sich der Palast von Hattuscha grundsätzlich von jenen der altorientalischen Kulturen Syriens und Mesopotamiens. Dort war ein Palast ein in sich geschlossenes Gebäude, das zahlreiche Räume aufwies, die repräsentativen, administrativen, wirtschaftlichen und religiösen Zwecken dienten. Schöne Beispiele für eine solche Struktur bieten die Paläste in Ebla, Qatna oder Mari (alle drei in Syrien) oder auch in Kültepe bei Kayseri.

Während Anlagen wie die in Mari oder Kültepe offenbar in einem Zug geplant und errichtet wurden, läßt die Palastanlage von Hattuscha eine sich über einen längeren Zeitraum erstreckende Entwicklung erkennen; je nach den sich ändernden Bedürfnissen wurde die Residenz um neue Gebäude erweitert.

Die Beispiele herrschaftlicher Architektur der Karum-Zeit in Acemhöyük und Kültepe (ca. 1950/00 bis ca. 1720 v. Chr.) zeigen, daß zu Beginn des 2. Jahrtausends v. Chr. – wohl in Ermangelung entwickelter autochthoner Bauformen – fertige Architekturmodelle und wahrscheinlich auch die damit verbundenen Konzepte herrschaftlicher Repräsentation aus Syrien nach Zentralanatolien übertragen wurden. Demgegenüber zeigt die Tatsache, daß die Hethiter von Anbeginn ihrer Herrschaft (seit ca. 1650 v. Chr.) für ihre Residenzen eigene Strukturen entwickelten, daß ihre Paläste im Vergleich zu den älteren der Karum-Zeit eigenen Nutzungsmustern genügen mußten.

Bereits in der ältesten Bauphase war die Gesamtanlage mit einer monumentalen Befestigung umgeben, die nur im Südosten und Südwesten Tore aufwies (Abb. 26. 60–62). In der Schicht III findet sich ein weiteres Tor auf der Westseite; von dort war es möglich, direkt aus der Unterstadt in den Westen des Palastes zu gelangen. In der Großreichszeit (Periode III) bildeten Höfe, um die herum die einzelnen Gebäude des Palasts lagen, den Kern der Anlage (Abb. 61). Die um diese Höfe gruppierten Bauten bildeten innerhalb des Gesamtkomplexes jeweils abgeschlossene Bereiche. Diese hatten neben repräsentativen auch administrative, wirtschaftliche und wahrscheinlich auch kultische Funktionen, die wir im Einzelfall jedoch nur bedingt nachweisen können. Tore ermöglichten den Zugang zu den so differenzierten Palastbereichen, wobei Höhenunterschiede zwischen den Höfen zusätzliche, imaginäre Grenzen bildeten und den Eindruck der Untergliederung verstärkten.

Das große Südtor, durch das man auch heute den Palast betritt, war in hethitischer Zeit der wichtigste Zugang, denn dort mündete das Viadukt, über das der Weg von dem Sattel zwischen der Südburg und Nişantepe zur Büyükkale hinaufführte, in den Eingangshof (Abb. 60. 61). Deutet man den MESCHEDI-Text – die Dienstanweisung für die Palastwache – korrekt, so nutzte der König dieses Haupttor, während Bedienstete sowie Besucher zumindest in seiner Gegenwart auf andere Zugänge angewiesen waren.

Durch das Haupttor der Burg gelangte man in den Eingangshof. Von dort gab es einen Zugang über einen mit roten Steinplatten gepflasterten Weg – vergleichbar etwa einem roten Teppich unserer Tage – quer über den Torhof zu einem weiteren Tor und in den unteren Burghof (Abb. 61). Alternativ gelangte man über einen möglicherweise nicht allgemein zugänglichen Weg, der nach rechts entlang der Burgmauer führte, durch eine schmale Pforte zu einem unregelmäßigen Platz zwischen der Burgmauer, den Gebäuden G, J und K sowie der rückwärtigen Mauer des Gebäudes A. Die Lage der Eingänge läßt erkennen, daß außer den Gebäuden G und J keines auf diesen Hof ausgerichtet war; vermutlich war es also ein ungeplant entstandener und etwas größer geratener Durchgangsweg zwischen den Rückwänden der Gebäude und der Befestigungsanlage. In einer jüngeren Phase der Großreichszeit hat man dann dort ein Wasserbecken angelegt.

Am Gebäude K vorbei, in dem eine größere Menge an Keilschrifttafeln entdeckt wurde, erreichte man einen Hintereingang zum oberen Burghof (Abb. 61). Da sich, wie Peter Neve vermutet, unmittelbar östlich des Gebäudes K ein zweites Tor in der äußeren Befestigungsanlage befunden haben könnte, handelte es sich bei dem vom Eingangshof kommenden Weg wahrscheinlich um eine diskrete, nicht der Allgemeinheit zugängliche Passage, welche die Möglichkeit bot, am unteren Burghof und den dort stationierten Soldaten und Offiziellen vorbei in das Innerste des Palastes zu gelangen (Abb. 61).

Der eigentliche Weg zum Palast führte durch den unteren Burghof, den man vom Südtor kommend durch einen kleinen Vorhof oder von Westen durch das Torgebäude N erreichte (Abb. 61). Als der Bereich, in dem die verschiedenen öffentlichen Zugänge zum Palast zusammentrafen, hatte der untere Burghof eine wichtige Verteilerfunktion. Man konnte sich von hier aus nach Osten zum Gebäude G und durch dieses in den wahrscheinlich nicht öffentlichen Teil des Palastes ebenso begeben wie nach Norden, und zwar entweder in den höher gelegenen zentralen Hof des Palastes oder durch eine kleine Pforte im Nordwesten zu den Gebäuden B, C und H. Diese lagen zwar auf dem gleichen Höhenniveau wie der untere Burghof, bildeten jedoch eine durch einen eigenen Eingang abgegrenzte Einheit (Abb. 61).

Obwohl man erwarten würde, daß der untere Burghof als einfach zu passierender Durchgangshof konzipiert wäre, waren die Wegachsen hier tatsächlich unterbrochen: Da sich die Tore auf den verschiedenen Seiten des Hofs nicht axial gegenüberlagen, war ein Besucher gezwungen, sich in diesem Hof neu zu orientieren und für eine Richtung zu entscheiden (Abb. 61). So wirkte der Hof zunächst wie eine Sackgasse, was den in diesem Areal diensthabenden Soldaten und Beamten ihre Kontroll- und Aufsichtsfunktionen erleichterte, die im MESCHEDI-Text beschrieben werden.

Um den unteren Burghof gruppierten sich im Westen die Gebäude H, M und N, während im Osten nur das Gebäude G lag. Peter Neve interpretiert die auf beiden Seiten des Hofes nachgewiesenen Mauern als Fundamente für Pfeilerstellungen und schließt auf lange Pfeilerhallen entlang der Längsseiten des Hofes (Abb. 61). Trifft diese Rekonstruktion zu, so war das Gebäude G sowohl von Westen als auch von Osten zugänglich und könnte demnach eine Verbindung zwischen dem unteren Burghof und dem Bereich entlang der Befestigungsanlage gebildet haben.

Auf der Ostseite des Hofs weist der Grundriß des Bauwerks M Parallelen zu dem von Gebäude G auf. In beiden Fällen bildeten große hallenartige Räume den Mittelpunkt des Gebäudes (Abb. 61). Die Reste des Gebäudes N auf der Westseite werden von Peter Neve als Torbau interpretiert. Durch diesen könnte ein Weg, der in einer lange gestreckten Serpentine vom südwestlichen Fuß des Berges hinauf zur Büyükkale führte (Abb. 54), von Westen in das Hofsystem geleitet worden sein.

Die Bauten B und insbesondere C im Norden des unteren Hofes wurden von Peter Neve als Kultgebäude gedeutet, obwohl ihre Grundrisse sich deutlich von denen der bekannten Tempel unterscheiden (Abb. 60. 61). Insbesondere Votivgefäßen, die man in einem brunnenartigen Schacht im zentralen Raum des Gebäudes C fand, werden von ihm als Indizien für kultische Aktivitäten angeführt.

Die ausgegrabenen Befunde am Übergang von Gebäude B zu C sind so schwer zu interpretieren, daß man auch eine Verbindungsmauer zwischen den beiden Gebäuden rekonstruieren könnte (Abb. 61). In diesem Fall würde es sich um einen Gebäudekomplex handeln, dessen beide zentrale Räume axial aufeinander bezogen sind (J.-W. Meyer). Während meiner Meinung nach die Funktionen der Gebäude B und C weder anhand des ausgegrabenen Bautyps noch aufgrund der Funde wirklich zu klären sind, könnte das Bauwerk H wegen seines Grundrisses ein Lager oder Depot gewesen sein, ohne daß bei den Grabungen festgestellt werden konnte, was man dort einst vielleicht aufbewahrte. Durch die Straßenführung und die vermuteten Zugänge zu den Gebäuden bildeten B, C und H eindeutig eine funktionale und vom Rest des Palasts abgegrenzte Einheit (Abb. 61). Da die bauliche Ausrichtung der Nordostecke des Gebäudes B offenbar mit Rücksicht auf den südlichen Zugang zum Gebäude D erfolgte, wird deutlich, daß der Komplex der Gebäude B, C und H jünger ist als Gebäude D.

Der untere Burghof wird im Norden durch eine Geländestufe abgeschlossen, die durch eine Felsrippe markiert wird; die hethitischen Baumeister nutzten diesen Höhenunterschied, um den nördlichen Teil des Palastes abzugrenzen (Abb. 61). Von einem Torgebäude in der nordöstlichen Ecke des unteren Hofes gelangte man über Treppen zum oberen Burghof.

Auf dem höchsten Plateau des Bergs von Büyükkale bildet eine große, in etwa waagerechte, künstlich abgearbeitete Fläche das Zentrum der Palastanlage (hethitisch: *halentuwa*). Obwohl nur flache Abarbeitungen im Fels erhalten sind, schließt Peter Neve auf zwei Höfe – einen mittleren und einen oberen Burghof. Beide liegen jedoch auf gleicher Höhe; getrennt nur durch eine Pfeilerhalle (Abb. 61).

Im Süden des oberen Hofes liegt das Gebäude A und im Westen das Gebäude D. Von beiden sind nur die auf einer tieferen Geländestufe gegründeten Kellergeschosse erhalten; zugänglich waren sie im Erdgeschoß von dem großen Hof aus (Abb. 61). Gebäude D ist das größte Bauwerk der Residenz und kann mit großer Wahrscheinlichkeit als Audienzhalle interpretiert werden, deren Dach von bis zu 25 im Erdgeschoß aufstrebenden Pfeilern getragen wurde. Im Kellergeschoß sind die ursprünglich auf den bis zur Höhe des Erdgeschosses aufgemauerten Substruktionsmauern erhalten, die den Unterbau für den darauf liegenden Fußboden des Erdgeschosses und die Pfeilerbasen bilden. Die Pfeiler, die sehr wahrscheinlich aus Holz waren und rund oder eckig gewesen sein können, trugen ein Flachdach. Der Zugang zu diesem Gebäude erfolgte vom östlich gelegenen oberen Hof durch eine Pfeilerhalle und ein Tor. Zwar sind die Bemühungen, den Zugang zu regulieren, im archäologischen Befund klar erkennbar, aber wir wissen nichts Konkretes über den Ablauf der Audienzen und wer an diesen teilnahm.

Im Süden des Hofes lag das Gebäude A, das über querliegende, hallenartige Räume zu erreichen war. Der Kern des Gebäudes, von dem nur der auf niedrigerem Niveau gegründete Keller im Süden erhalten ist, bestand aus parallel angeordneten langrechteckigen Räumen, deren oberes Stockwerk wie im Falle des Gebäudes D durch Pfeiler oder Säulen getragen wurde (Abb. 61). In diesem Bauwerk wurden im Verlauf der ersten Grabungen von Theodor Makridi und Hugo Winkler mehrere tausend Fragmente von Keilschrifttafeln gefunden, die dieses Gebäude als Archiv charakterisieren. In den beiden vorgelagerten, langrechteckigen Räumen vermutet man die Schreiberstuben.

Während sich so im Westen und Süden des Hofs Gebäude mit administrativen und repräsentativen Funktionen rekonstruieren lassen, blieben im Osten über die gesamte Breite der Höfe hinweg lediglich die in den Fels geschlagenen Auflager für Mauerwerk sowie zwei faßförmige Zisternen erhalten. Welche Funktionen diese Gebäude gehabt haben mögen, auf die nur die Abdrücke im Fels hinweisen, läßt sich ebensowenig sagen, wie die Rekonstruktion ihrer Grundrisse möglich wäre (Abb. 61).

Auf der gesamten Hoffläche war der Felsen nahezu waagerecht abgearbeitet. Reihen von nur wenige Zentimeter tiefen, quadratischen Kuhlen, die in regelmäßigen Abständen in den Fels geschlagen wurden, sind Anzeichen für die dort einst eingepaßten Pfeilerstelllungen.

Der nördliche Teil des Hofs war für einen zeitgenössischen Besucher durch eine querliegende Pfeilerhalle abgetrennt. Im nordöstlichen Hangbereich des oberen Plateaus wurden die Kellergeschosse der Gebäude E und F freigelegt, deren nicht mehr erhaltene Erdgeschosse ähnlich wie die Gebäude A und D einst ebenerdig vom oberen Hof aus zugänglich waren (Abb. 61). Diese vom Rest des Palasts deutlich separierten Gebäude wurden von den Ausgräbern als die Gemächer beziehungsweise Aufenthaltsgebäude des Königs und seiner Familie interpretiert, obgleich keine Funde gemacht wurden, die Aufschlüsse über die Einrichtung oder Ausstattung dieser Gebäude böten.

In Ermangelung aussagekräftiger Funde bleibt uns die Ausstattung der Palastanlage weitgehend verborgen. Deshalb ist es auch nur in ganz wenigen Fällen möglich, mit Sicherheit zu sagen, welche Funktion einzelne Gebäude hatten. Angesichts der heute sichtbaren Steinfundamente gewinnt man zunächst den Eindruck, die hethitischen Könige hätten im

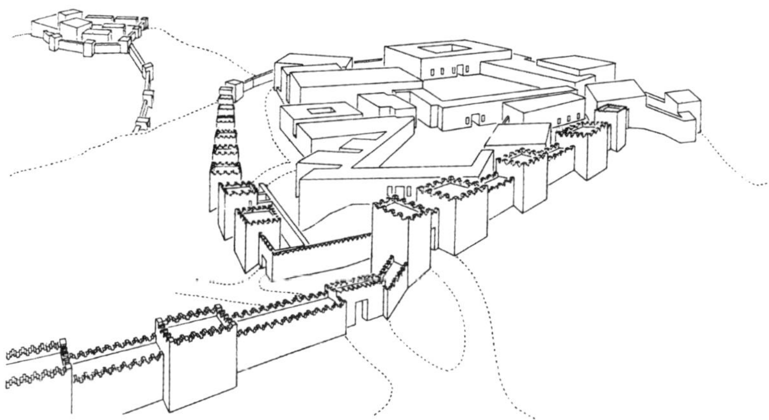

Abb. 62: Zeichnerische Rekonstruktion der Anlage von Büyükkale (Periode III); im Hintergrund liegt Büyükkaya.

Vergleich zu ihren «*Brüdern*» in Mesopotamien, Syrien oder Ägypten geradezu kümmerlich gelebt (Abb. 61. 62). Trägt man jedoch die Fragmente zusammen, so wird deutlich, daß der Palast teilweise aufwendig ausgestattet gewesen sein muß. Diese Pracht fiel jedoch dessen Zerstörung und vor allem der bis in byzantinische Zeit andauernden Nutzung Hattuschas als Baugrund und Steinbruch zum Opfer. Löwenfiguren aus Stein, aber auch aus Fayence (?), von denen Fragmente am zentralen Burgtor und in den Gebäuden D und M gefunden wurden, dienten nicht nur als Schmuck, sondern nach hethitischem Verständnis auch dem Schutz der Türen und Gebäude. Sie legen – ebenso wie Reste von Wandmalerei im Gebäude G und ein als Spolie verbautes Fragment eines Reliefblocks (Abb. 96) – von der einst reichen Ausstattung Zeugnis ab.

Da man dort Tontafeln und Bullae (in Gebäude D) in großer Zahl gefunden hat, dürften das Gebäude A insgesamt und ferner einzelne Räume in den Gebäuden D, E und K als Archive gedient haben. Der Grundriß des größten Bauwerks auf der Burg – der Pfeilerhalle Gebäude D – deutet darauf hin, daß es mit großer Wahrscheinlichkeit als Audienzhalle genutzt wurde. Dagegen lassen sich die Funktionen der übrigen Gebäude – abgesehen von H, das als Magazin diente – weder aufgrund von Funden noch anhand der Grundrisse erschließen.

Während die in den hethitischen Texten genannten Ereignisse kaum mit bestimmten Bauten oder Teilen der Stadt in Verbindung gebracht werden können, gewährt der bereits erwähnte MESCHEDI-Text, die Dienstanweisung für die königliche Palastgarde, Einblicke in die Aufgaben der im Palast dienenden Soldaten. Dabei stehen wir jedoch wie so oft bei der Interpretation altorientalischer und besonders hethitischer Texte vor der Problematik, wo die Grenze zwischen sicherem Wissen und Spekulation verläuft. So können wir nicht sicher sagen, mit welcher freigelegten Bauschicht des Palastes der mittel-hethitische Text aus dem 15. bis 14. Jahrhundert v. Chr. zeitlich korrespondiert. Denn weder ist die Datierung des in verschiedenen Versionen überlieferten Texts gesichert, noch läßt sich eine der auf der Büyükkale ausgegrabenen Bauschichten absolutchronologisch mit ausreichender Genauigkeit einordnen. Darüber hinaus kann man aus den verschiedenen bekannten Versionen des Textes nicht klar erschließen, wo sich die einzelnen darin genannten Gebäude befanden, und in welcher räumlichen Relation und Entfernung sie zueinander lagen; so ist in vielen Fällen nicht einmal zu entscheiden, ob in dem Text genannte Bauten, etwa das ^{É}*hešta*, verschiedene Heiligtümer oder auch Wirtschaftsgebäude – Stallungen, Remisen, Werkstätten etc. – überhaupt auf der Burg zu suchen sind. Die sich aus den Texten scheinbar ergebende räumliche Nähe einzelner Gebäude zueinander hilft bei der Interpretation des archäologischen Befundes nicht wirklich weiter, da die Beziehungen zwischen den Bauten in verschiedenen Textversionen variieren und zudem keine nachvollziehbaren Entfernungsangaben gemacht wurden.

Man darf solche Präzisierungen aber auch nicht erwarten, da diese Texte nicht als Beschreibung topographischer Zusammenhänge verfaßt wurden. Die darin genannten Gebäude dienten nur als räumliche Hülse für die im Mittelpunkt des Textes stehenden Zeremonien und Ereignisse. Funktion und Lage der namentlich genannten Bauwerke waren den Adressaten – in diesem Fall den im Palast diensttuenden Soldaten – bekannt. Aus dem MESCHEDI-Text geht außerdem hervor, daß er nicht für einen bestimmten Ort – etwa die Büyükkale in Hattuscha – geschrieben wurde, sondern daß er als allgemeine Dienstanweisung gedacht war, die je nach Aufenthaltsort des Königs an verschiedene Lokalitäten flexibel angepaßt werden konnte. Aufgrund dieser Unwägbarkeiten kann man folglich nur einige allgemeine Angaben des

MESCHEDI-Textes zu den konkreten baulichen Überresten der Büyükkale in Beziehung setzen.

Die textlich belegte Gliederung der Anlage in zwei große Höfe, um die sich die Gebäude des Palastes gruppieren, korreliert überzeugend mit dem ausgegrabenen Befund (Abb. 60. 61). Diese Unterteilung in einen unteren und einen oberen Hof unterscheidet die Anlage zwar von den Palästen der Karum-Zeit des 20. bis späten 18. Jahrhunderts v. Chr. in Anatolien (so etwa in Acemhöyük oder Kültepe), sie hat ihren Ursprung aber in der alt-hethitischen Epoche (ca. frühes/mittleres 17. bis 16. Jahrhundert v. Chr.), wie die Vorläufer in Hattuscha (Büyükkale IVa, Abb. 26) und das Beispiel der Residenz eines lokalen Fürsten in İnandıktepe zeigen (D. Mielke).

Dem MESCHEDI-Text zufolge erfüllen die beiden Höfe ganz unterschiedliche Funktionen (Abb. 61): Im ersten, dem Hof der Leibwächter, waren Soldaten und Beamte stationiert, wurden wahrscheinlich Gerichtsverhandlungen durchgeführt und konnten Empfänge stattfinden. Dieser Bereich war der öffentliche Teil des Palastes.

Der innere Teil des Palastes umgab den zweiten, oberen Hof, der auf der Büyükkale durch eine Höhenstufe und eine Treppenanlage mit einem Tor abgegrenzt war (Abb. 61). Dieser zentrale und nicht für jedermann zugängliche Bereich wird im MESCHEDI-Text *halentuwa* genannt, d. h. das Innere des Palastes (H. G. Güterbock). Die Höfe waren, wie aus dem Text hervorgeht, von mehreren Pfeilerhallen gesäumt, die hethitisch als *hilammar* bezeichnet wurden (H. G. Güterbock). Sie dienten unterschiedlichen Zwecken; unter anderem wurden dort auch kultische Handlungen ausgeführt. Möglicherweise kann die Toranlage, die den Übergang vom unteren zum oberen Hof regelte, mit dem im Text genannten *kaškaštepa*-Tor identifiziert werden. Weniger klar ist hingegen die Lokalisierung des im MESCHEDI-Text genannten *arkiu*, das sich im Hof der MESCHEDI-Gardisten, möglicherweise in der Nähe eines Tores befunden haben könnte; der Hethitologe Hans Gustav Güterbock verbindet mit diesem Begriff kein festes Bauwerk, sondern interpretiert ihn als Baldachin oder eine Art Pergola.

Aus dem MESCHEDI-Text und anderen Quellen geht hervor, daß im Einzugsgebiet des Palastes auch mit Heiligtümern zu rechnen ist. Trotz zahlreicher Unsicherheiten könnte am ehesten das sogenannte *hešta* im

Abb. 63: Fundlage der beiden Stierfiguren (Büyükkale IVb, Gebäude E)

Palast oder in dessen unmittelbarer Umgebung gelegen haben. Eine Identifizierung dieses Begriffs mit einem der ausgegrabenen Gebäude ist angesichts der dürftigen Befundlage jedoch ebenso gewagt, wie der Versuch, zahlreiche andere Tempel oder Kapellen auf der Burg zu lokalisieren (M. Popko); zumal entsprechende Versuche auf Annahmen zur chronologischen und strukturellen Entwicklung der Oberstadt beruhen, die sich als nicht länger haltbar erwiesen haben.

Während in Bauschicht III kein Gebäude aufgrund der dort gemachten Funde oder seiner architektonischen Merkmale als Tempel bezeichnet werden kann, könnten die Funde von zwei fast identischen Stierfiguren – dem Symbol des Wettergottes, der der wichtigste Gott des hethitischen Pantheons war – im Haus E der älteren Bauschicht IVb–a (Abb. 26) einen Hinweis auf die kultische Nutzung des Areals geben (Abb. 63. 65). Entsprechende Figuren wurden in Kuşaklı im mittel-hethitischen Gebäude C, dem Tempel des Wettergottes in Sarissa gefunden. Durch diese Funde sind zumindest für die ältere, wahrscheinlich mittelhethitische Bauschicht kultische Funktionen im Bereich des Palastes belegt.

Abb. 64: Die beiden Stierfiguren nach der Restaurierung (Höhe 91 cm)

Glaubt man dem MESCHEDI-Text, konnte der König mit dem Wagen in die Anlage fahren. Der archäologische Befund der Büyükkale bestätigt dies durch ein Viadukt, das die von Nişantepe kommende Straße auf der Südseite bis in den unteren Burghof führt (Abb. 38. 61. 62). Gleichzeitig wurden durch dieses Bauwerk die unmittelbar südlich anschließenden Areale eng mit dem Palast verbunden. Insofern könnten einige der textlich belegten, aber auf der Burg nicht zu verortenden Funktionen in den dort ausgegrabenen Gebäuden zu suchen sein (Abb. 38): der sogenannte Nordbau könnte aufgrund gewisser Parallelen mit einem ähnliche Gebäude in Kuşaklı als Stall oder Remise (A. Müller-Karpe, D. Mielke) gedeutet werden. Der sogenannte Westbau auf dem Plateau bei Nişantepe wurde nach Ausweis der dortigen Funde von mehreren tausend Bullae und einigen Tontafeln mit großer Wahrscheinlichkeit für Verwaltungszwecke genutzt, während der östlich auf der Südburg gelegene Tempel 31 als Ort für Kulthandlungen in Frage käme.

Wer alles Zugang zum Palast hatte, wissen wir nicht. Der architektonische Befund erlaubt allenfalls Spekulationen. Jedoch vermitteln Mauern, Tore, die Höhenunterschiede zwischen den Höfen und die in den Höfen gebrochenen Wegachsen den Eindruck eines restriktiv gehandhabten Zugangsrechts, was eine klare Abgrenzung des Königs von der Außenwelt zur Folge hatte.

Abgesehen von militärischen Funktionsträgern, die über die eigentliche Leibgarde innerhalb des Palastes hinaus in dem MESCHEDI-Text erwähnt werden, hielten sich dort auch zahlreiche staatliche und religiöse Würdenträger auf. Dabei ist nicht auszuschließen, daß einige der genannten Personen Dienstpflichten in verschiedenen Funktionszusammenhängen hatten. Im einzelnen sind Bedienstete für ganz unterschiedliche Aufgabenbereiche im Palast erwähnt: so etwa Beamte mit differenzierten Aufgaben, Schreiber, Pagen, Diener, Köche, Wagenlenker, Stallburschen, Ärzte, Barbiere, Handwerker unterschiedlichster Profession, Priester, Auguren, Magier, Schamanen und Seher.

Die an verschiedenen Stellen der Palastanlage gefundenen Tontafeln zeigen, daß es neben dem Archivgebäude A wohl weitere Bauwerke gab, in denen Tafeln aufbewahrt wurden (Abb. 61. 65a–c). Es könnte sein, daß Tafeln unterschiedlichen Inhalts oder unterschiedlicher Aktualität an verschiedenen Stellen in der Stadt verwaltet wurden (Th. van den Hout); doch dies läßt sich in Ermangelung einer adäquaten Funddokumentation der frühen Grabungen nicht mehr mit Sicherheit feststellen. Diese Unsicherheiten der Lokalisierung und der Zusammengehörigkeit einzelner Texte und Textgruppen erschweren die Beurteilung der Frage, wie das hethitische Kanzlei- und Archivwesen aussah, wie es funktionierte und vor allem, wann es entstand.

Der Duktus, in dem die Texte der hethitischen Zeit geschrieben sind, belegt, daß die Hethiter nicht die in der Karum-Zeit in Anatolien eingeführte assyrische Variante der Keilschrift verwendeten (Abb. 21c–d), sondern wahrscheinlich mehrere Jahrzehnte, nachdem die assyrische Keilschrift in Vergessenheit geraten war, deren babylonische Version aus Syrien übernommen haben (Abb. 65a–c); d. h., die ersten Schreiber in Diensten der Könige von Hattuscha waren aller Wahrscheinlichkeit nach keine Hethiter, sondern Personen aus Syrien oder Babylonien, deren Muttersprache das Akkadische war. Umstritten ist heute deshalb, ob die neue Schrift bereits zu Beginn des alt-hethitischen Reichs (nach

Abb. 65: a) Landschenkungsurkunde (Bo 84–465 aus dem Tempel 8 in der Oberstadt) mit königlichem Siegel (Tabarna), durch die der Großkönig Landgüter neu vergibt

b) 10. Tafel des hurritisch-hethitischen itkalzi*-Rituals der Reinigung bzw. der Reinheit (Bo 1198/c, gefunden 1933 im Archivgebäude A auf Büyükkale)*

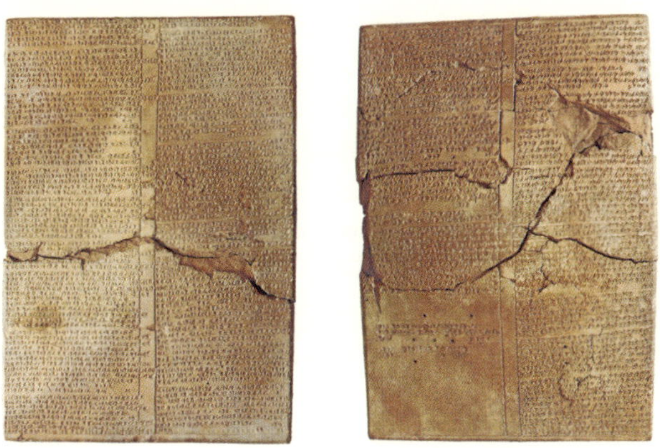

c) Ritual für die Einrichtung einer weiteren Kultstätte für die Göttin der Nacht (Bo 1779/c + 1878/c, gefunden 1933 im Archivgebäude A auf Büyükkale)

1650 v. Chr.) dafür genutzt wurde, neben Akkadisch auch Hethitisch zu schreiben. Man weiß von vergleichbaren Fällen, in denen ein etabliertes Schriftsystem übernommen wurde, um eine bis dato nicht verschriftete Sprache zu schreiben, daß ein solcher Prozeß mehrere Generationen in Anspruch nehmen konnte. Da kaum einer der frühen hethitischen Texte sicher datiert werden kann, ist nicht auszuschließen, daß für die systematische Anwendung der Keilschrift auf das Hethitische das gleiche gilt. Von einem etablierten Kanzleiwesen, das serienmäßig Texte in Hethitisch verfaßte (Abb. 65a–c), ist nach Meinung des Hethitologen Theo van den Hout erst ab der 2. Hälfte des 16. Jahrhunderts v. Chr. auszugehen. Diese Entwicklung vollzieht sich etwa gleichzeitig mit entscheidenden technischen Innovationen, die zusammen die Grundlage für die Entstehung des hethitischen Großreichs darstellen.

Unabhängig von der Bedeutung dieser Frage gab es jedoch während der gesamten hethitischen Epoche im Palast Schreiber, die des Akkadischen, der *lingua franca* des Alten Orients, mächtig waren und die die internationale diplomatische Korrespondenz der Könige in dieser Sprache führten. In diesem Zusammenhang ist es allerdings bemerkenswert, daß seit der Regierungszeit von Tuthalija I. (ca. 3. Viertel des 15. Jahrhunderts v. Chr.) Akkadisch offenbar nur noch für diplomatische Texte verwendet wurde.

Das Archiv- und Kanzleiwesen war eng mit dem Beruf des Schreibers verbunden. Auch wenn anzunehmen ist, daß mit der Bezeichnung «Schreiber» auf einem Stempelsiegel nicht zwangsläufig der Beruf gemeint war, sondern eher damit angedeutet wurde, daß der Siegelträger des Schreibens mächtig war, sind einige einflußreiche Schreiberfamilien aus dem Umfeld des Palasts von Hattuscha bekannt. Ihr Wirken läßt sich in manchen Fällen über mehrere Generationen verfolgen (Sh. Gordin). Neben Tontafeln, in deren lederhart getrocknete Oberfläche die Zeichen mit einem spitzen Schreibwerkzeug eingeritzt wurden, beschrieb man auch Wachs, das in einen zweiteiligen Holzrahmen eingelassen war, dessen beide Teile man auf- und zuklappen konnte. Es hat sich lediglich im Schiffswrack von Uluburun – vor der lykischen Küste gelegen – eine solche Holztafel erhalten. Peter Neve vermutet, daß die langrechteckigen Räume 7 und 8 des Archivgebäudes A als Schreiberstuben dienten (Abb. 61), in denen die erfahrenen Oberschreiber über die Arbeit der Ausbilder, Kopisten und Schüler wachten.

Auch wenn wir im einzelnen die textlich belegten politischen, militärischen, religiösen und handwerklichen Funktionen nicht sicher im Palast verorten können, war die Palastanlage doch offenbar reich bevölkert und bildete eine multifunktionale Einheit mit einer komplexen, hierarchischen Sozialstruktur. Gleichzeitig erfahren wir durch den MESCHEDI-Text, daß im Palast neben dem Hethitischen, Hurritischen und Akkadischen auch Palaisch, Luwisch und Hattisch gesprochen, geschrieben und für Zeremonien verwendet wurden. Dieses Sprachengewirr spiegelt sehr schön den multiethnischen Hintergrund Anatoliens in jener Epoche wieder.

Weitere repräsentative, staatliche Gebäude in Hattuscha

Nicht nur in der königlichen Residenz auf Büyükkale, sondern auch in verschiedenen anderen Bereichen der Stadt erlaubt die Architektur Rückschlüsse auf das Vorhandensein sozialer und machtpolitischer Hierarchien in der hethitischen Gesellschaft. Wir wissen zwar nicht, ob und wenn ja, wer außer dem König die Errichtung öffentlicher Bauten in Auftrag geben durfte, jedoch können zahlreiche Gebäude aufgrund ihrer Gestaltung und ihrer Form als Ausdruck staatlichen Handelns gedeutet werden. Besonders deutlich zeigt sich das Wirken des Staats an den Befestigungsanlagen, den Toren sowie an den im weiteren noch vorzustellenden Tempeln (ab Seite 175) und Versorgungsanlagen (ab Seite 224). Daneben gab es zahlreiche Gebäude, deren Funktion wir im Detail zwar oft nicht eruieren können, deren Bauweise und Grundrisse sie aber jedenfalls nicht als Wohnhäuser erscheinen lassen.

Auffallend ist die Häufung entsprechender Bauwerke in der Oberstadt von Hattuscha (Abb. 35). Diese Konzentration könnte einerseits darauf zurückzuführen sein, daß erst mit der Entstehung des hethitischen Großreichs im späten 16. Jahrhundert v. Chr. die Entwicklung entsprechender Gebäudeformen notwendig schien, die dann bevorzugt in dem etwa gleichzeitig entstehenden neuen Stadtbereich ausgeführt wurden. Andererseits mag aber auch die intensive Erforschung der Oberstadt dazu geführt haben, eine nur scheinbar ungleiche Verteilung wahrzunehmen. In jedem Fall lassen jene Bauwerke, auf die im folgenden näher einzugehen sein wird, deutlich erkennen, wie die hethitischen Baumeister, wahrscheinlich im Auftrag des Königs, sowohl den gebauten urbanen als auch den natürlichen Raum planvoll und bis heute markant gestaltet haben.

Die Befestigungsanlagen, die Tore und Yerkapı

Im 13. Jahrhundert v. Chr. erstreckten sich die Befestigungsanlagen über fast sieben Kilometer; sie waren parallel zur Stadtentwicklung über vier Jahrhunderte schrittweise ausgebaut worden (Abb. vorderer Vorsatz). Bereits die älteste Stadtmauer der hethitischen Zeit – die so genannte Poternenmauer – zeigt den charakteristischen Grundriß einer Kastenmauer (Abb. 22. 23. 66. 68). Dabei hatten – im Gegensatz zu den einfachen Steinmauern der Frühbronzezeit – die hethitischen Baumeister zwei Mauern parallel errichtet und sie durch Quermauern verbunden. Den so im Inneren der Mauer entstehenden «Kästen» verdankt das Bauwerk nicht nur seine moderne Bezeichnung, sondern sie ermöglichten es – aufgefüllt mit Erde, Steinen und Lehmziegelbruch –, die Mauer wesent-

Abb. 66: Auf diesem Bild von Büyükkaya aus der Luft sind die Befestigungsanlagen und der charakteristische Plan der Kastenmauer deutlich zu erkennen.

lich breiter zu bauen als bis dahin üblich (Abb. 22. 23. 56. 66. 68). Gegründet auf hohen, häufig künstlich angeschütteten, steilen Wällen sollten diese Verteidigungsanlagen die verheerende Wirkung der im frühen 2. Jahrtausend v. Chr. aufkommenden Rammböcke und anderer Belagerungsmaschinen auffangen und mindern. Als die hethitischen Architekten im späten 17. Jahrhundert v. Chr. mit der sogenannten Poternenmauer die Altstadt von Hattuscha sicherten, entwickelten sie Bauweisen weiter, die bereits aus den nur wenig älteren Befestigungen in Karahöyük und Alişar Höyük bekannt sind.

Die Poternenmauer, die sich um die gesamte Altstadt zieht, bildet im Süden von Hattuscha mit zwei Türmen, die im Ostabschnitt der Mauer die Ausgänge einiger der mindestens acht Poternen decken, und einem tiefen natürlichen Graben vor den Mauern das am besten ausgebaute Verteidigungssystem der Stadt (Abb. 23. 68). Der besondere Aufwand, den man vor allem auf der Südseite getrieben und auf den man bei der Verlängerung der Mauer im Norden der Altstadt verzichtet hat, war notwendig, da das höher gelegene Terrain, auf dem erst später die Oberstadt errichtet wurde, einem potentiellen Angreifer ein ideales Aufmarschgebiet bot.

Entsprechende Poternen, das heißt Tunnel, die unter der Mauer hindurch führen (Abb. 71), finden sich in vielen alt-hethitischen Städten Anatoliens (Alaca Höyük, Alişar Höyük, Külhöyük, Korucutepe und wohl auch Oymaağaç). Sie sollten den Belagerten einen Ausfall aus der Stadt zur Verteidigung vor der Stadtmauer ermöglichen. Da solche Poternen in Kuşaklı/Sarissa – einer in der 2. Hälfte des 16. Jahrhunderts v. Chr. neugegründeten Provinzhauptstadt – nicht mehr festzustellen sind, bestand in dem expandierenden Reich wohl keine Notwendigkeit mehr, solche Anlagen zu errichten; sei es, daß sich die defensive Kriegstaktik verändert hatte, oder sei es, daß man sich der mit diesen Öffnungen in der Mauer verbundenen Gefahren bewußt geworden war.

Während die Befestigungen von Hattuscha im 17. Jahrhundert v. Chr. als Verteidigungssystem angelegt worden waren, diente dieses eindrucksvolle Bauwerk spätestens ab dem 14. und vor allem im 13. Jahrhundert v. Chr. vorrangig repräsentativen Zwecken und demonstrierte die Stärke der Stadt. Diesen Funktionswandel lassen unter anderem die großen Fenster in den Türmen erkennen, die es den zahlreich vorhandenen Ton-

Abb. 67: Modell der Stadtmauer; deutlich sind die großen Fenster und die gerundeten Zinnen als prägendes Merkmal zu erkennen (Höhe 12 cm).

modellen zufolge gegeben haben muß (Abb. 8. 67), die aber in einer Verteidigungsanlage erhebliche Schwachstellen gebildet hätten.

Obwohl das Vorhandensein von Fenstern nur vermutet bzw. aus Tonmodellen der Stadtmauern erschlossen werden kann und deren Form natürlich nicht erhalten ist, werden auch anhand der Grundrisse Veränderungen deutlich. Sie können durch die Datierung der Stadtmauern von Kuşaklı auf das letzte Drittel des 16. Jahrhunderts v. Chr. eingegrenzt werden und erlauben weitere Rückschlüsse: Der Wegfall der Poternen wurde bereits erwähnt; daneben besteht der wichtigste Unterschied zwischen den älteren und jüngeren Mauern in der Form ihrer Türme; denn bei der älteren Poternenmauer bestehen die Türme lediglich aus zwei vor den normalen Mauerverlauf gesetzten kleinen Kästen (Abb. 68), wohingegen bei der Mauer in Kuşaklı und den jüngeren Befestigungen in Hattuscha

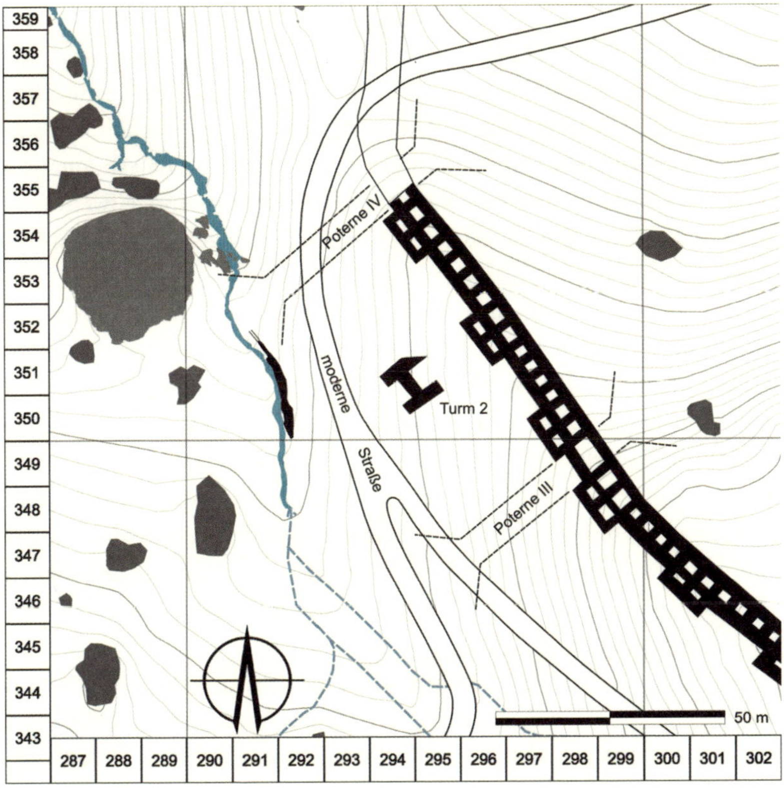

Abb. 68: Südöstlicher Abschnitt der Poternenmauer mit der älteren Form der Türme

langrechteckige Kästen für die Türme verwendet wurden (Abb. 56. 66). Darüber hinaus hat Rudolf Naumann darauf hingewiesen, daß die Mauern in der Großreichszeit tendenziell schmaler wurden. Erst ganz am Ende der hethitischen Epoche – wohl gegen Ende des 13. Jahrhunderts v. Chr. – genügte aufgrund neuer innenpolitischer Bedrohungen die Stadtbefestigung der Oberstadt nicht mehr, so daß ihr eine zusätzliche Mauer vorgelagert wurde (Abb. 10. 31. 71).

Während die Errichtung der Poternenmauer um die Altstadt am Übergang vom 16. Jahrhundert v. Chr. durch Radiokarbondatierungen abgesichert ist, kann der Bau der Oberstadtmauer beim gegenwärtigen Forschungsstand nicht genauer datiert werden. Ihr Verlauf ist heute noch sichtbar und hat in dem ausgegrabenen Abschnitt die Merkmale der jüngeren Grundrißform (Abb. 31). Da es aber unwahrscheinlich ist, daß die intensiv genutzten Areale in der Oberstadt in der 2. Hälfte des 16. Jahrhunderts v. Chr. ohne schützende Umwallung angelegt worden sein sollen, ist zu vermuten, daß es zu dieser Zeit bereits eine Befestigung gab (Abb. 33). Ob es sich dabei um die heute noch sichtbare und teilweise ausgegrabene Mauer handelt oder ob es einen Vorgängerbau gegeben hat, läßt sich zurzeit noch nicht genau sagen.

Die Stadttore schließlich dienten über ihre unmittelbare Funktion hinaus vor allem auch repräsentativen Zwecken (Abb. 36a–b. 69). Sie bildeten im hethitischen Verständnis die Schnittstelle zweier Welten: dem ungeordneten «Chaos» außerhalb und der durch den König geordneten Zivilisation innerhalb der Stadt. Deshalb mußten sie besonders geschützt werden, was vor allem durch den Reliefschmuck erreicht wurde, dem eine Schaden abweisende Wirkung zugeschrieben wurde. Bauliche Maßnahmen, wie die doppelten Torflügelpaare, gaben den geschlossenen Toranlagen zusätzlich die Funktion unabhängiger Kastelle innerhalb der Stadtbefestigung (Abb. 69).

Für die Instandhaltung und Sicherheit der Tore und der Stadtmauern hatte der *hazannu* (zu Deutsch: Stadtvorsteher, Bürgermeister, Stadtkommandant) zu sorgen: Gemäß einem Text, der dessen Aufgaben festlegte, hatte er allabendlich die großen, bronzenen Riegel anzubringen und zu versiegeln. Die dafür vorgesehen Aussparungen sind am Löwen- und am Königstor in den Seitenwänden noch erkennbar. In Kuşaklı wurde im Tordurchgang des Südosttores die Tonbulla mit dem Siegelabdruck des Siegels des *hazannu* gefunden.

Ein weiteres Indiz für die besondere Bedeutung der repräsentativen Eingänge zur Neustadt ist die einzigartige Gestaltung der Fassade der Tore in der Oberstadt. Sie sind mittels leicht überkragend aufeinandergeschichteter Steine parabelförmig gestaltet, wobei die Decke über der inneren Tordurchfahrt waagerecht mit Hölzern gedeckt war (Abb. 36a–b. 69). Diese Form der Torfassaden ist bisher nicht nur im hethitischen Kulturraum, sondern in der gesamten Alten Welt einzigartig. Einem Besucher, der die Oberstadt durch eines dieser Tore betrat, fiel diese Besonderheit mit Sicherheit auf. Er wurde so mit einer unbekannten Architekturform als Teil eines komplexen Zeichensystems konfrontiert und deutete dies im

Abb. 69: Luftbild des Königstors (von Osten)

Zusammenhang der monumentalen Anlage der Stadtmauern als Hinweis auf die Macht und die Einzigartigkeit der Könige von Hattuscha.

Der Zeitpunkt der Errichtung der monumentalen Tore der Oberstadt (Unteres und Oberes Westtor, Löwentor, Sphingentor und Königstor) ist weitgehend unklar. Da Löwen- und Königstor leicht schräg zum Mauerverlauf stehen, könnten sie nachträglich in die Mauer eingebaut worden sein (Abb. 31. 69). Die an den Toren erhaltenen Kunstwerke können stilistisch und ikonographisch allenfalls allgemein in die Großreichszeit eingeordnet werden. Im Falle des Löwentores fällt zudem auf, daß die äußere Fassade nicht vollständig ausgearbeitet wurde (Abb. 121). Rudolf Naumann erklärte dies so, daß die Handwerker vom Zusammenbruch des Großreiches überrascht worden seien. Dies würde für eine relativ späte Errichtung des Tores im 13. Jahrhundert v. Chr. sprechen. Allerdings könnte auch die Verlagerung der Hauptstadt nach Tarhuntassa unter Muwattalli im 1. Drittel des 13. Jahrhunderts v. Chr. das Ereignis gewesen sein, daß den Ausbau des Tores beendete. In diesem Falle wäre es bereits im (späten?) 14. Jahrhundert v. Chr. errichtet worden. Diese Fragen werden erst im Zuge weiterer Grabungen beantwortet werden können. Aufgrund

Abb. 70: Luftbild von Yerkapı von Südosten; die vordere, später errichtete Mauer läuft über die oberen Enden der seitlichen Treppenaufgänge hinweg. Dank rigorosen Schutzes können sich die Wälder im Umland von Hattuscha wieder gut entwickeln, wie der von P. Neve eingezäunte Wald südlich von Yerkapı zeigt.

ähnlicher Bauformen und vergleichbaren Bauschmucks ist es jedoch wahrscheinlich, daß sämtliche Tore der Oberstadt etwa gleichzeitig errichtet und monumental ausgebaut wurden.

Ebenso wie die Tore ist auch die Anlage von Yerkapı einmalig – auch über die hethitische Welt hinaus (Abb. 31–33. 70. 71). Schon durch seine schiere Größe mit einer Länge von ca. 250 m, einer Breite von über 70 m und einer Höhe von bis zu 40 m beherrscht Yerkapı die umgebende Landschaft. So war die Anlage gleichsam als Krönung der Stadt von Norden aus einer Entfernung über fast 20 km, das heißt in hethitischen Maßstäben etwa 1 bis 1,5 Tagesreisen, sichtbar. Über die Wirkung, die ein solches von Menschen errichtetes Bauwerk in der zu dieser Zeit noch weitgehend unberührten Landschaft des südlichen Budaközü-Tals entfaltete, kann man in Ermangelung zeitgenössischer Quellen nur spekulieren.

Auf der südlichen Außenseite von Yerkapı verstärkt ein dicht verlegtes Pflaster aus hellen Kalksteinen die monumentale Gestalt des Bauwerks

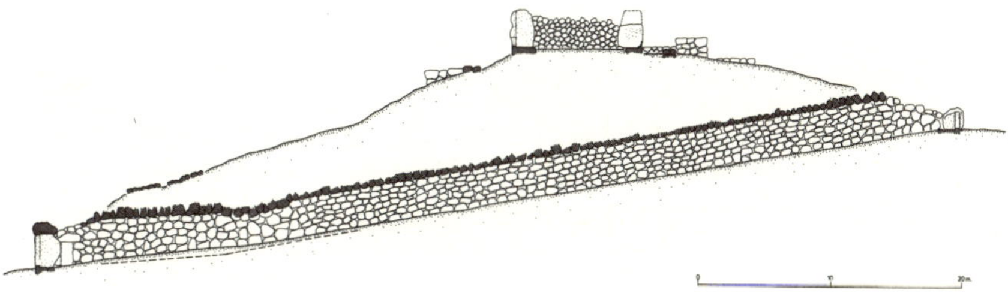

Abb. 71: Querschnitt durch die Anlage von Yerkapı und die Poterne; oben auf dem Wall steht das Sphingentor

(Abb. 31–33. 70. 71) Nähert man sich der Stadt von Süden so hat der moderne Besucher unwillkürlich den Eindruck einer abgeschnittenen Pyramide. In der Tat könnte man fragen, ob die Bauwerke in Gizeh, die den Hethitern seit dem 14. Jahrhundert v. Chr. aufgrund ihrer Kontakte nach Ägypten bekannt gewesen sein könnten, bei dem Entwurf Pate standen. Eine technische Erklärung der Pflasterung, die das Auswaschen und Abrutschen des künstlich angeschütteten Erdwalls verhindern sollte, ist allerdings wahrscheinlicher, wobei die Betonung der monumentalen Wirkung sicherlich ein erwünschter Nebeneffekt war. Unter dem künstlich aufgeschütteten Wall führt zudem eine Poterne aus der Oberstadt heraus nach Süden (Abb. 71. 73).

Über die Funktion dieses derart imposanten Bauwerks läßt sich nur spekulieren. Militärisch ergibt Yerkapı aufgrund der seitlichen Treppen (Abb. 72), der leicht zu erklimmenden Pflasterung und des von weitem sichtbaren Tors der Poterne keinen Sinn (Abb. 73). Vielmehr erscheint der Deutungsvorschlag von Peter Neve naheliegend, in Yerkapı gleichsam eine Bühne für Prozessionen oder Zeremonien zu sehen, die von den Tempeln in der Oberstadt ausgingen. Welche Rolle die unterirdische Poterne bei eventuellen Umzügen spielte, ist dabei ebenso unsicher wie die Nutzung des in der Mitte des Walls errichteten Sphingentors (Abb. 71), dessen vier Torflanken durch große Flügelwesen anatolischer Prägung geschmückt waren. Aufgrund seiner geringen Größe kann es nur als Fußgängertor gedient haben.

Abb. 72: Der Treppenaufgang auf der Ostseite von Yerkapı

Abb. 73: Der Ausgang der Poterne an Yerkapı; oben auf dem Wall – symmetrisch über dem Ausgang – befindet sich ein mit Sphingen verziertes Fußgängertor. Die Außenseite von Yerkapı ist zwar mit einem Pflaster aus Kalksteinen gedeckt, das aber ohne weiteres zu erklimmen ist.

Befindet man sich in der Stadt, ist Yerkapı der Punkt, der neben Büyükkale von fast jeder Stelle aus gesehen werden kann. Gleichzeitig verhindert das Bauwerk, über das einst noch die Stadtmauer mit einer Höhe von durchschnittlich ca. 10 m verlief, den Blickkontakt mit dem südlichen Umland, so daß dem in der Stadt stehenden Betrachter eine vollständig künstliche und urbane, das heißt von der ordnungsstiftenden Macht der hethitischen Könige geschaffene und kontrollierte Welt suggeriert wurde (Abb. 74). Dieser Eindruck wird dadurch verstärkt, daß man auf der Stadtinnenseite keine Gebäude errichtete, um so den Blick von Norden auf die Anlage von Yerkapı freizuhalten (Abb. 75).

Abb. 74: Rekonstruktion der Bebauung des zentralen Tempelviertels in der Oberstadt von Hattuscha; Blick von Norden

An dem Bauwerk von Yerkapı wird deutlich, wie sehr die Auftraggeber der hethitischen Baumeister auf die Wirkung setzten, die von ihren Bauwerken ausgehen sollte. Auch in diesem Falle spielte die Nutzung der Topographie zur Verstärkung der mit den Gebäuden verknüpften Intention eine entscheidende Rolle: Die Landschaft wurde nicht nur zur Verstärkung der gewünschten Effekte eingesetzt, sondern war kalkulierter Teil der Inszenierung.

Die bebauten Felskegel im Stadtgebiet

An verschiedenen Stellen der Stadt haben sich Bauwerke erhalten, die ähnlich wie die Tore besondere repräsentative Funktionen erfüllten und ebenso wie diese in ihrer Grundrißgestaltung und Ausführung einmalig sind. Wiederum ist die Wechselwirkung zwischen der gestalteten Landschaft und der monumentalen Architektur ebenso evident wie deren Häufung in der Oberstadt.

So prägt bis heute die Anlage von Yenicekale – zu Deutsch etwa «die recht neue Burg» – in der westlichen Oberstadt als weit sichtbarer

Abb. 75: Yenicekale in der südwestlichen Oberstadt im Winter; von Südosten

Fixpunkt die Landschaft (Abb. 75–77). Auf einem nach Norden senkrecht abfallenden Felskegel bildet Yenicekale den inszenierten Höhepunkt eines Stadtviertels, das im Süden durch den Tempel 30, im Westen durch das Löwentor und im Osten wahrscheinlich durch ein Wasserreservoire begrenzt wird. Die hohen Mauern aus sorgfältig behauenen Werksteinen fassen den Felsen ein und erweitern ihn als Terrasse nach Westen, Süden und Osten (Abb. 75. 76); im Süden ist die monumentale Fassade durch mehrere Vorsprünge in Bastionen gegliedert (Abb. 76. 77). Da sich von den Gebäuden auf der Terrasse nichts erhalten hat, führt die Erforschung ihrer Funktion mit archäologischen Mitteln kaum zu klaren Ergebnissen. Man kann jedoch mit einer gewissen Wahrscheinlichkeit vermuten, daß die Anlage von Yenicekale eines der in den Totenritualen als (É) ^{NA_4}*hegur* SAG.UŠ bezeichneten Gebäude darstellt: Bei der vergleichbar gelegenen Anlage von Nişantepe, die aufgrund der bastionsartigen Vorsprünge und eines monumentalen Aufwegs auch architektonische Ähnlichkeiten mit Yenicekale aufweist, läßt sich eine entsprechende Identifikation durch eine Inschrift und weitere Texte stützen.

(É) ^{NA_4}*hegur* SAG.UŠ ist am ehesten als «beständige (oder ewige) Felsanlage» zu übersetzen und meint Gebäude, die im Totenkult des verstor-

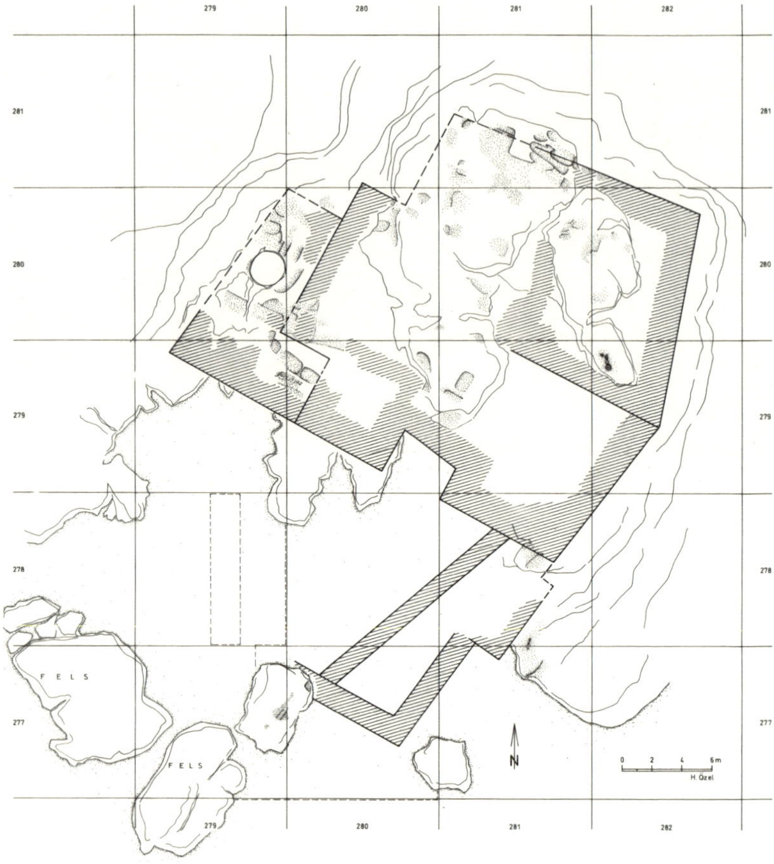

Abb. 76: Grundriß der Anlage von Yenicekale

benen und vergöttlichten Königs eine große Rolle spielten. Sie bildeten einen der Kristallisationspunkte der Ahnenverehrung, die für die Legitimation des amtierenden Königs von großer Bedeutung waren; insofern hatten die häufig im Zusammenhang prominenter Felsen (z. B. Yenicekale, Nişantepe, Yazılıkaya Kammer B) errichteten Anlagen eine wichtige Funktion für die Repräsentation des königlichen Machtanspruchs. Institutionell waren sie mit Landbesitz und Personal ausgestattet und galten zum Teil auch als heilige Stätten. Die erhaltenen Textzeugnisse bezeugen,

Abb. 77: Ansicht der Südfassade von Yenicekale

daß es mehrere dieser Bauwerke gab – auch außerhalb von Hattuscha; zu diesen zählt vielleicht Gavurkalesi, ca. 60 km südwestlich von Ankara, das einige markante Ähnlichkeiten zu Yenicekale und Nişantepe aufweist.

Ob die Anlage auf dem prominenten Felsen von Sarıkale, die in vielen bautechnischen Details Yenicekale ähnelt, eine vergleichbare Funktion hatte, läßt sich aus den erhaltenen Überresten nicht ableiten (Abb. 54. 78. 157). Von Yenicekale, Nişantepe oder Gavurkalesi unterscheidet sich der Gebäudekomplex auf Sarıkale vor allem durch die Vielzahl an Räumen. Ob dies einer anderen, unbekannten Funktion geschuldet ist oder ob das Bauwerk ebenfalls ein ^{NA4}*hegur* ist – jedoch in abweichender baulicher Gestalt –, läßt sich gestützt auf die verfügbaren Quellen nicht sagen. Klar ist aufgrund der monumentalen Bauweise und der tief in die Struktur des Felsens eingreifenden Gestaltung jedoch, daß es sich um ein Bauwerk von herausragender öffentlicher Bedeutung gehandelt haben muß, das funktional im Zusammenhang mit dem nahegelegenen Tempel 7 stand (Abb. 157).

Auch an anderen Stellen der Stadt lassen Spuren und Bauten auf Felsen meist repräsentative Anlagen vermuten: Auf dem großflächig bearbeiteten Felsplateau von Taanıkkaya, das im Westen der Oberstadt durch die Stadtmauer eingefaßt wird, dürften nach den Ergebnissen der geomagnetischen Untersuchungen etwa in der Mitte einer großen Freifläche wahrscheinlich zwei große Gebäude gestanden haben. Ohne Ausgrabungen sind Rückschlüsse auf deren Aussehen und Funktion jedoch nicht möglich; immerhin ist deren exponierte Lage gegenüber von Büyükkale

Abb. 78: Sarıkale von Südosten. Im Vordergrund liegt der Tempel 6.

ein Indiz dafür, daß auch sie im Hinblick auf ihre Wirkung angelegt waren.

In der nördlichen Oberstadt liegt unmittelbar südlich der Poternenmauer, an der vom Unteren Westtor kommenden Straße, die Anlage von Kızlarkayası (Abb. 79). Obwohl sich auf der nahezu waagerechten Felsfläche keine Gebäude erhalten haben, erscheinen die verschiedenen Vertiefungen und Schächte ebenso wie die aufwendige Umformung des Felsens als Indiz für die Bedeutung des dort einst befindlichen Bauwerks, das Sibilla Pierallini und Maciej Popko als Kultanlage der Sonnengöttin von Arinna und der sie fast immer begleitenden Göttin Mezzulla interpretieren.

In der Unterstadt weisen die Felsgruppen von Ambarlıkaya (Abb. 8) und Kesikkaya – der geschnittene Fels – ebenfalls Abdrücke von Architektur auf (Abb. 80. 81). Sie belegen nicht nur eine intensive Nutzung der spektakulär gelegenen künstlichen Plateaus, sondern zeigen abermals, wie sich die Herren von Hattuscha die Landschaft untertan machten. Die auf Kesikkaya dokumentierten Felsabarbeitungen belegen eine Bebauung zu

Abb. 79: Kızlarkayası von Süden, im Hintergrund liegt Kesikkaya und das Haus am Hang (2006).

beiden Seiten der von Menschenhand zumindest massiv erweiterten Kluft (Abb. 80. 81). Auf der Nordseite sind die Spuren der Bebauung jedoch durch einen Steinbruch in der Spätantike erheblich gestört worden (Abb. 153). Im Süden lehnt sich die Poternenmauer gegen den Felsen, auf dem weitere Gebäude möglicherweise in Verbindung zur Befestigungsanlage standen. Geophysikalische Untersuchungen und Geländebegehungen legen nahe, daß der Felsen mit monumentalen Gebäuden umbaut gewesen und so großräumig in eine dichte Siedlungsstruktur integriert gewesen sein könnte. Erste Erkenntnisse zu dieser Bebauung wurden 2010 bei Grabungen auf der Ostseite von Kesikkaya zu Tage gefördert (Abb. 81).

Im Norden der Unterstadt liegt an der eindrucksvollen Klamm des Budaközü der hohe Felsen von Ambarlıkaya. Auf der Nord- und Südostseite dieses Felskegels wurde ein großer Teil der Felsspitze abgetragen, um auf der so entstehenden Kuppe des Felsens Terrassen für Bebauung anzulegen (Abb. 82. 154).

Blickt man auf die skizzierten Anlagen, so stellen die monumentalen Gebäude und deren einzigartigen Gestaltungsformen ähnlich wie die

Abb. 80: Luftbild von Kesikkaya; Norden ist links (2008)

nach übergeordneten Kriterien geplanten Stadtneugründungen einen in der zentralanatolischen Kulturgeschichte einmaligen Höhepunkt der Urbanistik dar. Dieser kann unmittelbar mit dem Wirken eines zentral regierten Staates in Zusammenhang gebracht werden. Denn nur die Herrscher eines solchen Machtapparates entwickeln das Bedürfnis nach derartigen Formen der Repräsentation und Selbstdarstellung. Wie einzigartig diese Gebäude waren und in welchem Maße sie mit den Funktionen des hethitischen Machtapparats zusammenhingen, ergibt sich nicht zuletzt auch aus dem vollständigen Verschwinden entsprechend repräsentativer Bauformen nach dem Zusammenbruch der Zentralmacht. Zudem sind sämtliche imperialen Bauformen in Hattuscha eigenständige hethitische Entwicklungen, was deren spezielle Verbindung zum hethitischen Staat als Ausdruck seiner religiösen wie politischen Hierarchien, seiner Macht und seiner eigenständigen Nutzungsweisen unterstreicht.

Daß die zunächst höherentwickelten Regionen des Vorderen Orients Einfluß auf die hethitische repräsentative Architektur ausgeübt hätten,

Abb. 81: 2010 wurde ein Teil eines monumentalen Gebäudes freigelegt, dessen Funktion zwar noch nicht geklärt ist, das aber eindeutig in einem engen Bezug zum Felsen von Kesikkaya stand, an den es sich von Südosten anlehnt.

Abb. 82: Der Canyon des Budaközü (in der Bildmitte) zwischen Ambarlıkaya – links – und Büyükkaya – rechts im Bild; deutlich sind auf Ambarlıkaya die terrassenförmigen Abarbeitungen zu erkennen.

ist im Gegensatz zur vorangegangenen Karum-Zeit nicht feststellbar. Offenbar strebten die Hethiter an, eigene Formen repräsentativer Architektur zu etablieren. Dies betrifft nicht nur die Nutzungsweisen der Architektur oder die Form einzelner Bauten, sondern, wie wir gesehen haben, auch die Siedlungsstrukturen und das Siedlungssystem in Zentralanatolien. Die gesamte materielle Kultur der Hethiter ist auf das engste mit den ideologischen, machtpolitischen und religiösen Denkmustern ihres Staats verbunden. Daß im Gegensatz dazu die Elemente der Alltagskultur – wie Wohnhäuser, Keramik, Werkzeuge und Geräte – häufig ältere, langlebige Entwicklungslinien fortsetzen, akzentuiert noch einmal besonders die enge Verbindung zwischen der neuen monumentalen Architektur und dem hethitischen Staat. Die einzigartigen Formen dieser Architektur belegen, daß der Staat der Hethiter in seinem Leistungsvermögen und den Möglichkeiten expliziter kultureller Selbstdarstellung einen Gipfelpunkt erreicht hatte, wie dies weder vorher noch jemals später wieder der Fall war.

Land und Stadt der 1000 Götter: Religion und Kult der Hethiter

In zahlreichen hethitischen Texten liest man von *«den 1000 Göttern des Hatti-Landes»*. In dieser Formel manifestiert sich nicht nur die Vielfalt der hethitischen Götterwelt, sondern vor allem das Bestreben der von Piotr Taracha sogenannten Hoftheologen, eine einheitliche Götterwelt für das hethitische Großreich zu schaffen. Ziel war es, den religiösen Partikularismus, der die topographisch bedingte, kulturelle Kleinteiligkeit Anatoliens widerspiegelt, zugunsten einer zentralisierten Staatsreligion zumindest teilweise zu überwinden. Dabei blieben jedoch stets einzelne Elemente der ursprünglichen Kulte sichtbar. Noch in der Großreichszeit spiegelt die Symbolik der hethitischen Götterwelt Fruchtbarkeitsvorstellungen, die bis weit in die Frühzeit der Seßhaftigkeit in Zentralanatolien zurückreichen und aus dem Wunsch geboren waren, die Unwägbarkeiten des zentralanatolischen Klimas durch entsprechende Kulte und Rituale zu beeinflussen. Die zentralen Eigenschaften der Götter und ihre menschengleiche Darstellung entsprechen in vielerlei Hinsicht der uns eher vertrauten griechischen Götterwelt, wobei es sich bei der großen Mehrheit der hethitischen Götter um lokale, hattische Wetter- und Sonnengottheiten handelt. Neben diesen wurden aber im 14. und 13. Jahrhundert v. Chr. auch Gottheiten nordsyrischer (hurritischer) und mesopotamischer Herkunft in das hethitische Pantheon integriert. Besonders markant sind der Wettergott von Aleppo/Halab, der in zahlreichen Bildern auf seinem Streitwagen fährt (Abb. 104 unten links), die Göttin der Liebe und des Kriegs Ischtar (Abb. 137) und der mesopotamische Unterweltgott Nergal, die beide prominent in Yazılıkaya dargestellt waren (Abb. 44).

Ursprünglich hatte jede Stadt Anatoliens ihren eigenen Kult einer Wettergottheit, dessen Durchführung neben der Erfüllung religiöser Pflichten vor allem die politische Herrschaft der jeweiligen Fürsten legitimierte. Folgerichtig stand der Wettergott von Hatti bzw. Hattuscha an der Spitze des Pantheons des hethitischen Reichs. Als weiblicher Widerpart stand die Sonnengöttin von Arinna gleichberechtigt an seiner Seite (Abb. 42). Beide haben ihre Wurzeln in lokalen, hattischen Kulten des 3. und frühen 2. Jahrtausends v. Chr. Im Zuge der Ausdehnung des Reichs über Zentralanatolien und weite Teile Nordsyriens wurden die hethitischen Herrscher mit zahlreichen lokalen Göttern konfrontiert, die ebenso wie die in Hattuscha mit politischen Machtansprüchen verbunden waren beziehungsweise die lokalen Herrscher legitimierten. Um die zentrale politische Stellung der Könige von Hattuscha nicht zu gefährden, wurden die Lokalgottheiten im Zuge der Schaffung des Reichs in das Pantheon von Hattuscha integriert und fanden auf diese Art und Weise einen Platz in der neu entstehenden, reichsweit einheitlichen Religion, die so die zentrale Stellung des Großkönigs in Hattuscha stützte. Oftmals genügte für eine solche Integration schon die Umbenennung bereits vorhandener Gottheiten: So wurde in der Großreichszeit unter dem religiösen und kulturellen Einfluß der eroberten Gebiete südlich des Taurus der Wettergott von Hatti mit der hurritischen Bezeichnung Teschub benannt. Ähnlich wurde die Sonnengöttin von Arinna unter hurritischem Einfluß in der Großreichszeit Hepat genannt.

Eine Trennung zwischen Staat und Religion im modernen Sinne war in den altorientalischen Kulturen nicht denkbar. Die Stellung des Königs als oberste Instanz in militärischen, politischen, wirtschaftlichen und juristischen Dingen gründete in seiner religiösen Funktion als Mittler zwischen den Göttern und dem ihm von diesen anvertrauten Land. Diese Rolle fand ihren Ausdruck in seiner Stellung als Priester, oberster Ritualherr und durch seine Anwesenheit bei zahlreichen Kultfesten. Dabei diente der König den Göttern nicht nur durch die Einhaltung komplizierter Kultvorschriften, sondern er besänftigte diese, wenn nötig, auch durch Opfer und sicherte so das Wohlergehen des Landes.

Analog zur Götterwelt mit ihrer Doppelspitze aus Wettergott und Sonnengöttin hatte auch die Königin spätestens seit den Tagen Hattuschilis III. (1. Drittel des 13. Jahrhunderts v. Chr.) eine dem König vergleichbare Rolle im Kult- und Ritualgeschehen inne. Sie wird beispielsweise in Fraktın gleichberechtigt neben dem König als Handelnde bei Libationen – Trankopfern – gezeigt (Abb. 90).

Im Verständnis der Hethiter zog Fehlverhalten des Königs – etwa durch Usurpation des Throns, Nichteinhaltung religiöser Pflichten oder Unreinheit beim Vollzug kultischer Handlungen – unmittelbare Konsequenzen seitens der Götter zum Nachteil des gesamten Reichs nach sich. Durch korrektes Verhalten hingegen sicherte der König das Wohlwollen der Götter und damit das Wohlergehen des Landes und gewährleistete so dessen positive Entwicklung. Die Einhaltung komplizierter Vorschriften und der ordnungsgemäße Vollzug der zentral festgelegten Rituale sorgten für seine kultische Reinheit oder stellten diese bei Verfehlungen wieder her. Mit großer Wahrscheinlichkeit wirkten vergleichbare Ansichten und Vorschriften auch im privaten Bereich, so daß religiöse Vorstellungen ein wichtiges Regulativ sozialer Bindungen darstellten.

Dementsprechend wurden Katastrophen und negative Ereignisse vor allem auf das Fehlverhalten des Königs oder dessen rituelles Versagen zurückgeführt. Die verlorene rituelle Reinheit konnte nur durch aufwendige Rituale wiederhergestellt werden. Sie wurden ausgeführt, nachdem mittels des tradierten Erfahrungsschatzes der Mantik – beispielsweise auf dem Wege der Leberschau oder der Beobachtung des Vogelflugs – die Verletzung der Reinheit als vermeintliche Ursache festgestellt worden war (V. Haas). In Fragmenten besitzen wir Protokolle solcher Bemühungen, die zugleich vielfältige Einblicke in das Alltagsleben der hethitischen Gesellschaft erlauben, da in diesen Texten auch die Ereignisse genannt werden, die als der vermeintliche Grund für das Problem «festgestellt» wurden.

Die in den Keilschriftarchiven in Hattuscha in großer Zahl erhaltenen Ritualtexte, Omina, Gebete und Mythen belegen eindrücklich, wie weit religiöse Vorstellungen und das durch diese bedingte Handeln das alltägliche Leben bis in den hintersten Winkel des Reichs durchdrungen hatten. Religion war nicht nur individuelle Glaubenssache, sondern gesamtgesellschaftliche Handlungsrichtschnur für den Alltag. Die aktive Durchführung und Kontrolle der zahlreichen Kultfeste überall im Reich oblag der Priesterschaft von Hattuscha, die auf diese Weise erheblichen Einfluß gewann. Denn durch die zentral in Hattuscha verfaßten Festrituale wurde gewährleistet, daß die Feste im ganzen Reich dergestalt abliefen, wie dies in der Hauptstadt festgelegt worden war, so daß lokale Traditionen zugunsten zentralisierter Vorstellungen zurückgedrängt wurden. Die Religion wurde damit zu einem elementaren Herrschaftselement zentralisierter Machtausübung, durch das die Organisation und der Zusammenhalt des gesellschaftlichen Systems über die Grenzen der jeweiligen Stadt hinaus im ganzen Reich gewährleistet wurden.

Form und Herkunft hethitischer Tempel

Ähnlich wie im Falle der weltlichen Macht werden auch die religiösen Strukturen im archäologischen Befund hauptsächlich in Bauwerken greifbar. Einige Kunstdenkmäler erlauben zudem Einblicke in Rituale, die möglicherweise in den Tempeln ausgeführt wurden. Man muß jedoch betonen, daß sich in Keilschrifttexten, kanonisierten Tempelformen und bildlichen Darstellungen nur die offiziellen Formen der Gottesverehrung spiegeln. Sicherlich gab es mehrere weitere Ebenen der Religiosität, die sich allenfalls bedingt in die offizielle Religion einfügten und sich deshalb nicht in erhaltenen Denkmälern greifen lassen. Deshalb ist mit den zur Verfügung stehenden Quellen nur ein Teil eines insgesamt gewiß deutlich breiteren Spektrums religiösen Lebens zu beschreiben.

Die Identifikation einzelner Gebäude als Tempel oder Heiligtum wird durch ein wahrscheinlich bereits früh in der hethitischen Geschichte festgelegtes Grundrißschema möglich (Abb. 83). Während die Bauweise der Kultbauten in technischer Hinsicht den Monumentalbauten profaner Nutzung entspricht, zeichnen sich ihre Grundrisse durch eine einheit-

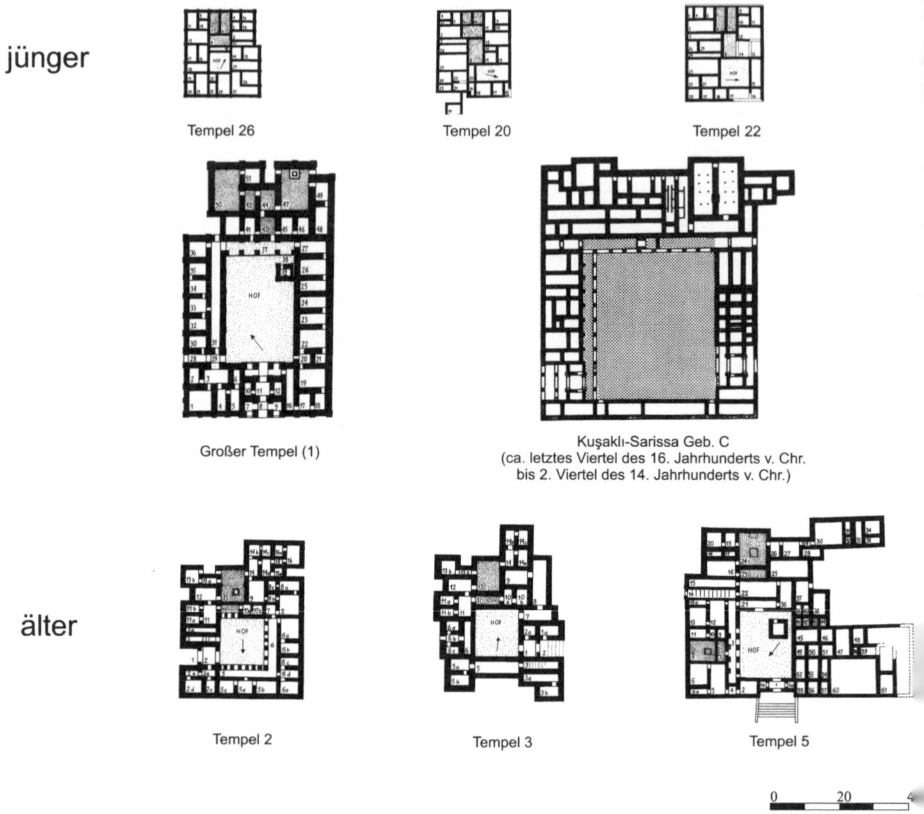

Abb. 83: Übersicht über die Typologie der hethitischen Tempel in stratigraphischer Reihenfolge (nach A. Müller-Karpe)

liche Kombination von Eingangstor, großem Hof (heth. *hila-*) – an dessen Seite/n sich eine oder mehrere Pfeilerhallen (heth. *hilammar*) befanden – und einem Adyton, dem Allerheiligsten, aus. Anders als Heiligtümer vieler anderer Kulturen weisen hethitische Tempel keine verbindliche Ausrichtung auf. Auch gibt es Tempel, bei denen die genannten Bauteile axial aufeinanderfolgen, und andere, bei denen sich der Besucher im Hof um 90° wenden mußte, um in das Allerheiligste zu gelangen. Im Falle der bekannten Bauten ist lediglich zu beobachten, daß das rechteckige Adyton mit der Schmalseite an einer Außenseite des Tempels liegt. Zudem fällt auf, daß das Allerheiligste bei den häufig am Hang errichteten Gebäuden immer auf der talwärtigen Seite liegt. Diese Planung ermöglicht es, das Adyton, unter dem häufig zwei langrechteckige Kellerräume einen Unterbau bilden, möglichst groß zu gestalten.

Im Gegensatz zu den meisten anderen Regionen des Alten Orients wird im Falle der hethitischen Tempel das Allerheiligste durch hohe Fenster, die sich exemplarisch in den Steinsockeln am Großen Tempel erhalten haben, erhellt (Abb. 84. 89). Die Götterstatue, die auf einem Podest an der hangseitigen Schmalseite des Raumes aufgestellt war, stand im Tageslicht und konnte so gleichsam über ihr Land blicken. Als Mittler zwischen innen und außen hatten die Fenster so eine besondere kultische Bedeutung, die in Kulthandlungen an den Fenstern zum Ausdruck kam.

Ein nur auf den ersten Blick ganz anders geartetes Heiligtum stellt das Ensemble von Yazılıkaya dar (Abb. 39–45. 136. 137). Auch wenn die Felskammern von Yazılıkaya immer unter freiem Himmel lagen, wird die Kammer A durch die ihr vorgelagerten Bauten zu einem typischen hethitischen Tempel mit Tor, Hof, Pfeilerhalle und Allerheiligstem (Abb. 39); letzterem entspricht die Kammer A. Die Tatsache, daß drei Bauschichten unterschieden werden können, zeigt, daß Yazılıkaya lange Zeit genutzt wurde; wobei das Heiligtum wahrscheinlich erst in seiner letzten Phase um die Mitte des 13. Jahrhunderts v. Chr. mit den heute noch erhaltenen Reliefs ausgeschmückt wurde (Abb. 40–45). Der festgefügte Grundrißtyp der Heiligtümer wurde nicht nur in Hattuscha, sondern auch darüber hinaus in kleineren Städten in Zentralanatolien (bisher in Kuşaklı/Sarissa und Oymaağaç/Nerik [?]) verwendet. Es handelt sich um eine nach religiösen Kriterien festgelegte Form, die im gesamten Kerngebiet des Reiches in vergleichbarer Weise ähnlich verbindlich war wie die Durchführung der zentral festgelegten Festrituale.

Dagegen wurden in den von den Hethitern mehr oder weniger beherrschten Regionen südlich des Taurus und in Nordsyrien lokale Bauformen weiter gepflegt – so z. B. in Ras Schamra/Ugarit, Aleppo/Halab oder Mischrife/Emar. An diesem Unterschied zeigt sich, daß die kulturelle und ideologisch-religiöse Durchdringung der Gebiete Nordsyriens durch die hethitische Kultur vergleichsweise schwach gewesen ist. Im

Gegensatz zum hethitischen Kernland, das seit dem 15. Jahrhundert v. Chr. durch die hurritischen Regionen Nordsyriens vor allem in religiöser Hinsicht geprägt wurde, haben anatolische religiöse Vorstellungen südlich des Taurus keine archäologischen Spuren hinterlassen.

Unklar ist, ob es in Zentralanatolien auch von der kanonisierten Form abweichende Heiligtümer gab. Die Textquellen deuten zum Beispiel an, daß es auf der Königsburg Kultbauten gegeben habe. Da jedoch keines der dort freigelegten Gebäude dem kanonisierten Tempeltyp entspricht, liegt die Vermutung nahe, daß es neben den festgelegten Grundrißtypen auch unspezifische Formen von Heiligtümern gegeben haben muß, die wir archäologisch nicht nachweisen können.

Obwohl wir aus den Texten erfahren, daß die in ihrem Kern auf Fruchtbarkeitsvorstellungen beruhende hethitische Religion auch in der Religionsausübung noch im 2. Jahrtausend v. Chr. zahlreiche Elemente einhielt, die ihren Ursprung weit in der Vergangenheit der zentralanatolischen Kulturgeschichte hatten, läßt sich die kanonisierte Form der Heiligtümer nicht aus denen der frühen Bronzezeit oder Karum-Periode ableiten. Der markante Unterschied der Bauformen deutet vielmehr auf eigenständige, genuin hethitische Nutzungsweisen hin.

Im Gegensatz dazu kann man für die in Kültepe ausgegrabenen Tempel der Karum-Zeit, deren Grundrißform der des sogenannten Migdol-Typs aus Syrien und der Levante entlehnt ist, annehmen, daß darin auch aus den Gebieten südlich des Taurus übernommene Kulthandlungen vollzogen wurden. Dennoch sollte man nicht völlig ausschließen, daß in Karum-zeitlichen Siedlungen auch lokale Formen von Heiligtümern vertreten waren, die nur durch den Zufall der archäologischen Forschung bisher nicht entdeckt wurden. Angesichts der Befunde scheint aber der Bruch in der Bautradition und damit verbunden auch in der kultischen Nutzung in hethitischer Zeit offensichtlich.

Man könnte somit die Form der hethitischen Tempel auf den ersten Blick als Innovation erklären. Vergleicht man aber große Wohnhäuser des späten 3. Jahrtausends v. Chr. und der Karum-Zeit aus Kültepe oder Boğazköy und ältere hethitische Tempel, so springen planerische Parallelen wie zum Beispiel der zentrale Raum oder auch die unregelmäßige Außenfront ins Auge (Abb. 83. 117). Hethitische Tempel haben nach Meinung von Peter Neve als «Haus Gottes» ihren formalen Ursprung in der im 3. Jahrtausend v. Chr. beginnenden Tradition der Wohnhäuser. Die Tempel waren jedoch wesentlich größer, und der als gedeckter Raum genutzte Bereich in der Mitte des Wohnhauses wurde in den Tempeln zum offenen Hof. Alternativ schlägt Andreas Müller-Karpe eine Ableitung der hethitischen Tempel von den Palastbauten der Karum-Zeit vor. Letztlich sind beide Thesen nicht zu verifizieren. Wahrscheinlich folgte die Entstehung der Tempelformen ihren eigenen Regeln und Bedürfnissen, und ihre Schöpfer bedienten sich verschiedenster formaler und bautechnischer Elemente der älteren Monumentalarchitektur Zentralanatoliens.

Unabhängig von der Tatsache, daß anhand der verfügbaren Befunde kaum einer der Tempel in Hattuscha sicher zu datieren ist, hat Peter Neve aufgrund stratigraphischer Beobachtungen und anhand von Merkmalen der Grundrisse der Gebäude in der Oberstadt eine typologische Abfolge der Bauformen rekonstruiert (Abb. 83). Demnach entwickelten sich die Tempel im Laufe der hethitischen Epoche von einer starken äußeren Unregelmäßigkeit zu einer klaren inneren und äußeren Symmetrie, ohne daß geklärt werden kann, wie lange diese Entwicklung in Boğazköy gedauert hat. Bemerkenswert ist, daß sich die frühen Tempelformen auch im Hinblick auf bautechnische Details – wie z. B. den Einsatz von Werksteinblöcken (Tempel 1, 2, 3, 5), die Verwendung von Granit und Gabbro als Baumaterial (Tempel 1, 2), den Schmuck der Außenmauern durch eine Pfeiler-Nischen-Gliederung (Tempel 1, 2) und die Ausstattung mit Steinreliefs (Tempel 2, 3 und 5?) – deutlich von den regulierten und symmetrischen, jüngeren Bauten (6–31) unterscheiden.

Diese typologische Rekonstruktion, die zunächst keine zeitliche Abfolge darstellt, hat durch die Befunde aus Kuşaklı/Sarissa nun auch absolutchronologische Anhaltspunkte erfahren (Abb. 83). Denn die Form des Gebäudes C, des in der 2. Hälfte des 16. Jahrhunderts v. Chr. angelegten Tempels des Wettergottes von Sarissa, zeigt, daß die von Peter Neve und Andreas Müller-Karpe der mittleren Entwicklungsstufe zugewiesene Form bereits in der 2. Hälfte des 16. Jahrhunderts v. Chr. verwendet wurde (Abb. 83). Bauwerke der älteren Form, wie in Hattuscha beispielsweise die Tempel 2, 3, 4 und 5 mit ihren sehr unregelmäßigen Grundrissen, könnten somit bereits früher – das hieße im späten 17. oder frühen 16. Jahrhundert v. Chr. – errichtet worden sein.

Diese Schlußfolgerung entspricht der durch die Arbeiten von Jürgen

Seeher revidierten Entwicklungsgeschichte der Oberstadt in Hattuscha. Denn die Annahme einer Tendenz zu klar strukturierten Bauformen, die sich im Tempelviertel von Hattuscha auch an einem relativ regelmäßigen und bewußt geplanten Straßensystem orientieren, wird dadurch bestätigt, daß seit der 2. Hälfte des 16. Jahrhunderts v. Chr. auch andere Gebäude und Siedlungsbereiche (z. B. die Senke im Tal vor Sarıkale) sehr regelmäßig gestaltet wurden (Abb. 33. 34). Es ist deshalb wahrscheinlich, daß einige der Tempel des ältesten Typs bereits im Zuge der ersten Besiedlung der Oberstadt errichtet wurden (Abb. 33. 83). Deren Beginn ist durch die Befunde der Südteiche und des Tals westlich von Sarıkale mindestens für das frühe 16. Jahrhundert v. Chr. nachgewiesen. Die Lage der Tempel des frühen Typs (besonders Tempel 2 und 3) auf exponierten natürlichen Terrassen zeigt, daß man den neuen Siedlungsbereich bewußt markierte (Abb. 33). Zumindest Teile des tieferliegenden Tempelviertels wurden mit Blickachsen auf die erhöhten Tempel 2 und 3 errichtet (M. Dürr).

Letztlich sind die Gründe für die Vereinheitlichung der Grundrißformen der Tempel, die auch im Hinblick auf deren räumliche Gliederung festzustellen ist, in Ermangelung konkreter chronologischer Anhaltspunkte nicht zu erklären. Man muß diese jedoch vor dem Hintergrund der bereits genannten, allgemeinen Bestrebungen zur Homogenisierung der Religion insgesamt sehen. Ein weiteres Problem ist, daß keiner der untersuchten Tempel einer bestimmten Gottheit zugewiesen werden kann, da entsprechende Inschriften oder Funde fehlen. Deshalb ist auch eine Annäherung an die Frage, warum so viele Tempel in einem topographisch abgegrenzten Bereich der Oberstadt nahe beieinander lagen, schwierig (Abb. 35).

Aus der textlichen Überlieferung wissen wir, daß der Großkönig in alt-hethitischer Zeit als oberster Priester durch sein Land zu den verschiedenen Städten reiste, um dort die Kultfeste zu beaufsichtigen. Mit zunehmender Größe des Reichs wurde dies jedoch unmöglich, so daß man wahrscheinlich in mittel-hethitischer Zeit dazu überging, «Vertretungen» der jeweiligen Gottheiten in Hattuscha einzurichten, die stellvertretend für die Originalplätze besucht wurden (V. Haas). Dieser Vorgang wird daran deutlich, daß in den entsprechenden Texten seit mittel-hethitischer Zeit im Zusammenhang der Kultfeste kaum mehr von der «Stadt xy», in der das Heiligtum des Gottes liegt, die Rede ist, sondern nur noch von dem «Haus von xy» in Hattuscha.

Die Bestrebungen zur Vereinheitlichung der Grundrißformen, die in der symmetrisch regulierten Form der Tempel 6 bis 31 bisher nur in Hattuscha nachgewiesen wurden, könnte ein Indiz für die Errichtung dieser Gebäude nach einem übergeordneten Konzept und innerhalb kurzer Zeit sein (Abb. 35). Wahrscheinlich deutet die Regulierung des Grundrisses Veränderungen in der Kultpraxis im Verhältnis zu den älteren Bauformen an. Da der Grundtyp der Tempel spätestens seit dem 14. Jahrhundert v. Chr. bis zum Ende der hethitischen Epoche nicht mehr weiterentwickelt wurde, veränderten sich auch die in den Tempeln vollzogenen Kulthandlungen wahrscheinlich nicht mehr wesentlich.

Zu einem archäologisch nicht näher bestimmbaren Zeitpunkt wurden die meisten Tempel im zentralen Tempelviertel (Schicht Oberstadt 3) in Hattuscha aufgegeben und durch kleinräumige Wohnbauten, Metall- und Töpferwerkstätten (Schicht Oberstadt 2) überbaut (Abb. 35. 37). Diese Funktionsänderung der Oberstadt kann nur mit einem einschneidenden Ereignis verbunden gewesen sein. Daß die Tempel im Rahmen eines funktionierenden, rituell fundierten, politischen Systems aufgegeben worden sein sollen, erscheint unmöglich. Vielmehr ist anzunehmen, daß die Tempel ihre ideologische Bedeutung und damit ihre kultische Unverzichtbarkeit verloren hatten. Diese Entwicklung kann angesichts der engen Verbindung zwischen König und Kult eigentlich nur durch eine auf Dauer angelegte und mit allen Konsequenzen durchgeführte Abwesenheit des Königs erklärt werden, von der dann auch die Kulte betroffen gewesen waren.

Beim derzeitigen Kenntnisstand der hethitischen Geschichte bietet sich als Erklärung dieses Phänomens eigentlich nur die Verlagerung der Hauptstadt «*mit allen Göttern von Hatti und den Manen*» durch Muwattalli III. (~ 1. Drittel des 13. Jahrhunderts v. Chr.) nach Tarhuntassa an, das im Süden des zentralanatolischen Plateaus – unter Umständen am Kızıldağ (S. Alp, A. und B. Dinçol) – zu suchen ist (siehe auch ab Seite 94).

Abb. 84: Der Große Tempel von Hattuscha von Süden aus gesehen

Der Große Tempel

Der prominenteste Tempel der hethitischen Hauptstadt, an dem exemplarisch die Details der Gestaltung und des Aufbaus der Heiligtümer nachvollzogen werden können, ist der sogenannte Große Tempel – bisweilen auch Tempel I genannt – in der Altstadt (Abb. 84). Er ist mit einer Grundfläche von ca. 42 m zu maximal 65 m zwar nicht das größte Bauwerk dieser Art des hethitischen Kulturraums; dieses wurde in Kuşaklı/Sarissa in Form des Tempels des Wettergottes (Gebäude C) ausgegraben (Abb. 83). Dennoch ist das Gebäude in Hattuscha aufgrund seiner Bauweise ebenso wie durch die Existenz von zwei Adyta bemerkenswert (Abb. 85).

Der Sockel des Großen Tempels besteht nicht wie bei anderen Monumentalbauten aus Bruchstein oder wie bei vielen Gebäuden – besonders in Hattuscha, aber auch Ortaköy – aus mehr oder minder großen Werksteinen; vielmehr wurde er aus riesigen Blöcken errichtet (Abb. 89). Vergleichbar große Steinblöcke wurden bei keinem anderen bisher bekannten hethitischen Gebäude verwendet, so daß bereits durch diese Bauweise und die Abmessungen des Baumaterials die Bedeutung des Gebäudes betont wurde.

Ein weiteres, außer bei diesem Gebäude nur sehr selten anzutreffendes Merkmal ist die Verwendung von dunkel-olivgrünem Gabbro – einem Tiefengestein – für den Sockel der beiden Adyta und für ein kleines separat im Hof stehendes Bauwerk. Dadurch unterschied man diese Teile vom Rest des Gebäudes, das im übrigen aus Kalkstein errichtet wurde.

Im Gegensatz zu Kalkstein, der in ausreichender Qualität und Quantität überall in Hattuscha und Umgebung vorkommt, findet sich Gabbro nicht in Boğazköy. Die nächsten Quellen, an der derart große, hochwertige Blöcke gewonnen werden können, liegen mindestens 8 bis 10 km südöstlich in den Bergen. Folglich wurden die Quader durch unwegsames Gelände, möglicherweise über das Eis des im Winter zugefrorenen Budaközü herbeigeschafft (P. Neve). Bruchstücke unterwegs offenbar zerbrochener Steine zeugen von den Mühen des Transports. Die Tatsache, daß der nur aufwendig zu beschaffende Gabbro für den Bereich des Allerheiligsten und ein im Hof freistehendes Gebäude verwendet wurde, unterstreicht die Bedeutung und Heiligkeit dieser Gebäudeteile.

Verstärkt wird diese Wirkung dadurch, daß die tonnenschweren Blökke des Fundaments des östlichen Allerheiligsten so ineinander verschränkt sind, daß sie nur in der umgekehrten Reihenfolge ihrer Zusammenfügung wieder gelöst werden könnten. Diese Verzahnung ist im hethitischen Anatolien einmalig und nicht auf technische Notwendigkeiten oder den Wunsch, besonders solide zu bauen, zurückzuführen. Vielmehr sollte dadurch die Exklusivität des Bauwerks betont werden.

Ein weiteres Merkmal der Tempelanlage ist, daß sie durch ausgedehnte Magazinbauten von der Stadt getrennt war (Abb. 84–86). Die Magazine belegen die wirtschaftliche Bedeutung des Heiligtums und schaffen zugleich eine physische Grenze zwischen den Bereichen des alltäglichen Lebens und dem Heiligtum (Abb. 86). Verstärkt wird diese Trennung dadurch, daß ein Teil des Tempels auf einer künstlich errichteten Plattform steht – der Bereich des Kults von der profanen Welt folglich nicht nur horizontal, sondern auch vertikal abgegrenzt wurde. Während die Abgrenzung durch Höhenunterschiede auch bei den wahrscheinlich älteren Tempeln 2 und 3 in der Oberstadt zu beobachten ist,

ist die Abgrenzung durch die umgebenden Magazine nur beim Großen Tempel nachweisbar.

Trotz all dieser Alleinstellungsmerkmale folgt der Aufbau des Tempels konsequent der kanonischen Form (Abb. 85): Man betritt ihn durch ein monumentales Eingangstor, auf dessen Schwellen heute noch die Drehspuren der hölzernen Türen sichtbar sind. Der Weg führt weiter durch eine Pfeilerhalle in den Hof. In dessen Nordostecke befindet sich der Sockel eines freistehenden Gebäudes, das wie der Adytonbereich aus

Abb. 85: Plan des Großen Tempels in der Unterstadt von Hattuscha (Stand vor 2009)

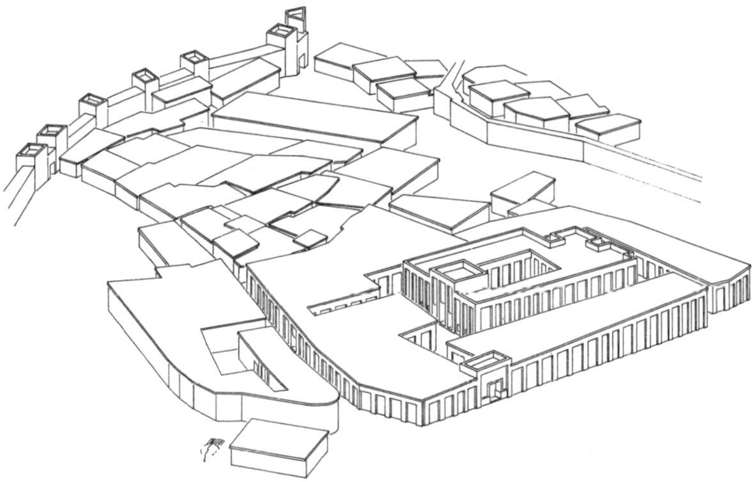

Abb. 86: Schematische Rekonstruktion des Tempelareals und des umgebenden Stadtviertels (von Südosten aus gesehen)

Gabbro gebaut ist (Abb. 85). Möglicherweise handelt es sich bei diesem Bauwerk um ein Waschhaus für die Reinigungsrituale des Königs. Durch eine Pfeilerhalle, deren Basen aus Gabbro sich trotz des Feuers, in dem der Tempel unterging, erhalten haben, erreicht man das Allerheiligste, das vollständig auf einer künstlich angelegten Terrasse steht.

Das Allerheiligste, das von den Hethitern wie der innere Bereich des Palastes *halentuwa* genannt wurde, umfaßt im Falle des Großen Tempels ein doppeltes Adyton, in dessen Mitte ein Verteilerraum liegt (Abb. 85). Der Nachweis des stark zerstörten westlichen Kultraums gelang erst in den 1960er Jahren durch eine exakte Bauaufnahme von Peter Neve. Im Gegensatz zu anderen Tempeln der Oberstadt mit zwei Adyta, die dort jeweils in entgegengesetzten Gebäudeteilen liegen, ist die im Falle des Großen Tempels parallele und damit gleichberechtigte Anordnung der beiden Cellae einmalig.

Das gesamte Bauwerk hatte trotz eines Rücksprungs in der Nordwestecke eine klare innere Symmetrie (Abb. 85). Diese wurde durch die einmalige parallele Anordnung der Raumketten westlich und östlich des Hofes noch verstärkt. Im Unterschied zu anderen Tempeln sind die seit-

Abb. 87: Die südliche Straße im Tempelareal verläuft zum Ausgang. Im Bildvordergrund befindet sich ein monolithisches Wasserbecken; die Verwerfungen des Straßenbelags aus sorgfältig zugearbeiteten Steinen rühren daher, daß der unter der Straße verlaufende Kanal eingebrochen ist.

lichen Raumreihen nur durch jeweils eine Tür in den beiden Südecken des Hofs zugänglich. Der Grundriß vermittelt insgesamt den Eindruck, es handele sich um zwei getrennte, aber gleichberechtigte Kultsysteme, die in einem Gebäude zusammengefaßt wurden.

In Ermangelung konkreter Funde ist eine Zuweisung des Tempels zu bestimmten Gottheiten schwierig. Die Ausdehnung des Großen Tempels, seine technischen Merkmale und die nur dort in dieser Form belegten Doppelcellae legen jedoch die Vermutung nahe, daß er dem wichtigsten Götterpaar des hethitischen Pantheons – dem Wettergott und der Sonnengöttin – geweiht war. Gestützt wird diese Interpretation durch Opferlisten, die für den gemeinsamen Kult des Götterpaares Teschub und Hebat geführt wurden und in denen in einer festgelegten Reihenfolge auch die übrigen Götter genannt wurden. Die textliche Reihenfolge der Götter entspricht weitgehend jener der bildlichen Darstellung in

Abb. 88: Mannshohe, in die Erde eingelassene Keramikbehälter – sogenannte Pithoi – dienten zur Lagerung landwirtschaftlicher Produkte.

Yazılıkaya (Abb. 42), so daß man allgemein vermuten könnte, daß die Kammern in den Seitentrakten des Großen Tempels den entsprechenden Göttern zugewiesen waren.

Im Gegensatz zu allen anderen Heiligtümern ist der Große Tempel durch eine breite, sorgfältig mit bearbeiteten Steinplatten gepflasterte Straße und einen Riegel großer Magazingebäude vom Rest der Stadt abgegrenzt (Abb. 84–87). Er wird auf diese Weise nicht nur als religiöses Zentrum des Reichs vom Rest der Stadt abgeschirmt, vielmehr wird zugleich seine wirtschaftliche Bedeutung betont. Als Wirtschaftszentrum verfügte er über Ländereien, deren Erträge in seinen Depots gelagert und verwaltet wurden (Abb. 85. 88). Die ausgegrabenen, teilweise übermannshohen Vorratsbehälter zeugen von einem auf kurzfristige Bevorratung angelegten System, das es unter anderem ermöglichte, Bedienstete des Tempels mit den eingelagerten Naturalien zu «bezahlen». Der Große Tempel erfüllt mithin eine wichtige Rolle im Wirtschaftsleben von Hattuscha. Unklar ist, warum im Falle der übrigen Tempel allenfalls Küchen oder kleinere Wirtschaftseinheiten in einzelnen Räumen festgestellt werden konnten

(z. B. eine Braustube im Tempel des Wettergottes von Sarissa in Kuşaklı), aber keine groß angelegten Magazine, obwohl uns erhaltene Texte eine wirtschaftliche Bedeutung auch vieler anderer Tempel nahelegen.

Die Ausstattung der Tempel

Über die Ausstattung der Kulträume und der Tempel wissen wir relativ wenig. Feste Einbauten haben sich ebenso selten erhalten wie Reste des Inventars. Vor allem ist der enorme Sockel eines Kultbilds von Bedeutung, der flankiert von großen Fenstern in der östlichen Cella des Großen Tempels erhalten geblieben ist (Abb. 89). Die tiefe Einlassung im Postament, in der das Kultbild verzapft gewesen ist, spricht für dessen erhebliche Größe. Während für die beiden Cellae des Großen Tempels nur je eine Götterstatue angenommen werden kann, berichten die Texte, daß in manchen Tempeln zusammen mit mehreren Statuen von Göttern auch solche von verstorbenen und nach ihrem Tod vergöttlichten Königen im Allerheiligsten verehrt wurden (Abb. 94).

Ebenfalls aus schriftlichen Quellen lassen sich Schlüsse über das konkrete Aussehen der Kultbilder ziehen. So liest man zum Beispiel über die Statue des Wettergottes von Hatti: «*Der Wettergott des Himmels, Abbild eines Mannes, mit Gold überzogen, sitzend; mit der rechten Hand hält er eine Keule, mit der linken Hand hält er (das Zeichen) ‹gut› aus Gold; er steht auf zwei Bergen, Abbildern von Männern, mit Silber überzogen.*» (Übersetzung H.-G. Güterbock)

Diese Beschreibung der Statue des Wettergottes von Hatti vermittelt nicht nur einen Eindruck von der Art der Darstellung, sondern zeigt auch, daß die erhaltenen Steinreliefs exakt nach dem Vorbild dreidimensionaler Statuen gemeißelt wurden. Textbelegen zufolge konnten Kultbilder aus Gold, Silber, Bronze, Eisen oder Holz – in letzterem Falle mit einem Beschlag aus Edelmetallen – gefertigt werden. Obwohl der erhaltene Kultsockel in der östlichen Cella im Großen Tempel eine überlebensgroße Statue aufnehmen konnte (Abb. 89), sprechen die Texte dafür, daß die große Mehrheit der Götterfiguren unterlebensgroß – den erhaltenen Maßangaben zufolge etwa 20 bis 60 cm hoch – gewesen ist. Möglicherweise vermitteln Fragmente von menschengestaltigen Terrakottafiguren, die 2006

Abb. 89: Das Allerheiligste des Großen Tempels. Rechts und links des mittig gelegenen Postaments für die Götterstatue erhellen zwei große Fenster in der Nordwand den Raum. In der rechten hinteren Ecke ist eine Vertiefung im Stein sichtbar, die dazu diente, zum Bewegen der Steine Balken verkeilen zu können.

und 2007 bei den Grabungen im Tal westlich von Sarıkale gefunden wurden, einen Eindruck vom Aussehen solcher Statuetten (Abb. 107. 108).

Neben menschengestaltigen Götterbildern wurden verschiedene Gottheiten auch in Form von festgelegten Symbolen verehrt. Dabei handelte es sich entweder um Symboltiere, die auf den Bildern einen stehenden Gott trugen, oder auch um abstrakte Symbole, welche die Gottheit repräsentierten. Das bekannteste Göttertier ist der Stier, der für den Wettergott von Hatti stand. Die berühmtesten Stierstatuetten wurden jeweils paarweise auf der Büyükkale (Schicht IVa Haus E) und im Gebäude C in Kuşaklı (Tempel des Wettergottes von Sarissa) gefunden (Abb. 63. 64). Funde von Bruchstücken vergleichbarer Größe in verschiedenen Kontexten zeigen, daß entsprechende Stierfiguren auch außerhalb der Tempel – beispielsweise in Wohnhäusern – verwendet wurden.

Neben den Kultbildern war der Altar zentraler Bestandteil der Ausstattung der Tempel. Sowohl durch Bilder (z. B. auf den Reliefs in Alaca

Abb. 90: Das Felsrelief von Fraktın, in dem der König Hattuschili III. (2. Person von links) und die Königin Puduhepa (ganz rechts) vor den beiden Hauptgöttern des Reichs libieren. Deutlich sind die beiden Altare erkennbar, die jeweils vor den Göttern stehen.

Höyük (Abb. 9) und Fıraktın (Abb. 90) oder auch auf der İnandık-Vase (Abb. 95) als auch durch Funde der Objekte selbst (z. B. des Altars aus Emirgazi) ist die hohe, zylindrische Pilzform hethitischer Altäre bekannt, ohne daß ihr Platz im Tempel eindeutig zu klären wäre – zumal die Altäre offenbar bewegt werden konnten, wie wir aus Texten wissen. Hans Gustav Güterbock nennt als weitere Sakralgeräte des Wettergottes Teschub, die in der Cella oder einem der Nebenräume aufbewahrt wurden: Lanze, Tasche, Axt, Bogen, Pfeile, Köcher, Kleider, Stuhl, Tisch und Eßnapf. Daneben werden auch Musikinstrumente und unterschiedlichste Gefäße als Teil des Kultinventars erwähnt. Unklar aber ist, ob all diese Geräte in *jedem* Tempel vorhanden waren.

Weitere Hinweise auf die ursprünglich wohl reiche Ausstattung der Tempel erhalten wir durch Befunde in der Oberstadt von Hattuscha. Hier wurden in den Tempeln 2 und 3 Fragmente von teilweise rundplastischen Steinskulpturen gefunden (Abb. 91). Diese Löwenfiguren fungierten als Türwächter. Im Tempel 3 hat sich zudem der Kopf einer Sphinx (Abb. 92) erhalten und im Tempel 9 Reste von Wandmalereien. Hinzu kommen im Bereich des zentralen Tempelviertels in der Oberstadt Inschriften und Reliefs eines Großkönigs mit dem Namen Tuthalija, von denen eine als Bauteil in der byzantinischen Bebauung der zentralen Oberstadt wiederverwendet wurde.

Abb. 91: Kopf einer Löwenskulptur aus Gabbro, gefunden im Tempel 2 (Höhe 45 cm)

Abb. 92: Kopf einer Sphinx aus Gabbro, gefunden im Tempel 3 (Höhe 44 cm)

Eine Bildstele des Königs Tuthalija wurde in einem kleinen Gebäude (A), im nördlichen Teil des heiligen Bezirks des Tempels 5 entdeckt (Abb. 93. 94). Fundlage und Darstellung des mit einer Namensbeischrift versehenen Reliefbildes, auf dem der König eine behörnte Mütze – das Zeichen der Götter – trägt (Abb. 93), sprechen dafür, daß es sich um das Bild des verstorbenen Königs handelt. Dessen wurde nach seinem Tod in der betreffenden Kapelle des Tempels 5 gedacht (Abb. 94). Das Relief bestätigt mithin die textliche Überlieferung der Verehrung verstorbener und damit vergöttlichter Könige im Tempel. Allerdings ergeben sich im Hinblick auf die Datierung Schwierigkeiten. Denn es gibt mehrere Könige dieses Namens, und aus der Beischrift des Bildes geht eine Zuweisung an Tuthalija IV. (um die Mitte des 13. Jahrhunderts v. Chr.), wie sie allgemein angenommen wird, nicht zweifelsfrei hervor, da seine Vorfahren in der Inschrift nicht genannt wurden.

Stilistisch läßt sich das Relief am ehesten mit dem Relief am nahegelegenen Königstor (Abb. 98) und einem jüngst von Andreas Müller-Karpe in einer mittel-hethitischen Schicht in Kayalıpınar gefunden Relief einer sitzenden Göttin vergleichen. Da zudem stilistische Unterschiede zu den Reliefs des 13. Jahrhunderts v. Chr. in Yazılıkaya erkennbar sind, kann eine Datierung des Kunstwerks in die Zeit von Tuthalija I. oder II. (etwa spätes 15. bzw. Mitte des 14. Jahrhunderts v. Chr.) nicht *a priori* ausgeschlossen werden, zumal wir heute wissen, daß der Bautyp des Tempels 5 bereits im 16. Jahrhundert v. Chr. verwendet wurde (Abb. 83 unten rechts).

Neben Kultgerät und Kultstatuen gehörten auch Tontafelsammlungen zur Ausstattung der Kultgebäude. Neben Texten mit kultischem Bezug wurden ferner wichtige Rechtsdokumente, wie die Landschenkungsurkunden und vor allem die in Metall gegossenen Staatsverträge in den Tempeln aufbewahrt.

Die Kulthandlungen

Die wenigen Funde in den Tempeln, die unmittelbar auf den Kult bezogen werden können, erlauben keine Rekonstruktion des eigentlichen Kultgeschehens. Entsprechende Hinweise geben jedoch einige wenige

Abb. 93: Stele eines Großkönigs Tuthalija (II. oder IV.), gefunden im Haus A bei Tempel 5 (Höhe 90 cm)

bildliche Darstellungen und vor allem die uns in großer Zahl erhaltenen Ritualtexte und Kultanweisungen.

Letztere stellen zwar zahlenmäßig die bei weitem größte Gruppe hethitischer Texte dar, doch ist es wie im bereits geschilderten Falle der Dienstanweisungen praktisch unmöglich, die beschriebenen Kulthandlungen jeweils konkreten Orten in einem Tempel zu zuweisen. Lediglich

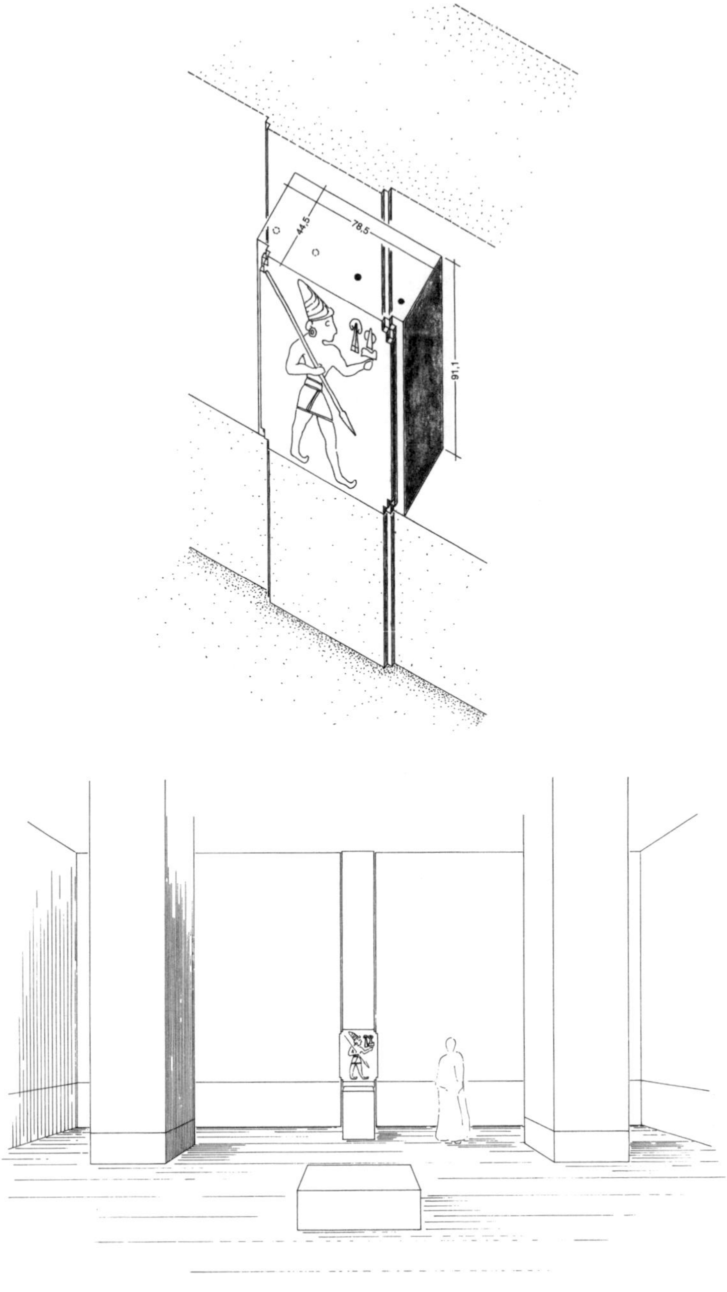

Abb. 94: Rekonstruktion des Einbaus der Stele in einem Schrein des Tempels 5

die Nutzung des Hofs, der Fenster und des Dachs als Schauplatz der Kulthandlungen sind textlich belegt. Darüber hinaus zeigen die Texte, daß das Allerheiligste wohl nur wenigen Priestern vorbehalten war. Denn aus den Texten kennen wir zwei Gruppen von Priestern, von denen möglicherweise nicht jeder «*die Schwelle der Götter zu überschreiten pflegt*», d. h. Zugang zum Allerheiligsten hatte.

Viele der bekannten, oft mehrere Tage andauernden Rituale haben nur teilweise in Tempeln stattgefunden. Neben Gesängen, Rezitationen und Götteranrufungen umfassen sie vor allem Umzüge mit den Götterbildern und Opfer im Tempel und in freier Natur. Dieser direkte Bezug zu Naturphänomenen spiegelt die Herkunft vieler Rituale in Naturkulten aus vorschriftlichen, prähistorischen Epochen wider. Besonders deutlich wird diese Kontinuität an Befunden in Yazılıkaya, wo in den Nischen des später mit den hethitischen Götterbildern ausgeschmückten Felsenhains Opferrituale aus dem 3. Jahrtausend v. Chr. nachgewiesen werden konnten.

Ähnlich wie im Fall der Vereinigung ursprünglich mehrerer Gottheiten zu einer einzigen ist auch an Ritualen seit dem späten 16. Jahrhundert v. Chr. das Bestreben der «Hoftheologen» erkennbar, durch deren schriftliche Fixierung eine reichsweit einheitliche Religion und Kultausübung zu schaffen.

Die einheitlich gefaßten und in der Mehrheit zu festgelegten Zeitpunkten des Jahres durchgeführten Rituale hatten in der heterogenen Kulturlandschaft Anatoliens über die religiösen Vorstellungen hinaus weitreichende soziale und politische Bedeutung. Sie strukturierten das Jahr und bildeten dadurch, daß sich jeweils große Menschenmengen trafen, einen Mittelpunkt des gesellschaftlichen Lebens. Sie dienten gleichzeitig der Legitimation des Königs, der in einer mystischen Verklärung seine Übermacht zur Schau stellen konnte – zumal einige der Rituale auch noch in der Großreichszeit als Reisefeste die Anwesenheit des Königs in unterschiedlichen Städten des Reichs ermöglichten. Auf diese Weise sollte nicht nur der kulturgeographische Partikularismus überwunden, sondern auch eine einheitliche hethitische Geisteskultur und Identität geschaffen werden.

Die wichtigsten Kultfeste waren das Neujahrsfest – das AN.DAH.ŠUM-Fest in der zweiten Märzhälfte –, ein Erntefest im Herbst und die Monatsrituale, die in der Regel bei Vollmond für den jeweiligen Gott abgehalten wurden. Darüber hinaus sind Rituale und Zeremonien für unterschiedlichste Anlässe belegt, die von Naturkatastrophen bis zu Ereignissen aller Art bei Hofe reichen konnten. Einen besonderen Platz nahm das bis zu 14 Tage dauernde Totenritual ein, das vollzogen werden mußte, wenn der König starb (ab Seite 289).

Bildzeugnisse vermitteln einen vagen Eindruck vom Ablauf der großen Kultfeste. Die Bilder haben sich vor allem auf alt-hethitischen Vasen unterschiedlicher Größe erhalten, deren Außenseiten mit farbigen Reliefs verziert waren. Die seit langem bekannten Vasen von Bitik (ca. 180 km westnordwestlich von Boğazköy) und İnandıktepe (Abb. 95; ca. 100 km nordwestlich von Boğazköy) werden in jüngster Zeit durch Funde aus Hüseyindede (ca. 45 km nördlich von Boğazköy) ergänzt. Aus Hattuscha sind bisher nur Fragmente entsprechender Gefäße bekannt, die sich in das thematische Spektrum vollständig erhaltener Darstellungen einfügen.

Auf diesen Gefäßen stehen Opferhandlungen im Mittelpunkt der in bis zu vier Bildstreifen übereinander angeordneten Darstellungen. So ist beispielsweise auf der Vase aus İnandıktepe im dritten Bildstreifen von oben die Opferung eines Rindes zu sehen (Abb. 95). Dabei ist jedoch unklar, ob die Szene vor oder in dem Tempel stattfand, der durch eine Stierstatue auf einem Sockel als dem Wettergott geweiht gekennzeichnet ist. Auf anderen Vasen und vergleichbaren Denkmälern – z. B. in dem Felsrelief von Fraktın (Abb. 90) oder den Reliefs von Alaca Höyük (Abb. 97) – wird die Opferung von Flüssigkeiten, sogenannten Libationen, gezeigt. Diese fanden wahrscheinlich im Hof des Tempels oder aber auch in freier Natur statt und wurden vom König oder von Opferpriestern ausgeführt.

Gleichzeitig werden jedoch spätestens im hethitischen Großreich Veränderungen in der Darstellung der Kulthandlungen daran erkennbar, daß im Falle der alt- und mittel-hethitischen Vasen nur der König als Akteur auftrat, während auf Denkmälern spätestens seit der Zeit von Hattuschili III. (Mitte des 13. Jahrhunderts v. Chr.) beispielsweise in Fraktın König und Königin als gleichberechtigt Handelnde gezeigt wurden (Abb. 90). Diese Veränderungen spiegeln einen Wandel in den religiösen Vorstellungen wider, bei dem die Dominanz des männlichen Wettergottes Teschub durch die Dualität eines Götterpaares ersetzt wurde. Dabei stellt die Sonnengöttin von Arinna – mit der hurritischen Bezeichnung Hepat – den weiblichen Part dar (Abb. 42).

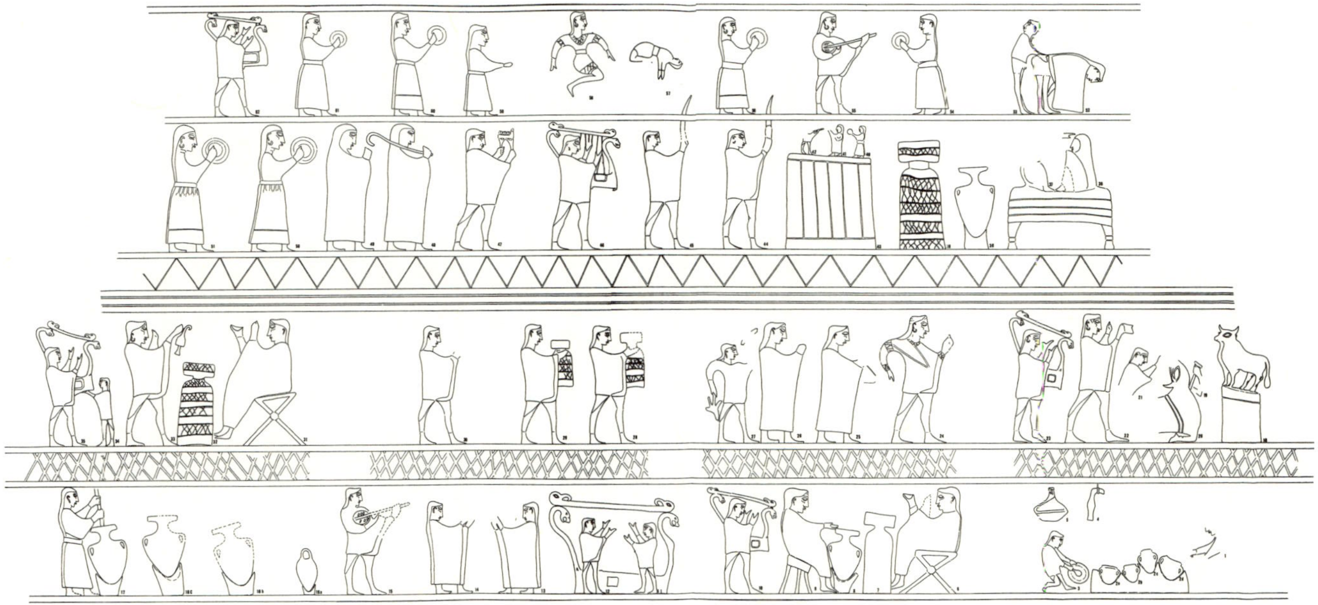

Abb. 95: In vier Registern werden auf einer Vase aus İnandıktepe die Feste (im oberen und unteren) und die zentralen Kulthandlungen und Opfer (in den mittleren beiden) gezeigt. (*Höhe des Bildfrieses ca. 14,5 cm*)

Im Gegensatz zu den Darstellungen der Großreichszeit, die sich auf die eigentliche Opferszene und das königliche Paar konzentrieren, weisen die älteren Bilder eine Reihe von begleitenden Szenen auf. Diese zeigen, daß Kulthandlungen in große Feste eingebettet waren, bei denen Musiker, Gaukler und Tänzer für Belustigung und Vergnügen sorgten und verschiedene Wettkämpfe (wie etwa Stierspringen) zur «*Freude der Götter*» stattfanden (dargestellt auf der Vase von Hüseyindede). In unterschiedlich detailreicher Ausführung finden sich entsprechende Bildzyklen sowohl auf Vasen (Bitik, İnandıktepe, Hüseyindede) als auch auf den Steinreliefs von Alaca Höyük (Abb. 95. 97). Textliche Belege ergänzen das facettenreiche Bild dieser Feste. Die Tatsache, daß auf den relativ zahlreichen Bildern stets unterschiedliche Szenen dargestellt sind, könnte man als Bestätigung der textlich belegten Vielzahl dieser Kultfeste interpretieren. Zugleich ist bemerkenswert, wenn auch nicht ohne weiteres erklärbar, daß entsprechende Reliefvasen in der jüngeren hethitischen Großreichszeit nicht mehr vorkommen.

Möglicherweise steht dies im Zusammenhang mit einer zum Teil tiefgreifenden Veränderung der hethitischen Religion im Laufe des 14. und 13. Jahrhunderts v. Chr. Bis in diese Zeit standen der Kult, das Pantheon und die religiöse Organisation in hattischen, das heißt vorhethitischen Traditionen, was vor allem die sprachlichen Bezeichnungen von Göttern, Kulthandlungen, Festen und kultischen Berufen nahelegen. Durch den massiven hurritischen Einfluß, der seinen Ursprung im Bereich der hethitisch beherrschten Regionen im Süden der heutigen Türkei, besonders in Kilikien (heth. Kizzuwatna) und im Norden Syriens hatte, änderte sich dies: Vor allem für die Götter wurde die traditionelle anatolische Terminologie durch hurritische Bezeichnungen ersetzt. Dies wird besonders in Yazılıkaya deutlich, wo die Beischriften die hurritischen Namen der Götter jedoch in luwischer Hieroglyphenschrift nennen (Abb. 40. 42. 137).

Die Lage der Heiligtümer

Die textliche Überlieferung des 2. Jahrtausends v. Chr. verdeutlicht, daß in Anatolien bereits seit vor-hethitischer Zeit ein Konzept der «*Städte der Götter*» belegt ist. Aus dieser Phase sind die Städte Arinna (in der Nähe von Hattuscha; vielleicht Alaca Höyük), Zippalanda und Nerik (wohl Oymaağaç bei Vezirköprü) als herausragende Kultzentren bekannt. Wahrscheinlich erhielt auch Hattuscha mit seinem Kult des Wettergottes noch vor der Entstehung des hethitischen Staates diesen Rang. Bemerkenswert ist, daß die genannten Städte in etwa das hattische Siedlungsgebiet zwischen Hattuscha und dem Schwarzen Meer abdecken und daß die frühe hethitische Religion deutliche Züge hattischer Kulte aufweist.

Dieses Konzept bildete das religiöse Rückgrat des Landes und wurde während der gesamten hethitischen Epoche grundsätzlich beibehalten. Abgesehen von Hattuscha ist freilich nur im Falle weniger Städte (z. B. für Tarhuntassa) ihr Status als «*Stadt der Götter*» in der hethitischen Großreichszeit – das heißt im 13. Jahrhundert v. Chr. – gesichert. An der Zuschreibung dieses Prädikats an weitere oder vielleicht sogar neugegründete Städte wird deutlich, wie sich die Religion im Laufe der hethitischen Epoche aus dem hattischen Kerngebiet des nördlichen Zentralanatoliens parallel zur territorialen Vergrößerung des Reichs ausbreitete.

An verschiedenen Textpassagen – etwa in der Bronzetafel des Vertrages zwischen Tuthalija IV. und Kuruntiya von Tarhuntassa – wird deutlich, daß es sich nicht um eine beliebige Zuschreibung handelte. Vielmehr waren damit zentrale Funktionen der Kult- und damit der Machtausübung verbunden, die eine Stadt und ihren Herrscher, in diesem Fall Kuruntiya, erheblich aufwerteten; denn so wurden wichtige kultische Funktionen in zentralen Orten gebündelt. Darin zeigt sich erneut das Bestreben, durch einheitliche Religionsvorstellungen die Kontrolle über Zentralanatolien zu sichern. Da der König im Mittelpunkt der hethitischen Kultausübung stand und gleichzeitig die Götterwelten der einzelnen Städte in ein weitgehend vereinheitlichtes Religionskonzept integriert wurden, gelang es, die heterogene kulturelle Landschaft Anatoliens für eine gewisse Zeit zu einen.

Ob und wie sich dieser «Titel» im Stadtbild niederschlug, ist in den meisten Fällen mangels entsprechender Untersuchungen unklar. In Hattuscha ist das zentrale Tempelviertel deutlicher Ausdruck der herausragenden religiösen und kultischen Bedeutung der Stadt (Abb. 35. 74). Vergleichbares wurde bisher nirgendwo ausgegraben.

Gleichzeitig stellt sich aber die Frage, ob die kultische Bedeutung einer Stadt in jedem Fall im Baubefund Ausdruck gefunden haben muß. Denn der Wettergott von Sarissa ist einer von fünf hethitischen Göttern, die zur Beglaubigung des Friedensvertrags zwischen Ramses II. und Hattuschili III. in dessen ägyptischer Version an der Tempelfassade in Karnak genannt wurden, obwohl sein Tempel in Kuşaklı zu dieser Zeit wohl bereits abgebrannt war und als eingeebnete Ruine in der Stadt stand. Ebenso behielt Nerik seine ideologische und religiöse Bedeutung auch in solchen Zeiten, in denen die Stadt nicht unter hethitischer Kontrolle stand. Wahrscheinlich waren die mit diesen Städten verbundenen und jedermann bekannten Kulte, die durch die Nennung der Stadt oder des Gottes in dem jeweiligen Zusammenhang wirksam wurden, an sich wichtiger als ihr zeitgenössischer Zustand.

Die sakrale Topographie der urbanen Zentren ist vielfältig und heterogen. In Hattuscha nimmt sie einen erheblichen Teil des bisher erforschten Stadtgebiets ein, was bei der Gesamtbeurteilung der Hauptstadt bisweilen eine Übergewichtung der kultischen Funktionen durch die Wissenschaft zur Folge hatte. In der Altstadt bildet der Große Tempel einen klaren Schwerpunkt, der dadurch verstärkt wird, daß in diesem Teil der Stadt bisher keine anderen Kultbauten bekannt sind. In der Oberstadt bilden 27 Tempel, die in einem abgegrenzten Bereich liegen, ein in sich geschlossenes Stadtviertel (Abb. 31. 32. 35. 74), das vom Palast aus axial erschlossen wurde und über eine eigene Wasserversorgung verfügte. Da bisher keine weitere Stadt von der Größe Hattuschas auch nur annähernd ähnlich detailliert untersucht wurde, ist es schwierig zu entscheiden, ob es sich hierbei um ein auf die Hauptstadt beschränktes und mit deren speziellen Funktionen verknüpftes Phänomen handelt. Jedoch deuten die Texte, die für keine andere Siedlung eine entsprechende Häufung von Tempeln belegen, und die in Kuşaklı ausgegrabenen Reste darauf hin, daß zwar jede Stadt einen oder eventuell auch mehrere Tempel haben konnte, daß es sich bei dem Tempelviertel in Hattuscha aber um eine einmalige und mit der Funktion als Hauptstadt verbundene Erscheinung handelte.

Die Anlage von Yazılıkaya, die etwa 2 km nordöstlich von Hattuscha in einem Felsenhain liegt (Abb. 4. 39–45), belegt nicht nur, daß auch in der Spätbronzezeit Naturphänomene noch kultische Verehrung fanden, sondern auch, daß die Hethiter diesen seit dem 3. Jahrtausend v. Chr. heiligen Ort durch Hinzufügung von Gebäuden zu einem Tempel ausbauten

(Abb. 39–45). Diese Umgestaltung in einen auch formal einem Tempel entsprechenden Baukomplex muß bereits zu einem frühen Zeitpunkt der hethitischen Geschichte in Angriff genommen worden sein, wie die drei dort festgestellten Bauschichten belegen.

Unklar ist derzeit noch, ob Heiligtümer ausschließlich dem festgelegten Bauschema der Tempel folgen mußten. Denn neben den kanonisierten Tempeln sind im 2. Jahrtausend v. Chr. verschiedene Kristallisationspunkte religiöser Vorstellungen textlich belegt, die auch Objekte und Erscheinungen in der freien Natur – z. B. auffällige Berge, besondere Naturphänomene oder auch nur markante alte Bäume – sein konnten. Zumindest eine Gruppe von Stelenheiligtümern oder Anlagen, in denen die sogenannten *huwaši*-Steine – am ehesten mit «heilige Steine» zu übersetzen – verehrt wurden, könnte auch archäologisch nachweisbar sein. *Huwaši*-Steine, bei denen es sich nach Aussage der Textquellen wohl zunächst um unbehauene (?) Steinstelen handelte, die erst in der Zeit von Tuthalija IV. teilweise durch Bildstelen ersetzt wurden, verehrte man wie Götterstatuen, und zwar hauptsächlich außerhalb der Heiligtümer in Felshainen, Wäldern, auf Berggipfeln oder anderen besonders markanten Punkten in der Natur.

In Hattuscha könnte es den Schriftquellen zufolge mindestens zwei solcher Heiligtümer gegeben haben. Ein Kandidat für solch ein Stelenheiligtum mag der Felsen von Kızlarkayası sein, auf dem in die waagerecht abgetragene Fläche mehrere Vertiefungen eingelassen wurden, die man als Verankerungsmöglichkeiten für große Stelen interpretieren könnte (Abb. 79). Maciej Popko und Sibilla Pierallini deuten die textlichen Belege dahingehend, daß in dieser Anlage ein Heiligtum für die Sonnengöttin von Arinna und die Göttin Mezzulla, die dem Kultkreis der Sonnengöttin von Arinna zugerechnet wurde, zu sehen sei. Ein zweites, schriftlich belegtes Bauwerk dieser Kategorie läßt sich im Stadtgebiet von Hattuscha bisher nicht näher lokalisieren.

In den Texten werden noch zahlreiche weitere entsprechende Heiligtümer in den verschiedensten Städten des Reiches genannt, ohne daß ihr Aussehen oder ihre Lokalisierung gesichert wäre. Das Festritual für den Wettergott von Sarissa beginnt mit den Worten: «[...sobald] *der König sich der Stadt nähert, geht er nicht zur Stadt hinauf, sondern der König geht den oberen Weg [z]u den huwaši-Steinen des Wettergottes hinauf*» (Übersetzung G. Wilhelm). Diese Passage belegt die Bedeutung der *huwaši*-Steine und – durch den Besuch des Herrschers – auch deren Rolle in der offiziellen hethitischen Religion. Gleichzeitig haben diese Worte Andreas Müller-Karpe den Weg zur Identifizierung eben jenes Heiligtums in unmittelbarer Nähe von Kuşaklı/Sarissa gewiesen. Es liegt spektakulär auf über 1900 m Meereshöhe und überragt auf einer natürlichen Terrasse das gesamte Tal und die Stadt. Geophysikalische Untersuchungen zeigen, daß das Plateau wahrscheinlich von einer Mauer eingefaßt war und sich der eigentliche *huwaši*-Stein in dessen Mitte befand.

Dieses Heiligtum bei Kuşaklı/Sarissa, das zudem an einem künstlich aufgestauten See liegt, mag als Beispiel für zahllose vergleichbare, bisher nicht identifizierte, aber von den Hethitern als heilig verehrte Orte gelten, an denen nicht nur die Bedeutung von Naturphänomenen für das religiöse Empfinden deutlich wird, sondern sich auch bis in das Neolithikum zurückreichende religiöse Traditionslinien abzeichnen. Wahrscheinlich war auch Yazılıkaya ursprünglich solch ein heiliger Ort, der erst im Zuge der Entwicklung der Reichshauptstadt zu einer Metropole mit einem neuen Bedeutungsgehalt umgestaltet wurde. Im Gegensatz zu den offiziellen Kulten mit ihren fest definierten Tempeln in den Städten, die parallel zur kulturellen Entwicklung regelmäßigen Veränderungen der Architektur unterworfen waren, läßt sich die Verehrung von Naturphänomenen in Anatolien bis heute belegen.

Die textlich erkennbare Heterogenität als heilig verehrter Orte spiegelt sich bedingt auch in den archäologischen Befunden. Deshalb muß man davon ausgehen, daß es neben den nachweisbaren auch zahlreiche andere Ausdrucksformen religiösen Verhaltens gegeben hat, die sich jedoch in den ausgegrabenen Befunden nicht erhalten haben. Insofern kann man über die religiöse Durchdringung des Alltagslebens nur Vermutungen anstellen. Jedoch lassen die bereits erwähnten Fragmente von vollplastischen Stierfiguren, die den Wettergott symbolisierten – und die ebenso wie zahllose Bruchstücke von Reliefvasen in den unterschiedlichsten Kontexten in der Stadt gefunden wurden – sowie zahlreiche weitere Figurinen von Menschen und Tieren in verschiedenen Formen erahnen, wie stark religiöse Handlungen alle Bereiche des alltäglichen Lebens durchdrungen haben.

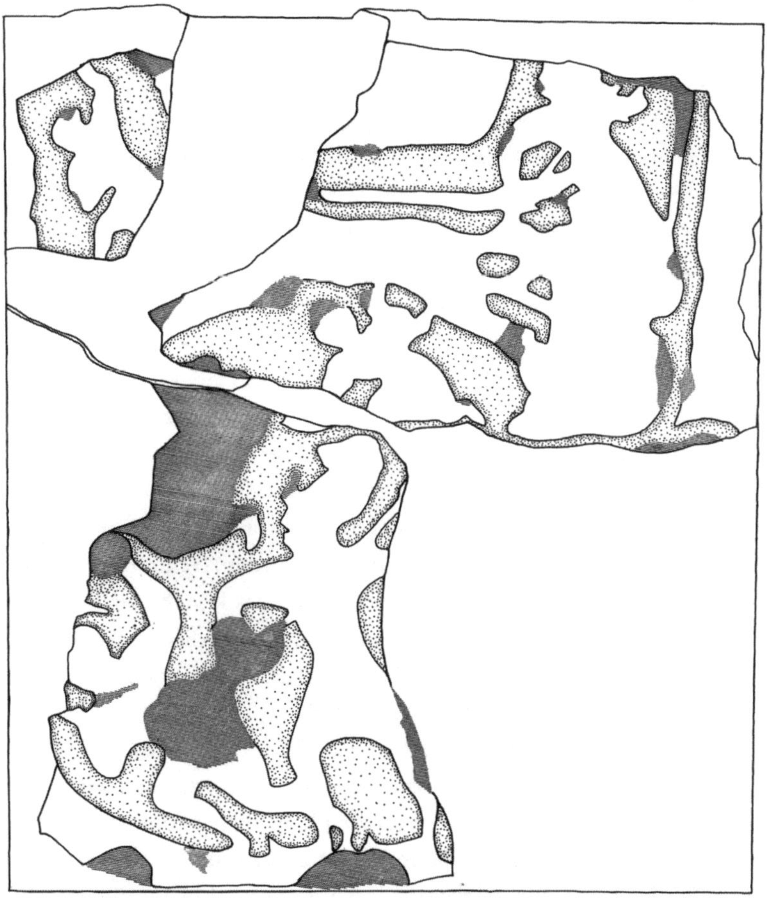

Abb. 96: Ein alt-hethitisches Relief von Büyükkale (Höhe ca. 140 m). Es zeigt in einer bewegten Art Kampfszenen, im oberen Teil vom Wagen aus, im unteren zu Fuß.

Stadt der Kunst

Im Gegensatz zur mesopotamischen und zur ägyptischen Kultur ist nur eine vergleichsweise geringe Anzahl an Kunstdenkmälern aus dem hethitischen Raum erhalten. Der größte Teil wurde bei Ausgrabungen in Hattuscha gefunden und stellt einen einmaligen Höhepunkt in der anatolischen Kulturentwicklung dar. Der Frage, wie der altorientalische Mensch die auf uns gekommenen Denkmäler betrachtete und was er darin sah, können wir uns gleichwohl nur sehr behutsam annähern. Die Kunst dieser Zeit war kein individuelles Ausdrucksmittel des Künstlers, sondern ist als Teil eines komplexen Kommunikationssystems zu verstehen. In dessen Mittelpunkt stand die Vermittlung auch über den Willen des einzelnen Herrschers hinaus langfristig festgelegter politischer, ideologischer und religiöser Inhalte.

Aufgrund von Zufällen der Überlieferung und Erhaltung ist die hethitische Kunst im Vergleich zu anderen Kulturen des Alten Orients weit weniger gut bekannt, so daß man bei der Auseinandersetzung mit den erhaltenen Kunstwerken nur selten über eine beschreibende Betrachtung hinausgelangt. Antworten auf Fragen nach der Entwicklung, der Funktion oder der Bedeutung werden ferner dadurch erschwert, daß kaum eines der Denkmäler sicher zu datieren ist und nur wenige an der Stelle ihrer ursprünglichen Aufstellung gefunden wurden. Dennoch lassen sich anhand des Erhaltenen verschiedene Ebenen des künstlerischen Schaffens und verschiedene Intentionen unterscheiden, die mehrheitlich in einen allgemein verbindlichen Stil eingebettet waren; doch gab es auch abweichende Tendenzen.

Richten wir zunächst den Blick auf die Kunstwerke aus der Zeit der assyrischen Handelskolonien aus den ersten knapp drei Jahrhunderten des 2. Jahrtausends v. Chr., so wird deutlich, daß in dieser Phase ein staatlich inspiriertes Kunstschaffen nicht zu belegen ist. Monumentale und auf öffentliche Wirkung zielende Kunstwerke sind aus dieser Zeit in Anatolien nicht bekannt, da wahrscheinlich die programmatisch begründeten und auf die Darstellung von Macht zielenden gesellschaftlichen Mechanismen noch nicht ausgeprägt waren. Hingegen begegnet uns eine Vielzahl lokaler und teilweise aus den südlichen Hochkulturen Syriens und Mesopotamiens übernommener Stile und Bildthemen, in denen sich die textlich belegte politische und ethnische Heterogenität dieser Zeit spiegelt.

Da der Übergang von den Karum-zeitlichen Stadtstaaten zu einem gefestigten hethitischen Reich im Laufe des 17. Jahrhundert v. Chr. historisch und archäologisch noch weitgehend unklar ist, wird man erst ab dem 16. Jahrhundert v. Chr. von einer genuin hethitischen Kunst sprechen können. Betrachten wir die frühesten hethitischen Denkmäler – vor allem die markanten, mit szenischen Reliefs verzierten Vasen aus İnandıktepe (Abb. 95), Bitik oder Hüseyindede –, so fällt im Vergleich zur Karum-Zeit ein überregionaler deutlich homogenerer Stil und eine bereits stark vereinheitlichte Ikonographie auf. Sie bilden die Grundlage für die weitere Entwicklung der hethitischen Kunst.

Die vereinheitlichende Tendenz in der Kunst des 16. Jahrhunderts v. Chr. ist Ausdruck des Bestrebens des neu entstehenden Staates, eine gemeinsame Bildsprache als übergreifendes Kommunikationsmittel zu schaffen. Da stilistisch und inhaltlich vergleichbare Bilder im ganzen hethitischen Kernland vorkommen, läßt sich schließen, daß man versuchte, mit dieser neuen ikonographischen Sprache die regionalen Unterschiede innerhalb Anatoliens zu überwinden. Letztlich sollte auf diese Weise unter den Betrachtern das Bewußtsein einer gemeinsamen Identität und Verbundenheit mit dem hethitischen Staat geschaffen werden.

Noch weitgehend unklar ist die Stellung der alt-hethitischen Kunst innerhalb der Gesellschaft. Die Bilder auf den Vasen zeigen religiöse Themen, jedoch ohne den König besonders hervorzuheben; ein politisch motiviertes, auf den Herrscher zentriertes Bildverständnis ist mithin noch nicht erkennbar, ohne daß man gesicherte Aussagen darüber machen könnte, wer die Bilder tatsächlich in Auftrag gegeben und gesehen hat. Die Fundlage der meisten Objekte in tendenziell profanen Zusammenhängen der Residenzen lokaler Adeliger (so z. B. İnandıktepe) spricht ebenso wie die ikonographische Individualität der einzelnen Beispiele für einen eher nicht herrschaftlichen Entstehungsrahmen. Wie auch die deutlich später zu datierenden Funde aus dem Haus des MESCHEDI-Kommandanten in der Oberstadt von Boğazköy zeigen (Abb. 118. 132), wurden die betreffenden Vasen vermutlich im Zusammenhang von Festen verwendet, die zwar kultisch-religiösen Inhalts gewesen sein können, die aber als Zusammenkünfte unter der Ägide der Adeligen vor allem der Pflege sozialer Bindungen gedient haben dürften. In diesem Rahmen fördern die Bilder durch ihre homogene Bildsprache die Vermittlung einheitlicher Inhalte und die Schaffung gemeinsamer, hethitischer Identitäten.

Während in der Karum-Zeit monumentale Denkmäler aus Stein wohl unbekannt waren, wurden in Boğazköy – allerdings ohne gesicherten

Abb. 97: Der Reliefzyklus auf der linken und der rechten Seite der Tordurchfahrt von Alaca Höyük; die Einfügung des sechsten Blocks von links in der unteren Reihe der linken Seite ist rekonstruiert.

Kontext auf der Büyükkale – Fragmente eines großformatigen, sehr flachen Steinreliefs ausgegraben, das, den erhaltenen Farbresten nach zu urteilen ursprünglich sogar bemalt gewesen sein könnte (Abb. 96). Das vermutlich der alt-hethitischen Zeit zuzuweisende Relief stellt wahrscheinlich einen Wagen- und Götterkampf von bemerkenswerter künstlerischer Dynamik dar, die sich deutlich von den Darstellungen der jüngeren Phasen unterscheidet. Auffällig ist, daß in der frühen Phase des hethitischen Kunstschaffens, das heißt während des 16. Jahrhunderts v. Chr., noch religiöse Themen im Vordergrund stehen, ohne daß jedoch, wie bereits bemerkt, der König besonders hervorgehoben wurde.

Im Hinblick auf die inhaltliche wie stilistische Entwicklung der hethitischen Kunst nimmt der Reliefzyklus am Sphingentor von Alaca Höyük eine besondere Stellung ein (Abb. 97). Im unteren Register werden auf der linken Seite die Kultausübung und die damit verbundenen profanen Feierlichkeiten in enger Anlehnung an die İnandıktepe-Vase aufgriffen (Abb. 95. 97). Am linken Ende des Zyklus ergänzen Gaukler und Akrobaten die weiter rechts dargestellte Opferszene vor einem Altar, in der erstmals der König als Akteur vor dem Stier, dem Symboltier des Wettergottes, hervorgehoben wird (Abb. 97). Während auf der rechten Seite der Tordurchfahrt die Reliefs ähnliche Szenen eines Kultgeschehens zeigen –, diesmal in Ausrichtung auf eine sitzende Göttin – sind die Bilder eines zweiten Zyklus auf der linken Torseite stilistisch und inhaltlich ganz anders (Abb. 97): Im oberen Register sind die Blöcke horizontal geteilt und zeigen eine bewegte Jagd auf Wildschweine und Hirsche. Der Stil ist, verglichen mit dem unteren Register, wesentlich dynamischer. Die lebendige Art der Darstellung und die flache Ausarbeitung der Reliefs weisen Beziehungen zu den genannten älteren Bruchstücken aus Boğazköy auf (Abb. 97). Inhaltlich sind Parallelen zu den Darstellungen auf einer mit reliefierten Bildern verzierten Bronzeschale aus Kınık erkennbar.

Die Datierung dieses Reliefzyklus ist umstritten. Für einen relativ frühen Ansatz spricht jedoch der Neufund eines Reliefs einer sitzenden Gottheit, das in Kayalıpınar in einer mittel-hethitischen Schicht des 15. Jahrhunderts v. Chr. entdeckt wurde (A. Müller-Karpe). Ikonographisch entspricht es dem Relief einer sitzenden Göttin auf der rechten Seite des Tores von Alaca Höyük (Abb. 97). Demnach könnte der Reliefzyklus aus Alaca Höyük entgegen der häufig geäußerten Meinung nicht in das 14. Jahrhundert v. Chr., sondern in das 15. oder – aufgrund der thematischen Nähe zu der Vase aus İnandıktepe – auch sogar in das späte 16. Jahrhundert v. Chr. zu datieren sein. Diese Datierung wird dadurch unterstützt, daß die Reliefs beider Register in Alaca Höyük durch ihre flache Gestaltung, den bewegten Stil und die Thematik der Eberjagd der oberen Reliefreihe mit den alt-hethitischen Denkmälern aus Boğazköy verglichen werden kann.

Für die Entwicklung der hethitischen Bildersprache insgesamt werden durch die Reliefs in Alaca Höyük Veränderungen sichtbar: Zunehmend tritt der König in den Vordergrund. Gleichzeitig wird dort und in Kayalıpınar ein neues Medium – große Steinreliefs in fortlaufender Reihung – erstmals öffentlich verwendet. Durch die Anbringung der Reliefs in einer Reihe nebeneinander wurde es möglich, mit Hilfe der Bilder eine räumlich und zeitlich gestaffelte Geschichte zu erzählen (Abb. 97). Die Anbringung an prominenter Stelle, am Eingang zum zentralen Baukomplex von Alaca Höyük, unterstreicht die damit implizierte Bedeutung der Anwesenheit des Königs. Der von Andreas Müller-Karpe in Kayalıpınar an einer ähnlich herausragenden Stelle des Gebäudes rekonstruierte Ort, an dem das Relief einst angebracht war, das seinerseits wohl auch Teil eines längeren Erzählzyklus war, zeigt, daß im Gegensatz zu den in privaten Räumen aufbewahrten Vasen spätestens im 15. Jahrhundert v. Chr. in Zentralanatolien Kunst im öffentlichen Raum ausgiebig präsentiert wurde.

Die Machart des Relief aus Kayalıpınar entspricht dem für die hethitischen Reliefdenkmäler aus Boğazköy – besonders dem Relief eines Gottes am Königstor (Abb. 98) und dem der Tuthalija-Stele aus Tempel 5 (Abb. 93) – verwendeten, fast schon rundplastischen Stil, der sich von dem der flacher gehaltenen Reliefs in Yazılıkaya unterscheidet. Diese stilistischen Ähnlichkeiten könnten, gepaart mit ikonographischen Details der genannten Reliefs – z. B. der Axt, die der Gott am Königstor trägt und die man am besten mit Exemplaren aus Stein aus dem mittel-hethitischen Ortaköy vergleichen kann – weitere Hinweise auf einen relativ frühen Entstehungszeitraum dieser Denkmäler liefern. Denkbar wäre dies, da formale Aspekte des Tempels 5 älteren Bauformen entsprechen (Abb. 83 unten links) und die genannte Stele auch aufgrund ihrer Inschrift nicht zwangsläufig Tuthalija IV. zuzuweisen ist.

Das Torgebäude der Anlage in Alaca Höyük trägt nicht nur den ge-

Abb. 98: Das Relief eines Gottes am sogenannten Königstor (Kalkstein, Höhe 2,35 m)

Abb. 99: Der Löwe am Löwentor

nannten Reliefzyklus, sondern ist aufgrund der oben angedeuteten chronologischen Verbindungen wahrscheinlich das älteste Tor, bei dem die Torwände aus riesigen Monolithen errichtet und auf der Vorderseite mit Reliefs – in diesem Fall mit vollplastisch gestalteten Sphingen – geschmückt wurden. Diese Gestaltung der Torlaibungen, die sich vergleichbar nur in Hattuscha am Löwentor (Abb. 36a–b, 99), am Sphingentor und am Königstor (Abb. 69. 98) findet, ist eines der wesentlichen Charakteristika hethitischer Monumentalkunst.

Obwohl ein ähnlich großartiges Ensemble in der hethitischen Hauptstadt bisher nicht gefunden wurde, zeigen Fragmente von Löwen- und Sphingenfiguren, die in den Tempeln 2 und 3 der Oberstadt und in der Schicht III der Büyükkale ausgegraben wurden (Abb. 91. 92), daß entsprechend repräsentative Schmuckformen auch in Hattuscha verwendet wurden. Trotz der relativ geringen Zahl großformatiger Denkmäler ist eine Reihe von stilistischen und thematischen Varianten erkennbar, die auf unterschiedliche Werkstätten, verschiedene Handwerker oder auch auf chronologische Unterschiede zurückzuführen sein könnten. Bildinhalte und stilistische Ausführung der Denkmäler sind jedoch eigenständige hethitische Entwicklungen.

Abb. 100: Das sogenannte Löwenbecken, im Hintergrund der Große Tempel

Nur an wenigen, einzelnen Motiven der hethitischen Kunst – z. B. der Sphinx und der geflügelten Sonne – wird deutlich, daß man fremde Einflüsse vor allem aus Syrien aufgenommen hat. Allerdings kopierte man die fremden Bildelemente nicht einfach, sondern überführte sie in eine eigenständige hethitische Bildsprache. Die hethitische Kunst präsentiert sich so als inhaltlich, ikonographisch und stilistisch weitestgehend eigenständig. Vor dem Hintergrund der oben skizzierten Diskussion um die Datierung der Denkmäler erscheint bemerkenswert, daß die wenigen fremden Elemente nur in der Großreichszeit auftreten; auf älteren Monumenten sind sie nicht belegt.

Gleichzeitig wirkte die Kunst Hattuschas ihrerseits prägend auf verschiedene Staaten des 2. Jahrtausends v. Chr. in Anatolien, die sich an dessen Bilderwelt orientierten. So zeigen Felsbilder ebenso wie gebaute Denkmäler in Arzawa (Westanatolien: Karabel, Karakuyu, Suratkaya) ebenso wie solche im Südwesten des Hochlandes (Eflatun Pınar, Fasıllar, Hatip) – eine Region, die möglicherweise mit einem Teil von Tarhuntassa zu identifizieren ist –, wie stark man sich in diesen politisch zumindest zeitweise unabhängigen Staaten an der hethitischen Kunst als kulturell richtungsweisend orientierte.

Nur in sehr wenigen Fragmenten sind Wandmalereien aus Boğazköy erhalten. Die im Gebäude G auf Büyükkale und im Tempel in der Oberstadt ausgegrabenen Reste bemalten Putzes zeigen vor allem, daß diese Art des Wandschmucks auch in der hethitischen Hauptstadt verwendet wurde. Obwohl zusammenhängende Motive kaum rekonstruierbar sind, deuten die Farbwahl, die erkennbaren Bildfragmente und technische Besonderheiten generell auf Beziehungen zu Wandmalereien im östlichen Mittelmeerraum und der Ägäis hin. Es ist jedoch zu wenig erhalten und die chronologischen Ansätze der jeweiligen Fundorte und Gebäude sind zu unsicher, um diese überregionalen Verbindungen in chronologischer, technischer oder inhaltlicher Hinsicht genauer bestimmen zu können. Dennoch wird deutlich, daß sich diese Kontakte auf die absolute Elite der hethitischen Gesellschaft beschränkten, wie es auch die internationale Korrespondenz der Könige vermuten läßt (ab Seite 293).

Sämtliche Denkmäler monumentaler Kunst – sieht man von einem mit vier Löwen auf den Schmalseiten verzierten Steinbecken oder -sockel ab, das/der bis heute auf dem Platz vor dem großen Tempel steht (Abb. 100) – wurden bis heute in der Oberstadt beziehungsweise in der großreichszeitlichen Palastanlage auf Büyükkale gefunden. Offenbar ist die Verwendung von Denkmälern der Großkunst eng mit der Entstehung staatlicher Repräsentationsformen verbunden, die es in der Mittelbronzezeit so nicht gab.

Außerhalb der Städte begegnen uns, abgesehen von wenigen kleineren Relieffragmenten und Stelen im Umfeld der Städte, repräsentative Denkmäler besonders in Form von Felsbildern, die in freier Natur an mehr oder weniger exponierten Stellen angebracht wurden. Ebenso wie die Reliefs in Yazılıkaya, die als Teil eines Tempels eine besondere Funktion hatten, und die monumentale Inschrift von Nişantepe (Abb. 52), stehen die Felsbilder (Abb. 90. 101), die verzierten Wasserbecken (Abb. 49) sowie die Bild- oder Inschriftenstelen in der Tradition der staatlichen Hochkunst. Sie wurden im Umland von Boğazköy und Kuşaklı, aber auch in anderen Regionen Zentralanatoliens gefunden (z. B. Stelen in den Museen von Afyonkarahisar – aus Çay –, Yozgat oder Sivas – aus Altınyayla) und belegen die Ausdehnung des urbanen Lebensraums in das Umland der Städte. Anhand dieser Einzelfunde und der Felsreliefs wird deutlich, wie stark Zentralanatolien in der Zeit des hethitischen Großreichs von der hethitischen Staatskultur und -kunst durchdrungen war. Die Beurteilung der tatsächlichen Wirkung dieser Durchdringung weiter Bereiche des Lebens muß jedoch in Ermangelung ausgegrabener Dörfer oder Kleinstädte vage bleiben, zumal die hethitische Kultur mit dem Zusammenbruch des Staates in Zentralanatolien komplett verschwindet.

Bilder des Königs oder religiöse Inhalte auf Felsen in der Natur zu verewigen ist eine relativ junge Entwicklung im hethitischen Reich. Das älteste datierte Felsrelief zeigt in Kilikien, bei Sirkeli, den König Muwattalli II., der im frühen 13. Jahrhundert v. Chr. regierte. In den folgenden Jahrzehnten bis zum Ende des Großreichs wurden neben weiteren Reliefs, die den König als Krieger oder in ziviler Tracht zeigen, auch solche religiösen Inhalts (Fraktın [Abb. 90], Taşçı, Gavurkalesi und İmamkulu [Abb. 101]) angefertigt.

Im Gegensatz zu den meisten bisher entdeckten Stelen liegen diese Felsreliefs am Rand oder außerhalb des unmittelbaren Verbreitungsgebietes der materiellen Kultur des hethitischen Kernlandes. Sie wurden offenbar bewußt ohne Bezug zum urbanen System in die Landschaft gesetzt, in der sie als Zeichen der hethitischen Zivilisation wirken. Zumindest einige (Fraktın, İmamkulu, Taşçı, Hanyeri, Sirkeli) liegen an Pässen oder markanten Stellen, in Verbindung zum hethitischen Wegesystem. Die Wahl der Orte zeigt, daß sie bewußt gut sichtbar positioniert wurden, damit der König in bestimmten Bereichen des Landes gleichsam dauerhaft präsent war (J. Seeher). Die Reliefs stehen stellvertretend für den Herrscher und transportieren dessen Machtanspruch und die mit ihm verbundene Königsideologie. Die gleichermaßen bewußt hergestellte Beziehung zwischen Bildern und Naturphänomenen liegt in der hethitischen Vorstellung begründet, in Felsen, Bergen und anderen besonderen Punkten in der Natur sei das Göttliche anwesend.

Dabei erfreute sich das Medium des Felsbildes im 13. Jahrhundert v. Chr. offenbar solcher Beliebtheit beziehungsweise entfaltete solche Wirkung, daß auch Könige, die politisch weitgehend unabhängig von der hethitischen Zentralmacht waren (Kuruntiya von Tarhuntassa in Hatip; Tarkasnawa von Arzawa/Mira in Karabel), entsprechende Denkmäler

Abb. 101: Das Felsrelief von İmamkulu

errichteten. Möglicherweise hat diese hethitische Art der Selbstdarstellung sogar die assyrischen Herrscher im späten 12. und vor allem seit dem 9. Jahrhundert v. Chr. zu dieser Denkmalsform inspiriert.

Während man die Anbringungsorte und deren Beziehung zu den Bildern begründen kann, stellt sich die grundsätzliche Frage, wo die Idee, Bilder des Königs in Stein zu verewigen, ihren Ursprung hatte. Eine Verbindung zu den Felsbildern des 3. Jahrtausends v. Chr. im Zagros-Gebirge – dem heutigen Grenzgebiet zwischen Irak und Iran – ist nicht zu belegen. Da zudem die hethitischen Felsreliefs ikonographisch keine vorhethitischen bildlichen Traditionen aufgreifen, liegt der Schluß nahe, daß es sich um eine zentralanatolische Erfindung der 2. Hälfte des 2. Jahrtausends v. Chr. gehandelt hat, die möglicherweise aus der Tradition der bereits erwähnten *huwaši*-Steine entwickelt wurde. Ein gewisser Einfluß aus Ägypten ist nicht auszuschließen – ist es doch auffällig, daß die hethitischen Felsbilder zu einer Zeit aufkamen, in der die Hethiter in verhältnismäßig engem Kontakt zu Ägypten standen, wo Herrscherbilder schon seit Jahrtausenden in Stein gefertigt und öffentlich aufgestellt wurden. Ein gradueller Impetus bei der Ideengebung, wie ihn der Kunsthistoriker

Robert Alexander annimmt, sei deshalb nicht von vorherein ausgeschlossen, auch wenn dessen Umsetzung in jedem Fall in völlig eigene anatolische Formen mündete.

Während zweidimensionale Reliefs und Stelen weitverbreitete und in verschiedensten Zusammenhängen verwendete Medien sind, haben sich nur wenige fragmentarische Beispiele dreidimensionaler Großplastik erhalten. Ein über 2 m hoher Torso aus Alaca Höyük vermittelt einen Eindruck davon, wie eine Götterstatue (?) ausgesehen haben mag, ohne daß genauere Informationen zu ihrem ursprünglichen Aufstellungsort vorlägen. Die Basis einer vergleichbaren Großstatue, die in Yekbaz (heute Evren, 4 km nördlich von Boğazkale) gefunden wurde, stammt möglicherweise aus der Kammer B in Yazılıkaya. Sie könnte einen Hinweis auf die Aufstellung entsprechender Plastiken – in diesem Fall wohl des Königs Tuthalija IV. – geben. Der alt-hethitische Kopf einer weiblichen Statue, der sekundär verbaut in der Unterstadt gefunden wurde, belegt die frühe Existenz auch weiblicher Figuren (Abb. 102). Bemerkenswert ist, daß die wenigen chronologischen Anhaltspunkte dafür sprechen könnten, daß solche Großplastiken wohl schon seit dem 15. Jahrhundert v. Chr. errichtet wurden.

Während in Maşat Höyük/Tappigga und Kuşaklı/Sarissa bisher keine großformatigen Denkmäler angetroffen wurden, sind durch Funde in Kayalıpınar, Ortaköy/Schapinuwa und vor allem Alaca Höyük entsprechende Denkmäler neben der Hauptstadt auch aus Provinzorten bekannt. Zumindest für die beiden zuletzt genannten Städte kann man annehmen, daß sie aus unterschiedlichen Gründen und zu verschiedenen Zeiten im hethitischen Reich eine besondere Stellung innehatten. Trotz dieser und weiterer vereinzelter Funde (z. B. von Figuren im Steinbruch von Karakız [E. Özen, G. Summers; Abb. 103] oder dem Becken von Dokuz, gefunden bei Hırfanlı) wird deutlich, daß sich die überwiegende Mehrheit der Monumente der hethitischen Großkunst auf die Hauptstadt und die Städte des Oberen Landes konzentriert. Dies mag als Argument für die Verbindung zwischen diesen Kunstdenkmälern, ihrer Bedeutung und dem zentralen Königtum gelten.

Die Entwicklung eines zunehmend stärker zentralisierten Königtums fördert das Bedürfnis nach einheitlichen Formen der Repräsentation, die sich im Laufe der Geschichte des hethitischen Großreichs immer weiter

Abb. 102: Kopf einer weiblichen Statue der alt-hethitischen Zeit (Chloritschiefer; Höhe 16 cm); gefunden sekundär verbaut in der Unterstadt von Hattuscha

ausdifferenzierten. Neben Bildern werden im späten 13. Jahrhundert v. Chr. neue Medien eingeführt, wie z. B. großformatige Inschriften (Nişantaşı und Kammer 2 in Boğazköy [Abb. 50–52], aber auch Yalburt oder Karakuyu). Bemerkenswert ist, daß diese Inschriften – besonders die von Nişantaşı (Abb. 52) – nicht in Keilschrift und hethitischer Sprache abgefaßt wurden, sondern daß man Luwisch und die Hieroglyphenschrift verwendete. Nachdem in der Spätzeit des Reichs Luwisch das in Keilschrift geschriebene Hethitische bereits als mehrheitlich genutzte

Abb. 103: Unfertiger Löwe im Steinbruch von Karakız

Volks- und Verkehrssprache verdrängt haben könnte, wird deutlich, daß man fortan auch auf die Verständlichkeit der Inschriften Wert legte.

Vor dem Hintergrund der Entwicklung der Architektur und der Stadt wird deutlich, daß sich die Entfaltung der Großkunst zeitlich parallel zum Ausbau der Metropole und der Errichtung monumentaler, repräsentativer Bauten vollzog. Sie wurde damit integraler Bestandteil eines zu Beginn der 2. Hälfte des 2. Jahrtausends v. Chr. entwickelten Systems zentralstaatlicher Machtausübung. All das diente – ebenso wie die im Laufe der Zeit quantitativ deutlich zunehmenden und überregional präsenten Bilder des Königs – der Legitimation des Herrschers und seines Machtanspruches.

Das hethitische Kunstschaffen ist nicht auf Denkmäler der öffentlichen Repräsentation beschränkt. Darstellungen unterschiedlichsten Inhalts finden sich in nahezu allen Bereichen des hethitischen Lebens und auf allen Ebenen der Gesellschaft, ohne daß ihre Funktion im Einzelfall immer rekonstruiert werden kann.

Im folgenden möchte ich anhand einiger weniger Beispiele den Versuch unternehmen, wenigstens einen gewissen Eindruck von der Breite des hethitischen Kunstschaffens zu vermitteln: Eine eigenständige, funktional zwar eng mit dem Staat verbundene, jedoch über den König hinaus unter Amtsträgern, Beamten und Offizieren weitverbreitete Kunstform, die uns im Fundmaterial begegnet, sind Stempelsiegel, die mit kurzen Inschriften und Bildern verziert sind. Die zahlreichen Stempelsiegel und deren zahllosen Abdrücke auf Tonverschlüssen, Tonplomben und Tonbullae stehen im Hinblick auf die Verwendung der Keilschrift und der noch wesentlich häufigeren Nutzung der luwischen Hieroglyphen ebenso in der Tradition der staatlichen Kunst wie die der verwendeten Bildsujets (Abb. 104). Es ist sogar erkennbar, wie einzelne Themen – z. B. der König, der von seinem Schutzgott in den Arm genommen wird, der Wettergott von Aleppo auf seinem Wagen oder auch die Darstellung des Königs mit Lanze und geschultertem Bogen – zwischen den Bilderwelten der Reliefs und der Siegel ausgetauscht werden (Abb. 43. 101. 104). Insofern bildet die Kunst des Siegelschneidens (Glyptik) die Schnittstelle zwischen dem repräsentativen Anspruch der Großkunst und individuellen Vorlieben der Siegelträger. Die im Gegensatz zur monumentalen Kunst große soziale und regionale Reichweite der Siegel führt dazu, daß die thematisch zentral geprägte hethitische Ikonographie im Reich sehr weite Verbreitung fand und bisweilen sogar auf die Glyptik Syriens ausstrahlte (S. Herbordt). Sie diente somit nicht nur als Mittel der Verwaltung, sondern förderte durch die verwendeten Bilder indirekt auch die Bildung einer gemeinsamen Identität – zumindest innerhalb einer bestimmten sozialen Schicht, im konkreten Falle der Beamtenschaft.

Ähnlich wie die Siegel erlaubt auch die keramische Kleinplastik Einblick in die Nutzung von Kunst in einer breiteren Gesellschaftsschicht. Bereits in der Karum-Zeit sind Keramikgefäße in Tierform beliebt. Die erhaltenen Beispiele setzen eine anatolische Tradition fort, die bis in das Neolithikum zurückverfolgt werden kann. In hethitischer Zeit sind neben zahlreichen kleinen, sehr individuell geformten Figurinen – die außer den besonders häufigen Stieren auch Ziegen, Schafe und Equiden darstellen – mehrere große, vollplastische Figuren von Stieren und Löwen

Abb. 104: Beispiele verschiedener Beamten- und Königssiegel der hethitischen Großreichszeit (alle ohne Maßstab) und deren Verwendung; a) Rekonstruktion

bekannt. Stierfiguren, deren berühmtesten Beispiele paarweise auf der Büyükkale (Abb. 63. 64; Schicht IVa, Haus E) und im Tempel des Wettergottes (Gebäude C) in Kuşaklı/Sarissa gefunden wurden, repräsentieren den Wettergott Teschub und stehen stellvertretend für den Gott. Wahrscheinlich ebenfalls religiöse Bedeutung – eventuell als Symboltier des Kriegsgottes – hatten die häufigen Löwendarstellungen (Abb. 105. 106). Diese Formen der Repräsentation der Götter in Form von Großterrakotten sind bisher hauptsächlich für die mittel-hethitische Zeit belegt. In der Großreichszeit (ab etwa 1350 v. Chr.) kommen vergleichbare großformatige Tierfiguren dagegen allenfalls noch als Teile großer Gefäße vor (Abb. 131).

Eine Funktionsbestimmung der zahlreichen kleineren Tierfiguren ist schwierig, da kaum eine in gesicherten Fundzusammenhängen oder unversehrt entdeckt wurde. Möglicherweise kann ein Befund in den Schuttschichten des Tals westlich vor Sarıkale, wo entsprechende Tierfiguren zusammen mit seltenen Beispielen menschengestaltiger Figuren gefunden wurden (Abb. 108. 109), als Hinweis darauf gelten, daß wir es dabei mit dem Inventar eines Ritualpriesters zu tun haben. Figurenspiele als Ersatzrituale im Zusammenhang von Beschwörungen, bei denen gerade Tierfiguren neben menschlichen Darstellungen eine wichtige Rolle spielten, sind textlich überliefert. Die aus Ton geformten Menschenfiguren konnten bei diesen Ritualen auch mit dem Namen dessen beschrieben werden, dessen Leben als Teil des Figurenspiels in der einen oder anderen Art und Weise beeinflußt werden sollte. In gewisser Hinsicht darf man Elemente dieser Rituale wohl mit heutigen Voodoo-Praktiken vergleichen.

Menschengestaltige Figurinen bilden im Fundmaterial hethitischer Siedlungen eine große Rarität. Um so bedeutender sind zwei fragmentarisch erhaltene Terrakottafigurinen, die im Tal westlich von Sarıkale ausgegrabenen wurden (Abb. 107. 108). Der Torso einer ursprünglich vielleicht 20 cm hohen Figur, die in der oberen Schuttschicht gefunden wurde, ist eines der seltenen Beispiele rundplastischer Figuren im hethitischen Kulturraum überhaupt (Abb. 108). Darüber hinaus ist die Statuette von großer Bedeutung, da sie – auch wenn Kopf und Füße fehlen – zeigt, daß die bislang nur von Reliefs bekannten Darstellungen (Abb. 59) auch dreidimensional gefertigt wurden. Der Kopf einer Terrakottafigurine, der ebenfalls in diesem Bereich gefunden wurde, ist ein weiteres Indiz dafür, daß die Grenzen zwischen verschiedenen Materialien und Funktionen der Objekte fließend waren (Abb. 59. 107. 108). Ihren kulturellen Zusammenhang gewannen sie aus einer einheitlichen Ikonographie.

Abb. 105: Terrakottafigur eines Löwen, gefunden auf Büyükkale (max. Höhe 60,3 cm)

Abb. 106: Kopf einer Terrakottafigur eines Löwen (Länge 13,2 cm), gefunden im Tal vor Sarıkale

Neben diesen Beispielen, die stilistisch und ikonographisch eindeutig in der Tradition der hethitischen Staatskunst stehen, zeigen einige wenige Funde, daß es auch ein von diesen Normen abweichendes, einfacheres Kunstschaffen gab. Eine Terrakotte aus den Grabungen im Tal vor Sarıkale vermittelt einen Eindruck vom Aussehen derartiger, bisher nur fragmentarisch dokumentierter Stücke (Abb. 109).

Ähnliche Phänomene können auch an Metallfiguren beobachtet werden. Neben Beispielen, die wie die Statuette aus Ahurhisar in der Tradition der Reichskunst stehen, finden sich nicht nur in den Provinzen, sondern auch in Hattuscha selbst einfachere und ikonographisch wie stilistisch deutlich andersartige Statuetten. Offenbar repräsentieren Denkmäler aus allen Materialien gleichermaßen die verschiedenen Ebenen des künstlerischen Schaffens und Könnens ebenso wie unterschiedliche Verwendungszusammenhänge.

Blickt man nun auf die uns erhaltenen Denkmäler in ihrer Gesamtheit, so treten bestimmte Hauptstränge der hethitischen Kunst zutage: Neben der auf Zentralanatolien beschränkten, staatlich sanktionierten, stilistisch und ikonographisch sehr einheitlichen Großkunst, die aufgrund der großen Anzahl von Funden zu überwiegen scheint, sind Siegel von Einzelpersonen ebenso wie Erzeugnisse der Kleinkunst profanen und religiösen Inhalts durch den offiziellen Stil und eine einheitliche Ikonographie geprägt. Zu einem weiteren Strang, über den wir bisher allerdings am wenigsten wissen und der nur in Gestalt vereinzelter Funde greifbar wird, ordnen sich ikonographisch und stilistisch deutlich einfachere Formen (Abb. 109). Diese Stücke sind am ehesten als eine Art «Volkskunst» zu beschreiben, ohne daß ihre eigentliche Funktion und die Umstände ihrer Entstehung bekannt wären.

Obwohl der hethitische Motivschatz manche Elemente der älteren anatolischen Bildkunst aufweist, zeichnet sich das Kunstschaffen der hethitischen Epoche durch einen eigenen, weitgehend einheitlichen Stil und eine neue, homogene Ikonographie aus. Offenbar wurde nicht nur das jeweilige Bildthema seitens der staatlichen Eliten und somit letztlich des Königs bestimmt, sondern auch die Form, in der dargestellt wurde. Hinter dieser seit dem 16. Jahrhundert v. Chr. verstärkt zu beobachtenden Homogenität steht das staatliche Bemühen, sich durch die Kontrolle über die Bilder und deren Inhalte das programmatische Monopol zu sichern.

Abb. 107: Kopf einer männlichen Terrakottafigurine (Höhe ca. 5,3 cm); die Kopfbedeckung entspricht der des Königs oder Sonnengottes.

Obwohl die hethitischen Künstler teils durch ältere Traditionslinien, teils in hethitischer Zeit auch aus benachbarten Regionen – vor allem aus dem Süden des Reichs – beeinflußt wurden und vereinzelte Bildelemente von dort auch direkt übernommen haben, zeigt die inhaltliche und stilistische Geschlossenheit der hethitischen Staatskunst, daß es sich dabei um eine letztlich autochthone anatolische Entwicklung handelte, die eng mit der hethitischen Staatsideologie verbunden war.

Während die Wurzeln der hethitischen Kunst in der anatolischen Kulturgeschichte weit zurückreichen, hinterläßt sie in der nachfolgenden Periode in Zentralanatolien kaum Spuren. Ähnlich wie im Falle der repräsentativen Architektur verschwindet auch die hethitische Kunst, ohne in ihrem einstigen Kernland auch nur in Aspekten präsent zu bleiben. In der Eisenzeit entsteht Großkunst in Zentralanatolien erst wieder mit einem deutlichen zeitlichen Abstand im 8. und dann vor allem im 7./6. Jahrhundert v. Chr.; sie ist dann – wie die Beispiele aus Boğazköy, Gordion, Ankara, Göllü Dağı, Kerkenes Dağı, İvriz, Kululu und Havuzköy zeigen – stilistisch wie auch inhaltlich weitgehend neuen Traditionen verpflichtet. Lediglich die noch bis heute sichtbaren Felsbilder und mo-

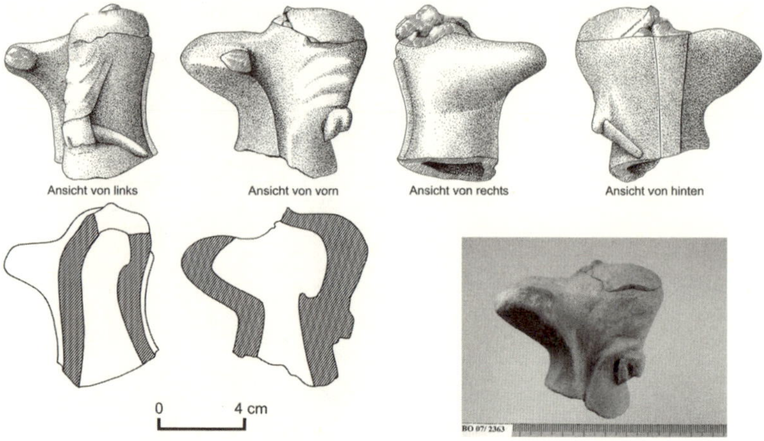

Abb. 108: Torso einer männlichen Terrakottafigurine, die wie der König oder der Sonnengott (Höhe ca. 8,2 cm) gekleidet ist.

Abb. 109: Einfache männliche Terrakottafigurine, gefunden in einer mittel-hethitischen Schicht im Tal vor Sarıkale (Höhe ca. 8,6 cm)

numentalen Inschriften könnten mehrere Jahrhunderte später, in der Eisenzeit, die Entstehung entsprechender Reliefs – in İvriz (Abb. 110) – und Inschriften in luwischen Hieroglyphen – in Suvasa, Karaburna, Acıgöl sowie an verschiedenen anderen Orten im Gebiet des Fürstentums von Tabal – angeregt haben.

In den südlich und östlich der Tauruskette gelegenen Teilen des Reichs wirkten stilistische und ikonographische Elemente der Kunst der hethitischen Großreichszeit dagegen fort, und zwar in den wohlhabenden Provinzen, die nach dem Zusammenbruch der Zentralmacht als unabhängige Fürstentümer weiterexistierten. Bereits unmittelbar nach dem Zusammenbruch des hethitischen Reichs bemächtigten sich dort die regionalen Herrscher – z. B. in Malatya, Karkemiš, Aleppo, Ain Dara – der in der Großreichszeit dem Großkönig vorbehaltenen bildlichen Ausdrucksformen für ihre Selbstdarstellung. Diese Entwicklung ist um so bemerkenswerter, als die hethitische Kunst in diesen Teilen des Reichs, während der Großreichszeit selbst in der dortigen Kunst kaum Spuren hinterlassen hatte. Offensichtlich bedurfte es in diesen Regionen erst des faktischen Verschwindens der Zentralmacht, damit deren ikonographischer Schatz, der in der hethitischen Großreichszeit dem Großkönig vorbehalten war, den lokalen Fürsten nutzbar wurde. Aber auch dort, in den eisenzeitlichen Königtümern im ehemaligen Süden des hethitischen Reichs, werden die hethitischen Bildformen im Laufe der folgenden Jahrhunderte (10. bis 8. Jahrhundert v. Chr.) schrittweise durch aramäische und assyrische Einflüsse in neue Formen und Inhalte transformiert, so daß sie sich schließlich völlig von den hethitischen Traditionen unterscheiden.

Abb. 110: Das Felsrelief von Ivriz aus der 2. Hälfte des 8. Jahrhunderts v. Chr. zeigt auf der linken Seite den Gott Tarhunza und auf der rechten Seite einen Adoranten, der durch die Inschrift als Warpalawa von Tuwanuwa (südlich der modernen Stadt Niğde) identifiziert ist.

«*Du wirst Brot essen und Wasser trinken*»: Kommunale Versorgungseinrichtungen und ihre Funktion im Organismus der Stadt

In diesem Zitat aus einem hethitischen Ritualtext – übrigens jene berühmte Zeile, an der F. Hrozny die Entzifferung des Hethitischen 1915 gelang – spiegelt sich nicht nur das Versprechen an die Götter, daß es ihnen an nichts fehlen wird, sondern im übertragenen Sinne auch die Verpflichtung des Großkönigs, für eine stabile Versorgung des gesamten Landes zu sorgen. Angesichts der ungünstigen ökologischen Voraussetzungen, die regelmäßig «Hungerjahre in Hatti» (H. Klengel) zur Folge hatten, stellt die Umsetzung dieses Versprechens die entscheidende Herausforderung an die Herrscher zur Sicherung der Existenz des hethitischen Staats über mindestens 450 Jahre dar.

Lange galt bei der Erforschung von Hattuscha und anderen hethitischen Städten die Aufmerksamkeit öffentlichen Großbauten, ohne daß man das hinter der Gesellschaft stehende Wirtschafts- und Versorgungssystem hätte archäologisch rekonstruieren können. Durch die Arbeiten von Jürgen Seeher in Hattuscha, von Andreas Müller-Karpe und Andreas Hüser in Kuşaklı/Sarissa sowie Aykut Çınaroğlu in Alaca Höyük wurden in den letzten beiden Dekaden erste Einblicke in die Versorgungssysteme hethitischer Städte gewonnen. Von besonderer Bedeutung sind in diesem Zusammenhang Wasser- und Getreidespeicher, da sie seit ihrer gleichzeitigen Einführung im Laufe des 16. Jahrhunderts v. Chr. dem hethitischen Staat die Kontrolle über diese für das Überleben des Reiches so wichtigen Ressourcen sicherten und auf diese Weise die Grundlage für die Versorgung der neuen urbanen Zentren des Großreiches bildeten.

Staudämme und hydrotechnische Bauten

Peter Neve hatte bereits in den späten 1980er Jahren östlich der Südburg einen großen Wasserspeicher untersucht, diesem aber aufgrund der mit dem Teich nachträglich verbundenen Bauten (Kammer 1 und 2) eine

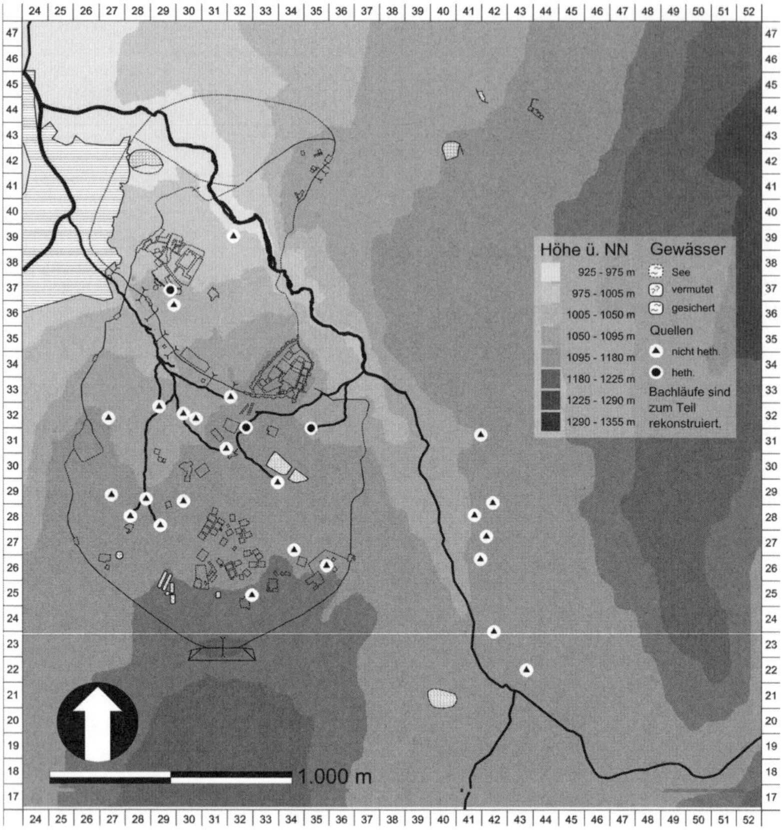

Abb. 111: Die Lage der Wasserreservoire, Brunnen (Punkte) und Quellen (Dreiecke) in der Stadt und ihrer näheren Umgebung zur Zeit des hethitischen Großreichs

kultische Funktion zugeschrieben. Die Entdeckung weiterer Wasserspeicher durch Jürgen Seeher – sowohl unmittelbar östlich des ersten als auch auf einem Plateau im Südwesten der Stadt – führte zu einer funktionalen Neubewertung dieser Bauwerke. Nachdem nun in der Oberstadt im Osten zwei, im Südwesten mindestens fünf und im zentralen Tempelviertel ein Wasserspeicher von jeweils unterschiedlicher Größe und baulicher Ausführung bekannt sind (Abb. 48. 111), ist es möglich, diese Speicher als Teile eines umfassenden Systems zur Wasserversorgung zu interpretieren. Hethitische Großbauten zur Wasserspeicherung sind über die Hauptstadt

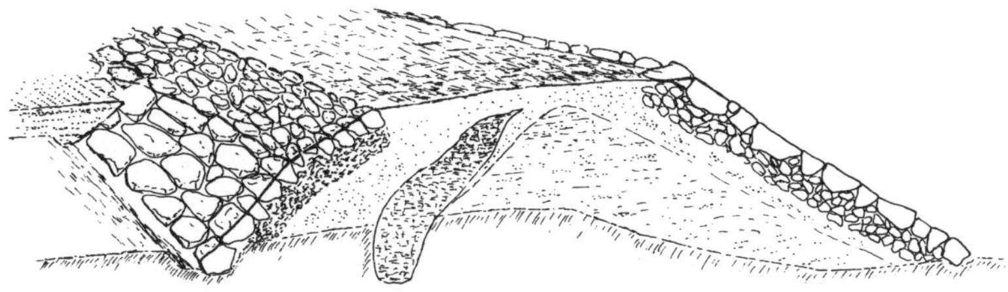

Abb. 112: Konstruktionsweise der hethitischen Dämme am Beispiel des Nordwestdamms in Kuşaklı/Sarissa (nach A. Hüser)

Hattuscha hinaus in fast jeder urbanen Siedlung dokumentiert: so in Kuşaklı/Sarissa (Abb. 112), Alaca Höyük, Karakuyu und an weiteren Orten.

Dabei sind bauliche Unterschiede zu beobachten. Unterhalb von Yazılıkaya, im Umfeld von Kuşaklı und in Karakuyu wurden Talsperren errichtet, die abfließendes Wasser an günstigen Stellen stauten. Hingegen legte man die, auf dem Weg nach Yazılıkaya, Ostteiche in Hattuscha und einen weiteren außerhalb der Stadt in flachen Senken an.

Bei beiden Varianten wurde das Wasser auf der Talseite durch einen angeschütteten Erdwall gestaut, der auf beiden Seiten mit einer Abdeckung aus Kalksteinen befestigt wurde und einen Kern aus Lehm hat. Dieser greift keilförmig in den Boden unter dem Damm, wodurch eine Unterspülung der Anlage verhindert wurde (Abb. 112). Zudem versuchte man, das Unterspülen des Damms dadurch zu verhindern, daß man diesen Keil in eine flächig eingebrachte Versiegelung des Reservoirs mit Tonerde übergehen ließ. Die seitlichen Ränder wurden durch Kalksteinpflasterungen abgedichtet, wohingegen sich auf der Bergseite beziehungsweise der Seite des Zuflusses keine Hinweise auf eine Abdichtung fanden.

Im Südwesten von Hattuscha wurden von Jürgen Seeher auf einem nord-südlich ausgerichteten breiten Geländeplateau, das topographisch die Westgrenze der Senke des zentralen Tempelviertels bildet, fünf Wasserspeicher untersucht, die eine andere Struktur aufweisen (Abb. 113). Im Gegensatz zu den Ostteichen und den verschiedenen Talsperren sind diese bis zu 70 m langen, 14 bis 15 m breiten und bis zu 7,5 m tiefen Teiche in den anstehenden, kaum wasserdurchlässigen Mergel-Boden eingegraben. Der Aushub aus den Gräben diente zur zusätzlichen Befestigung des

Abb. 113: Luftbild der Wasserspeicher im Südwesten der Stadt während der Ausgrabungen mit angedeuteter Rekonstruktion der Reservoire (während der Grabungen 2000)

nach allen Seiten steil abfallenden Plateaus. Die große Tiefe bei gleichzeitig relativ geringer Fläche reduzierte die Verdunstung und trug zur Wasserqualität bei. Bemerkenswert ist, daß in Hattuscha die Ost- und die Südteiche aus unterschiedlichen Einzugsgebieten gespeist werden, da durch die Oberstadt eine Wasserscheide verläuft. Die Verteilung der Wasserreservoire im Westen wie im Osten der Oberstadt trägt diesem Umstand Rechnung.

Weitgehend unklar war lange, aus welchen Zuflüssen die Stauanlagen gespeist wurden. Zwar wurden in Sarissa wie in Yazılıkaya oberirdische Zuflüsse in Gestalt kleiner Bäche erkannt, deren Wassermenge stellenweise durch Leitungssysteme aus Tonrohren ergänzt worden sein könnte. Doch bleibt aus wasserwirtschaftlicher Sicht zweifelhaft (H. Wittenberg), ob das so herangeführte Wasser ausreichte, die großen Reservoirs zu füllen. Erste Beobachtungen im Rahmen eines Projekts zur hethitischen Wasserwirtschaft deuten darauf hin, daß die hethitischen Wasserspeicher in Hattuscha an topographisch geeigneten Plätzen in der Weise angelegt wurden, daß sie das natürliche Grundwasser auffangen konnten, das durch die bergseitig eingetiefte Rückseite des Beckens angeschnitten wurde (H. Wittenberg; Abb. 114).

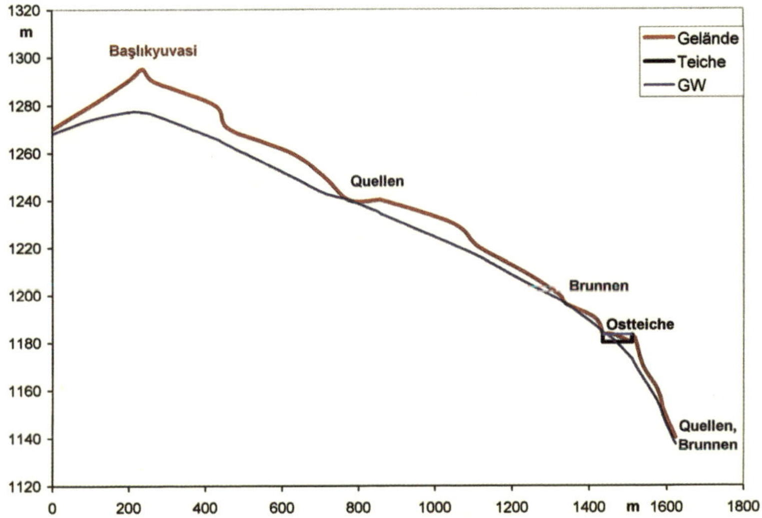

Abb. 114: Schematischer Geländeschnitt durch die Osthälfte von Hattuscha mit der mutmaßlichen Grundwasserlinie und der Lage der Wasserspeicher. Es wird deutlich, wie die Wasserspeicher auf der Rückseite in den Hang eingetieft sind und so das Grundwasser anschneiden.

Ungeklärt ist die Frage der Wasserentnahme. Mit Ausnahme des unklaren Befundes in Karakuyu – der von Andreas Hüser als Bauwerk analog zu den Kammern 1 und 2 in Boğazköy gedeutet wird – können Schleusen für die hethitischen Dämme wahrscheinlich ausgeschlossen werden. An den Ostteichen in Hattuscha und den untersuchten Dämmen in Sarissa waren die Oberkanten der Erdwälle mehr oder weniger intakt, so daß wie schon für die Südteiche in Hattuscha Überläufe auszuschließen sind. Wie aber wurde das Wasser entnommen? Bei unserem derzeitigen Kenntnisstand kann man die Existenz von Schöpfwerken vermuten, ebenso wie das Wasser seitlich abführende Kanäle oder Rohre aus Holz, die das Wasser unter dem Damm hindurchleiten (eventuell an der Kammer 2 nachgewiesen). Zu viele Aspekte sind – gerade wie unsere Kenntnis von den zur Verfügung stehenden Wassermengen – zu unklar, als daß von den verschiedenen Bauformen auf Unterschiede in der wasserwirtschaftlichen Nutzung der Teichbauten geschlossen werden könnte.

Neben den künstlich angelegten Teichen und Talsperren wurden im Stadtgebiet von Hattuscha zahlreiche, mit großen Werksteinen gefaßte Brunnen zur Wasserentnahme nachgewiesen (z. B. auf dem Ostplateau, unterhalb der Südburg; weitere könnten sich in der westlichen Oberstadt befunden haben; Abb. 111). Diese sind so in den Hang gebaut, daß sie durch das hangseitig austretende Grundwasser gespeist wurden. Eine besonders aufwendige Anlage hat Peter Neve in der südlichen Unterstadt freigelegt, wo durch einen unterirdisch angelegten Raum das Grundwasser angezapft wurde.

Diese Bauten, von denen es sicher mehr als die uns derzeit bekannten gab, gewährleisteten unabhängig von der Füllmenge der Teiche die Versorgung der Stadt mit frischem, fließendem Wasser. Es ist wahrscheinlich, daß hingegen das stehende Wasser aus den Teichen hauptsächlich als Brauchwasser für das Handwerk, als Tränke für Haustiere oder als Löschwasser, doch allenfalls in den Trockenzeiten im Sommer als Trinkwasser diente. Im Falle der außerhalb der Städte gelegenen Anlagen (z. B. Karakuyu, Yazılıkaya, Kuşaklı) ist es wahrscheinlich, daß diese als Reservoire für die textlich belegte, kleinräumige Bewässerung von Feldern oder Gärten im Umland der Städte genutzt wurden (Abb. 48, 111). Bei den Wasserspeichern handelte es sich in erster Linie um Vorratseinrichtungen, deren Hauptziel es war, einen unter normalen Bedingungen funktionierenden Kreislauf insbesondere bei Versorgungsengpässen zu sichern.

Die Größe, der technische wie logistische Aufwand der Errichtung und die regelmäßige Erneuerung der Anlagen charakterisieren diese Speicher zur Wasserversorgung als öffentliche Bauwerke, deren Errichtung und Wartung vom Herrscher angeordnet wurden. Aus Dienstanweisungen an Offizielle wissen wir, daß die Instandhaltung der wasserbaulichen Einrichtungen eine der zentralen Aufgaben des *bel madgalti* (Provinzkommandant) und des *hazannu* (Stadtkommandant) war.

Eine direkte Verbindung zwischen den hydrotechnischen Anlagen und den Großkönigen bezeugen auch verschiedene Inschriften, die im Zusammenhang der Wasserreservoire gefunden wurden, so z. B. in Karakuyu (Inschrift von Tuthalija IV.), in Yalburt (Inschrift von Tuthalija IV.), in Gölpınar bei Alaca Höyük (Fragment einer Inschrift) und auch in Boğazköy (Ostteiche/Kammer 2, Inschrift von Schuppiluiluma II.;

(Abb. 50. 51). Aufgrund der durch diese Inschriften möglichen Datierungen könnte man zunächst vermuten, insbesondere Tuthalija IV. hätte im 13. Jahrhundert v. Chr. zahlreiche Staudämme errichtet. Die Befunde an den Südteichen in Hattuscha und die Stellung der Talsperren im Gesamtkonzept der Stadtplanung von Kuşaklı/Sarissa zeigen jedoch – insbesondere unter Berücksichtigung der an diesen Orten naturwissenschaftlich gewonnenen Datierungen – eindeutig, daß die technischen Voraussetzungen zur Errichtung von Stauanlagen bereits im 16. Jahrhundert v. Chr. ausgereift waren und von den hethitischen Stadtplanern genutzt wurden. Errichtung und Nutzung der Ostteiche in Hattuscha, die beide – ebenso wie die Dämme in Kuşaklı – mehrere Bauphasen aufweisen, sind anhand der archäologischen Befunde nicht genauer datierbar. Lediglich die Nutzung während des 13. Jahrhunderts v. Chr. ist aufgrund der Datierung der Inschrift in Kammer 2 und Radiocarbonmessungen gesichert (Abb. 50. 51).

Bemerkenswert ist, daß zumindest in Boğazköy und Kuşaklı die Wasserversorgungsanlagen unmittelbar mit dem Ausbau beziehungsweise mit der Neugründung der Siedlungen im 16. Jahrhundert v. Chr. verknüpft sind. In Kuşaklı sind die symmetrisch um die Stadt herum angelegten Staudämme Teil des ursprünglichen Gesamtplanungskonzepts der Stadt, die im letzten Drittel des 16. Jahrhunderts v. Chr. errichtet wurde. Während die Teiche in der südwestlichen Oberstadt von Hattuscha zu Beginn des Stadtausbaus angelegt wurden, sind in der gewachsenen Altstadt bisher keine Bauten zur Speicherung von Frischwasser bekannt. Es deutet somit vieles darauf hin, daß die hydrotechnischen Anlagen eine der Grundlagen des im Laufe des 16. Jahrhunderts v. Chr. intensiv vorangetriebenen hethitischen Städtebaus gewesen sind.

Wie die Beispiele in Hattuscha und Sarissa zeigen, veränderten die groß angelegten Wasserbauten das Stadtbild grundlegend. Während die Siedlungen der Frühbronze- und der Karum-Zeit in den Ebenen in der Nähe von Flüssen lagen, ermöglichen die aufwendigen Wasserbauten die Erschließung neuer Lebensräume auf gebirgigen Hochebenen (Kuşaklı), die zuvor in der anatolischen Kulturgeschichte für urbane Lebensformen nicht genutzt wurden.

Durch die staatliche Kontrolle über das in Zentralanatolien immer schwankend zur Verfügung stehende Wasser erreichte man eine langfristige Absicherung der Versorgung und somit wohl eine erhebliche Verbesserung der Lebensverhältnisse. Die kausale Verbindung zwischen den Wasserbauten, einem eigenständigen, hethitischen Städtebau und dem hethitischen Staat wird umgekehrt auch daran deutlich, daß sich diese komplexen Strukturen mit dem Zusammenbruch der hethitischen Gesellschaft in Zentralanatolien völlig auflösten, als die hethitischen Siedlungen vollständig aufgegeben wurden. Die in der Spätbronzezeit in Zentralanatolien bis auf wenige Ausnahmen nicht genutzten traditionellen Siedlungshügel – die Höyüks der frühen und mittleren Bronzezeit – wurden hingegen in der Eisenzeit wieder zu bevorzugten Siedlungsplätzen, auf denen sich jedoch nur kleine urbane Siedlungen als Zentren kleinräumiger staatlicher Strukturen entwickelten.

Die Staudämme des 16. Jahrhunderts v. Chr. waren technisch so weit ausgereift, daß man heute die Frage stellen muß, woher die Hethiter das Wissen um diese komplizierten Bauformen und deren Funktionsweise hatten. Eine Übernahme aus Syrien oder Mesopotamien erscheint mir, entgegen anderen Forschungsmeinungen, unwahrscheinlich, da in diesen Gebieten keine Stauanlagen nachzuweisen sind. Im Gegensatz zum hethitischen Raum wurden die Flüsse Mesopotamiens allenfalls durch Mauern aus gebrannten Ziegeln, die in Bitumen verlegt sind, kanalisiert. Diese verliefen parallel zum Wasserlauf – und nicht wie im hethitischen Raum quer dazu. Anatolische Vorläufer solcher Wasserbauten sind jedoch ebenfalls unbekannt, so daß diese Frage gegenwärtig nicht abschließend zu beantworten ist.

Getreidespeicher

Wasserreservoire markieren einen ersten Versuch zur Überwindung der natürlichen Unwägbarkeiten der Region und zur Verbesserung der Produktivität. Einen zweiten Schritt in die gleiche Richtung stellt die in verschiedenen Bereichen der Siedlungen und auf verschiedenen Ebenen der Gesellschaft belegte Vorratswirtschaft dar.

Neben der privaten Vorratslagerung in den Häusern können in Hattuscha zwei Formen staatlich kontrollierter Bevorratung landwirtschaftlicher Güter und Produkte beobachtet werden: In den großen Magazinbauten, die den Großen Tempel in der Unterstadt umgeben, wurden

Dutzende großer, in den Boden eingelassener Vorratsgefäße gefunden, die zur Aufnahme der an den Tempel zu leistenden Abgaben und der auf dem Landbesitz des Tempels erwirtschafteten Gütern dienten (Abb. 88). Im Gegensatz zu den großen Silos waren dort eine kurzzeitige Lagerung sowie eine regelmäßige Entnahme möglich, so daß aus diesen Vorräten die Tempelbediensteten «entlohnt» werden konnten.

Archäologisch nicht zu erklären ist, warum ausschließlich der Große Tempel in der Unterstadt entsprechende Magazinbauten aufweist (Abb. 85. 86). Abgesehen von einem ähnlich strukturierten Depot auf Büyükkale (Gebäude H) sind in der hethitischen Stadt bislang keine weiteren Einrichtungen nachzuweisen, die einer kurzfristigen Lagerung dienten (Abb. 61). Vermutlich reichten die Vorräte im privaten Bereich, die man im Keller der Häuser gefunden hat, zur Versorgung der Bevölkerung in Normalzeiten aus.

Im Unterschied zu den wenigen Depots im Tempelbezirk, die zur kurzfristigen Lagerung dienten, wurden von Jürgen Seeher auf Büyükkaya, auf dem Nordwesthang unterhalb von Büyükkale und im Südwesten der Stadt mehrere unterirdische Großspeicheranlagen für Getreide freigelegt. Auf den ersten Blick scheinen formale Unterschiede zwischen der Anlage tiefer Erdgruben auf Büyükkaya (Abb. 115) sowie im Südwesten der Stadt und dem ebenfalls in die Erde eingelassenen, aber mit aus Lehmziegeln gemauerten Wänden versehenen Silo auf dem Nordwesthang zu bestehen (Abb. 116). Beide Bauweisen dienten jedoch dem gleichen Ziel, Getreide unter weitgehendem Abschluß von Sauerstoff möglichst lange unterirdisch zu lagern. Zur Risikominimierung wurden die Vorräte auf mehrere Vorratsgruben beziehungsweise Kammern des Silos aufgeteilt.

Um einen Befall des Getreides mit Ungeziefer zu verhindern, war eine möglichst gute Isolierung des mit Steinen gepflasterten Bodens und der Seiten des Silos notwendig. Diese erreichte man durch das Einbringen von mehrere Dezimeter dicken Lagen aus Stroh oder Zweigen. Die Abdeckung bestand aus der üblichen Konstruktion aus Hölzern, die einen Auftrag aus Lehm und Reisig zur Abdichtung trugen. Da das Eindringen von Wasser in jedem Fall zu verhindern war, bildete wahrscheinlich eine nahezu wasserundurchlässige Lage der lokal vorhandenen sogenannten *çorak*-Erde die Deckschicht; sie ist bis heute vielerorts ein Element ländlicher Bauweisen, das zur Abdichtung von Dächern dient.

Abb. 115: Getreidespeicher auf Büyükkaya; von den metertief in den Boden eingegrabenen Speichergruben haben sich vor allem die Bodenpflasterungen erhalten.

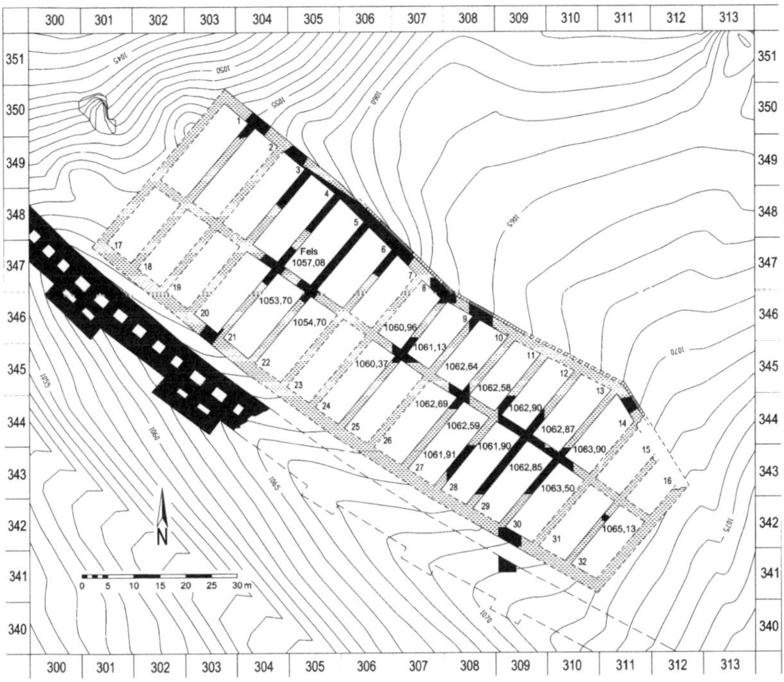

Abb. 116: Ein großes Speichergebäude für Getreide, das auf dem Nordwesthang unterhalb der Büyükkale an der Poternenmauer freigelegt wurde, umfaßt insgesamt 32 rechteckige Kästen, auf die die Vorräte aufgeteilt wurden.

Diese Form der Vorratshaltung sicherte eine jahrelange Haltbarkeit des Getreides, jedoch mußte man – sobald die Grube geöffnet war – den eingelagerten Vorrat in kurzer Zeit verbrauchen. Der Kontakt mit Sauerstoff und Feuchtigkeit hätte sonst zum Verfaulen des Bestands oder zum Befall mit Schimmel geführt. Daraus kann man schließen, daß die so gesicherten Vorräte nicht der alltäglichen Versorgung, sondern für Krisenzeiten dienten. Da die enorme Menge des eingelagerten Getreides nach dem Öffnen rasch genutzt werden mußte, dürften diese Vorräte in Krisenzeiten vor allem als Saatgut gedient haben; sie wären somit als Absicherung eines normalerweise funktionierenden Wirtschaftskreislaufs zu deuten. Nur durch diese Form der staatlich kontrollierten Vorratshaltung war es möglich, den Wirtschaftskreislauf durch Ausgabe neuen Saatgutes nach einer längeren Dürre wieder in Gang zu bringen. Was für die Wasserreservoire in Zentralanatolien mit Blick auf die typischen Schwankungen in Menge und Zeitpunkt der Niederschläge galt, galt mithin – mutatis mutandis – auch für die Vorratsspeicher.

Die Speichergrube im Südwesten der Oberstadt wird von einem der später angelegten Teiche geschnitten, so daß die dort gewonnenen Radiokarbondatierungen einen Hinweis auf die Nutzung dieser Anlage vom 17. bis in die Mitte des 16. Jahrhunderts v. Chr. liefern. Für den an der Wende vom 17. zum 16. Jahrhundert errichteten großen Speicherbau auf dem Nordwesthang haben Grabungen und Radiokarbonuntersuchungen ergeben, daß er noch im späten 16. Jahrhundert v. Chr. durch einen lang anhaltenden Schwelbrand in den südwestlichen Kammern teilweise zerstört wurde (Abb. 116). Trotz des verheerenden Brandes wurde nur ein Teil des Gebäudes unbrauchbar, da die geschickte Aufteilung in einzelne Kammern ein Übergreifen auf die übrige Anlage verhinderte. Der vom Feuer verschonte Teil wurde auch in der Folgezeit weiter benutzt.

Weitere Silobauten, die sich von denen in Boğazköy baulich im Prinzip nur wenig unterscheiden, wurden bisher in fast jeder großflächig untersuchten hethitischen Stadt gefunden: Große, mit Steinen ausgekleidete Gruben mit einem Steinpflaster auf dem Boden, in denen zum Teil noch organische Materialien nachweisbar waren, konnten in der althethitischen Schicht IIIb von Kaman-Kalehöyük freigelegt werden (S. Omura). Strukturell ähneln sie den Silos auf Büyükkaya, wobei sie wohl auch in die gleiche Zeit gehören – ebenso wie das große Silogebäude auf dem Nordwesthang von Boğazköy. Während ein großes Silo in Sarissa ähnlich wie in Boğazköy unmittelbar an der Stadtmauer liegt und deshalb wie diese wahrscheinlich ebenfalls aus der 2. Hälfte des 16. Jahrhunderts v. Chr. stammen dürfte (A. Müller-Karpe/D. Mielke), wurde eine den Silos auf Büyükkaya vergleichbare, wahrscheinlich etwas jüngere, grubenförmige Anlage in Alaca Höyük freigelegt (A. Çınaroğlu).

Die Lagerung der Getreidevorräte in den regionalen Hauptorten war aufgrund der eingeschränkten Transportmöglichkeiten von Massengütern notwendig. Angesichts der Beschaffenheit der Landschaft Anatoliens war es bis zum Bau der Eisenbahnlinien unmöglich, im Falle von Versorgungsengpässen große Mengen Getreide über gewaltige Entfernungen durch das unwegsame Gelände zu transportieren. Die dezentralen Großspeicher sicherten mithin nicht nur die regionale Versorgung, sondern ermöglichten durch die so in Verbindung mit den Wasserspeichern partiell gewonnene längerfristige Unabhängigkeit von Witterungseinflüssen die Errichtung von Städten (z. B. Kuşaklı) in Regionen, die in älteren Phasen der Bronzezeit kaum besiedelt waren – keinesfalls jedoch zu Stadtgründungen einluden.

In den Provinzorten zeigt die Errichtung vergleichbarer Bauwerke, daß Anlage und Pflege entsprechender Großvorräte den lokalen Machthabern oblagen. In Hattuscha unterstanden sie dem *bel madgalti*, der auch für die Ausgabe des Saatgutes, die Organisation und Durchführung der Ernte und besonders für die Bereitstellung der dafür notwendigen Arbeitskräfte verantwortlich war. Der Befund in Kaman-Kalehöyük, wo im Kontext der Silos große Mengen an gesiegelten Tonbullae gefunden wurden, könnte ein Hinweis auf die Verwaltung der dortigen Speicher sein.

Bemerkenswert ist die zeitliche und räumliche Koinzidenz der Errichtung von Wasserreservoiren und Getreidespeichern im 16. Jahrhundert v. Chr. Zwar gab es unterirdische Vorratslager für Getreide bereits im 3. Jahrtausend v. Chr. (z. B. in Demircihüyük), so daß für diese eine anatolische Entwicklung angenommen werden kann; jedoch sind die riesigen Ausmaße des Silos auf dem Nordwesthang ebenso neu wie die monumentale Größe der Wasserspeicher. Diese Entwicklung im 16. Jahrhundert v. Chr. ist einmalig in der anatolischen Kulturgeschichte. Sie zeigt die Fähigkeiten der Hethiter, ihre Umwelt zu kontrollieren, ja diese bis zu einem gewissen Grade in ihrem Sinne zu gestalten.

Darüber hinaus ist sie aber vor allem Ausdruck und gleichzeitig Grundlage für eine sich in einem tiefgreifenden Wandlungsprozeß befindliche Gesellschaft: Wie beschrieben, wurde es den Hethitern wohl erst durch diese Maßnahmen möglich, neue Städte in bisher kaum besiedelten Regionen zu gründen. Dies veränderte das soziale Gefüge, da fortan wesentlich mehr Menschen in urbanen Zentren lebten. Gleichzeitig erfordert diese Konzentration von Menschen und die damit verbundene Vorratshaltung eine deutliche Steigerung der Produktivität durch intensive Anbaumethoden, deren Einsatz der Biologe Rainer Pasternak anhand der botanischen Großreste aus Kuşaklı und Boğazköy nachweisen kann. Mittelfristig führte die verbesserte und stabilere Versorgung zu einer langsamen Bevölkerungszunahme, die ihrerseits die Grundlage für eine weitere Produktionssteigerung bildete.

In den Städten kam es etwa zur gleichen Zeit zu einer zunehmenden beruflichen Spezialisierung und Ausdifferenzierung der Gesellschaft, die letztlich die Auskopplung einzelner Gruppen aus dem landwirtschaftlichen Produktionszusammenhang und deren Versorgung durch staatliche Systeme – wir würden heute «Bezahlung» sagen – zur Folge hatte. Je weiter diese Entwicklung fortschritt, um so fragiler wurde jedoch das System, da sich die Pro-Kopf-Produktion einer mit vorindustriellen Mitteln wirtschaftenden Landwirtschaft unter den Bedingungen Zentralanatoliens nicht beliebig steigern ließ.

Die Grenzen der Leistungsfähigkeit eines solchen Systems verdeutlicht das folgende Rechenbeispiel: In einer vorindustriellen Gesellschaft, deren Landwirtschaft auf Regenfeldbau basierte, konnte ein Haushalt, das heißt eine Kleinfamilie mit insgesamt etwa 5 Personen, mit einem Paar Ochsen im Jahr etwa 3 bis 5 ha Land bewirtschaften. Für Zentralanatolien belegen historische Quellen aus byzantinischer und osmanischer Zeit entsprechende Größen der Wirtschaftseinheiten. Nach Ausweis eines hethitischen Texts über den Hof des Tiwatapara muß dies in hethitischer Zeit ähnlich gewesen sein.

Geht man davon aus, daß im Nordosten Zentralanatoliens 1 ha Ackerland im Jahr im langjährigen Durchschnitt etwa 500 kg Getreide hervorbringt, erwirtschaftete unsere «Musterfamilie» Erträge zwischen 1500 kg (auf 3 ha) und maximal 2500 kg (auf 5 ha). Zieht man den jährlichen Eigenverbauch von ca. 1210 kg ab, so blieb ihr ein Überschuß von ca. 300 kg bis maximal 1300 kg Getreide. Dieser Überschuß konnte bei vereinzelten guten Ernten noch etwas höher ausfallen und wurde, soweit wir aus den Epochen wissen, für die die Quellenlage besser ist, stets zum größten Teil vom Staat als Steuer eingezogen. Es waren diese Überschüsse, die die Depots in Hattuscha und den übrigen hethitischen Zentren füllten.

Dieses zugegebenermaßen schematische Beispiel zeigt, daß der Überschuß von einem bis maximal vier Haushalten benötigt wurde, um einen weiteren Haushalt von landwirtschaftlicher Erwerbstätigkeit freizustellen. Die Unsicherheiten in diesem Rechenbeispiel spiegeln direkt die naturgeographischen Unwägbarkeiten wider und zeigen, wie schwierig unter den damaligen Bedingungen eine langfristige Planung gewesen sein muß.

Läßt sich die Produktivität der Landwirtschaft aufgrund Beobachtungen frühneuzeitlicher Gesellschaften noch einigermaßen abschätzen, so bleibt der Versuch, die Produktivität in Relation zur möglichen Bevölkerungszahl Hattuschas zu setzen, letztendlich spekulativ. Die häufig für die Schätzung antiker Bevölkerungszahlen angeführten 100 Einwohner pro Hektar besiedelter Fläche erscheinen angesichts der vielen öffentlichen Bauten, aber auch in Anbetracht der großen Teichflächen in Hattuscha unrealistisch. Insofern ist es wohl wirklichkeitsnäher, die Bevölkerungszahl auf etwa 10 000 bis 12 000 zu schätzen.

Dies würde bedeuten, daß man von etwa 1800 bis 2200 Haushalten ausgehen müßte. Angesichts der oben genannten Erträge hätten in diesem Falle etwa 1400 bis 1500 landwirtschaftlich tätige Haushalte bei einem Mindestüberschuß von 300 kg pro Jahr etwa 350 bis 400 weitere Haushalte ernähren können, die dann von der landwirtschaftlichen Produktion frei gewesen wären. Es müßten somit etwa 4500 bis 5000 ha landwirtschaftlicher Nutzfläche im Umkreis von maximal 10 km um Hattuscha vorhanden gewesen sein.

Diese Beispielrechnung bedeutet nicht, daß die Angehörigen der im weitesten Sinne in der Landwirtschaft tätigen Haushalte ausschließlich als Bauern arbeiteten; vielmehr handelte es sich um Haushalte, die verschiedenste Erwerbsquellen nutzten. Es können sogar hauptberufliche Handwerker darunter gewesen sein, die nur im Rahmen ihrer Arbeitsverpflichtungen auf staatlichen Feldern zum Einsatz kamen oder kleinere Flächen im Rahmen einer Nebenerwerbslandwirtschaft zur Selbstversorgung bestellten.

Eine Steigerung der Produktion war aufgrund der geographischen Bedingungen in Zentralanatolien nur durch eine Ausdehnung der Anbaufläche möglich. Diesem Bestreben waren jedoch durch die Bevölkerungszahlen ebenso enge Grenzen gesetzt wie durch die Tatsache, daß Felder, die weiter als maximal 1 bis 1,5 Stunden Fußmarsch bzw. 5 bis maximal 10 km von der Siedlung entfernt lagen, kaum produktiv genutzt werden konnten. Die Hethiter versuchten den chronischen Mangel an Arbeitskräften dadurch auszugleichen, daß die bereits erwähnten NAM.RA-Leute (am ehesten als Kriegsgefangene oder Deportierte zu übersetzen) den Bauern als zusätzliche Arbeitskräfte zugewiesen wurden.

Eine weitere Möglichkeit, die Produktion zu steigern, war eine effizientere Arbeitsweise, die tatsächlich anhand der botanischen Funde nachweisbar ist. Dennoch blieben der Steigerung der landwirtschaftlichen Produktion und damit dem allgemeinen Wirtschaftswachstum, enge Grenzen gesetzt. Vor diesem Hintergrund wird die Bedeutung der Getreidespeicher als Absicherung eines möglicherweise schon in normalen Zeiten bis an die Grenzen ausgereizten Systems deutlich.

Leben und Arbeiten – Aspekte des Alltags in Hattuscha

Bis heute gilt die hethitische Hauptstadt vielen Forschern in erster Linie als Residenz- und Kultstadt. Begründet wird diese Einschätzung mit der großen Zahl an offiziellen und vor allem religiösen Zwecken gewidmeten Gebäuden. Diese Interpretation würde im Hinblick auf die Ökonomie implizieren, daß in der Siedlung eher konsumiert statt produziert wurde (M. van de Mieroop). Dabei wird jedoch übersehen, daß bisher nur Teile der Stadt untersucht wurden und man sich lange auf die Freilegung repräsentativer Architektur konzentrierte. Demgegenüber haben wir jedoch im Kapitel über die Versorgungsbauten gesehen, daß eine enorme Produktivität notwendig war, um diese Stadt zu unterhalten und daß dies nur durch Produktion in deren unmittelbarem Umfeld geschehen konnte. Aufgrund der topographischen Umstände und der daraus resultierenden Transportschwierigkeiten müssen die Städte Zentralanatoliens und ihr Umland in hethitischer Zeit ebenso wie in osmanischer Zeit als weitgehend autarke Wirtschaftseinheiten betrachtet werden (S. Faroqhi). Strukturell waren dem wirtschaftlichen und urbanen Wachstum also natürliche Grenzen gesetzt, die Hattuscha jedoch in für Zentralanatolien einmaliger Art und Weise für mehrere Jahrhunderte überschritten hat.

In den bisher in Hattuscha erforschten Stadtteilen wurden Bereiche freigelegt, die als Wohnbezirke bzw. Handwerkerareale bezeichnet werden können. Deren Ausdehnung ist zwar im Hinblick auf die aufgedeckten Gesamtflächen deutlich kleiner als die, auf der Gebäude mit offizieller Funktion standen. Dennoch wird an den Funden in diesen Häusern deutlich, daß die landwirtschaftliche Subsistenz durch handwerkliche

Tätigkeiten und Handel wesentlich ergänzt wurde. Verschiedene Textzeugnisse gewähren zudem Einblicke in die Lebens- und Arbeitswelt der Hethiter.

Bevor wir im folgenden einzelne, archäologisch oder textlich besser belegte Gewerbezweige näher betrachten, gilt es der Frage nachzugehen, wo solchen wirtschaftlichen Aktivitäten in der Stadt überhaupt nachgegangen werden konnte. Vieles deutet darauf hin, daß die Wohn- und die meisten Arbeitsbereiche innerhalb der ummauerten Stadt zu suchen sind. In der Unterstadt wurde westlich des Großen Tempels ein zusammenhängendes Wohnviertel erforscht (Abb. 23). Darüber hinaus finden sich in der jüngeren Oberstadt (Schicht 2, Abb. 37) und im Tal westlich vor Sarıkale vereinzelte Wohnbauten. Die bisweilen geäußerte Vermutung, die Wohnbereiche lägen unter dem modernen Dorf oder nördlich außerhalb der Siedlung, kann hingegen wohl ausgeschlossen werden. Weder bei Geländebegehungen von Rainer Czichon noch im Zuge von zahllosen modernen Bauvorhaben fand sich bisher etwas, das auf eine dichte Besiedlung im Bereich des heutigen Dorfes hindeuten würde. Im Gegensatz dazu wurde in Kuşaklı neben einer Wohnbebauung auf dem Westhang in der ummauerten Siedlung auch eine geschlossene Siedlung nördlich der Stadt festgestellt, die sich entlang einer der Ausfallstraßen konzentriert.

In Hattuscha unterscheiden sich die bisher identifizierten Wohnviertel dahingehend voneinander, daß es sich in der Unterstadt um ein seit vorhethitischer Zeit über Jahrhunderte gewachsenes Areal handelt (Abb. 23. 85), während sich in der Oberstadt je nach Bedarf Nutzungsweisen abwechselten: Das Tempelviertel in der Schicht Obst. 3 (Abb. 35) wurde zu Zeiten, da die Schicht Obst. 2 entstand (Abb. 37), durch eine Mischung aus einzelnen Tempeln, Werkstätten und Wohnbauten ersetzt (Abb. 37. 131). Die teilweise Überbauung der Tempel der Oberstadt in der jüngeren Großreichszeit ist ein Indiz für einen erheblichen Bedarf an bebaubaren Flächen für profane Zwecke. Dies kann eigentlich nur auf ein gewisses Wachstum der Bevölkerung hindeuten, die sich in die zu dieser Zeit nicht mehr religiös genutzten Stadtbereiche ausdehnte. Auch wenn wir im Falle der zentralen Oberstadt die Abläufe nur unzureichend datieren können, werden dort und ebenso im Tal westlich von Sarıkale anhand der archäologisch erkennbaren Funktionswechsel dynamische Prozesse der Stadtentwicklung sichtbar.

Die Alltagsarchitektur

Den Mittelpunkt des Lebens der mit archäologischen Mitteln greifbaren, Einwohner von Hattuscha bildete ihr Haus, in dem sich sämtliche Facetten des sozialen und wirtschaftlichen Alltags konzentrierten. Da von den meisten Wohnhäusern nur die Fundamente aus Bruchsteinen erhalten sind, können anhand der Grundrisse zwar typologische Entwicklungslinien aufgezeigt werden (Abb. 117); diese lassen sich aufgrund ihres Erhaltungszustandes oft jedoch nur bedingt funktional interpretieren. Weitgehend unklar ist, ob diese Bauten, deren aufgehendes Mauerwerk aus einer Holzfachwerkkonstruktion bestand, die mit luftgetrockneten Lehmziegen ausgefacht war (Abb. 125), eventuell über ein Obergeschoß verfügten. Die häufig relativ schmalen Fundamente legen eher eine negative Antwort nahe. Denkbar wäre jedoch auch eine nur teilweise Aufstockung der Gebäude.

Die Entwicklung eines ganzen Stadtviertels von der Frühbronzezeit bis in die ausgehende hethitische Epoche kann in Zentralanatolien nur in der Unterstadt von Hattuscha nachvollzogen werden (Abb. 23. 27. 85). Die kontinuierliche Nutzung zeigt eindrücklich, daß die Wohnhäuser der hethitischen Epoche typologisch in den Bauformen der lokalen Vergangenheit wurzelten. Im Gegensatz zu den Palastanlagen können sie auf anatolische Vorläufer zurückgeführt werden, so daß die Rekonstruktion einer Entwicklungslinie seit dem späten 4. Jahrtausend v. Chr. möglich ist. Während in hethitischen Kontexten kaum Gebäude mit Inventar ausgegraben wurden, gewähren die Befunde des frühen 2. Jahrtausends v. Chr. in Kültepe Einblicke in die Nutzungsweisen der Häuser, die sich, wie gesagt, typologisch von der Karum-Zeit bis in die hethitische Epoche nicht veränderten (Abb. 19. 20. 117).

Neben der Schiefwinkligkeit der Grundrisse, die auf die Lage der Gebäude in dicht bebauten und sich fließend entwickelnden Stadtvierteln zurückzuführen ist (Abb. 20. 85. 117), ist ein großer, zentraler Raum das charakteristische Merkmal der Häuser. Dieser Raum, der meistens an einer der Seiten eines solchen Gebäudes liegt und nur von anderen Räumen aus zugänglich ist, wurde von Peter Neve als Hof gedeutet, weswegen er diesen Gebäudetypus als «anatolisches Hofhaus» bezeichnet hat.

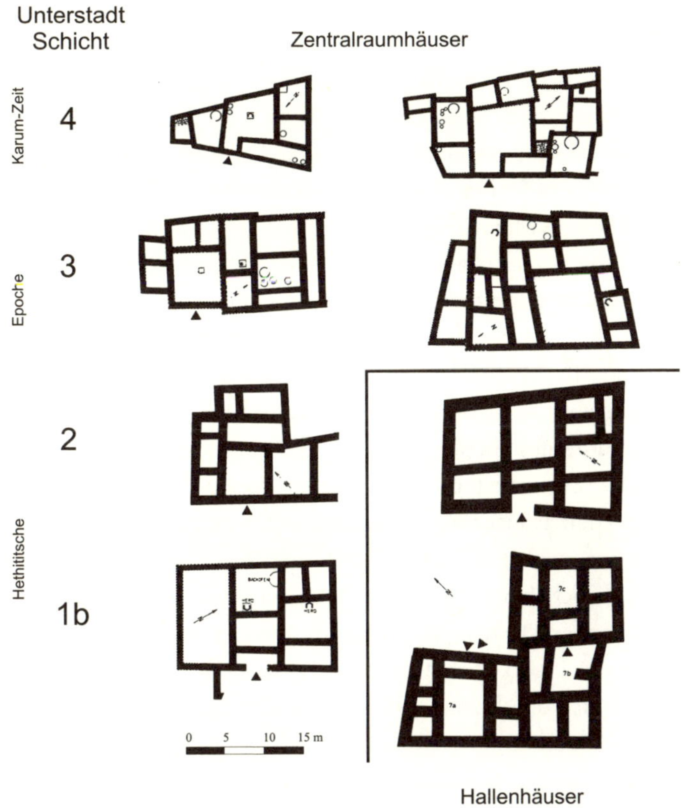

Abb. 117: Pläne der verschiedenen Formen hethitischer Wohnhäuser – Zentralraumhaus versus Hallenhaus

Ausgehend von der Analyse der Grundrisse, des Inventars und dessen Nutzung ergeben sich jedoch Zweifel an dieser Interpretation. Denn in den fraglichen Räumen der Häuser der Karum-Zeit wurden neben der zentralen Herdstelle stets Geschirr, Werkzeuge und häufig Tontafeln angetroffen (Abb. 19. 20). Letztere wurden bei den Ausgrabungen gebrannt geborgen, was jedoch auf die Zerstörung der Siedlung durch Feuer zurückzuführen ist – ursprünglich waren die Tafeln nur luftgetrocknet und in diesem lederharten Zustand gegenüber Feuchtigkeit extrem empfindlich. Insbesondere die Lagerung der für die Bewohner wertvollen und gleichzeitig empfindlichen Tontafeln – d. h. ihrer Rechts- und Wirtschaftsurkunden –, aber auch die übrigen vielfältigen Funde in den größten Räumen sprechen meiner Meinung nach gegen die Annahme eines offenen Hofs. Ein nicht überdachter Bereich innerhalb des Hauses wäre angesichts des Klimas in Boğazköy und in Zentralanatolien von Oktober bis März/April nicht nutzbar. Die Starkregen von September bis November und März bis Mai würden ihn regelmäßig in eine Schlammgrube verwandeln. Folgerichtig haben in den zentralanatolischen Dörfern Häuser gleich welcher Zeitstellung bis heute keine umbauten Höfe innerhalb des Hauses, die hauswirtschaftlichen Zwecken dienen würden. Es finden sich lediglich Freiflächen im Umfeld der Häuser, die nach Bedarf durch eine Mauer eingefaßt sein können. Dort werden Fahrzeuge geparkt, das Vieh kurzzeitig untergestellt oder Teile der Ernte ausgelegt, um sie zu sortieren oder weiterzuverarbeiten. Eine Nutzung dieser Freiflächen im Umfeld der modernen Häuser als ein zentraler Lebensbereich, wie er in den Häusern des 2. Jahrtausends v. Chr. durch die erwähnten Funde belegt wird, ist jedoch bei frühneuzeitlichen wie auch heutigen Bauformen nicht erkennbar. Deshalb wird eine Benennung der großen Wohnhäuser der Karum-Zeit und der hethitischen Epoche als «Zentralraumhaus» der Nutzungsweise der Karum-zeitlichen und hethitischen Gebäude wohl eher gerecht (Abb. 117).

Die hethitischen Hausbefunde zeigen, daß sich die Nutzungsweise der Häuser gegenüber der Karum-Zeit kaum veränderte. Keilschrifttafeln, die man zumindest als Belege für wirtschaftliche Aktivitäten der Bewohner erwarten dürfte, wurden allerdings bisher in hethitischen Wohnhäusern nicht gefunden. Dies mag verschiedene Gründe haben: Denkbar wäre, daß die Belege für wirtschaftliche Transaktionen in hethitischer Zeit auf vergängliche Materialien geschrieben wurden. Dabei ist vor allem an Holztafeln zu denken, die in Texten erwähnt werden und von denen ein Beispiel auch im Schiffswrack von Uluburun gefunden wurde. In deren vertiefte Seiten war Wachs eingelassen, auf das geschrieben wurde. Alternativ ist aber auch nicht auszuschließen, daß die Verwendung der Keilschrift auf die zentralstaatliche Administration beschränkt war und daß man sich für die privatwirtschaftliche Verwaltung des traditionellen Systems der mit Stempelsiegeln gesiegelten Tonplomben bediente.

Aufgrund der unregelmäßigen Topographie hethitischer Städte waren viele der Häuser an den – in Boğazköy häufig in nörliche Richtungen abfallenden – Hang gebaut und teilweise unterkellert; solch ein Keller diente der Lagerung von Vorräten. Die in zahlreichen Gebäuden gefundenen Sitzbadewannen zeugen zudem von einem gewissen Luxus. Ungeklärt ist hingegen die Frage, wo man seine Notdurft verrichtete; als Abort dienten – ähnlich wie in mittelalterlichen Städten Europas – wahrscheinlich die Freiflächen zwischen den Häusern oder die Straßen.

Hethitische Gebäude waren generell mit Flachdächern gedeckt, die eine leichte Neigung hatten, um das Abfließen des Regens zu ermöglichen. Die so auf dem Haus gewonnenen geschützten Flächen wurden sicher für verschiedene Haushaltstätigkeiten genutzt, ähnlich wie wir dies noch heute im ländlichen Anatolien beobachten können.

Zentralraumhäuser finden sich während der gesamten hethitischen Epoche und in den verschiedensten Bereichen und sozialen Zusammenhängen in der Stadt (Abb. 117). Ein 2006 bis 2009 in der westlichen Oberstadt untersuchtes, großes Gebäude dieser Formengruppe hat erstmals den Beleg erbracht, daß dieser Haustyp auch von sehr hochgestellten Personen der hethitischen Gesellschaft genutzt wurde (Abb. 118; siehe auch Seiten 278–280). Ein in diesem Gebäude gefundener und an den Kommandeur der MESCHEDI-Truppen – der Leibgarde des Königs – adressierter Brief belegt, daß das Haus mit großer Wahrscheinlichkeit diesem Militär gehörte. Der quadratische Grundriß des Gebäudes erklärt sich daraus, daß es in einem zur Zeit seiner Errichtung – wohl im frühen 15. Jahrhundert v. Chr. – noch unberührten Stadtgebiet lag, in dem man eine regelmäßige Planung anstrebte (Abb. 33).

Die uns heute vertraute räumliche Trennung von Wohn- und Arbeitsbereichen kennen die hethitischen Bauten ebensowenig wie die der Karum-Zeit. Die multifunktionale Verbindung von Wohn- und Arbeitseinheiten, in denen landwirtschaftliche ebenso wie handwerkliche Arbeiten verrichtet wurden, zeigt, daß sich die ökonomisch vielseitigen Lebensweisen eines großen Teils auch der städtischen Bevölkerung während des gesamten 2. Jahrtausends v. Chr. kaum veränderten.

Parallel zu den Zentralraumhäusern treten spätestens in der Schicht 2 in der Unterstadt von Hattuscha beziehungsweise mit der Bebauung der Schicht IV b auf Büyükkale neue Formen auf (Abb. 117). Sie sind regelmä-

Abb. 118: Luftbild des Hauses des Kommandanten der MESCHEDI-Truppen (2009)

ßiger und weisen eine Gliederung in drei parallel angeordnete Abschnitte auf (Abb. 117. 119). Da bei diesen Bauwerken ein Raum als großer langrechteckiger Saal auffällt, bezeichnet Peter Neve sie als «Hallenhäuser». Dieser Typ, der spätestens seit dem frühen 15. Jahrhundert v. Chr. nachweisbar ist und in der jüngeren Großreichszeit häufiger vorzukommen scheint, weicht in der Anlage der Räume und den damit verbundenen Nutzungsweisen deutlich von älteren Haustypen ab. Wahrscheinlich ist diese Form Ausdruck veränderter, stärker städtisch geprägter Lebensformen, die für einen Teil der Bevölkerung eine Loslösung von einer auf die Landwirtschaft ausgerichteten Lebens- und Wirtschaftsform mit sich brachte, wie oben bereits beschrieben wurde.

Etwa zur gleichen Zeit treten erstmals kleine Gebäude mit zwei bis drei Räumen auf, die wahrscheinlich ausschließlich als Werkstätten

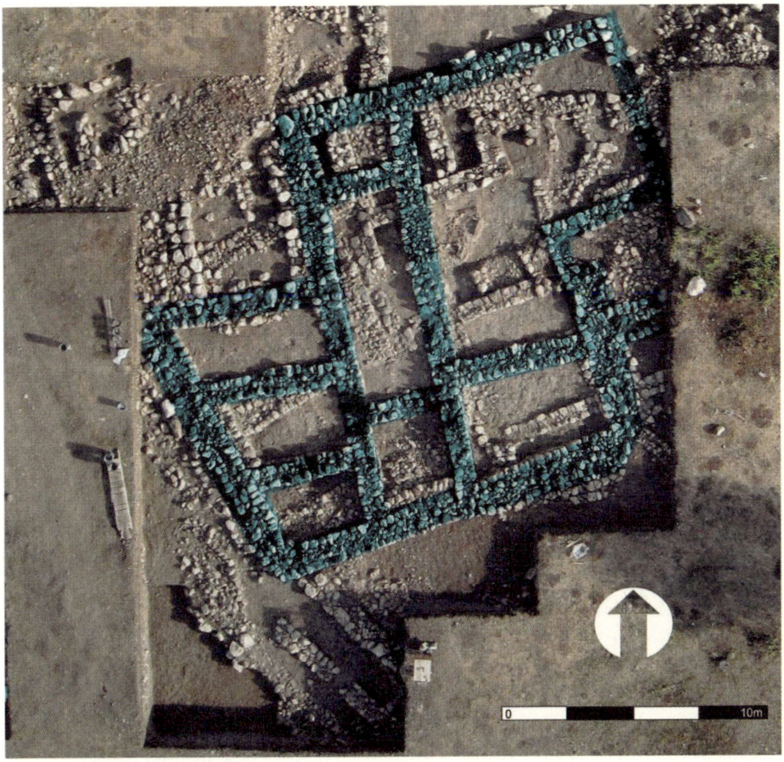

Abb. 119: Luftbild eines 2009 in der Unterstadt freigelegten Hallenhauses (2009)

dienten. Diese Bauten, die in der Unterstadt ebenso gefunden wurden wie in der Oberstadt, belegen zusammen mit dem Auftreten der Hallenhäuser eine im 15. Jahrhundert v. Chr. einsetzende Trennung von Wohnen und Arbeiten.

An der Entwicklung hin zu spezialisiert genutzten Gebäuden wird eine fortschreitende soziale und berufliche Differenzierung der Gesellschaft erkennbar, die unmittelbar mit der sozialen Stellung ihrer Bewohner innerhalb der hethitischen Städte zusammenhängt. Gleichzeitig sind die Verwendung festgelegter Hausformen und deren sozial bedingter Wandel ein Indiz für die Geschlossenheit der gesellschaftlichen Gruppe, die diese Häuser nutzte. Die beiden Hausformen – das Zentralraumhaus ebenso wie das Hallenhaus (Abb. 117–119) – wurden nicht nur in Hattuscha, sondern auch in Kuşaklı ausgegraben, so daß die Rückschlüsse, die auf ihre Nutzung und ihre Bewohner möglich sind, wahrscheinlich für das ganze hethitische Zentralanatolien gelten können.

Beide Hausformen verschwinden mit dem Zusammenbruch des hethitischen Reichs in Zentralanatolien vollständig. Sie werden in der Eisenzeit durch neue, andersartige Grundrisse und Nutzungsmuster ersetzt (Abb. 142. 146. 148). Offensichtlich waren die Zentralraum- und Hallenhäuser so eng mit den sich seit dem späten 3. Jahrtausend v. Chr. entwickelnden urbanen Lebens- und Wirtschaftsformen verbunden, daß sie mit Zusammenbruch des hethitischen Reichs von der kulturellen Landkarte Zentralanatoliens verschwanden.

Parallel zu modernen, ethnographischen Beobachtungen muß man jedoch davon ausgehen, daß durch die ausgegrabenen Wohnviertel nur ein Teil der tatsächlich in der Stadt lebenden und arbeitenden Bevölkerung erfaßt wird. Errichtung und Unterhalt der teilweise sehr großen Bauten setzten jedenfalls einen erheblichen Wohlstand der Eigentümer voraus, über den wahrscheinlich jedoch nur eine Minderheit verfügte. Auch angesichts der textlichen Überlieferung ist es deshalb wahrscheinlich, daß es neben den beschriebenen Wohnhäusern auch Formen des Lebens und Wohnens – wahrscheinlich auch in öffentlichen Gebäuden – gab, die archäologisch nicht zu greifen sind. Als Beispiel dafür, daß man auch in eigentlich öffentlichen Gebäuden «wohnte», mag der Befund in einem der Tortürme von Kuşaklı gelten, wo eindeutig Spuren eines Haushaltes festgestellt wurden. Viele Aspekte des Wohnens – z. B. das Schlafen – schlagen sich im archäologischen Befund kaum nieder. Insofern können wir heute häufig nicht erkennen, ob und wenn ja welcher Raum eines hauptsächlich öffentlichen Gebäudes eventuell auch nur zeitweise als Wohnraum genutzt wurde. Infolgedessen ist zu vermuten, daß wir auch in Zukunft über weite Bereiche der Lebensrealität der bronzezeitlichen Gesellschaft nur mit Einschränkungen Informationen werden ergraben können.

Handwerk und Produktion

Für das Gedeihen einer Stadt von der Größe Hattuschas sind neben ihrem Hinterland und dessen landwirtschaftlicher Produktion verarbeitende Betriebe notwendig, die über den agrikulturellen Bereich hinaus Erträge erwirtschaften. Kann man derartige Aktivitäten nachweisen, so ist dies ein Indiz für eine fortgeschrittene, technische und wirtschaftliche Spezialisierung und soziale Segmentierung einer Gesellschaft. Dabei ist der Unterschied zwischen einer Produktion für den eigenen Gebrauch und einem auf einen Markt ausgerichteten Handwerk im archäologischen Befund selten möglich. In unserem Fall bringen neben den archäologischen vor allem die Textfunde ein wenig Licht in das Dunkel der Geschichte. Dies gilt, obwohl aus hethitischen Kontexten im Vergleich zu Syrien oder Mesopotamien bisher nur wenige Wirtschaftstexte bekannt sind, die meist auch nur indirekt über wirtschaftliche Aktivitäten informieren. Die in den altorientalischen Kulturen sonst so häufigen privaten Archive, in denen sich Belege, Quittungen, Verträge, Schuldscheine, Abrechnungen, Lohnlisten und ähnliche Wirtschaftstexte finden und deren Existenz man auch im hethitischen Kulturraum für die Organisation wirtschaftlichen Handelns voraussetzen darf, waren wahrscheinlich auf vergängliche Materialien geschrieben; zu denken wäre an die in den Keilschrifttexten genannten Wachstafeln. Im privatwirtschaftlichen Bereich muß man aber auch die intensive Verwendung des traditionellen Systems der gesiegelten Tonbullae annehmen. Dagegen erfahren wir aus einigen wenigen Texten, wie der König sich bemühte, durch Edikte Fehlverhalten seiner Beamtenschaft wie Korruption oder persönliche Bereicherung zu bekämpfen.

Angesichts dieser ungenügenden Quellenlage weist Horst Klengel zu Recht darauf hin, daß wir – wegen der engen Verbindung zwischen der Verwendung der Keilschrift und den staatlichen Institutionen – das Handwerk hauptsächlich aus Sicht des Staates sehen; infolgedessen nehmen wir den Staat als vermeintlichen Hauptabnehmer der produzierten Güter wahr. Private Konsumenten – auch solche wird es gegeben haben – begegnen uns in den vorliegenden Quellen hingegen kaum.

Anhand von Geräten, fertigen Produkten und einzelnen Werkstätten lassen sich Erkenntnisse über das Bauhandwerk, das Metallhandwerk, die

Glas- bzw. Fayence-Herstellung und die Töpferei gewinnen. Hingegen wissen wir von der Schmucksteinverarbeitung, der Textilherstellung, der Lebensmittelproduktion, der Lederverarbeitung, dem Flechthandwerk oder auch sämtlichen Arbeiten mit Holz nur durch die Nachrichten in den Texten. Insgesamt ergibt sich ein heterogenes Bild des hethitischen Gewerbes und Handwerks, in dem viele Facetten unbekannt bleiben.

Das Bauhandwerk

Die vielen ausgegrabenen Gebäude geben Auskunft über zahlreiche technische Aspekte des Bauens und damit indirekt auch über die Bauleute selbst. Gleichzeitig erhellen Texte die kulturellen und religiösen Hintergründe der Bautätigkeit. Dabei ist unser Wissen über die Bearbeitung der Steine wesentlich besser als das über die Errichtung des Mauerwerks aus Holzfachwerk und Lehmziegeln. Anhand der erhaltenen Gebäudereste kann man dennoch vielfältige Informationen über den Bauvorgang vom Legen der Fundamente bis zur Errichtung des Daches sowie die daran beteiligten Bauhandwerker gewinnen.

Die Fundamente hethitischer Gebäude bestehen nahezu ausnahmslos aus Steinen, die stets ohne Mörtel verbaut wurden. Während einfache, formlos gebrochene Steine die Regel waren, benutzte man bei einzelnen monumentalen, öffentlichen Großbauten sorgfältig bearbeitete Quader für den Sockel des Gebäudes (Abb. 120). Eine Datierung der Verwendung dieser behauenen Werksteine ist kaum möglich; lediglich die Beobachtung, daß in der Karum-Zeit zwar sehr große Steine, aber keine gleichmäßig behauenen Steine verwendet wurden, bietet einen Anhaltspunkt für die Einführung dieser monumentalen Bauweise. Im Laufe der Geschichte des hethitischen Reichs scheint es eine Entwicklung von großen Werksteinen, die teilweise mit diagonalen Fugen verbaut wurden (Abb. 121), zu kleineren, einheitlich würfelförmigen zu geben, die ausschließlich mit waagerechten Fugen vermauert wurden. Da an den Tempeln des jüngeren Typs in der zentralen Oberstadt nur noch Bruchsteinmauerwerk nachgewiesen ist, könnte es sein, daß zumindest in der jüngeren Großreichszeit die sehr aufwendigen Werksteine kaum noch verwendet wurden.

Werksteinmauerwerk ist außerhalb von Hattuscha, abgesehen von Alaca Höyük, Gavurkalesi und Ortaköy, nur sehr selten anzutreffen. Eine

Abb. 120: Werksteinmauer der Südfassade des Tempels 3 von Süden

den Toren der Oberstadt, Yenicekale, Sarıkale oder vor allem dem Großen Tempel vergleichbare Verwendung von teilweise extrem großen Werksteinen mit Diagonalfugen ist außerhalb der Hauptstadt überhaupt nur an dem monumentalen Eingangsportal in Alaca Höyük nachweisbar.

In der Regel verwendete man das am Ort vorhandene Material – vor allem Kalkstein, der an den meisten hethitischen Fundorten die am weitesten verbreitete Sorte Stein darstellt. Nur an wenigen Stellen, die man offenbar besonders hervorheben wollte, wich man davon ab: In Alaca Höyük, in dessen Umgebung Andesit vorkommt, kam dieser Stein für die Schauseiten des monumentalen Torgebäudes zum Einsatz, während die übrigen Bauten ebenfalls aus Kalksteinen errichtet wurden. Ähnlich ging man in Hattuscha vor, wo man, wie erwähnt, die Cellae des Großen Tempels aus Gabbro erbaute (Abb. 89). Offensichtlich war man sich der Wirkung dieser Steinsorten bewußt. Man nutzte sie explizit dort für die über das Fußbodenniveau hinausragenden Sockel, um einen besonderen optischen Eindruck zu erzielen.

Während man bei öffentlichen Bauten unabhängig von der Verwendung von Werk- oder Bruchsteinen darauf achtete, das gesamte Fundament und den Sockel aus einer einzigen Sorte Stein zu errichten (Abb. 120), hat man für Gebäude der Alltagskultur in Hattuscha häufig willkürlich zusammengetragenen Lesesteine unterschiedlichster geologischer Herkunft und Farbe verwendet.

In Boğazköy gelang den Geologen Ömer Yılmaz und Demir Altıner der Nachweis, woher die Baumeister ihr Material zur Errichtung der Anlage von Yenicekale in der südwestlichen Oberstadt bezogen haben. Ein Vergleich der mineralischen Zusammensetzung der dort verbauten Kalksteinblöcke mit dem Material der Felskegel in und um Hattuscha zeigt, daß nur wenige Werksteine von dem Felsen stammen, auf dem Yenicekale errichtet wurde. Auch nur ein kleiner Teil wurde an Felsen in der Stadt gebrochen; die überwiegende Mehrheit der Steine wurde an Felsen außerhalb der Stadt gewonnen und durch unwegsames Gelände über bis zu zwei bis drei Kilometer Luftlinie Entfernung zur Baustelle transportiert. Gestützt werden diese Beobachtungen durch Forschungen von Naki Akçar. Er konnte mit modernsten naturwissenschaftlichen Analysen der Gesteinsoberflächen zeigen, daß das Plateau von Yenicekale wahrscheinlich nur maximal zwei bis drei Meter abgetragen wurde (Abb. 75). Dies bedeutet, daß an dem Felsen das für die Errichtung der Mauern notwendige Volumen gar nicht gewonnen worden sein konnte.

Den enormen Transportaufwand nahm man in Kauf, da die kompakten Felskegel innerhalb der Stadt ein leichtes Herausbrechen der Steine in großen, regelmäßigen Blöcken meist nicht erlaubten. Insbesondere im östlichen Umfeld von Boğazköy finden sich hingegen zahlreiche Kalksteinformationen, aus deren Schichtung die Steine in regelmäßigen Lagen herausgebrochen werden konnten. Zwar mußten die Kalksteinblöcke dann noch weiter bearbeitet werden, doch bedeutete das homogene Ausgangsmaterial eine erhebliche Erleichterung der Arbeit: Da die Steine schichtweise aus dem natürlich geborstenen Fels gebrochen wurden, waren sie von Hause aus alle etwa gleich dick, so daß viele Gebäude, die aus Werksteinen errichtet wurden, mehr oder weniger waagerechte Fugen aufweisen (Abb. 77. 120). Besonders gut ist dieses Phänomen der gleichsam standardisierten Steine an Yenicekale und Sarıkale zu beobachten. Hier liegen nicht nur Steine aus denselben Brüchen häufig in einer Reihe; die Steine sind auch in einheitlich zwischen ca. 90 bis 110 cm dicken Lagen verbaut (Abb. 75. 77). Diagonale Fugen, wie sie am Löwen-

Abb. 121: Unfertige Fassade des nördlichen Turms des Löwentors von Westen

tor in Hattuscha (Abb. 121) oder am Sphingentor in Alaca Höyük verwendet wurden, bedeuteten hingegen einen wesentlich größeren Aufwand. Diese technische Eigenart, welche zugleich die Bedeutung jener Gebäude betont, könnte neben den oben genannten kunsthistorischen Argumenten ein weiteres Indiz für eine ungefähre Gleichzeitigkeit ihrer Entstehung sein.

Die Bearbeitung der Werksteine erfolgte durch drei verschiedene Techniken – Hämmern, Sägen und Bohren –, die jeweils charakteristische Spuren auf den Steinblöcken hinterließen. Das Hämmern war die häufigste Art, Steine zu formen. Man verwendete geschäftete und an einer Seite häufig angespitzte Hämmer aus Granit, Gabbro oder Basalt. Die Stiele müssen nach Ausweis der Bohrungen in den Hämmern bemerkenswert dünn gewesen sein. Man verwendete elastisches Holz, um durch das Nachschwingen die Kraftanstrengung zu minimieren. Durch beständiges Hämmern wurden die Oberflächen der weicheren Kalksteine pulverisiert, und Stücke platzten ab, bis die Blöcke die gewünschte Form hatten (Abb. 120). Die beständig fortgesetzte Wiederholung dieses Vorgangs hat dicht an dicht liegende, kleine Vertiefungen in der Oberfläche des Steins hinterlassen, die bis heute als kleine, flache Krater sichtbar sind. Die hethitischen Bauleute gaben den Werksteinen so eine insgesamt glatte, häufig leicht kissenartig nach außen gewölbte Oberfläche. Scharfkantige oder rechtwinklige Ecken konnten auf diesem Wege nicht erzeugt werden, so daß die für hethitische Steinbearbeitung so typischen, stets mehr oder weniger stark gerundeten Ecken entstanden.

Dieses Merkmal findet sich auch an den allermeisten Reliefs, die abgesehen von den Feinarbeiten in der gleichen Weise hergestellt wurden. Auch die Bettungen, auf denen die Mauern auf den Felsen auflagen, wurden mit denselben Werkzeugen in den Fels geschlagen, so daß sie eine flache, wannenartige Form aufweisen. Die Fertigstellung der paßgenauen Auflager und das Zuarbeiten der Außenseiten der im Steinbruch grob vorbereiteten Blöcke erfolgte, wie man an der unfertigen Fassade des Löwentors erkennen kann (Abb. 121), erst am endgültigen Bestimmungsort des jeweiligen Steins. Alle Seiten eines neuen Blocks mußten individuell an die bereits verbauten Steine angepaßt werden.

An vielen Stellen des Stadtgebiets wurden zerbrochene geschäftete Steinhämmer in unmittelbarer Nähe zur Baustelle gefunden. Bisweilen wurden die zerbrochenen und damit unbrauchbaren Hämmer sekundär als Baumaterial verwendet. Ein Hortfund an Yerkapı könnte aber auch belegen, daß die Steinhämmer – wie Peter Neve in Analogie zu Praktiken mittelalterlicher Bauhütten vermutet – gesammelt wurden, um sie gegen neue auszutauschen und die zerbrochenen, soweit möglich, in kleinere Hämmer umzuarbeiten.

Hacken oder Meißel aus Metall wurden zur Grobbearbeitung der Steine kaum verwendet. Obwohl den Hethitern neben Bronze auch Eisen bekannt war, konnten bisher an den Werksteinen in Boğazköy keine der charakteristischen Spuren entsprechender Werkzeuge nachgewiesen werden. Lediglich an einzelnen Steinen des Monuments von Eflatun Pınar, das im Südwesten Zentralanatoliens wenige Kilometer östlich des Ufers des Beyşehir-Sees liegt und sehr wahrscheinlich in die 2. Hälfte des 13. Jahrhunderts v. Chr. zu datieren ist, konnte Martin Bachmann den Einsatz entsprechender Geräte feststellen. In Hattuscha ist die Verwendung von Metallgeräten dagegen nur für die Feinarbeiten an Reliefs (z. B. am Löwentor, am Königstor oder in Yazılıkaya) erkennbar (Abb. 122).

Der Transport vom Steinbruch zur Baustelle und die genaue Anpassung der Fugen machte es erforderlich, daß die Steine gut manövriert werden konnten. Immer wieder findet man zu diesem Zweck an nicht fertig bearbeiteten oder nicht sichtbar verbauten Steinen sogenannte Hebebossen (Abb. 89). Sie dienten zur Anbringung von Seilen und zur Verkeilung von Holzbalken. Mit ihrer Hilfe konnte man Blöcke über Seilwinden bewegen und paßgenau an den Ort ihrer Bestimmung hieven.

Eine weitere Art der Steinbearbeitung ist das Sägen. Diese Technik wurde in hethitischer Zeit wahrscheinlich wesentlich häufiger eingesetzt, als die wenigen Stellen vermuten lassen, an denen Sägespuren in Hattuscha nachgewiesen wurden. Besonders markante Hinweise auf diese Bearbeitungstechnik haben sich an einem Granitblock am Eingang zur östlichen Cella des Großen Tempels erhalten (Abb. 123). Anhand charakteristisch getreppter, sichelförmig gebogener und leicht konvex oder konkav geneigter Kanten konnte Jürgen Seeher zeigen, daß die hethitischen Baumeister eine von zwei Arbeitern zu bedienende Handsäge nutzten. Die Sägewirkung wurde durch ein flaches, gerundetes Bronzeblech und Schleifsand erzielt. Da man entsprechend dem Durchmesser des gerundeten Bronzeblechs nur bis in eine bestimmte Tiefe sägen konnte, wurde nach dem Erreichen der maximalen Tiefe des Sägeschnitts der Stein herausgebrochen, die Säge erneut angesetzt und der Vorgang wiederholt. Nur so sind die an dem besagten Block erkennbaren gestuften Kanten zu erklären (Abb. 123). Da diese Stelle unter dem ursprünglichen Fußbodenniveau liegt, konnte auf die abschließende Glättung des Steins verzichtet werden. Sägen wurde also vor allem für die grobe Bearbeitung des Steins und insbesondere zur effizienten, großflächigen Entfernung überflüssiger Teile verwendet. Die abschließende Zuarbeitung der sichtbaren Oberfläche erfolgte mit dem Hammer. Nur an wenigen Stellen – z. B. an den Schwellen im sogenannten Südbau – wurde die Säge auch für feinere Arbeiten auf kleinen Flächen eingesetzt.

Das gleiche Prinzip der Auflösung der Struktur des Steins mittels Schleifsand kam auch beim Bohren zum Einsatz (J. Seeher). Um das aufgehende Mauerwerk, das durch ein Holzfachwerk getragen wurde, mit den Steinfundamenten zu verbinden (Abb. 125), wurden in die großen Werksteinblöcke Löcher gebohrt. Diese im Querschnitt 4 bis 6 cm großen und bis zu 10 bis 12 cm tiefen Löcher wurden mit Hilfe eines bronzenen Rohrs gebohrt, das unter dem Druck eines Gewichts und in einem Gestell senkrecht über der Bohrstelle gehalten wurde (Abb. 124). Der An-

Abb. 122: Die feinen Details des Felsens der Löwen am Löwentor wurden mit senkrecht geführten Spitzeisen durch dicht aneinandergereihte Hiebe in den Stein geritzt.

trieb erfolgte mittels einer Schnur, die um das Metallrohr gewickelt und von beiden Seiten gezogen wurde (Abb. 124). Der Schleifsand ermöglichte, wie im Falle der Säge, dabei die Pulverisierung des Kalksteins. Beim Bohren blieb zunächst ein zylindrischer Kern im Bohrloch stehen, der nach Erreichen der gewünschten Tiefe herausgebrochen wurde. An den Löwen auf der Außenseite des Löwentores ist zu sehen, daß man den Bohrer nicht nur vertikal nutzte, sondern ihn auch verwendete, um z. B. die Augen der Tiere zu bohren, oder um in einem Arbeitsschritt größere Stücke des Mauls aus dem Stein herauszuarbeiten (Abb. 99).

Entsprechende Bohrungen finden sich nicht nur in Werksteinsockeln, sondern auch in Felsbettungen, d. h. denjenigen Flächen im Fels, die zur Verankerung von Fundamenten bearbeitet wurden. Da in diesen Fällen – wie z. B. auf der Westseite von Kesikkaya – die Bettungen nicht wannenförmig eingetieft, sondern exakt waagerecht ausgearbeitet sind und die Bohrungen sehr eng beieinander liegen, könnte man vermuten, daß dort

Abb. 123: Die charakteristischen Spuren an einem Block im Adyton-Bereich des Großen Tempels rühren von einer Säge.

die Holzbalken des aufgehenden Fachwerksystems direkt auf dem Felsen verankert wurden (R. Dittmann, U. Röttger).

Am Königstor läßt sich dagegen beobachten, daß mitunter auch zwei Steine durch diese Technik mit einem bronzenen Dübel miteinander verbunden wurden. Entsprechende Bohrlöcher an den Werksteinen der großen Tore finden sich häufig dort, wo es unmöglich war, eine Verbindung zum Holzgerüst herzustellen, so daß dort offenbar Dübel eingesetzt wurden, um die Werksteine miteinander zu verbinden. Die Technik des Dübelns war mithin ein wichtiges Mittel, um neue, typisch hethitische Bauformen wie z. B. die parabelförmigen Tore zu errichten.

Das Mauerwerk öffentlicher wie privater Gebäude bestand aus einer Kombination von Holzfachwerk und Lehmziegeln (Abb. 125). Diese Konstruktionsweise ist an verbrannten Gebäuden erkennbar, da in diesem Fall die luftgetrockneten Ziegel durch das Feuer sekundär gehärtet sind und an den Lücken, die innerhalb des Ziegelverbands durch das Herausbrennen der Holzbalken entstehen, der Verlauf der Balkenkonstruktion rekonstruiert werden kann. In den uns bekannten Fällen handelte es sich um eine Konstruktion aus vertikalen und horizontalen Holz-

Abb. 124: Nachbau einer Bohrmaschine, mit der die Löcher zur Verankerung des Holzfachwerks in die Werksteine gebohrt worden sind.

balken. Der so entstandene Rahmen, der das eigentlich tragende Gerüst der Mauer darstellt, wurde mit luftgetrockneten Lehmziegeln ausgefacht (R. Naumann, P. Neve). Im Gegensatz zu europäischen Fachwerkbauten besteht das Gerüst der bisher dokumentierten hethitischen Gebäude nur aus senkrechten und waagerechten Hölzern; diagonale Verbindungen sind nicht belegt. Häufig verwendete man Rundhölzer, die in Einzelfällen – wenn es schnell gehen mußte – sogar mit der Rinde verbaut wurden, wie Abdrücke im gebrannten Lehm verraten.

Der archäologische Befund verrät allerdings nichts über die Techniken der Holzbe- und -verarbeitung: Auch kann man nur wenige der verwendeten Werkzeuge identifizieren. Lediglich die Nutzung der in den Ausgrabungen häufig belegten sogenannten Ärmchenbeile als Dechseln – d. h. Werkzeuge mit quer zur Schlagrichtung stehender Schneide, mit denen man Holzbalken begradigen kann – liefert einen Hinweis darauf (A. Müller-Karpe), wie man Rundhölzer zu Balken formte. In der Unterstadt von Hattuscha wurde ein Teil einer Säge aus Bronze gefunden, die möglicherweise als Einmannwerkzeug eingesetzt wurde (P. Neve) (Abb. 126). Wie bedeutend Holzkonstruktionen für die hethitische Bauweise insgesamt waren, zeigen uns auch die Texte: Darin werden die Zim-

Abb. 125: Rekonstruktion des hethitischen Fachwerkmauerwerks

merleute stets genannt, wenn von Bautätigkeit die Rede ist. Gleichzeitig zeigt der Vergleich hethitischer und ägyptischer Termini für technisches Gerät, Werkzeuge und Arbeitsweisen, daß die Hethiter im Umgang mit Holz eigene, ausgereifte Techniken entwickelten und diese exportierten.

Mit den ihnen verfügbaren Mitteln konnten die hethitischen Bauleute wohl bis zu 8 m breite Zimmer mit Hölzern überspannen, wie R. Naumann aufgrund der Raumbreiten in Boğazköy gefolgert hat. Größere Räume sind nicht nachgewiesen oder wurden durch Pfeiler gestützt – so z. B. im Falle der Gebäude A und D auf Büyükkale (Abb. 61) oder auch des Cellaunterbaus des Gebäudes C in Kuşaklı.

Die intensive Verwendung von Holz, die den südlichen Gebieten des Vorderen Orients fremd war, ist auf die speziellen Witterungsbedingungen in Zentralanatolien zurückzuführen: Ein reines Lehmziegelmauerwerk, wie es in Syrien, Mesopotamien oder Ägypten die Regel war, hätte den zentralanatolischen Herbst- und Winterniederschlägen auf Dauer kaum standgehalten. Eine Holzkonstruktion, die das Gewicht der Wand und des Gebäudes trägt und ihm damit Stabilität, Elastizität und Haltbarkeit verleiht, ist in Anatolien bis in spät-osmanische Zeit die Regel – wenn auch mit dem Unterschied, daß in der frühen Neuzeit auch

Abb. 126: In einem Haus der Unterstadt wurde eine Säge aus Bronze gefunden (Länge 67,5 cm).

diagonale Verstrebungen und kleinformatige gebrannte Ziegel verwendet wurden.

Die große Rolle, die Holz in der hethitischen Architektur spielte, bedeutet, daß erhebliche Baumbestände in erreichbarer Nähe der Siedlungen vorhanden gewesen sein müssen. Ob einzelne Hinweise in den Landschenkungsurkunden als Indiz für eine regelrechte Bewirtschaftung der Wälder interpretiert werden können, ist nicht klar; überliefert ist aber immerhin, daß Wälder gepflegt und von eigens bestellten Wächtern geschützt wurden.

Abb. 127: In der Unterstadt wurde ein Stück der Stadtmauer nachgebaut, um die Bauprozesse nachvollziehen zu können.

Das beschriebene Holzfachwerk aus vertikalen und horizontalen Balken wurde durch luftgetrocknete Lehnziegel aufgefüllt. In Hattuscha wurden wie in Sarissa standardisierte, quadratische Ziegel in einer Größe von etwa 45 bis 48 × 45 bis 48 × 10 bis 12 cm oder entsprechende Halbformate verwendet (Abb. 125. 127). Dieses Maß, bei dem die getrockneten Ziegel ein Gewicht von etwa 35 kg haben, entspricht in etwa der Größe, mit der ein Arbeiter hantieren konnte, ohne daß die Ziegel brachen oder zu schwer für den Transport gewesen wären. Gleichzeitig entspricht diese Größe etwa einer Elle (heth. *gipeššar*). Die so erzielte überregionale Standardisierung der Mauerbreiten und -längen ermöglichte, daß Gebäude auch in der Provinz nach einheitlichen Größen und Grundrißschemata errichtet werden konnten.

Die Rekonstruktion eines Teilstücks der westlichen Abschnittsmauer in der Unterstadt von Hattuscha durch Jürgen Seeher, die in den Jahren 2003 bis 2005 nach dem Vorbild von Tonmodellen erfolgte (Abb. 8. 28. 67. 127), hat wesentlich zum Verständnis der Bauprozesse hethitischer

Monumentalarchitektur beigetragen. Insbesondere die Herstellung luftgetrockneter Lehmziegel, die bis heute noch in Teilen Anatoliens als Baumaterial Verwendung finden, ist ein aufwendiger Prozeß. Aufgrund der klimatischen Bedingungen in Boğazköy ist es dort nur von etwa Anfang oder Mitte Juni bis maximal Mitte September möglich, Ziegel zu produzieren und so weit zu trocknen, daß sie als Baumaterial verwendet werden können.

Der eigentliche Bauprozeß erscheint als komplexes, exakt geplantes Vorhaben (Abb. 127). Die anhand der dokumentierten Manntage – Arbeitszeit eines Arbeiters in Tagen gerechnet – vorgenommenen Berechnungen legen den Schluß nahe, daß etwa 900 bis 1000 in kleinen Gruppen organisierte Arbeitskräfte alle für den Bau von einem Kilometer Stadtmauer notwendigen Arbeiten (Steinbeschaffung, Ziegelproduktion, Holzeinschlag, Konstruktion, Versorgung, Transport etc.) in einem Jahr bewerkstelligen konnten (J. Seeher). Dabei ist berücksichtigt, daß die Ziegelproduktion nördlich der Siedlung, entlang des Baches Budaközü, erfolgt sein muß, da nur dort der Wasserbedarf gedeckt werden konnte, wodurch sich allerdings die Transportwege wesentlich komplizierter gestalteten als bei unserer modernen Rekonstruktion.

Die errechnete Zahl von etwa 900 bis 1000 Arbeitskräften für die Errichtung von 1 km Stadtmauer – die Gesamtlänge der in mehreren Abschnitten errichteten Befestigung beträgt 6,8 km – in einem Jahr ist überschaubar und verdeutlicht die Möglichkeiten, die sich aus einer entsprechenden Effizienz der Arbeitsorganisation ergeben. Dabei ist zu berücksichtigen, daß die Baumaterialien sehr wahrscheinlich auf Vorrat produziert wurden, so daß der eigentliche Bau von deutlich weniger Arbeitern ausgeführt werden konnte. Bisher ist unklar, inwieweit sich die am Beispiel der Stadtmauern gewonnenen Einsichten auf andere Gebäudeformen übertragen lassen, jedoch kann man vermuten, daß man – wegen des geringeren Volumens – für den Bau eines Tempels sehr viel weniger Arbeiter benötigte, auch wenn es sich dabei um technisch aufwendigere Architektur gehandelt hat.

Unsere Erfahrungen mit dem Erhalt der nachgebauten Stadtmauer zeigen, daß die hethitischen Lehmziegelbauten einer jährlichen Pflege und steten Ausbesserung von Witterungsschäden bedurften. Man kann nur vermuten, daß dieser hohe Arbeitsaufwand von den jeweiligen Bediensteten in den öffentlichen Gebäuden oder im Falle der Stadtmauer von den dort stationierten Soldaten geleistet wurde. Wir sind lediglich darüber informiert, daß in Hattuscha der *hazannu* und in den Provinzstädten der *bel madgalti* für die Pflege der Befestigungsanlagen allgemein verantwortlich waren. Im Falle der Privathäuser werden hingegen die Bewohner (= Eigentümer?) für die Pflege des Hauses aufgekommen sein.

Während die Wohnhäuser in der Regel in Eigenleistung der Bewohner, wahrscheinlich mit Unterstützung der weiteren Familienangehörigen und Nachbarn, errichtet wurden (N. Boysan-Dietrich), berichten unsere Texte im Zusammenhang von Großbauprojekten von Architekten und spezialisierten Handwerkern (A. Ünal). Über deren soziale Stellung ist – ebenso wie über die Finanzierung der öffentlichen Großbauprojekte – praktisch nichts bekannt. In den erhaltenen Texten wird lediglich deutlich, daß der gesamte Bauprozeß aller Gebäude als schöpferischer Akt durch Rituale und Zeremonien abgesichert und in seinem Ablauf vorbestimmt wurde.

Das Metallhandwerk

Nicht nur fertige Geräte und Schmuckstücke aus Metallen wie Gold, Silber, Kupfer oder auch Eisen und deren Legierungen, sondern auch Geräte wie Tiegel, Gußformen, tönerne Blasebälge und Tondüsen von Rohren, mit denen man die Frischluftzufuhr ans Werkstattfeuer lenkte, geben über das hethitische Metallhandwerk Auskunft. Darüber hinaus liefern eine Vielzahl von kleinen Meißeln, Prelleisen, Steinhämmern und anderen teils unscheinbaren Geräten Hinweise auf die Werkstätten, in denen die gegossenen Rohprodukte weiter bearbeitet und verziert wurden (A. Müller-Karpe). Textzeugnisse geben Aufschluß über den sozialen Status der Metallhandwerker ebenso wie sie Einblicke in die Nutzung der Metalle, deren Verbreitung und die Besitzrechte bieten.

Begeben wir uns auf einen Rundgang durch die ausgegrabenen Teile der Stadt, so wird deutlich, daß Metalle in der einen oder anderen Form nahezu überall verarbeitet wurden. Auf Büyükkale – der späteren hethitischen Königsburg – wurden in einem Haus der Schicht IVd Reste einer Metallwerkstatt (?) freigelegt (Abb. 20). Ob sich hier Ansätze staatlicher Kontrolle erkennen lassen, erscheint fraglich, da die Existenz eines Palastes in dieser Zeit nicht gesichert ist. Es hat vielmehr den Anschein, als ob der größte Teil der Büyükkale noch in der Karum-Zeit mit großen, multifunktional genutzten Häusern bebaut war. Eine ähnliche Situation, die darauf schließen läßt, daß die Herdstelle im Haus auch für die Verarbeitung von Metall genutzt wurde, begegnet uns in der Unterstadt etwa im Haus 15 der Schicht 3. Diese multifunktionale Nutzung der Häuser setzt – ähnlich wie die Grundrißformen – Traditionen der Karum-Zeit fort. Sie ist ein Indiz für eine Wirtschafts- und Lebensweise, in der einzelne Handwerkszweige zwar technisch hochentwickelt, aber räumlich und sozial noch nicht endgültig von nicht dem Unterhalt gewidmeten Lebensbereichen getrennt waren. Die in den Texten bezeugte Differenzierung zwischen Handwerkern, die Gold, Silber, Kupfer oder Eisen verarbeiteten, läßt einen hohen Grad technischer und sozialer Spezialisierung erkennen.

Das Aufkommen einer neuen Gebäudeform aus zwei neben- oder hintereinander angeordneten Räumen ist ab dem 15. Jahrhundert v. Chr. ein Indikator für die beginnende räumliche Trennung einzelner Lebensbereiche. Solche ausschließlich als Werkstatt genutzte Bauten finden sich in der Unter- ebenso wie in der Oberstadt; dort können im Tal westlich von Sarıkale aus den spärlichen Resten eines Handwerkerviertels des 15. Jahrhunderts v. Chr. vielleicht entsprechende Bauten rekonstruiert werden, während auch zwischen den aufgelassenen Tempeln in der zentralen Oberstadt Handwerksbetriebe gefunden wurden (Abb. 37). Neben diesen spezialisierten Werkstätten finden sich dort aber auch komplexe Wohnhäuser der älteren Form und Spuren der gemischten Nutzungsweisen bis zum Ende der hethitischen Epoche.

Eine institutionalisierte Verbindung zwischen dem Palast und Metallhandwerkern, wie sie einige Texte suggerieren, kann archäologisch nicht belegt werden. Durch das Ausgreifen der Palastanlage der Periode III auf die gesamte Büyükkale wird deren bis dahin gemischte Struktur zugunsten der herrschaftlichen Architektur umgestaltet und die bis dahin auf Büyükkale noch vorhandene kleinteilige Architektur verdrängt (Abb. 60. 61). Die Fundstücke, die im Bereich der Palastanlage der Schicht III auf metallurgische Aktivitäten hindeuten, wurden nicht in Zusammenhängen gefunden, die zweifelsfrei Metallwerkstätten zuzuordnen sind. Da für Palastbedienstete keine metallverarbeitenden Berufe bezeugt sind, ist es wahrscheinlich, daß die Handwerker zwar im Auftrag des Palasts oder eines Tempels, aber weitgehend eigenverantwortlich gearbeitet haben.

Die Arbeit der Metallhandwerker wurde in den hethitischen Gesetzessammlungen durch ein ausführliches Preisrecht reguliert. Dabei folgte man dem Prinzip, daß technisch einfache Arbeiten billiger waren, auch wenn die Handwerker unter Umständen mehr Metall verarbeiteten. Aufwendige Herstellungsverfahren, die Spezialwissen erforderten, wurden hingegen höher vergütet.

Bemerkenswert ist, daß aus den hethitischen Texten hervorgeht, daß Eisen deutlich mehr wert war als Gold. Da bis heute aber weder Artefakte aus Eisen noch Hinweise auf die Herstellungsmethode in sicher hethitisch datierten Kontexten gefunden wurden, muß die Frage nach den technischen Merkmalen des Eisens unbeantwortet bleiben. Waffentechnisch und militärisch hätte Eisen nur dann einen Vorteil bedeutet, wenn man die Technik des Härtens beherrscht und so eine frühe Form von Stahl hätte herstellen können. Da wir weder über textliche noch archäologische Hinweise auf dieses Wissen verfügen, ist anzunehmen, daß Eisen eher als «Edelmetall» verwendet wurde und zur Herstellung von Schmuck, Kultgerät, Statuen und ähnlichem diente.

Die Herkunft des in den hethitischen Metallwerkstätten verarbeiteten Metalls ist bisher nicht mit naturwissenschaftlichen Methoden untersucht worden. Dennoch kann man aufgrund der Textzeugnisse annehmen, daß es überwiegend aus regionalen, anatolischen Quellen stammte. Denn in den Steuertexten, in denen Metalle als Abgaben einzelner Regionen genannt werden, wird der Rohstoff mit dem Zusatz «das Metall aus dem Ort xy» bezeichnet. Auch wenn wir die meisten überlieferten Ortsnamen noch nicht mit konkreten Siedlungen verbinden können, ist aufgrund der allgemeinen Zusammenhänge und der Wortetymologien deren generelle Plazierung in Zentralanatolien möglich.

Zudem wird man einen überregionalen Handel mit dem am weitesten verbreiteten Rohstoff – Kupfer – kaum vermuten können, da insbesondere im Norden des hethitischen Machtbereichs, in den pontischen Gebirgen, zahlreiche lokale Kupferlagerstätten zur Verfügung standen. Man kann annehmen, daß die Hethiter nicht nur die uns heute bekannten, industriell ertragreichen Lagerstätten (z. B. Murgul am Schwarzen Meer) nutzten, sondern daß man auch kleine, nach heutigen Maßstäben unrentable und deshalb auf den gängigen Karten nicht verzeichnete Quellen für den lokalen Gebrauch ausbeutete. Dabei wird man sich der durch die jeweils verschiedene chemische Zusammensetzung charakteristischen Eigenschaften des Metalls durchaus bewußt gewesen sein.

Erste Untersuchungen zu Geologie und Rohstoffvorkommen im Umfeld von Boğazköy belegen in einem engen geographischen Gebiet eine variantenreiche Geologie mit vielen verschiedenen Metallvorkommen. Zusammen mit großen Mengen Kupfer kommt an einigen Stellen auch Eisen vor (D. B. Marsh). Künftige Untersuchungen werden zeigen müssen, ob diese obertägig leicht erreichbaren Vorkommen die Quelle des hethitischen Kupfers bilden und ob die spätbronzezeitlichen Metallhandwerker vielleicht durch die natürliche Kombination von Kupfer und Eisen auf letzteres aufmerksam wurden.

Eine archäologisch kaum zu erschließende Quelle der Metallgewinnung war das Recycling von Metall älterer Objekte. Im Rahmen eines jüngst begonnen Projekts zur hethitischen Metallurgie zeigen die Analyseergebnisse von J. Lehner, daß es neben den zu erwartenden Bronzelegierungen (Kupfer/Arsen oder Kufer/Zinn) eine Vielzahl von unerwarteten Metallmischungen gab, die möglicherweise auf die Wiederverwendung älterer Objekte zurückzuführen sein könnte. In jedem Fall war das Einschmelzen von unbrauchbar gewordenen Gegenständen eine wichtige Quelle für die Rohmaterialgewinnung der Metallhandwerker. Vereinzelte Hortfunde – wie z. B. der aus Kınık bei Kastamonu (A. Çınaroğlu), in dem auch einige beschädigte Objekte enthalten waren und der unter Umständen als Beute der in der Region beheimateten Kaschkäer gelten muß – könnten ihren Ursprung in solch einer gezielten Sammlung von Altmetallen gehabt haben.

In der jüngeren Großreichszeit gelang es den Hethitern, nach Zypern auszugreifen und die dortigen reichen Kupfervorkommen zumindest für eine gewisse Zeit zu kontrollieren. Da jedoch in Hattuscha und anderen hethitischen Siedlungen praktisch keine der für den ostmediterranen Kupferhandel typischen Keftiu-Barren gefunden wurden (Abb. 134), scheint es fraglich, ob Zypern für die Versorgung des hethitischen Kernlandes eine große Rolle spielte. Wahrscheinlich wollte man am Gewinn des ostmediterranen Handels partizipieren.

Während wir aufgrund der Textzeugnisse die Herkunft des Zinns in der Karum-Zeit gut nachvollziehen können, stellt sich für die hethitische Zeit die Frage, woher man dieses Metall bezog; Assyrien als Zwischenhändler des wahrscheinlich aus östlich gelegenen Quellen in Iran oder Zentralasien stammenden Metalls dürfte in der Spätbronzezeit aufgrund des Konflikts mit den Hethitern ausgefallen sein. Die Texte deuten nur allgemein dessen Herkunft aus dem Süden bzw. Südosten an. Gleichzeitig belegen sie, daß wertvolle Metalle wie Gold, Silber und vor allem Eisen unter staatlicher Kontrolle standen.

Bisher liegen nur wenige Analysen hethitischer Metallgegenstände vor. Neuere Forschungen zeigen nun jedoch, daß ganz unterschiedliche Kupferlegierungen verarbeitet wurden. Bemerkenswert ist, daß J. Lehner neben echten Bronzen auch eine Vielzahl anderer, zum Teil willkürlich erscheinender Mischungen nachweisen kann, die den hohen technischen Kenntnisstand der hethitischen Metallhandwerker zeigen. Unerwartet war auch das Ergebnis, daß zumindest in Hattuscha bis in die hethitische Großreichzeit Kupfer-Arsen-Legierungen verwendet wurden, die man eigentlich für das 3. Jahrtausend v. Chr. als typisch ansah.

Obwohl metallurgische und technische Untersuchungen an Erzeugnissen der hethitischen Toreutik fehlen, kann man an nachgewiesenen Legierungen und einigen erhaltenen Objekten durchaus den hohen

Abb. 128: Detail eines Gürtels aus Bronze mit eingelegtem Spiralmuster aus Gold (Höhe einer Spirale ca. 3,4 cm)

technologischen Stand ablesen: Neben einfachen, in offenen Formen gegossenen Geräten (z. B. Ärmchenbeile, Messer) sind auch solche belegt, die in Klappformen gegossen wurden (z. B. Schwerter, geschäftete Äxte). Konnte man mit solchen Hilfsmitteln auch aufwendige Werkzeuge und Waffen herstellen, zeigen vollplastische Figuren wie z. B. eine in Ahurhisar (bei Afyonkarahisar) gefundene männliche Götterstatue, daß man das komplizierte Wachsausschmelzverfahren beherrschte. Bei dieser Fertigungstechnik wird das zu gießende Objekt in Wachs geformt und in Sand eingebettet. Zwei Kanäle ermöglichen den Zufluß des heißen Metalls und den Abfluß des geschmolzenen Wachses. Mit Hilfe dieser Technik konnten filigrane und sehr komplizierte Objekte hergestellt werden.

Trinkgefäße, eines in Form einer Faust, ein anderes in Gestalt eines Hirsches, die bei illegalen Ausgrabungen gefunden wurden und sich heute in amerikanischen Museen befinden, sowie eine Schale aus dem Hortfund von Kınık (bei Kastamonu) zeigen, daß die hethitischen Metallhandwerker prunkvolle, mit Ziselierungen und getriebenen Reliefdarstellungen verzierte Objekte hergestellt haben. Ein Fragment eines Gürtels aus Bronze, der mit feinen Goldeinlagen verziert ist, ist ein weiteres Beispiel für das Können der hethitischen Metallhandwerker (Abb. 128). Vergleicht man die in den Texten erwähnten großen Mengen an Metallgeräten und -gefäßen mit den wenigen erhaltenen Artefakten, so wird deutlich, wie reichhaltig und vielseitig Metall in der hethitischen Kultur eingesetzt wurde.

Die Glasherstellung

Nur anhand weniger Textbelege und Funde ist die Existenz von Glas beziehungsweise glasähnlichen Produkten in Hattuscha nachweisbar. Demnach war den Hethitern dieser im 2. Jahrtausend v. Chr. neu aufkommende Werkstoff immerhin allgemein bekannt. Die Bezeichnung von Glas bzw. glasähnlichen Materialien als «*Babylonstein*» mag aus hethitischer Sicht einen Hinweis auf die Herkunft dieser Technik geben.

Da sich nur sehr wenige Objekte erhalten haben, ist jedoch nicht klar, ob diese Herstellungstechnik auch in Hattuscha selbst praktiziert wurde. Befunde aus dem Tal westlich vor Sarıkale, wo eine Gußform ausgegraben wurde (Abb. 129), die wahrscheinlich zur Herstellung von kleinen Figuren aus Preßglas – das heißt Babylonstein – diente, sowie ebenfalls dort gefundene Fragmente von Rohglas könnten Indizien für die Existenz einer Glaswerkstatt in dem Handwerkerareal des 15. Jahrhunderts v. Chr. sein, das von Jürgen Seeher dort in der zweiten hethitischen Bauschicht ausgegraben wurde.

Verwendet wurden die kleinen Perlen und Figürchen als Schmuckgegenstände und als Ersatz für farbige Edel- oder Halbedelsteine (Abb. 129). Man könnte auch einen Gebrauch der farbigen Glasimitate im Zusammenhang von Ritualen annehmen, bei denen eigentlich farbige Mineralien hätten verwendet werden sollen.

Das Töpferhandwerk

Als Archäologe ist man bei Ausgrabungen in hethitischen Ruinen bisweilen mit einer nahezu überwältigenden Menge von Resten der Töpferei konfrontiert. Mag es sich dabei um vollständige Gefäße oder nur um Scherben handeln: Keramik findet sich in jeder Befundeinheit. Die daraus zu erschließende, einst vorhandene Menge an Gefäßen belegt die Bedeutung der Töpferei für das Alltagsleben. Einheitliche Formen, die alle Bereiche des Alltags abdecken, wurden über lange Zeiträume und über einzelne Städte hinaus in weiten Teilen Zentralanatoliens in bemerkenswerter Uniformität hergestellt. Sie lassen erkennen, daß es eine gut organisierte Produktion und fest etablierte Märkte gab.

Gleichzeitig kann man davon ausgehen, daß es im spätbronzezeitlichen Zentralanatolien neben Gefäßen aus Ton eine Vielzahl von Behältern gab, die aus Holz geschnitzt, aus Schilf oder Reisig geflochten oder wie beschrieben aus Metall gefertigt waren. Während sich von den Exemplaren aus organischen Materialien bis auf Hinweise in den Texten nichts erhalten hat, vermitteln seltene Beispiele aus Metall Einblicke in den Luxus der hethitischen Eliten.

Die hethitische Keramik im Kern des Reiches, das heißt innerhalb des Kızılırmak-Bogens oder, wie es die Hethiter nannten, im «Oberen Land», entwickelte sich zunächst in der Tradition der Karum-Zeit. Die qualitativ hochwertigen Waren mit rot oder braun polierten Überzügen und die ausgefeilten Formen sind in der alt-hethitischen Zeit von ihren Vorgängern kaum zu unterscheiden. Die Individualität und hohe Qualität der Keramik der alt-hethitischen Epoche gingen vor allem in der Großreichszeit bis auf rudimentäre Formen völlig verloren (Abb. 132).

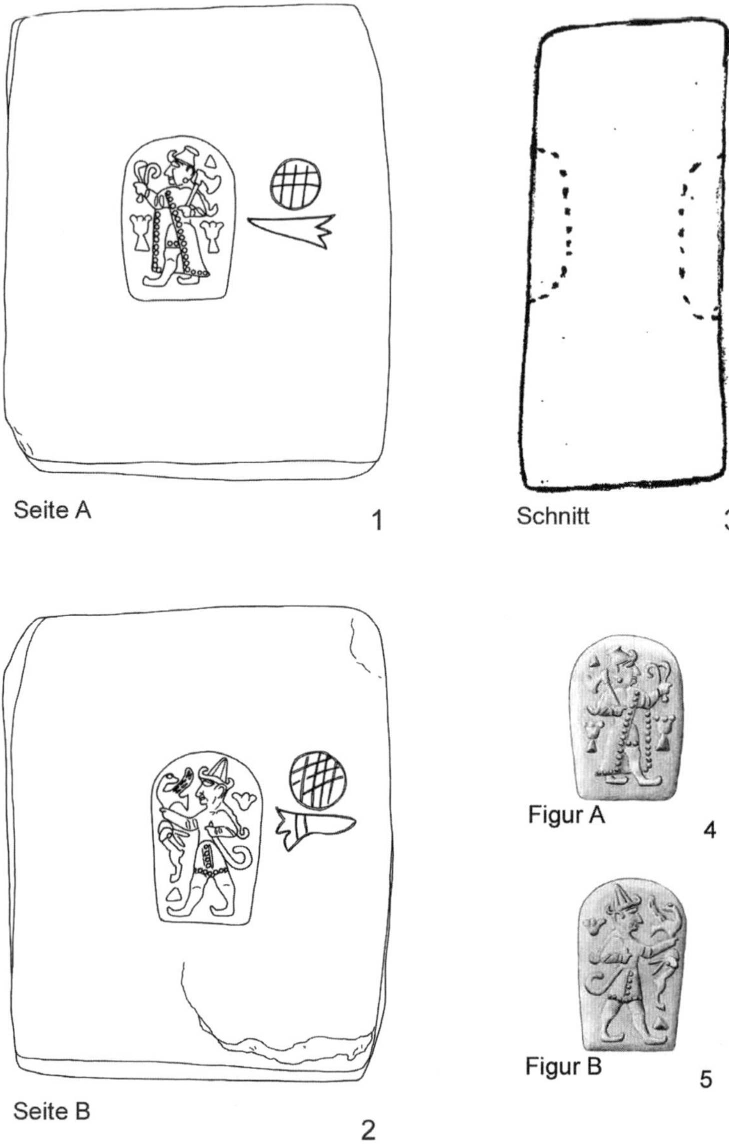

Abb. 129: Hethitische Gußform (Höhe 4,1 cm) für die Glasherstellung aus feinem Sandstein in Ansichten (1–3) und Zeichnungen der Abgüsse (4–5)

Eine erkennbare Veränderung setzt irgendwann vor der Gründung der Siedlungsareale in der westlichen Oberstadt ein – das heißt im ausgehenden 17. oder wahrscheinlich in der 1. Hälfte des 16. Jahrhunderts v. Chr. Bereits in der ältesten Siedlungsschicht im Tal vor Sarıkale, die ebenso wie die Siedlung von Kuşaklı/Sarissa im letzten Drittel des 16. Jahrhunderts v. Chr. errichtet wurde, ist das sich bis zum Ende der hethitischen Epoche nur noch graduell entwickelnde, stark standardisierte, typisch hethitische Formenspektrum belegt. Anhand der Endprodukte können in der Großreichszeit neben den vorherrschenden einfachen Standardtypen nur noch wenige Gefäßformen nachgewiesen werden, die einen aufwendigeren Herstellungsprozeß verraten (Abb. 130).

Offensichtlich war diese Entwicklung Teil der sich seit dem 16. Jahrhundert v. Chr. verstärkenden Homogenisierung der hethitischen Kultur. Die Homogenität der Keramik im Kerngebiet des hethitischen Reichs auf dem zentralanatolischen Plateau ist nur durch einen starken staatlichen Einfluß auf die materielle Kultur erklärbar. Bemerkenswert ist, daß abgesehen von sehr seltenen Einzelstücken im Fundgut der hethitischen Hauptstadt keine aus den Nachbarregionen Anatoliens importierte Keramik entdeckt wurde.

Im Rahmen dieses Homogenisierungsprozesses kam der in den hethitischen Quellen «*das Rad des Töpfers*» genannten Töpferscheibe eine besondere Bedeutung zu. Deren Verwendung ermöglichte die Produktion hoher Stückzahlen und führte seit der Mittelbronzezeit zu einer Limitierung auf ein typologisch stark vereinfachtes Formenspektrum. Große oder komplizierte Gefäße wurde in Teilen vorgefertigt und dann zusammengesetzt, wie das Beispiel einer mit einem Stierkopf verzierten Vase zeigt (Abb. 130).

Diese technisch bedingte Entwicklung hin zu stark vereinfachten Gefäßformen ist nicht nur in Zentralanatolien, sondern mit Einsetzen der Massenproduktion von Keramik auch in anderen Regionen des Vorderen Orients zu beobachten. Sie war gepaart mit einer fortschreitenden handwerklichen Spezialisierung und dem Aufkommen regelrechter Handwerksbetriebe, die – vom Bedarf einer einzelnen Familie losgelöst – für einen Markt produzierten.

Die soziale Stellung der Töpfer in der hethitischen Gesellschaft läßt sich wie im Falle anderer Handwerksberufe mit Hilfe der Schriftquellen

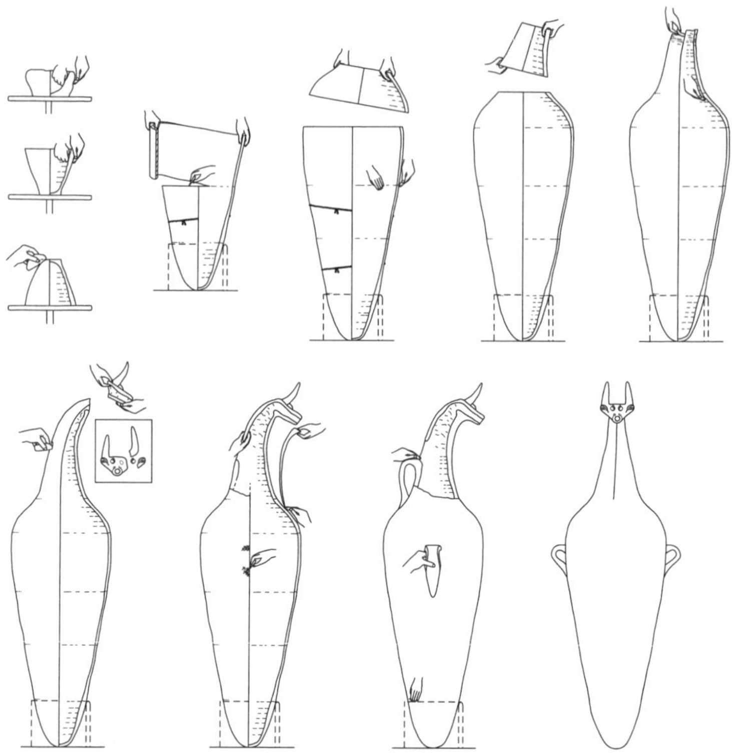

Abb. 130: Die ca. 1,90 m hohe Vase mit einem Ausguß in Form eines Stierkopfes wurde schrittweise aus vorgefertigten Teilen zusammengesetzt. Dieses Vorgehen konnte anhand markanter Spuren auf der Innenseite von M. Gruber rekonstruiert werden.

in Ansätzen rekonstruieren. Häufig werden Töpfer als Unfreie beschrieben, was aber lediglich bedeutet, daß sie festgelegte Arbeitsleistungen erbringen mußten. Abgesehen davon verfügten sie über relativ weitgefaßte Rechte, die es ihnen beispielsweise erlaubten, Land zu erwerben. Ihre Stellung ähnelt jener der Metallhandwerker.

In den wenigen, von Andreas Müller-Karpe zusammengetragenen textlichen Belegen wird eine anscheinend enge wirtschaftliche Verbindung zwischen Töpfern und staatlichen Institutionen erkennbar. Neben einer Minderheit, die aus anderen Teilen des Reichs nach Hattuscha deportiert und unter anderem den Tempeln als Arbeitskräfte zugewiesen wurden, waren die ortsansässigen Töpfer wahrscheinlich ähnlich wie die Metallhandwerker formal wirtschaftlich selbständig. Vermutlich haben sie einen (Groß-?)Teil ihrer Aufträge von staatlichen Institutionen erhalten, wie die reichhaltigen Tempelinventare und die freilich einseitigen Textquellen erkennen lassen.

Die hethitische Standardkeramik der Großreichszeit findet sich in den ausgegrabenen Städten gleichermaßen in allen Fundeinheiten aus unterschiedlichsten sozialen Zusammenhängen, so daß sie keinen Aufschluß über die Stellung ihrer Besitzer oder Unterschiede in der Verwendung zwischen verschiedenen Fundeinheiten bietet. Darüber hinaus bricht die Tradition der hethitischen Keramik mit dem Ende der staatlichen hethitischen Strukturen in Zentralanatolien abrupt ab. Da an ihre Stelle bereits in der frühen Eisenzeit typologisch völlig neue Formen treten, die allgemein an solche der Früh- und Mittelbronzezeit erinnern, könnte man die Existenz lokaler Traditionen in Regionen außerhalb – wohl nördlich im pontischen Raum – des hethitischen Kultur- und Herrschaftsraums vermuten, die sich dann nach dem Zusammenbruch des Reichs nach Süden ausgedehnt haben könnten (H. Genz, J. Seeher). In jedem Fall ist das abrupte Verschwinden der hethitischen Keramik in dessen alten Zentren einerseits ein Indiz dafür, wie stark Zentralanatolien kulturell homogen geprägt war und andererseits aber auch dafür, daß diese Prägung nur an der Oberfläche wirksam war.

Die Homogenität der Keramikproduktion blieb auf das von den Hethitern sogenannte Obere Land – d. h. den inneren Halys-Bogen und das östliche Zentralanatolien – beschränkt. Spätbronzezeitliche Fundorte im Südwesten Kleinasiens (z. B. Beycesultan?, Cine-Tepeköy), dem Arzawa der hethitischen Texte, in Kilikien (z. B. Tarsus und Kinet Höyük), dem Kizzuwatna der hethitischen Epoche, und im Euphrat-Becken zwischen Malatya und Elazığ (z. B. Norşuntepe, Tepecik, Korucutepe und Arslantepe), dem hethitischen Išuwa, weisen ein Repertoire auf, das allenfalls allgemeine Gemeinsamkeiten mit den hethitischen Gefäßformen teilt. Gänzlich vom hethitischen Spektrum unabhängige Formen finden sich jenseits des Amanus-Gebirges in Nordsyrien, das zwar politisch unter hethitischer Kontrolle stand, aber nach Ausweis der archäologischen Funde seine kulturellen Eigenheiten bewahren konnte. So wird eine mindestens dreistufige Veränderung der Keramik – ausgehend vom Zentrum

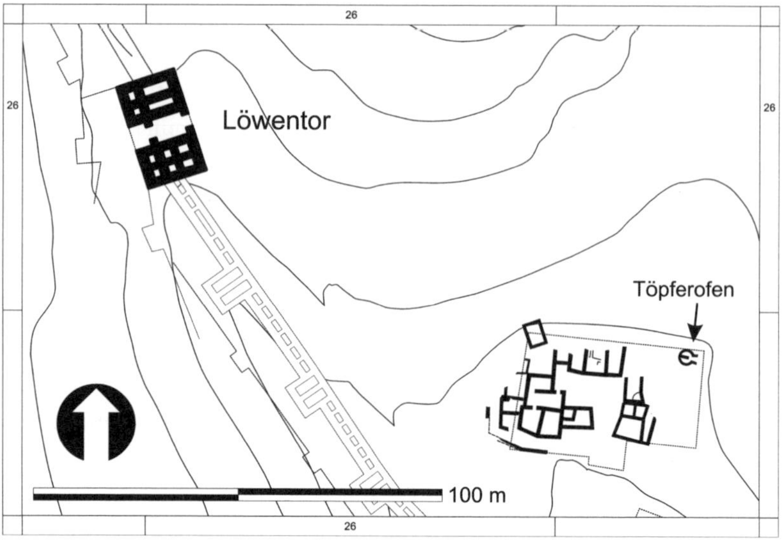

Abb. 131: Töpfereibetrieb am Löwentor (Schicht Obst. 2; ca 13. Jahrhundert v. Chr.)

des Reichs hin zur Peripherie – erkennbar, die gleichzeitig die Unterschiede in der kulturellen Durchdringung der jeweiligen Region offenbart.

Für die alt- und mittel-hethitische Zeit ist bislang eine Lokalisierung der Töpferwerkstätten in Hattuscha nicht möglich. Dagegen wurden für die jüngere Großreichszeit im 13. Jahrhundert v. Chr. sowohl in der Oberstadt (Schicht 2) als auch in Kuşaklı auf der Südspitze der Stadtmauer Töpferöfen nachgewiesen (Abb. 37. 131). In beiden Fällen befinden sie sich an ursprünglich anders genutzten Orten, so daß funktionale Veränderungen innerhalb der Siedlung und eine Verlagerung der Töpfereibetriebe erkennbar werden. Im Falle der Oberstadt von Hattuscha bedeutete die Anlage von Töpferwerkstätten in der jüngeren hethitischen Schicht nicht nur, daß die meisten Tempel ihre Funktion verloren hatten (Abb. 37), sondern auch, daß die neue Lokalität einen Standortvorteil gegenüber den älteren, uns unbekannten Lagen darstellte. Möglicherweise spielten nahe Quellen und der hier häufig von Norden wehende Wind eine Rolle: Die Öfen waren leichter zu betreiben, und der Wind vertrieb den Rauch aus der Stadt.

Bei allen bisher im hethitischen Kulturraum freigelegten Brennöfen handelt es sich um «stehende Öfen» (A. Müller-Karpe). Bei diesen liegt der seitlich zugängliche Feuerungsraum unter der Kammer, in der sich die zu brennenden Gefäße befinden (Abb. 131). Je nach Größe und Höhe der Kuppel konnten in der Brennkammer über einer durchlochten Tenne mehrere hundert Gefäße gleichzeitig gebrannt werden. Analysen der gefundenen Holzkohlereste belegen, daß für die Feuerung in Hattuscha hauptsächlich Eichenholz verwendet wurde. Neben den Töpferöfen wurden in der südlichen Oberstadt zahlreiche, eingetiefte Feuerstellen mit bis zu 3,6 m Durchmesser ausgegraben, die von Peter Neve als Meiler gedeutet werden, in denen übergroße Gefäße wie z. B. Badewannen oder große Vorratsgefäße gebrannt worden sein könnten.

Ein Betrieb südöstlich des Löwentores bietet ein gutes Beispiel für das Aussehen einer Töpferei im 13. Jahrhundert v. Chr. (Abb. 131). Sie wurde an der Stelle des aufgegebenen Tempels 30 errichtet: Mehrere kleine Häuser mit Herdstellen und sogar eventuell mit Ställen oder Speichern waren um einen offenen Hof gruppiert. Ein birnenförmiger Töpferofen lag ein wenig abseits in der Nordostecke des Areals, den von Norden kommenden Winden zugewandt. Offensichtlich bildeten diese Bauten eine in sich geschlossene und wirtschaftlich autarke Einheit. Gleichzeitig bestätigt dieser archäologische Befund die textliche Überlieferung, nach der die Töpferei lediglich ein Aspekt des Wirtschaftens eines Töpfers war, der gleichzeitig Felder bestellen und Vieh besitzen konnte.

Handwerker als Teil der hethitischen Gesellschaft

Auch wenn die archäologischen Hinweise auf die Handwerkstätigkeiten allgemein eher spärlich sind, ergibt sich unter Berücksichtigung der Textzeugnisse doch ein recht vielfältiges Bild. Die an den einzelnen Produkten (Glas und Metall) oder Werkstätten (Töpferei) erkennbaren, innovativen Herstellungstechniken zeigen, daß die Hethiter technologisch auf der Höhe ihrer Zeit waren. Die große Breite an verschiedenen Handwerken, die wir archäologisch bzw. anhand der Texte nachweisen können, offenbart eine erhebliche berufliche Spezialisierung und soziale Auffächerung. Dabei werden in den Texten viele Berufe genannt, die in den archäologischen Befunden nicht nachzuweisen sind: z. B. Lederverarbeitung, Holzverarbeitung, Färberei, Textilhandwerk, Flechthandwerk,

Siegelschneidekunst und Berufe im Bereich der Lebensmittelherstellung wie z. B. Brauer, Wirt, Bäcker, Müller, Metzger sowie sämtliche Tätigkeiten im Zusammenhang der Herstellung von Milchprodukten. Fraglich bleibt freilich, ob in jeder hethitischen Stadt ein solch ausdifferenziertes Berufsspektrum anzutreffen war, wie es für die Hauptstadt erkennbar ist. Vielmehr legt eine mittel-hethitische Liste von Handwerkern aus der Oberstadt, in der Handwerker mit ihren Herkunftsorten genannt werden (S. Košak), die Vermutung nahe, daß Fachleute nach Bedarf auch aus anderen Orten in die Metropole beordert werden konnten.

In bestimmten Zusammenhängen wurden besonders qualifizierte Handwerker – in den überlieferten Fällen vor allem Steinmetzen, Zimmerleute oder Schreiner – unter befreundeten Königen ausgetauscht (z. B. mit den Herrschern von Ägypten oder Babylonien?). Gleichzeitig zeigen Klauseln in den offiziellen zwischenstaatlichen Verträgen, daß spezialisierte Handwerker zurückzuführen waren, wenn sie sich in ein anderes Land absetzten oder sich dort unerlaubt aufhielten. Dies legt nahe, daß qualifizierte Spezialisten nicht die Möglichkeit hatten, gewissermaßen dem Arbeitsmarkt folgend, dorthin zu gehen, wo sie bessere Verdienstmöglichkeiten antrafen. Ihr spezialisiertes Wissen sollte nur dem jeweiligen Herrscher dienen.

Dementsprechend werden viele Handwerker in den Texten zwar als Unfreie bezeichnet, was jedoch nicht mit der Stellung der Sklaven in der Antike verwechselt werden darf. Im Hethiterreich hatten auch diese «Unfreien» die Möglichkeit, Land oder Vieh zu erwerben, und konnten sich immer nahezu ungehindert bewegen; der «unfreie» Status war mithin auf zeitlich überschaubare Arbeitsverpflichtungen für offizielle Institutionen beschränkt.

Da für viele Wirtschaftszweige nicht genügend Quellenmaterial vorliegt, ist unklar, ob und wenn ja, in welchem Ausmaß, hethitische Handwerker vom Staat unabhängig und auf eigene Rechnung gearbeitet haben. Im Falle der relativ gut dokumentierten Tätigkeitsbereiche der Metallhandwerker und Töpfer zeigt sich jedoch, daß nur ein Teil dieser Berufsstände an staatliche Einrichtungen gebunden war; andere produzierten für einen freien Markt. Wie das Verhältnis zwischen Produzent und Konsument aussah, wird man erst dann beurteilen können, wenn größere Flächen der Wohngebiete mit modernen Methoden untersucht worden sind. Die dezidierten Regelungen für Löhne und Arbeitsleistungen in den hethitischen Gesetzen belegen aber den materiellen Wert, welcher der Arbeitsleistung vor allem eines qualifizierten Handwerkers zugemessen wurde.

Die sozialen Folgen der beruflichen Spezialisierung des produzierenden Gewerbes spiegeln sich archäologisch in der fortschreitenden Ausdifferenzierung der Alltagsarchitektur (siehe Seiten 241–247, Abb. 117). Wie beschrieben, findet man zudem in der jüngeren Großreichszeit kleine Zweiraumhäuser, die als Werkstätten für Metallhandwerk genutzt wurden. Da man gleichzeitig auch Hallenhäuser baute, deren Nutzer sich wohl weitgehend von der landwirtschaftlichen Subsistenzform gelöst hatten, wird eine berufliche und soziale Differenzierung in der Architektur, das heißt die räumliche Trennung von Wohn- und Arbeitswelt erkennbar.

Mit Blick auf die Lage einzelner Werkstätten innerhalb der Stadt ist nach heutigem Forschungsstand für einige Branchen (z. B. das Metallhandwerk) eine Verbreitung im gesamten Stadtgebiet festzustellen. Andere Betriebe, die aufgrund der von ihnen ausgehenden Feuergefahr, Geruchsbelästigung oder wegen des Abfalls schwerlich in geschlossenen Siedlungsgebieten angesiedelt werden konnten, konzentrierten sich hingegen in bestimmten Arealen, wie das Beispiel der Töpfereien der jüngeren Großreichszeit in der Oberstadt zeigt. Wir können nur vermuten, daß Gerber und Färber in ähnlicher Art und Weise nördlich und in deutlicher Entfernung zur Stadt entlang des Baches Budaközü ihrem Beruf nachgingen: Dort stand ausreichend Wasser zur Verfügung, und die Stadt blieb von dem bei diesen Handwerken unvermeidlichen Gestank verschont.

Obwohl wir also nur wenig Konkretes wissen, ist doch klar, daß dem Handwerk eine zentrale Bedeutung für das wirtschaftliche Gedeihen der hethitischen Gemeinwesen zukam. Die Vielzahl der Handwerkszweige und deren Streuung über die gesamte Stadt sprechen für eine dezentrale Organisation, die einem größeren Teil der Bevölkerung das Auskommen zumindest teilweise sicherte. Da die Ausübung einiger der nachgewiesenen Handwerke ein erhebliches Spezialwissen voraussetzte, das nur durch eine entsprechende Ausbildung im Rahmen der Familien und lange Berufspraxis zu erwerben war, wird man davon ausgehen können, daß Teile der Handwerkerschaft von der Eigenversorgung durch Landwirtschaft völlig abgekommen waren und ihren Lebensunterhalt ausschließlich durch handwerkliche Produktion erwirtschafteten.

Die Etymologie des hethitischen Worts für Stadt *happir(i)ja*, das regelmäßig auch auf Hattuscha angewendet wurde, stützt diese Interpretation: Heinrich Otten und Gernot Wilhelm zufolge hat es seinen Ursprung in wirtschaftlichem Handeln. Aus Sicht der Hethiter ist mit dem Wort «Stadt» also ein Ort des Wirtschaftens und des Handels – sprich ein produktives Gemeinwesen – gemeint.

Bleibt noch zu fragen, wohin die Produkte gingen und wo die Märkte lagen. Während wir für die Karum-Zeit durch die altassyrischen Keilschrifttexte aus Kültepe detailliert über die Abläufe des Fernhandels zwischen Anatolien und Syrien bzw. Nordmesopotamien informiert sind, liefern für die hethitische Zeit die bisher bekannten Texte und archäologischen Befunde zunächst kein Ergebnis: Private und geschäftliche Dokumente, die Aufschluß bieten könnten, wurden – wie bereits mehrfach angesprochen – wahrscheinlich auf vergängliche Materialien geschrieben und blieben deshalb nicht erhalten. Die ausgeprägte Uniformität der materiellen Kultur (Architektur, Geräte, Waffen, Schmuckgegenstände, Keramik) an den Fundorten Zentralanatoliens ist nicht nur ein starkes Indiz für eine auf Märkte ausgerichtete Massenproduktion, sondern zudem auch für ein räumlich regional begrenztes Austauschsystem.

Die strukturellen Parallelen der hethitischen Wirtschaft zur Ökonomie in Zentralanatolien in osmanischer Zeit bestätigen den Schluß, daß auch in hethitischer Zeit die Produktion abgesehen von einzelnen, leicht zu transportierenden Luxusgütern hauptsächlich auf regionale Märkte ausgerichtet war. Angesichts der erhaltenen Gegenstände ist zu bezweifeln, daß die textlich bezeugte Einbindung des hethitischen Reichs in das internationale, diplomatische Geflecht der Spätbronzezeit im östlichen Mittelmeerraum nennenswerten wirtschaftlichen Austausch und damit ökonomischen Nutzen brachte. Der überregionale Handel war auf wenige, hohen Gewinn versprechende Güter beschränkt. Der Kern des Reichs scheint dagegen nach innen wirtschaftlich eng vernetzt, nach außen aber weitgehend autark gewesen zu sein.

«Intellektuelle» Berufe: Schreiber, Beamte, Auguren, Seher und Ärzte

In den Texten begegnen uns nicht nur Handwerker, sondern wir können ihnen auch zahlreiche Hinweise auf – nach heutigem Verständnis und im weitesten Sinne – «intellektuelle» Berufe entnehmen. Kaum eine dieser Tätigkeiten bildet sich jedoch im archäologischen Fundspektrum ab, so daß deren physische Verortung in der Stadt und der Gesellschaft schemenhaft bleibt.

Bemerkenswert ist die Erwähnung von Beschwörern aus Babylonien und «Ärzten» aus Ägypten am hethitischen Hof. Ihre Anwesenheit verdeutlicht ebenso wie die Tätigkeit babylonischer Schreiber eine graduelle Einbindung der hethitischen Elite in die Geisteswelt des Alten Orients. Wenn auch nicht für die Karum-Zeit, in der ein reger wirtschaftlicher Austausch mit Nordmesopotamien bestand, so finden sich doch aus der hethitischen Großreichszeit in den Archiven von Hattuscha zahllose Beispiele mesopotamischer Literatur und Mythologie; die Existenz dieser Werke zeigt, daß diese in der hethitischen Elite nicht nur bekannt waren, sondern auch gepflegt und durch Abschriften oder Übersetzungen tradiert wurden. Man bemühte sich offenbar, mit den Kulturen Mesopotamiens und Ägyptens auch im Bereich der geistigen Kultur auf Augenhöhe zu sein. Dieser Wissenstransfer war eine der Grundlagen für die Entstehung einer eng verwobenen Kultur der Eliten im östlichen Mittelmeerraum in der Spätbronzezeit.

Abgesehen von den Stempelsiegeln (Abb. 104) und gesiegelten Tonbullae finden sich kaum archäologische Zeugnisse, die sich mit dem aus den Texten bekannten, ausdifferenzierten Beamtenapparat in Verbindung bringen lassen. Möglich erscheint lediglich noch, daß das Aufkommen des sogenannten Hallenhauses seit dem 15. Jahrhundert v. Chr. den bereits mehrfach beschriebenen gesellschaftlichen Wandel archäologisch markiert (Abb. 117).

Abgesehen von diesen eher vagen Indizien sind nichtproduzierende Tätigkeiten im archäologischen Befund kaum greifbar. Hypothesen wie jene, daß eine der Figuren auf einem hethitischen Silberbecher, der illegal ausgegraben wurde und sich heute in Boston befindet, den Mundschenk des Königs darstelle, sind spekulativ. Es bleibt dabei, daß die für die Organisation und Kontrolle der hethitischen Gesellschaft so wichtigen Beamten archäologisch kaum zu greifen und folglich auch als soziale Gruppe in der Stadt kaum zu verorten sind.

Ein neuerer Befund weist nun erstmals auf die konkrete Lebenswelt eines der höchsten Offiziellen hin. Ein zwischen 2006 und 2009 im südlichen Tal von Sarıkale, am Übergang zum zentralen Tempelviertel, auf einem Plateau zwischen Sarıkale und Yenicekale freigelegtes Gebäude und seine Funde erlauben erstmals die Annäherung an die Frage, wie hohe hethitische Beamte gelebt haben (Abb. 118). Das Gebäude, dessen Grundriß bis auf einen kleinen Teil im Westen vollständig erhalten ist, entspricht formal ähnlich großen Wohnbauten des Zentralraumtyps in der Unterstadt, jedoch mit dem wesentlichen Unterschied, daß es als regelmäßiges Quadrat angelegt wurde (Abb. 118). Es gleicht damit den nur wenig nördlich im Tal vor Sarıkale gelegenen Gebäuden des späten 16. Jahrhunderts v. Chr. (Abb. 34). Die Raumgliederung entspricht mit einem großen Zentralraum an der Ostseite und einer Reihe von 5 kleinen, quadratischen Vorratsräumen im Süden der Struktur großer Wohnbauten (Abb. 117. 118).

Dieses Bauwerk diente einer hochgestellten Persönlichkeit der hethitischen Gesellschaft als Residenz. Darauf deuten neben der Größe des Gebäudes und seiner Anlage auch ein Fragment einer vom Großkönig Tahurwaili (1. Hälfte 15. Jahrhundert v. Chr.) ausgegebenen Landschenkungsurkunde, eine mit dem Siegel des Großkönigs Tuthalija I. (2. Hälfte 15. Jahrhundert v. Chr.) gesiegelte Bulla und verschiedene andere Text- und Kleinfunde hin. Bestätigt wurde diese Vermutung in der Grabung von 2009 durch den Fund einer Tontafel, die an den GAL.MESEDI, das heißt an den Kommandeur der MESCHEDI-Truppe, adressiert war. Dieser namentlich nicht genannte Offizier ist einer der höchsten militärischen Offiziellen des hethitischen Reichs – häufig ein naher Verwandter des Königs – und kann mit großer Wahrscheinlichkeit als Besitzer des Gebäudes identifiziert werden. Durch diesen Fund kann nun abgesehen vom König erstmals eine hethitische Führungspersönlichkeit in der Stadt lokalisiert werden.

Dies ist um so bemerkenswerter, als in zweien der südlichen Depoträume ein außergewöhnliches Keramikinventar gefunden wurde (Abb. 130. 132). Neben einer großen Vase mit Zinnenrand und einem fast 1,90 m

Abb. 132: Keramik aus dem Haus des MESCHEDI

hohen Gefäß mit einem Ausguß in Form eines Stierkopfs, die beide in Form und Machart Unikate sind, umfaßt das Inventar weit über 80 Teller, Schalen und große Backteller (Abb. 130. 132). Da es sich ausschließlich um Gefäße für das Darreichen und den Konsum von Speisen handelt, liegt der Schluß nahe, in diesem Service jenes Geschirr zu erkennen, mit dem der Hausherr Gäste bei entsprechenden Anlässen bewirtet hat.

Feste, die zweifelsohne bei den Hethitern ähnlich wie in besser dokumentierten altorientalischen und antiken Kulturen eine wichtige Rolle spielten, wenn es darum ging, soziale Netzwerke zu schaffen und wechselseitige Verpflichtungen zu etablieren, waren im hethitischen Kulturraum bisher nur aus den Texten bekannt. Dieses Ensemble bietet nun erstmals die Möglichkeit, hinter die Kulissen zu blicken. Die große Zahl der Gefäße zeigt, daß der GAL.MESCHEDI eine entsprechende Zahl an Gästen bewirten konnte. Zieht man die Texte hinzu, so handelte es sich dabei wohl um Feste, bei denen Kult- und Ritualhandlungen eine zentrale Rolle spielten. Dies erklärt auch die Form der großen Vase mit dem stierkopfförmigen Ausguß, die vermutlich den Wettergott repräsentiert (Abb. 130. 132.) Das Gefäß bildet zusammen mit der Zinnenvase eine Einheit. Wahrscheinlich goß man Flüssigkeiten – möglicherweise einen bierähnlichen Brei – aus der Stierkopfvase in die Zinnenvase, um ihn dann den Gästen zu kredenzen. Auf den großen Backtellern wurden wahrscheinlich unterschiedliche Brotsorten vorbereitet und gereicht, deren Vielfalt textlich gut belegt ist (siehe ab S. 286).

Neben dem eigentlichen Nachweis entsprechender Feste sind vor allem Parallelen dieses Hausinventars der Großreichszeit zu jenem der in İnandıktepe ausgegrabenen Residenz eines alt-hethitischen Landfürsten von größter Bedeutung. Denn die sehr ähnliche Zusammensetzung der Funde im Haus des GAL.MESCHEDI zeigt, daß die genannten Feste und Rituale in einer langfristigen Kontinuität standen, die von der alt-hethitischen Zeit bis in die Großreichszeit reichte.

Was haben die Hethiter gegessen? – Land- und Viehwirtschaft sowie die Jagd in der Spätbronzezeit

Nutzpflanzen

Wie bei allen Kulturen, so galt auch bei den Hethiter besonderes Augenmerk der Sicherung der Versorgung mit ausreichend Nahrungsmitteln. Während wir uns der Vorratshaltung und ihrer wirtschaftlichen Bedeutung bereits gewidmet haben, bleibt nun die Frage zu klären, wie sich die Ernährung im bronzezeitlichen Hattuscha gestaltete. Untersuchungen an botanischen Großresten, den Tierknochen und die Auswertung der schriftlichen Überlieferung lassen ein vages und allenfalls schemenhaftes Bildes entstehen.

Eine mit Gartenbau und Viehzucht verzahnte Landwirtschaft bildete die Grundlage der hethitischen Wirtschaft. Der Hauptertrag der Landwirtschaft war Getreide, wobei Weizen (Emmer) und Gerste gleichermaßen vorkamen. Berücksichtigt man ethnographische Beobachtungen, so kann man schätzen, daß ein Haushalt unter vormodernen Lebensbedingungen etwa 1200 kg Getreide pro Jahr zum Eigenverbrauch benötigte, wobei im Alten Orient zwischen Gerste und Weizen kein Unterschied gemacht wurde. Allerdings wurde Gerste im hethitischen Zentralanatolien häufiger angebaut, da sie robuster, genügsamer und zudem billiger als Weizen war. Da Gerste auch auf schlechteren Böden und unter ungünstigen klimatischen Bedingungen Erträge zeigt, sicherte sie die Existenz der Menschen in Zentralanatolien. Neben der Verwendung als Grundnahrungsmittel dienten beide Getreidesorten darüber hinaus als Viehfutter, vor allem als Kraftfutter für Pferde (siehe Seite 290).

In den hethitischen Städten Sarissa und Hattuscha wurden neben verschiedenen Formen von Weizen und Gerste auch Dinkel und Kolbenhirse nachgewiesen. Diese Vielfalt ist auffällig und nach Rainer Pasternak ein Indiz für eine breitgefächerte, an die lokalen klimatischen und landschaftlichen Gegebenheiten angepaßte Agrarwirtschaft. Textlich und archäobotanisch sind Hülsenfrüchte (unter anderem Linsen, Kichererbse, verschiedene Bohnen, Erbse), Gemüse (Karotte, Gurke, mehrere Zwiebelsorten, Knoblauch, Lauch), zahlreiche Wurzeln, verschiedene Formen des Knöterrich und der Ervilien (Steinlinse oder Wicklinse), Gewürze (Kreuz- und Schwarzkümmel, Thymian, Minze, Petersilie, Koreander, und Kresse), etliche Heilpflanzen und verschiedenste Obstsorten (wilde Äpfel, «Bergapfel» – vielleicht Aprikose oder Pfirsich –, Pflaume [?], Wein, Feige, Olive, Weißdorn, Pistazie, Samen der unterschiedlichen Nadelbäume sowie eine große Zahl an Nuß- und Beerensorten) belegt. Weitere wurden aus den südlichen und südöstlichen Nachbarregionen importiert: beispielsweise Datteln aus Mesopotamien oder Granatäpfel aus der heutigen Südosttürkei und Syrien (H. Hoffner; R. Pasternak). Neben diesen identifizierbaren Arten kommen in den Texten zahlreiche weitere Namen von Nutzpflanzen vor, die wir noch nicht zuordnen können.

Die Feldfrüchte erweiterten das grundsätzlich auf Getreide basierende Nahrungsspektrum erheblich. Sie und weitere wilde Pflanzenarten belegen die große Ausdifferenzierung und Spezialisierung von Landwirtschaft und Gartenbau. Der Komplexität dieser Landwirtschaft, die jede Nische in der Umgebung der Siedlungen nutzte, entspricht die Vielzahl der verschiedenen Bezeichnungen von Gärten und Feldern in den Texten.

Die Körner des hethitischen Getreides waren im Vergleich zu heutigen Getreidesorten relativ klein. Ausgehend von der Verteilung der botanischen Funde in Kuşaklı schließt Rainer Pasternak auf soziale Unterschiede zwischen den Bewohnern bzw. Nutzern einzelner Gebäude. Zudem weisen Proben aus öffentlichen Gebäuden Verunreinigungen durch Unkräuter auf, was auf eine Nachlässigkeit der Bauern bei Bodenbearbeitung und Ernte hindeutet. Daraus sollte jedoch nicht auf mangelnde Kompetenz der Bauern geschlossen werden, da man in privaten

Kontexten durchaus sehr reine Befunde mit deutlich größeren Körnern antrifft; dabei handelt es sich vielmehr um ein Indiz für das Desinteresse, sich jenem Getreide, das zur Abgabe an den Staat bestimmt war, mit der gleichen Sorgfalt zu widmen wie dem für den Eigenbedarf. Dies ging so weit, daß sogar hochgiftige Unkräuter wie der Taumellolch – eine Süßgrasart – nicht ausgelesen wurden (in Kuşaklı: R. Pasternak), obwohl sie bei der gebotenen Sorgfalt leicht erkennbar gewesen wären.

Eine weitverbreitete Methode, die Getreideernte einer Familie mittelfristig, das heißt für etwa ein Jahr, haltbar zu machen, ist die Herstellung von Bulgur, Bruchweizen. Dabei wird das Getreide zunächst aufgeschwemmt, dann erhitzt, um die Spelze zu entfernen, und schließlich mittels Holzhämmern zerkleinert. Diese Verarbeitung von Gerste und Weizen ist in Vorderasien seit dem Neolithikum archäologisch nachgewiesen und konnte in hethitischen Zusammenhängen in Kuşaklı für den Umgang mit Gerste belegt werden (R. Pasternak). Getreide, das durch diese Behandlung eine reisähnliche Konsistenz erhielt, wird Bulgur genannt und kann beinahe beliebig lange gelagert werden, stellt bis heute eines der wesentlichen Grundnahrungsmittel im Vorderen Orient vor allem während der Wintermonate dar.

Neben der Herstellung von Bulgur wurde Getreide vor allem gemahlen und zu Brot gebacken. Beide Tätigkeiten wurden im Haushalt verrichtet; wobei das Korn – wie die Textquellen belegen – von Frauen gemahlen wurde. Lediglich im Zusammenhang des Palast- und Tempelpersonals werden Bäcker genannt.

Dank der Schriftquellen sind wir über eine Vielzahl von Broten oder Gebäcksorten der Hethiter informiert, denen besondere Bedeutung für die Ernährung zukam. Die Namen weisen auf Unterschiede der Form, der Zutaten, der regionalen Herkunft, der Herstellung, des Verwendungszweckes, der Farbe und auch des Geschmacks hin. Insbesondere die Zutaten variierten: Neben Käse, Obst und verschiedensten Kräutern, sind Brotfüllungen mit Fleisch, aber auch Glasuren, etwa aus Honig, bekannt (A. Hagenbuchner-Dresel). Diese Vielfalt zeigt, daß man sich bemühte, die geschmacklich eher eintönigen Ausgangsmaterialien zu verfeinern und die Zubereitung zu variieren.

Neben Ritualtexten informieren uns Rationslisten, in denen aufgelistet wurde, was den Göttern täglich zur Versorgung dargebracht werden mußte, über die Verwendung von Broten und Gebäck. Dabei steht zwar die Fürsorge für die Götter im Mittelpunkt, doch weist Harry Hoffner darauf hin, daß Angaben dieser Texte auch auf die Ernährung der Menschen übertragen werden können, so daß offenbar die verschiedenen Brotsorten das wichtigste Grundnahrungsmittel der Hethiter darstellten.

Eine weitere Möglichkeit, Getreide als Grundnahrungsmittel schmackhaft zu nutzen, ist die Bierherstellung. Ähnlich wie andere Getreideprodukte ist auch Bier seit den frühesten Tagen der altorientalischen Geschichte als wichtiges Grundnahrungsmittel bezeugt. Allerdings hat das altorientalische Bier nur wenig mit heutigem Bier gemeinsam, denn im Gegensatz zu diesem war es dickflüssiger – fast breiartig – und hatte einen deutlich geringeren Alkoholanteil.

In Kuşaklı/Sarissa wurde im Raum 58 des Gebäudes C – des Tempels des Wettergottes – eine Braustube ausgegraben: Zahlreiche, funktional aufeinander abgestimmte Gefäße und Reste von angegorener Gerste belegen, daß dieser Raum als Brauerei diente (V. Müller-Karpe). Für den Brauvorgang wurde mehrzeilige Gerste verwendet. Den Fund verschiedener Kräuter im botanischen Material erklärt R. Pasternak überzeugend damit, daß dem Bier verschiedene Geschmacksrichtungen oder bestimmte Wirkungen gegeben werden sollte.

Neben der landwirtschaftlichen Produktion spielte das Sammeln etwa von wilden Obstsorten, Beeren, Pilzen oder Nüssen, aber auch von Knollen, Wurzeln, Gewürzen und Gräsern eine wesentliche Rolle für die Selbstversorgung der kleinbäuerlichen Familien. Die Gräser wurden nicht nur als Heil- und Nutzpflanzen gesammelt, sondern dienten auch als Würze, um die relativ eintönigen Grundbestandteile geschmacklich zu variieren.

Die botanischen und textlichen Befunde zeigen, wie vielfältig die Flora in der Umgebung hethitischer Städte gewesen ist und wie intensiv der Mensch diese Möglichkeiten genutzt hat – jede ökologische Nische der umgebenden Natur wurde bewirtschaftet. Die Artenvielfalt der archäobotanisch nachgewiesenen und zur Ernährung eingesetzten Nutzpflanzen belegt unabhängig davon, ob es sich dabei um domestizierte Feldfrüchte oder gesammelte Wildpflanzen handelt, die Flexibilität, mit der sich die hethitische Wirtschaft den jeweiligen regionalen Besonderheiten des Klimas anpaßte.

Viehwirtschaft

Die Viehwirtschaft bildete das zweite Standbein der hethitischen Nahrungsmittelversorgung. Über die Fauna und deren wirtschaftliche Nutzung in der hethitischen Epoche sind wir durch die Analyse der Tierknochenfunde in Boğazköy und Kuşaklı informiert, bei deren Erforschung Angela von den Driesch und Joachim Boessneck nicht zuletzt anhand von Material aus Boğazköy Pionierarbeit geleistet haben. Die Versorgung mit tierischen Proteinen, Fetten und möglicherweise – indirekt über das Blut der Tiere, in dem wichtige Mineralien gelöst sind – auch mit Salz wurde durch eine ausgeprägte Viehzucht gesichert. Die Jagd hingegen spielte nur eine untergeordnete Rolle. Die in den Texten bezeugte Bienenzucht sicherte die Versorgung mit Honig.

Als Nutztiere hielt man Rinder, Schafe, Ziegen und in geringerem Umfang auch Schweine. Allenfalls ergänzende Bedeutung für die Ernährung hatten dagegen Gänse, Entenarten und durch neueste Untersuchungen in Hattuscha erstmals nachgewiesene Fischsorten. Während Schafe und Ziegen zwar zahlenmäßig überwogen, bildeten die Rinder die wichtigste Säule der Versorgung, da sie wesentlich mehr Fleisch liefern. Allerdings gewann die Kleinviehzucht wohl im Laufe der hethitischen Epoche an Bedeutung, was die Funde aus der Unterstadt von Boğazköy belegen. Möglicherweise war diese Intensivierung eine Reaktion auf die Abnahme der Waldflächen bzw. auf die Ausdehnung der Ackerflächen im Umland der Stadt; diese Entwicklungen könnten die Bauern genötigt haben, auch weiter entfernte Hochlagen für ihre Schaf- und Ziegenherden zu nutzen (A. von den Driesch, J. Boessneck). Hinweise auf Herdenhaltung begegnen häufig in den Texten. In diesem Zusammenhang können einzelne Bemerkungen als Indizien für den bis heute in Teilen Anatoliens praktizierten saisonalen Weidewechsel (Transhumanz) interpretiert werden: Echter Flächennomadismus ist in hethitischer Zeit jedoch nicht nachweisbar.

Die Herden bestanden zu etwa zwei Dritteln aus Schafen und zu einem Drittel aus Ziegen. Der durchweg hohe Anteil männlicher Tiere ist auf den Bedarf im Rahmen der Kulte zurückzuführen. Gleichzeitig ist diese geschlechtliche Zusammensetzung ein Indiz dafür, daß neben dem langfristigen Erhalt der Herden, deren Vergrößerung und eine optimierte Fleisch- und Wollproduktion angestrebt wurde. Dies zeigt sich auch darin, daß die Mehrheit der Tiere erst nach dem zweiten Lebensjahr geschlachtet wurde.

Die tragende Säule der Fleischversorgung waren aber – wie schon erwähnt – die Rinder, bei denen im Gegensatz zu Schaf und Ziege jedoch mehrheitlich weibliche Tiere gehalten wurden. Die Hornfunde zeigen, daß die hethitischen Künstler in ihren Darstellungen die Langhornrinder realitätsnah abgebildet haben. Dennoch sind Rasseunterschiede zwischen den Tieren in Boğazköy, die längere Hörner hatten und deutlich größer und kräftiger waren, sowie kleineren Rassen in Kuşaklı evident. Am Schlachtalter, das bei einer großen Mehrheit der Rinder deutlich über zwei Jahren lag, ist erkennbar, daß auch in diesem Fall weniger die kurzfristige Fleischproduktion im Mittelpunkt des Wirtschaftens stand. Vielmehr bemühte man sich, die gesamten wirtschaftlichen Möglichkeiten der Rinder zu nutzen – d. h. Jungtiere, Milch, Fell, Fleisch und vor allem die Arbeitskraft für die Landwirtschaft und den Überlandtransport. Diese Ergebnisse von Boessneck und von den Driesch sind so zu verstehen, daß nachhaltiges Wirtschaften mit dem Ziel eines langfristigen Herdenwachstums und damit der Produktionssteigerung und der Ausnutzung aller Sekundärprodukte im Vordergrund der Viehhaltung stand. Die Ähnlichkeit der Forschungsergebnisse, die an zwei relativ weit voneinander entfernten und in unterschiedlichen ökologischen Räumen liegenden Fundorten erzielt wurden, sprechen zudem für ein weitgehend einheitliches Herdenmanagement im gesamten Kernland des hethitischen Reichs.

Während Rind, Schaf und Ziege im Sinne einer möglichst umfassenden Nutzung aktiv bewirtschaftet wurden, stellt sich die Situation im Falle des vierten wichtigen Haustiers, des Schweins, anders dar. Schweine bildeten – ausweislich der Funde – zahlenmäßig die bei weitem kleinste Gruppe. Ihre geringe Anzahl ist wiederum ein Indiz dafür, daß sie in hethitischer Zeit nicht mehr, wie noch im 3. Jahrtausend v. Chr., in Herden gehalten und in die ursprünglich vorhandenen siedlungsnahen Wälder getrieben wurden. Durch den massiven Holzverbrauch – ausgelöst durch die intensive Produktion von Metall und Keramik – hatten sich die Umweltbedingungen im Umfeld der Städte so verschlechtert, daß Schweine in vielen Regionen des Vorderen Orients im 2. Jahrtausend v. Chr. nur noch einzeln oder in kleinen Gruppen im Haus als Abfallverwerter gehalten wurden, was entsprechende Textquellen bezeugen. Die hethitischen Schweinehalter waren offenbar an den Jungtieren interessiert; denn die überwiegende Mehrheit erreichte kaum das zweite Lebensjahr. Darüber hinaus waren – ähnlich wie im Fall der Rinder – die Exemplare in Kuşaklı deutlich kleiner als die in Boğazköy, was auf ökologische Nachteile in Sarissa hinweist.

Unabhängig von der Frage, wie die Tiere genutzt wurden, zeigen die Anweisungen für den *hazannu*, den Stadtkommandanten von Hattuscha, daß eine große Zahl der Tiere abends zurück in die Stadt getrieben wurde. Die gegenwärtige Viehwirtschaft Anatoliens, bei der in kleineren Städten morgens und abends noch größere Mengen Vieh durch die Straßen in Richtung der Weiden bzw. der Ställe streben, mag einen Eindruck davon vermitteln, wie es in Hattuscha zuging. Die Wohnhäuser des 2. Jahrtausends v. Chr. waren, wie geschildert, multifunktional und dienten auch zum Einstellen von einigen Rindern und Schafen. Ein Schwein als Allesverwerter gehörte wohl ebenfalls zum Haus.

Neben den Tieren, die hauptsächlich zur Produktion von Nahrungsmitteln genutzten wurden, dienten Pferde, Esel, Maultiere und Maulesel in allen vorindustriellen Gesellschaften als Reit- und Transporttiere. Nachdem die indigenen Wildpferde in Anatolien bis in das 4. Jahrtausend v. Chr. deutlich reduziert worden waren (A. von den Driesch), wurden domestizierte Formen des Wildpferds als das fünfte wichtige Haustier der Alten Welt etwa ab der Mitte des 3. Jahrtausends v. Chr. aus den Steppengebieten Südrußlands in den Vorderen Orient eingeführt (A. von den Driesch).

Über die durch Knochenfunde in Boğazköy nachgewiesenen Pferde, Hausesel und Halbesel hinaus belegen die hethitischen Gesetze, die zwischen Pferd, Esel und Maultier bzw. -esel unterscheiden, eben auch die Existenz der letzteren Gattung. Gerade Maultiere waren in den unwegsamen Gebirgsregionen Anatoliens von besonderer Bedeutung, da sie noch besser als Esel den Transport von Waren und Menschen über große Entfernungen ermöglichten, wie es für die Karum-Zeit gut belegt ist.

Die natürlichen Gegebenheiten in Teilen Zentralanatoliens mit relativ kühlen Sommern und ausgedehnten Steppen boten den Hethitern die idealen Grundlagen für die Pferdezucht. Pferde nutzte man – abgesehen vom Reiten – auch, um Wagen und besonders Streitwagen zu ziehen, wofür sie eigens trainiert wurden. In verschiedenen Texten – deren bekanntester nach seinem hurritischen Verfasser und Pferde-Trainer als «Kikkuli-Text» bezeichnet wird – werden die Übungen geschildert, mit denen über einen Zeitraum von bis zu 184 Tagen Kondition und Ausdauer der Pferde gezielt gesteigert wurde (F. Starke). Dabei wurden die Tiere einem systematischen Wechsel von Anstrengung und Ruhephasen, Schwitzen und Abtrocknen unterzogen. Darüber hinaus wurden sie, abgesehen von einzelnen Fasttagen, mit besonders hochwertigem Futter – der «Futtermischung des Kikkuli» – gefüttert und an bestimmten Tagen mit einer eigens zubereiteten Mischung von Salz- und Malzwasser getränkt. Einen besonderen Stellenwert nimmt die Pflege der Pferde mit Salben und verschiedensten Mixturen ein. Es handelte sich mithin um eine intensive und spezialisierte Aufzucht und Ausbildung, die vom Pferdetrainer ein hohes Maß an Erfahrung im Umgang mit den sensiblen Tieren verlangte. Der gezielte Einsatz gut trainierter und vor allem ausdauernder Streitwagenpferde könnte ein wichtiger Grund für die militärischen Erfolge der hethitischen Armee gewesen sein.

Während die genannten Texte ein straff organisiertes und hochentwickeltes, wahrscheinlich staatlich organisiertes Training der Pferde belegen, ist unklar, inwieweit auch Privatpersonen Pferde besaßen. Die Knochenfunde aus der Unterstadt in Hattuscha könnten ein Indiz für einzelne, dort eingestellte Tiere sein. Für die Ernährung spielten sie quantitativ aber wohl keine signifikante Rolle.

Ein großer Pferdestall wurde zwischen dem Nordosttor und einem Teich im Norden von Sarissa freigelegt. Ähnlichkeiten des Grundrisses könnten dafür ins Feld geführt werden, auch den sogenannten Nordbau auf dem Plateau von Nişantepe in unmittelbarer Nähe des Südendes der zur Büyükkale führenden Rampe als Stall und/oder als Remise zu interpretieren (D. Mielke).

Im Gegensatz zur Haustierwirtschaft spielte die Jagd an den bisher untersuchten Fundorten nur eine untergeordnete Rolle für die Versorgung der Bevölkerung. Ihre Bedeutung scheint ausweislich der Funde in der Unterstadt von Boğazköy im Lauf der hethitischen Zeit sogar noch abgenommen zu haben. Dies könnte eine Folge der zunehmenden Urbanisierung des Umfelds der Städte und damit verbunden einer Zurückdrängung der Wälder und der Wildtiere gewesen sein. Aus den Texten geht lediglich hervor, daß die Jagd Teil der Selbstdarstellung des Königs war; so war wahrscheinlich ein Tag im Verlauf des Totenrituals des Königs der Jagd gewidmet.

Die größte Bedeutung als Fleischlieferant unter den bejagten Tieren hatten den Knochenfunden zufolge Rothirsch und Wildschwein. Diese werden durch Einzelfunde von Ur, Wildschaf, Wildziege, Halbesel, Dachs, Wolf, Bär, Löwe, Leopard, Luchs und Wildkatze ergänzt. Die Zusammensetzung der Wildfauna spiegelt die Stellung von Boğazköy zwischen den pontischen Waldgebieten im Norden und den zentralanatolischen Steppenlandschaften im Süden.

Die meisten der genannten Tierarten dienten der Ernährung, ohne daß jedoch klar wäre, wie hoch der Wildbretkonsum einzelner Bevölkerungsgruppen gewesen ist. Neben dem gelegentlich nachgewiesenen Wildbret deuten vor allem die bisweilen auftretenden Funde von Austern und anderen Muscheln, die vom Schwarzen Meer oder vom Mittelmeer stammen, auf eine gezielte Verfeinerung des Nahrungsangebotes. Gleichzeitig bestätigen die Funde von Rind, Schaf und Rothirsch im Tempel auf der Nordterrasse in Kuşaklı die in den Texten beschriebenen Opferpraktiken.

Während wir also über die einzelnen Bestandteile der Ernährung relativ gut Bescheid wissen, stehen wir vor Schwierigkeiten, wenn wir zur Ausgangsfrage dieses Kapitels zurückkehren: Überlegungen zu Rezepten hethitischer Speisen müssen weitgehend spekulativ bleiben, da nur in wenigen Fällen die in den Texten genannten Zutaten identifiziert werden können (A. Uhri). Die oben genannten Ausgangsprodukte zeigen jedoch, daß die Hethiter grundsätzlich über eine beachtliche Vielfalt an Speisen und Zubereitungsmöglichkeiten verfügten. Diese Mannigfaltigkeit spiegelt sich allein schon in den Dutzenden verschiedener Brotsorten mit unterschiedlichsten Zutaten, die unsere Texte nennen.

Versuche, bestimmte Gerichte nachzukochen, zeigen, daß die Speisen für den modernen Geschmack ungewohnt und geschmacklich eher langweilig sind. Da sie zudem sehr fett waren, dürften sie auch schwer verdaulich gewesen sein. Die teilweise stark abgekauten Zähne, welche Schädel aus der Nekropole bei Osmankayası aufweisen, deuten zudem auf eine eher primitive Art der Nahrungsherstellung hin. Darüber hinaus mag die häufig wohl mangelhafte Hygiene in der dicht besiedelten Stadt, in der bislang keine Toilettenanlage nachgewiesen werden konnte, zu Lebensmittelvergiftungen und anderen Magen-Darm-Erkankungen geführt haben (A. Ünal).

«Der Tag der Mutter»: Vom Sterben in der hethitischen Metropole

Wie in allen Kulturen spielt auch bei den Hethitern der Tod eine besondere Rolle. Die aufwendigen Rituale, die beim Tod des Königs – oder wie die Hethiter es ausdrücken, *«wenn in Hattuscha ein großes Unglück geschieht, das heißt, wenn der König oder die Königin Gott wird»* (Übersetzung H. Otten) – im Verlauf von 14 Tagen durchzuführen waren, füllen mehrere Tontafeln. Trotz der detailiert anmutenden Schilderungen konnten die Gräber der Könige bisher nicht lokalisiert werden. Ein wenig besser steht es um die Gräber der einfachen Bewohner der Hauptstadt. Die wenigen Gräber, die wir kennen, liegen nördlich außerhalb der Stadtmauer im Bereich der Felsengruppen von Bağlarbaşı und Osmankayası (Abb. 45. 46). Offensichtlich haben sich in der hethitischen Epoche die Bestattungssitten im Vergleich zur Karum-Zeit, in der die Toten in Kültepe und Alişar Höyük auch in der Siedlung beigesetzt wurden, grundsätzlich verändert. Aus anderen hethitischen Siedlungen des Kernlandes im inneren Kızılırmak-Bogen sind bisher, abgesehen von den Nekropolen von Ferzant und Kazankaya, keine Gräber bekannt.

Zwischen den genannten Felsen und vor allem unter den dortigen Überhängen wurden Reste von mindestens 71 Brandgräbern und – den erhaltenen Schädeln nach zu urteilen – von 22 Skelettbestattungen entdeckt. Die dabei gefundene Keramik gehört vor allem der alt- und mittelhethitischen Zeit an, so daß man allgemein eine Nutzung der Nekropole vom 17. bis in das 14. Jahrhundert v. Chr. rekonstruieren kann. Da zahlreiche Knochen ohne korrekten Zusammenhang gefunden wurden, war die ursprüngliche Zahl der Bestattungen wahrscheinlich höher. Die vielen verstreuten Knochen dürften das Resultat der langen Nutzungszeit und des relativ rücksichtslosen Eingreifens in die älteren Bestattungen bei der Anlage jüngerer Grablegen sein. Allerdings bemühte man sich offensichtlich, die Schädel mit einer gewissen Pietät zu behandeln, und deponierte sie entweder in geeigneten Spalten oder umgab sie zu ihrem Schutz mit Steinen. Die geringe Zahl der Bestattungen läßt, abgesehen von anthropologischen Einzelbeobachtungen, statistisch gesicherte, allgemein gültige Rückschlüsse auf die Lebensumstände in hethitischer Zeit ebensowenig zu wie Aussagen zur Lebenserwartung und physischen Konstitution der Menschen.

Auffällig ist das erwähnte Neben- oder genauer Durcheinander von Brand- und Skelettbestattungen. Dies bedeutet, daß die beiden Bestattungsformen in ein und demselben kulturellen Umfeld praktiziert wurden. Obwohl die Verbrennung der Toten auch nach Ausweis der Texte die häufigere Form der Bestattung war, bestätigen die entdeckten Körpergräber jene textlichen Hinweise, daß diese Bestattungsform auch in hethitischer Zeit weiter praktiziert wurde. Ob dies auf unterschiedliche religiöse Vorstellungen, soziale Differenzierungen oder auch verschiedene ethnische oder kulturelle Zugehörigkeiten der Verstorbenen zurückzuführen ist, läßt sich im archäologischen Befund nicht erkennen. Da sich die Grabformen in Boğazköy deutlich von jenen der wenigen anderen untersuchten Fundorte im westlichen Zentralanatolien des 2. Jahrtausends v. Chr. unterscheiden, scheint die Annahme tiefgreifender kultureller, sozialer bzw. ethnischer Unterschiede, wie sie auch die Texte nahelegen, besonders plausibel.

Die Urnen wurden aufrecht stehend in kleinen Gruben, bisweilen mit Steinen gestützt, unter dem Fels abgestellt. Selten finden sich Schalen als Deckel. Neben geschlossenen Gefäßen, die häufig einen engen Hals und symmetrische Henkel aufweisen, wurden offene Schalen als Behälter für die Asche verwendet, was einen relativ sorglosen Umgang mit den Überresten andeutet. Beigaben oder Trachtbestandteile fanden sich praktisch keine, wobei unklar ist, ob es sich dabei um ein kulturelles Phänomen handelt oder ob uns der Zufall der Überlieferung nun gerade Einblicke in die karge letzte Ruhestätte von Individuen sozial niedrig stehender Schichten gewährt.

Da im Falle der Brandbestattungen häufig nur noch Asche erhalten ist und die Grabungen bereits in den 1950er Jahren durchgeführt wurden, ist über deren anthropologische Merkmale nur wenig bekannt. Interessant ist, daß mehrere Urnen die Reste jeweils zweier Individuen enthielten. In der Regel sind es die eines Erwachsenen und eines (Klein-)Kindes; man mag davon ausgehen, daß sie in einer engen, wahrscheinlich verwandtschaftlichen Beziehung zueinander standen, gleichzeitig gestorben sind – denkbar wären z. B. Infektionskrankheiten – und gemeinsam eingeäschert und bestattet wurden.

Im Zusammenhang zahlreicher Gräber wurden Knochen von Haustieren gefunden, die keine Brandspuren aufweisen und den Toten wahrscheinlich als Speisebeigabe mitgegeben wurden. Interessant ist die große Zahl an Pferde-, Esel- und Maultierschädeln, die zusammen mit den Bestattungen gefunden wurden. Obwohl in Osmankayası die Mehrheit der Schädel von Eseln stammt, kann man vermuten, daß sie im Grabkontext eigentlich das in der hethitischen Kultur höherwertige Pferd, von dem nur wenige Schädel gefunden wurden, ersetzen sollten. Die Sitte, den Toten Pferde als Opfer mitzugeben, wird durch entsprechende Textstellen in den königlichen Totenritualen bestätigt.

Obwohl die Nekropole in Osmankayası Einblicke in die Bestattungsriten vemutlich durchschnittlicher Bewohner Hattuschas erlaubt, ergeben sich Parallelen zu den in den Totenritualen im Zusammenhang mit dem Ableben der Könige textlich überlieferten Geschehnissen. Die Texte, die von Heinrich Otten gesammelt wurden, zeigen, daß die Feuerbestattung sowohl beim König als auch bei «normalen» Menschen angewendet werden konnte. Die Verbrennung fand wahrscheinlich schon am Abend des ersten Tages statt und dauerte die ganze Nacht. Am Morgen wurde das Feuer mit Bier und Wein gelöscht; die Reste des Verstorbenen wurden von Frauen eingesammelt, so daß man sie im weiteren Verlauf der sich anschließenden Rituale und Feste, die an unterschiedlichen, jedoch bisher nicht lokalisierbaren Orten stattfanden, mitführen konnte. Unabhängig von der sozialen Stellung des Toten werden Opfergaben von Rindern, aber auch Getreide, geweihtes Wasser, Brote, Essenzen und Metallbeigaben genannt. Im Verlauf der Rituale wurden Gefäße zerbrochen und ihre Scherben zusammen mit den Gaben zurückgelassen. Möglicherweise kann ein Teil der in Osmankayası gefundenen Gefäße und Tierknochen mit diesen Ritualen oder dem Totenmahl, das in Anwesenheit des Verstorbenen nach dessen Einäscherung abgehalten wurde, in Verbindung gebracht werden. Der Todestag eines Menschen wurde von den Hethitern auch «*Tag der Mutter*» genannt, die einer mythologischen Überlieferung zufolge dem Verstorbenen entgegenkommt und ihn auf seinem Weg in die Unterwelt begleitet.

Keine der zahlreichen in den Totenritualen genannten Stationen des Verstorbenen auf dem Weg zwischen den verschiedenen Ritualen, Gebeten und Zeremonien ist in der Topographie der Stadt und ihres Umlandes sicher lokalisierbar – auch nicht der Verbrennungsplatz. Jüngst unmittelbar östlich der Felsengruppe von Bağlarbaşı und Osmankayası geophysikalisch nachgewiesene Gebäude, die aufgrund ihrer regelmäßigen Architektur in die hethitische Epoche datiert werden können und mit großer Wahrscheinlichkeit öffentliche Funktionen erfüllt haben, lassen sich vielleicht als erste Hinweise auf einige der Stationen des Totenkults in der Landschaft interpretieren.

VII
HATTUSCHA UND DIE OSTMEDITERRANE STAATENWELT DER SPÄTBRONZEZEIT

In den vorhergehenden Kapiteln wurde anhand der archäologischen Befunde die Entwicklung Hattuschas von einer durchschnittlichen anatolischen Stadt zu einer internationalen Metropole nachgezeichnet. Durch die reichen Textfunde wird die internationale Stellung Hattuschas als politisches und religiöses Zentrum des hethitischen Staates in der 2. Hälfte des 2. Jahrtausend v. Chr. besonders deutlich. Zwar liegen auch aus anderen Städten des Reichs Briefe und Teile von geographisch weitreichenden Korrespondenzen vor (z. B. Maşat Höyük/Tapigga, Kuşaklı/Sarissa, Ortaköy/Schapinuwa, Kayalıpınar), doch wird bisher nur in den Archiven von Hattuscha die gesamte geographische Breite sowie die inhaltliche und chronologische Tiefe der internationalen Beziehungen der hethitischen Großkönige sichtbar. Anhand der Texte lassen sich politische Kontakte sowohl nach Süden und Südosten als auch nach Westen rekonstruieren. Dabei fällt eine unterschiedliche quantitative Verteilung auf, die aus Sicht der Hethiter der politischen Bedeutung der jeweiligen Region entspricht. Während Staaten im Süden und Südosten ein deutliches Übergewicht haben, kommt der Westen nur unregelmäßig und vergleichsweise selten vor.

Internationale Beziehungen der hethitischen Könige werden in der Überlieferung der Texte bereits in der Regierungszeit von Hattuschili I. (nach 1650 v. Chr.) erkennbar, aus der ein diplomatischer Briefkontakt mit dem Königreich von Tikunani unter der Herrschaft von Tuni-Teschub hervorgeht. Auch wenn wir dieses Fürstentum nur allgemein in Nordmesopotamien – vielleicht am Oberen Tigris – lokalisieren können, wird bereits an der Stoßrichtung der frühen militärischen Aktivitäten Hattuschilis I. im Grenzgebiet zwischen der heutigen Türkei und Syrien deutlich, daß die hethitischen Könige im Gegensatz zu ihren Vorgängern der

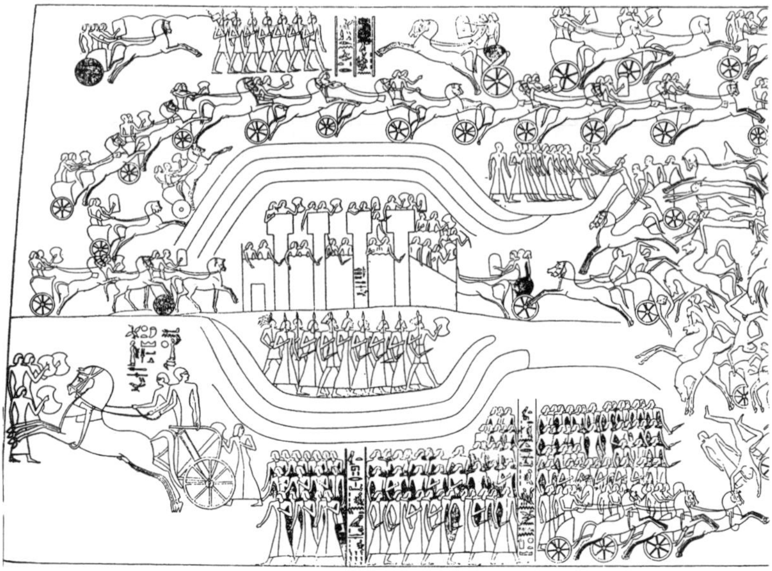

Abb. 133: Die Schlacht bei Kadesch in einer ägyptischen Darstellung auf dem östlichen Pylon des Tempels in Luxor

Karum-Zeit weit über Zentralanatolien hinausreichende internationale Interessen verfolgten. Diese versuchten sie seit Beginn der hethitischen Epoche militärisch und diplomatisch durchzusetzen. Diese Bemühungen, die sich wie ein roter Faden durch das historische und diplomatische Schriftgut der Hethiter ziehen, gipfelten unter anderem in der ersten Hälfte des 16. Jahrhunderts v. Chr. in der Eroberung Babylons durch Murschili I. und in der 2. Hälfte des 2. Jahrtausends v. Chr. in einem feinmaschigen Beziehungsgeflecht, in dem die hethitischen Großkönige auf Augenhöhe mit ihren «*Brüdern*», den Königen von Mittani, Babylonien, später auch Assyrien sowie dem ägyptischen Pharao verhandelten.

Das berühmteste Dokument dieser internationalen Diplomatie ist der Kadesch-Vertrag – benannt nach dem in Mittelsyrien gelgegenen Ort der wichtigsten Schlacht (im Mai 1275 v. Chr.) zwischen den Hethitern und Ägypten, die letztendlich wohl unentschieden ausging (Abb. 133) –, mit dem Hattuschili III. und Ramses II. ca. 1259 v. Chr. die bis dahin fast 200 Jahre andauernden kriegerischen Auseinandersetzungen zwischen Hatti und Ägypten beendeten. Durch diesen Vertrag stellten die beiden

Reiche ihre Beziehungen auf eine in der Geschichte des internationalen Rechts vollkommen neue Basis, auf der sich die Kontrahenten gleichberechtigt und als Partner gegenüberstanden. Erklärtes Ziel dieses Vertrags war ein dauerhafter Frieden zum Wohle beider Völker. Deshalb ist eine Kopie dieses welthistorisch bedeutenden Vertrages heute im Gebäude der Vereinten Nationen in New York ausgestellt – er markiert eindrucksvoll den Beginn der internationalen Diplomatie.

Die Gründe für das früh beginnende und bis zum Ende der hethitischen Epoche andauernde internationale Engagement der Hethiter waren wahrscheinlich wirtschaftlicher Natur. Nur durch die Kontrolle über die landwirtschaftlich reichen Regionen in Nordsyrien und die im Handel aktiven nordlevantinischen Küstenstädte – allen voran Ugarit – konnten die Hethiter die wirtschaftlichen Nachteile überwinden, die mit den naturräumlichen Bedingungen Zentralanatoliens einhergingen. Zwar erlaubt die Textbasis es nicht, die wirtschaftlichen Beziehungen zwischen Anatolien und Syrien in der 2. Hälfte des 2. Jahrtausends v. Chr. in ähnlicher Detailfülle nachzuzeichnen, wie dies für die ersten Jahrhunderte jenes Millenniums möglich ist; doch ist es sehr wahrscheinlich, daß man versuchte, durch die Umwandlung der landwirtschaftlichen Überschüsse Syriens in wertvolle und transportable Güter den Rohstoffmangel in Hattuscha auszugleichen. Vor allem der Handel mit Edelmetallen und Zinn, aber auch mit anderen hochwertigen Materialien wie z. B. Ölen, Elfenbein, Glas (?), wertvollen Steinen (z. B. Alabaster aus Ägypten) und anderen Luxusgütern – etwa edlen Tüchern – war von großer Bedeutung.

Man hat bisweilen vermutete, daß Zypern (heth. *Alaschiya*) als Kupferlieferant für Zentralanatolien eine Rolle spielte, wie es dies für die Levante-Küste und die Ägäis tat. Doch in Hattuscha wurde nur ein Viertel eines der sogenannten Keftiu-Barren gefunden (Abb. 134), die wegen ihrer grobporigen Oberfläche auch «Ochsenhautbarren» genannt werden und in den Küstenregionen und auf den Inseln des gesamten östlichen Mittelmeerraums zu Tage kamen. Die Hethiter deckten ihren Kupferbedarf – wie bereits beschrieben – vielmehr aus lokalen anatolischen Vorkommen, was aus den Abgabenlisten hervorgeht, in denen das Kupfer jeweils mit einer lokalen Ortsangabe geführt wird.

Im Gegensatz zu Luxusgütern, die in kleinen Mengen mit Eseln oder Maultieren über die unwegsamen Gebirge transportiert wurden und

Abb. 134: In Hattuscha wurde lediglich ein Viertel eines der typischen Kupferbarren gefunden, die sich durch die hornähnlichen Verlängerungen zum Tragen und die grobe Oberfläche auszeichnen.

einen hohen Gewinn versprachen, konnte man landwirtschaftliche Güter durch das unwegsame Gelände nicht von Syrien nach Zentralanatolien schaffen. Für diese Art von Gütern nutzte man den Seeverkehr, so daß zwischen den ägäischen Inseln und Kreta wesentlich engere Verbindungen mit Zypern, Syrien und Ägypten bestanden als nach Zentralanatolien. Insofern ist ein Text aus der Endzeit des Reichs – wohl aus der Zeit von Arnuwanda III. –, in dem Pharao Meremptah in seinem 5. Jahr Hilfslieferungen von Getreide an Hatti vermerkt, um das Land «*am Leben zu erhalten*», in erster Linie als Ausdruck der hethitischen Verzweiflung zu verstehen.

Obwohl die Texte einen regen Austausch von Luxusgütern nahelegen, haben sich bisher in den Ausgrabungen hethitischer Städte nur erstaunlich wenige Artefakte gefunden, die diese Beziehungen auch in der materiellen Kultur widerspiegeln. Die intensiven und über Jahrhunderte andauernden Kontakte nach Ägypten, die den diplomatischen Gepflogenheiten entsprechend von zahlreichen Geschenken begleitet worden sein dürften, sind im archäologischen Material Hattuschas praktisch nicht greifbar. Aus Hattuscha sind neben der Namenskartusche des Pharao Chian (17./16. Jahrhundert v. Chr.), die wahrscheinlich als Beutestück aus Syrien nach Boğazköy gelangte, im Tempel 26 der Oberstadt eine Axt, deren Typ für die 18. Dynastie (d. h. die 2. Hälfte des 16. Jahrhunderts und das frühe 15. Jahrhundert v. Chr.) typisch ist, eine kleine

Abb. 135: Kleine Sphinx aus blauem Glasmaterial, gefunden in der Schicht Büyükkale IVa.

Figur einer ägyptischen Sphinx aus blauem Glasmaterial (Büyükkale IVa) (Abb. 135), das Fragment einer Stele – möglicherweise aus dem Neuen Reich – und eine Alabaster-Vase, die der Periode Büyükkale III und damit allgemein dem 14./13. Jahrhundert v. Chr. zugewiesen wird, bekannt geworden. Ergänzt werden diese durch Ohrringe und Teile einer Kompositfigur aus Obsidian aus Ortaköy (A. Süel), die aufgrund der allgemeinen Siedlungsgeschichte von Schapinuwa wahrscheinlich eher in mittelhethitische Zeit zu datieren sind. Die chronologische Verteilung der wenigen Fundstücke ägyptischer Herkunft in Zentralanatolien deutet somit einerseits entsprechende Beziehungen seit dem 16. Jahrhundert v. Chr. an und weist andererseits – entgegen der textlichen Überlieferung – einen gewissen Schwerpunkt im 15. und 14. Jahrhundert v. Chr. auf.

Beziehungen zu Babylonien, die u. a. zur Heirat von Schuppiluliuma I. (2. Hälfte des 14. Jahrhunderts v. Chr.) mit einer babylonischen Prinzessin führten, finden archäologisch in Hattuscha keinen Niederschlag – sieht man einmal von zwei kassitischen Rollsiegeln ab. Ein weiteres Rollsiegel, das wohl aus Zypern oder der nördlichen Levante stammt, kann ebenso wie die beiden babylonischen nur als wenig aussagekräftiges Indiz für Beziehungen gelten, da diese Artefakte wegen ihrer geringen Größe

Abb. 136: Reliefreihe der männlichen Götter auf der linken Felsseite in der Kammer A in Yazılıkaya. Im Zentrum des Bildes steht der Sonnengott; deutlich ist die geflügelte Sonnenscheibe erkennbar, die er auf dem Kopf trägt.

aus ganz unterschiedlichen Gründen nach Hattuscha gelangt sein können – ja es ist nicht einmal gesichert, daß sie in der Zeit ihres Entstehens nach Anatolien gelangten.

Insgesamt findet man in Boğazköy also nicht die große Menge an Luxusgütern aus aller Herren Länder der damaligen Welt, die man angesichts der vielfältigen Beziehungen der Elite des hethitischen Reichs erwarten würde. Ein Grund dafür mag in der Geschichte der Stadt liegen. Denn sicherlich fielen gerade diese hochwertigen Gegenstände beim Zusammenbruch des hethitischen Reichs Plünderern in die Hände.

Wenn sich also unter den Funden kaum Anhaltspunkte für engere Kontakte zu den südlichen und südöstlichen Nachbarn finden, so könnte man vermuten, daß sich zumindest in der Gestaltung der monumentalen Bauwerke, der Stadtstruktur oder der Kunst – also im Bereich repräsentativer Kulturäußerungen – Anknüpfungspunkte zeigten. Aber auch dort sind kaum Spuren des für die Küstengebiete des östlichen Mittelmeerraums bisweilen postulierten internationalen Stils des 2. Jahrtausends v. Chr. erkennbar. Keine der Formen hethitischer Monumentalarchitek-

Abb. 137: Darstellung der Ischtar und ihrer Begleiterinnen in Yazılıkaya Kammer A; jeweils oberhalb der erhobenen und leicht vorgestreckten linken Hand ist die Bezeichnung der Figur in luwischen Hieroglyphen geschrieben.

tur läßt sich mit Ägypten, Syrien oder Mesopotamien in Verbindung bringen. Wie wir gesehen haben, spielen lokale Entwicklungslinien die entscheidende Rolle für die Genese der öffentlichen Architektur des hethitischen Kernlandes. Selbst eine auf den ersten Blick offensichtliche Parallele wie die vermeintlich geschnittene Pyramide von Yerkapı ist durch technische Notwendigkeiten und lokale Funktionen zu erklären.

In der hethitischen Kunst sind Motive wie die Sphingen oder die geflügelte Sonnenscheibe als nichtanatolisch erkennbar (Abb. 136). Sie wurden jedoch nicht direkt aus Ägypten übernommen, sondern fanden über Syrien und die dortige Kunst der 1. Hälfte des 2. Jahrtausends den Weg ins hethitische Anatolien. Dort wurden diese Motive als künstlerisches Allgemeingut von den Hethitern aufgenommen, ohne daß ihr eigentlicher Ursprung weiter von Bedeutung gewesen und gar als besondere Wertschätzung ägyptischer Kunst zu deuten wäre.

Direkte äußere Beziehungen lassen sich im 14. und vor allem im 13. Jahrhundert v. Chr. am ehesten im religiösen Bereich erkennen, wo Übernahmen aus den hurritischen Gebieten in der Südosttürkei und Nordsyriens erkennbar sind. Diese Einflüsse wirken hauptsächlich im

Abb. 138: Eine sogenannte «spindle bottle» – eine markant geformte Flasche, die zum Transport wertvoller Essenzen diente und wahrscheinlich aus dem östlichen Mittelmeerraum stammt.

Bereich der Staatsreligion und haben ihre Wurzeln in Regionen, die in der 2. Hälfte des 2. Jahrtausends v. Chr. infolge dynastischer Beziehungen und militärischer Eroberung bereits längere Zeit in das Reich integriert waren. Die Felsbilder im Heiligtum von Yazılıkaya aus dem 13. Jahrhundert v. Chr. zeigen die Wirkung der syrischen und mesopotamischen Bilder- und Gedankenwelt besonders deutlich, da dort die Götter mit ihren hurritischen, das heißt aus dem Süden übernommenen Bezeichnungen, die aber mit luwischen Hieroglyphen geschrieben wurden, und ihren eindeutigen ikonographischen Elementen erscheinen (Abb. 39–45. 136. 137). So erkennt man, wie das ursprünglich hattische Erbe durch hurritisch-syrische Elemente weitgehend ersetzt wurde.

Nach Ausweis der erhaltenen Texte und der wenigen oben genannten Funde waren die Kulturkontakte weitgehend auf die imperiale Hochkultur beschränkt. Folgerichtig lassen sich in der Alltagskultur, die am besten durch das in sich homogene Keramikrepertoire repräsentiert ist, nur sehr wenige Stücke als Importe erkennen. Insbesondere die «red lustrous wheel-made ware» – ein aus feinem, ziegelrotem Ton hergestelltes und mit einem roten Überzug versehenes Keramikprodukt, das nur für bestimmte Formen, vor allem die «spindle bottles», hohe Flaschen mit einem filigranem Hals und Henkel verwendet wurde – ist als Fremdkörper im hethitischen Keramikrepertoire erkennbar (Abb. 138). Untersuchungen des Tonmaterials der «red lustrous wheel-made ware» zeigen, daß diese Gefäße mehrheitlich wahrscheinlich im Nordosten Zyperns hergestellt worden sind (P. Grave, L. Kealhofer, B. Marsh). Trotz ihrer eleganten Form, die in den Werkstätten hethitischer Städte nachgeahmt wurde, aber für den Transport eigentlich ungeeignet ist, wurden diese Gefäße seit dem 15. Jahrhundert v. Chr. nicht um ihrer selbst willen, sondern wegen ihres Inhalts nach Anatolien importiert. Denn Analysen der Keramik konnten zeigen, daß sie einst unter anderem wohl Öle enthielten, die als Duftstoffe oder ähnliches Verwendung fanden.

Während sich in diesem Fall singulär ein Austauschsystem zwischen Zentralanatolien, Kilikien, der nordsyrischen Küste und Zypern rekonstruieren läßt, ist dies anhand der wenigen anderen Importstücke kaum möglich. Mykenische Keramik war entlang der Küsten des gesamten östlichen Mittelmeerraums in der Spätbronzezeit dagegen weitverbreitet und wurde zudem überall lokal nachgeahmt. Gemessen an diesen Vor-

Abb. 139: Auf dieser Scherbe ist ein Krieger eingeritzt, der einen Helm aus Eberzähnen trägt, wie er für die mykenischen Raum typisch war.

kommen und am Gesamtaufkommen der hethtischen Keramik bewegen sich dagegen die wenigen Funde in hethitischen Fundorten im Zentrum des Reichs im verschwindend geringen Promillebereich: Die insgesamt an zwei Händen abzählbaren Einzelstücke aus Boğazköy, Kuşaklı, Maşat Höyük oder Fraktın belegen allenfalls zufällige, sporadische Kontakte, wobei aufgrund unserer allgemeinen Kenntnis der Verkehrswege zu vermuten ist, daß die Stücke über Kilikien und nicht direkt aus der Ägäis importiert wurden. Auf diese sporadischen Kontakte weist auch eine Scherbe hin, die mit einem eingeritzten Krieger verziert ist, der einen Eberzahnhelm trägt, wie er vor allem im ägäisch-mykenischen Kulturraum belegt ist (Abb. 139). In den spätbronzezeitlichen Schichten von Milet wurde hingegen eine bemalte mykenische Scherbe gefunden, auf der eine Person eine mit Hörnern verzierte hethitische Spitzmütze trägt.

Abb. 140: Langes Schwert westanatolischer Herkunft, das nach Aussage einer akkadischen Keilschriftinschrift auf der linken Kante von Tuthalija II. nach einem Sieg über Aschuwa, das in der westlichen Zentraltürkei vermutet wird, als Weihegeschenk für den Wettergott nach Hattuscha gebracht wurde.

Doch nicht nur Luxusgüter gelangten über Reichsgrenzen; häufig wurden auch Diplomaten und Fachleute ausgetauscht. Inwieweit der damit verbundene Transfer von Ideen im Rahmen der überregionalen Kulturkontakte eine Rolle gespielt hat, ist anhand der Texte und der archäologischen Funde immerhin für einzelne Bereiche nachvollziehbar. Von der wahrscheinlichen Übernahme der Glastechnik aus Babylonien war bereits die Rede; ebenso von den schriftlichen Nachrichten, nach denen Zimmerleute und ihre spezialisierten Handwerkstechniken ebenso in Ägypten vertreten waren wie hethitische Pferdetrainer. Ein weiterer, ebenfalls durch Fundstücke belegter Bereich, in dem enge Gemeinsamkeiten zwischen Ägypten, der Levante, Syrien und dem hethitischen Anatolien zu konstatieren sind, war das Militärwesen – insbesondere die Streitwagentechnik. Kleine, eigentlich unscheinbare, pyramidenförmige, knaufartige Steinobjekte, die als Verzierungen auf den Wagen angebracht waren und in Hattuscha und Kuşaklı ausgegraben wurden, belegen, daß die hethitischen Streitwagen mit großer Wahrscheinlichkeit denen der Ägypter entsprachen, wie dies auch im Bild der Kadesch-Schlacht deutlich wird (Abb. 133). Ohne den Ursprung dieser Wagenform hier klären zu können, wird deutlich, daß im östlichen Mittelmeer alle Parteien über eine mehr oder weniger gleichwertige Ausrüstung verfügten. Dies könnte auch für die Bewaffnung mit langen, dünnen Schwertern zu gelten, von denen Exemplare, die im hethitischen Zentralanatolien gefunden wurden (Abb. 140), erkennen lassen, daß sie nach ägäischen Vorbildern in Westanatolien hergestellt wurden (A. Müller-Karpe).

Trotz der relativ spärlichen archäologischen Nachweise markiert das internationale Interesse der Hethiter im Vergleich zu den vorangegangenen Jahrhunderten einen tiefgreifenden politischen Paradigmenwechsel: Waren es im späten 3. Jahrtausend v. Chr. viele einzelne Fürstentümer, die eher zufällig entstandene und nicht stabile Beziehungen mit den umliegenden Kulturen unterhielten, entstand durch die Etablierung des assyrischen Handelssystems erstmals eine institutionalisierte Form des Austauschs, der aber weiterhin von Privatpersonen betrieben wurde. Dabei zeigen die Funde deutlich, daß Angehörige verschiedener sozialer Schichten der Gesellschaft auch unterschiedliche Formen der Beziehungen zu den umliegenden Regionen pflegten.

Archäologisch nachweisbar sind diese verschiedenen Formen des Kontakts dadurch, daß in der Karum-Zeit ebenso wie bereits im 3. Jahrtausend eine Vielzahl an Kulturzeugnissen – z. B. Metallarbeiten, Siegel, Keramik und Architekturformen – von Anatolien aus in die angrenzenden Regionen gelangten. Diese Entwicklung hielt auch in der Zeit der alt-hethitischen Könige an, was beispielsweise eine Vase aus Hüseyindede belegt (ca. Mitte bis 2. Hälfte des 16. Jahrhunderts v. Chr.), die eine Stiersprungszene trägt, wie sie auch auf Wandmalereien auf Kreta, in Ägypten und auf Siegelbildern in der Levante zu finden sind. Entsprechendes gilt für die Verbreitung von Motiven auf Siegelbildern zwischen Zentralanatolien und der Ägäis. Möglicherweise dürfen sogar Kontakte auf der Ebene der Eliten zwischen Inneranatolien und der Argolis (Peloponnes) angenommen werden, da die Darstellung eines Streitwagens auf einem Relief von der Büyükkale und auf reliefierten Platten aus Mykene

(Gräberrund A) im Hinblick auf den bewegten Stil, die Kampfbilder und den Wagentyp Beziehungen aufzuweisen scheint. Aus diesen Befunden schließen wir, daß die Kontakte bis in alt-hethitische Zeit vielfältig, aber in den meisten Fällen wohl eher informeller, nichtstaatlicher Natur waren.

Mit der Etablierung des hethitischen Reichs veränderte sich diese Situation seit der 2. Hälfte des 16. Jahrhunderts v. Chr. jedoch grundsätzlich: Da in den umliegenden Regionen praktisch keine Erzeugnisse der homogenen materiellen Kultur Zentralanatoliens feststellbar sind, aber dennoch ein facettenreicher Austausch der Eliten vor allem anhand der Textquellen nachweisbar ist, müssen die überregionalen Beziehungen infolge der hethitischen Staatsgründung zentralisiert und monopolisiert worden sein.

Insgesamt läßt sich also trotz der relativ wenigen konkreten Belege festhalten, daß das hethitische Reich von Beginn seines Bestehens an ein Teil der Staatengemeinschaft des Alten Orients gewesen ist. Die hethitischen Eliten waren eingebunden in den Fluß von Ideen, Menschen und Gütern. Was jedoch die Alltagskultur betrifft, so lassen sich die archäologischen Befunde in Hattuscha und an den weiteren bisher untersuchten Fundorten nur dahingehend interpretieren, daß es keinen wirtschaftlich relevanten Austausch an Massengütern zwischen dem hethitischen Kernland und der östlichen Mittelmeerwelt gab. Die in den Texten belegten Luxusgüter haben kaum archäologisch sichtbare Spuren hinterlassen und dürften weder wirtschaftlich noch im Alltagsleben der Eliten eine spürbare Rolle gespielt haben. Die Uniformität der Alltagskultur auf dem zentralen, anatolischen Hochland bestätigt die in den vorhergehenden Kapiteln getroffene Feststellung, daß wir es bei der hethitischen Wirtschaft und Gesellschaft Zentralanatoliens mit einem in sich geschlossenen und kleinteilig regional organisierten Kreislauf zu tun haben, der nach außen hin weitgehend autark war.

VIII
DIE EISENZEIT: IN DIE STEINZEIT UND ZURÜCK ZUR STADTKULTUR IN WENIGEN HUNDERT JAHREN

Obwohl der Zusammenbruch des hethitischen Reichs, den ich oben (S. 109–113) geschildert habe, noch in vielen Details unklar ist, sind die Schärfe und die Tiefe des Umbruchs evident. Bis zu den Entdeckungen von Jürgen Seeher und Hermann Genz auf Büyükkaya ging man aufgrund der historischen Überlieferung und der archäologischen Befunde auf Büyükkale davon aus, daß Hattuscha nach der Auflösung der staatlichen hethitischen Strukturen in den ersten Jahrzehnten des 12. Jahrhunderts v. Chr. (Büyükkale III) für mehrere hundert Jahre unbewohnt blieb (K. Bittel). Demnach sollte dieses sogenannte Dunkle Zeitalter bis zur vermeintlichen Ankunft der Phryger – aus dem Westen (?) – in Zentralanatolien im 8. Jahrhundert v. Chr. angedauert haben (Büyükkale II).

Heute wissen wir freilich, daß nicht nur in Boğazköy, sondern auch an anderen Orten – wie z. B. Gordion (M. Voigt) und Kaman-Kalehöyük (K. Matsumura) – eine Kontinuität der Besiedlung von der Spätbronzezeit über die Früheisenzeit bis in die mittlere und späte Eisenzeit archäologisch belegt ist. Dabei ist zu beobachten, wie sich die zunächst regional unabhängig voneinander entstehenden, unterschiedlichen bemalten Keramiken im Laufe der Zeit und parallel zu einer allgemeinen kulturell und politisch engeren Verbindung formal einander angleichen und zu einem überregionalen Stil entwickelten. Entscheidende Details dieses Vorgangs – wie beispielsweise der Ursprung der phrygischen Sprache als wichtigstem Merkmal des phrygischen Reichs – bleiben dabei jedoch bislang weitgehend im dunkeln.

Lange war umstritten, wie weit der kulturelle und politische Einfluß von Gordion – der Hauptstadt des phrygischen Reichs im 9. und 8. Jahrhundert v. Chr. – nach Osten über den Fluß Kızılırmak (griechisch: Halys) hinausreichte. Heute geht man davon aus, daß die Regionen östlich des Flusses wahrscheinlich nicht zum phrygischen Staatsgebiet gehört haben. Das läßt sich unter anderem daraus schließen, daß die für Phrygien typische graue Keramik im Osten weniger häufig anzutreffen ist (H. Genz, G. Summers). Angesichts dieser Unsicherheiten – und zumal die ursprünglich mit den Phrygern verbundene, bemalte Keramik lokalen Ursprungs in Zentralanatolien und zudem über das Herrschaftsgebiet des phrygischen Reichs unter Midas im 8. Jahrhundert v. Chr. hinaus nachzuweisen ist – bedient man sich heute eher einer neutralen Benennung dieser Epoche. Die Kulturentwicklung wird in Boğazköy anhand der Grabungen in folgende Abschnitte unterteilt (H. Genz): Frühe Eisenzeit (ca. 12. bis 10. Jahrhundert v. Chr.), Büyükkaya-Stufe (ca. 9. Jahrhundert v. Chr.), Büyükkale II-Stufe (ca. 8. bis spätes 7. Jahrhundert v. Chr.) und Büyükkale I-Stufe (Wende 7./6. bis Ende 6./frühes 5. (?) Jahrhundert v. Chr.).

Betrachtet man die wenigen überlieferten Sprachdenkmäler, so wird anhand der genannten Inschriften deutlich, daß im Süden Zentralanatoliens Luwisch geschrieben wurde; im Norden dagegen belegen neben den Funden aus Gordion im 8. (?) und vor allem im 7. bis 6. Jahrhundert v. Chr. Graffiti in Boğazköy und Inschriften in der Ruine am Kerkenes Dağı, daß in diesen Regionen phrygische Dialekte gesprochen und geschrieben wurden. Möglicherweise deutet sich in dieser Verteilung eine sprachliche und damit auch ethnische Gliederung Zentralanatoliens an.

Der Süden Zentralanatoliens, d. h. das Kızılırmak-Tal und die Regionen südlich bis zum Taurus, gehörte nach Ausweis der sich dort im 8. und 7. Jahrhundert v. Chr. konzentrierenden hieroglyphen-luwischen Felsinschriften und -reliefs zum spät-hethitischen Reich von Tabal. Eine politische Zuordnung des nördlichen Teils Ost-Zentralanatoliens, wo sich die großen eisenzeitlichen Siedlungen von Alişar Höyük, Kerkens Dağı (nur 6. Jahrhundert v. Chr.) und Boğazköy befanden, ist derzeit unmöglich. Obwohl die wenigen Fundorte enge kulturelle Beziehungen erkennen lassen, bildeten Alişar Höyük und Boğazköy im 8. und 7. Jahrhundert v. Chr. möglicherweise eigenständige politische Einheiten.

Da bis in das 7. Jahrhundert v. Chr. hinein keine autochthone schriftliche Überlieferung in Zentralanatolien vorliegt, kennen wir den Name der Siedlung in Boğazköy nicht. Bisweilen wurde der Ort mit dem von

Herodot genannten Pteria identifiziert; diese Gleichsetzung muß jedoch verworfen werden, da nach den jüngsten Forschungen von G. Summers vieles dafür spricht, daß die große Stadtruine am Kerkenes Dağı einst ebenjene Stadt war. Als zweiter Kandidat wurde in der älteren Forschung der aus römischen Quellen bekannte Ort Tavium genannt, das aber in Büyüknefesköy (bei Yozgat, ca. 25 km südwestlich von Boğazköy) zu lokalisieren ist (K. Bittel, K. Strobel).

Was die kulturelle Entwicklung in Boğazköy betrifft, so verdeutlichen die Beobachtungen auf Büyükkaya besonders drastisch die tiefgreifenden Veränderungen, welche die Siedlungsstruktur und die materielle Kultur am Ende der hethitischen Epoche erfuhren. In wenigen Jahrzehnten wurden die Menschen von der Stufe der hethitischen Hochkultur auf ein kulturelles und technisches Niveau zurückgeworfen, das dem des Chalkolithikums entsprach.

Die auf Büyükkaya ausgegrabene Siedlung besteht in der frühen Eisenzeit aus kleinen, unstrukturierten Grubenhäusern. Während in der ältesten Phase dieser Epoche noch wenige scheibengedrehte Formen vorkommen, die entfernt an hethitische Vorgänger erinnern, so ist die Mehrheit der Keramik bereits aufgebaut – d. h. von Hand und ohne Töpferscheibe geformt –, reduzierend gebrannt und weist völlig neue Formen ohne Bezug zum hethitischen Repertoire auf. Zumindest in der Keramik scheint mithin eine kurze Phase des Nachwirkens der hethitischen Kultur auf, die wohl darauf hindeutet, daß das Ende der staatlichen hethitischen Strukturen nicht mit einer plötzlichen, völligen Entvölkerung der Gegend einherging. Bemerkenswert ist, daß die neuen Keramikformen, aber auch deren Herstellungstechniken Traditionen der Früh- und Mittelbronzezeit aufgreifen (H. Genz). Ähnliches könnte sich auch im Falle der Siedlungsstrukturen abzeichnen, da abgesehen von Boğazköy keine der hethitischen Städte in der Eisenzeit kontinuierlich weiter besiedelt wurde. Vielmehr wurden im 1. Jahrtausend v. Chr. die traditionellen Siedlungshügel (türk. *Höyük*) wieder genutzt. Dieses Phänomen ist ein weiteres Indiz dafür, daß die hethitische Kultur Anatolien im 2. Jahrtausend v. Chr. nur oberflächlich erfaßt hat, sie aber flächendeckend letztlich nicht so weit durchdringen konnte, daß die tief verwurzelten, langlebigen kulturellen Strukturen nachhaltig verändert worden wären.

Der Beginn der mittleren Phase der frühen Eisenzeit markiert die Wei-

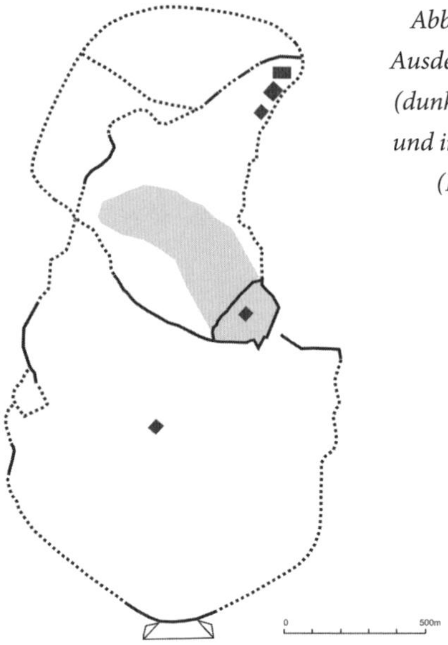

Abb. 141: Schematische Darstellung der Ausdehnung der Stadt in der Früheisenzeit (dunkle Stellen, 11.–9. Jahrhundert v. Chr.) und im 8. bis spätem 7. Jahrhundert v. Chr. (Büyükkale II, helle Schattierung)

terentwicklung der neuen Formen und Herstellungstechniken. Anklänge an die hethitischen Traditionen sind fortan nicht mehr anzutreffen. Erstmals tritt eine neue, rot bemalte Keramik auf, die nicht nur auf Büyükkaya, sondern z. B. auch in den Überresten des Tempels 7 in der Oberstadt und der Periode III auf Büyükkale gefunden wurde. Offenbar hatte man sich in den teilweise noch anstehenden hethitischen Ruinen notdürftig eingenistet. Nur wenige Fundorte mit vergleichbarer Keramik sind bekannt. Sie liegen vor allem nördlich und nordwestlich von Boğazköy, was zu der Vermutung Anlaß geben könnte, die Herkunft der Neusiedler in dieser Region – dem Gebiet der Kaschkäer, einem Volk, das die Hethiter im ausgehend 2. Jahrtausend v. Chr. mehrfach bedrängte – zu suchen. Möglicherweise haben Bevölkerungsverschiebungen aus dem Norden jenes Vakuum gefüllt, das im Zentrum des hethitischen Reichs nach dessen Zusammenbruch entstanden war. Hermann Genz schließt aus den betreffenden Befunden, daß Anatolien damals in kleine regionale Einheiten gegliedert war, die sich durch jeweils eigenständige Keramikstile und kulturelle Merkmale auszeichneten.

Sowohl im Hinblick auf die Architektur als auch auf die Keramikent-

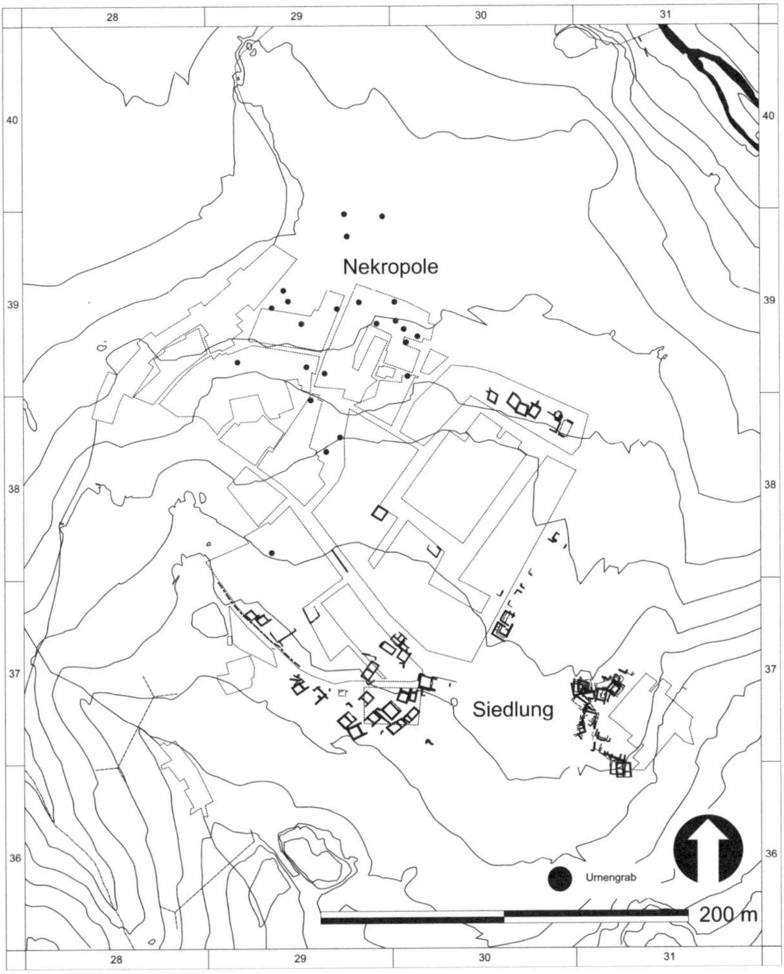

Abb. 142: Siedlung und Nekropole in der Unterstadt im 8. und 7. Jahrhundert v. Chr.

wicklung brachte in Boğazköy die sogenannte Büyükkaya-Stufe des 9. Jahrhunderts v. Chr. eine wesentliche Weiterentwicklung. Es entstanden Häuser mit einem Raum und hohen Steinfundamenten, die häufig mit einer Seite gegen den Hang gebaut waren und manchmal einen Anbau hatten. In den Freiflächen zwischen den Gebäuden wurden zahlreiche Gruben zur Abfallentsorgung angelegt.

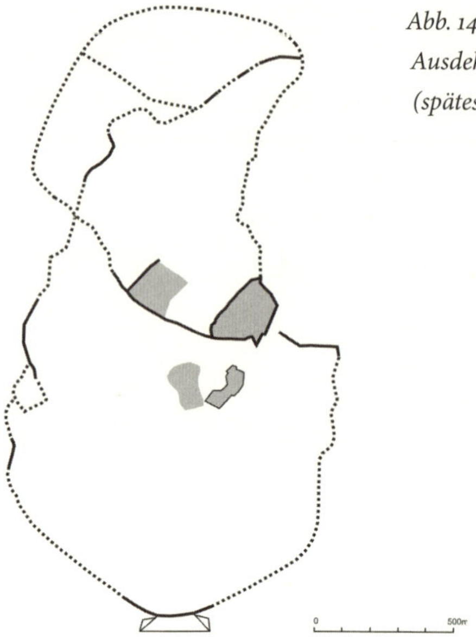

Abb. 143: Schematische Darstellung der Ausdehnung in der Phase Büyükkale I (spätes 7. bis 6./5. Jahrhundert v. Chr.)

Die Keramik der Büyükkaya-Stufe – der frühen Eisenzeit – weist formale Beziehungen zu Keramikformen der älteren Phasen der Bronzezeit auf; sie wurde nur in Boğazköy nachgewiesen und darf deshalb wohl als Indiz für die regionale Zersplitterung Zentralanatoliens gelten. Demgegenüber verbindet die Keramik der mittleren Eisenzeit – also der sogenannten Büyükkale II-Stufe (ca. 8. Jahrhundert v. Chr.) – Boğazköy mit zahlreichen Fundplätzen im östlichen Zentralanatolien. Waren die frühe Eisenzeit und die Büyükkaya-Stufe gekennzeichnet von kleinräumigen regionalen Strukturen, so traten in der Folgezeit innerhalb des Kızılırmak-Bogens und darüber hinaus nach Süden und Westen ausgreifend relativ einheitliche Keramikformen an deren Stelle (Abb. 145). Vermutlich waren diese Gebiete fortan kulturell und politisch stärker miteinander vernetzt.

Erstmals seit dem Zusammenbruch des hethitischen Reichs wurden in dieser Phase die alte Kernstadt und die Büyükkale (Schicht II) wiederbesiedelt (Abb. 141). Die scheinbare Lücke in der Siedlungsabfolge der Büyükkale, die sich – wie wir heute wissen – nur zufällig auftat, weil dieser Teil der Stadt in den ersten Jahrhunderten nach dem Zusammenbruch des hethitischen Reichs nicht genutzt wurde, war jedoch für K. Bittel der vermeintliche archäologische Beweis für die Existenz einer Siedlungslücke nach dem Ende des hethitischen Reichs. Siedlungsreste der Phase Büyükkale II wurden auch auf dem Nordwesthang und in der Unterstadt ergraben, so daß die Siedlung eine Ausdehnung erreichte, die fast der alt-hethitischen Stadt entsprochen hat (Abb. 24. 141). Auf dem oberen Plateau von Büyükkaya wurde eine Befestigungsanlage freigelegt, die – was zu der nur sehr spärlichen inneren Bebauung passen würde – als Fluchtburg für die Bewohner der ansonsten möglicherweise unbefestigten Siedlung interpretiert wird.

Während sich auf der Büyükkale wegen der großflächigen Umgestaltung in der jüngeren Eisenzeit nur wenige Architekturfragmente erhalten haben, ermöglichen Befunde aus der Unterstadt einen relativ guten Überblick über die Architektur dieser Zeit (Abb. 142): Die kleinen Gebäude mit einem oder zwei, meist hintereinander angeordneten, ungefähr quadratischen Räumen stehen möglicherweise in der Tradition älterer eisenzeitlicher Bauweisen. Holz wird nur selten als horizontaler Ausgleich zwischen Steinlagen verwendet. Neben dieser Mehrheit einfacher Bauten fallen einige Häuser, die eine offene Vorhalle vor einem quadratischen Raum haben, durch ihre Verwandtschaft mit den sogenannten Megaronbauten in Gordion auf (Abb. 142). Die Ausstattung der Gebäude mit Feuerstellen, gemauerten Bänken und eventuell einem Ofen charakterisieren sie als multifunktionale Wohn- und Arbeitshäuser. In einem der

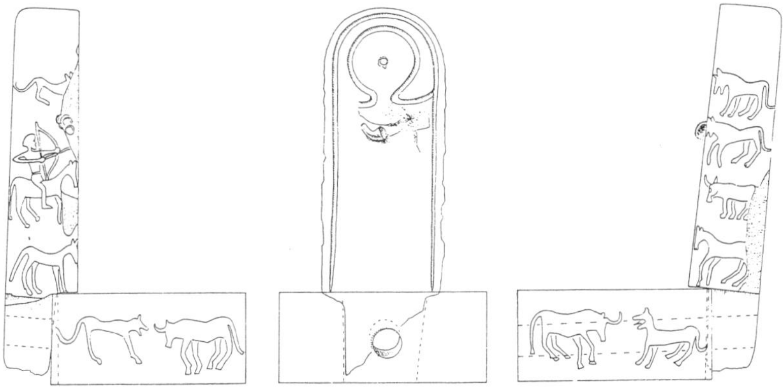

Abb. 144: Kultstele der Eisenzeit (Höhe ca. 10 cm)

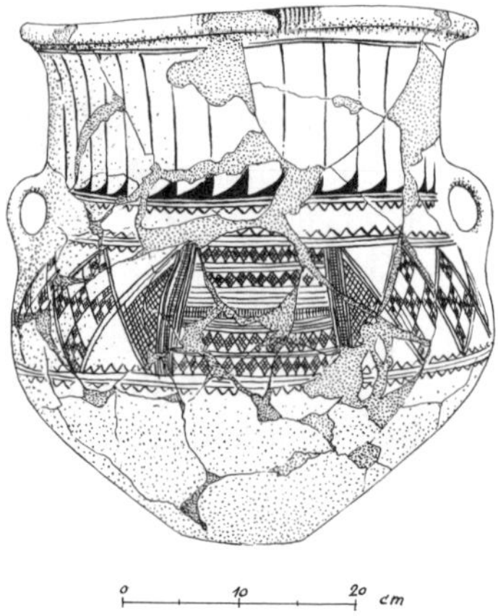

Abb. 145: Polychrome bemalte Keramik ist charakteristisch für die Periode Büyükkale I

Häuser in der südlichen Unterstadt wurde ein kleiner, etwa 10 cm hoher, mit Jagdreliefs und Tierkampfszenen verzierter Altar gefunden (Abb. 144).

Die in den 1960er und 1970er Jahren in der Unterstadt ausgegrabenen eisenzeitlichen Siedlungsreste sind vor allem durch die unsystematische Grabungsweise der ersten Grabungen von Theodor Makridi und Hugo Winkler stark gestört und nur teilweise auswertbar. Dennoch ist an den dokumentierten Gebäuden keinerlei vorgeplante oder übergeordnete Siedlungsstruktur erkennbar (Abb. 142). Die Häuser weisen unterschiedliche Ausrichtungen und Eingänge von verschiedenen Seiten auf. Die Verteilung der Gebäude scheint sich grob den durch die landschaftliche Gliederung und die Ruinen der hethitischen Bebauung vorgegebenen «natürlichen» Grenzen anzupassen; vor allem die hethitische Poternenmauer im Süden und die Tempelterrasse im Norden und Westen bilden entsprechende Bereiche. Westlich, außerhalb dieser Siedlung wurde auf einer tiefer gelegenen Geländeterrasse der einstigen hethitischen Unterstadt ein Gräberfeld freigelegt, wo die Verstorbenen im Rahmen von Brandbestattungen in kleinen Urnen beigesetzt wurden (Abb. 142).

Bemerkenswert ist, daß trotz des komplexen Geländes und der Größe der Siedlung, die sich von der Unterstadt über den Nordwesthang bis zur Büyükkale erstreckte, keine eigenständige Befestigungsanlage nachgewie-

Abb. 146: Die Architektur der Siedlung der Periode Büyükkale I (Wende 7./6. bis Ende 6. / frühes 5. [?] Jahrhundert v. Chr.)

sen werden konnte. Dieser Umstand unterscheidet die Phase Büyükkale II von der jüngeren Epoche (Büyükkale I), die sich durch aufwendige Befestigungswerke (Büyükkale, Südburg und auf dem Nordwesthang) auszeichnete (Abb. 143). Unklar ist dagegen, ob die Siedlungsareale an Nişantepe in der Periode Büyükkale I durch eine Mauer eingefaßt waren.

Ein weiterer Unterschied zwischen der älteren und der jüngeren Epoche besteht darin, daß sich die jüngere Siedlung einerseits den Nordwesthang hinauf verlagerte und sich ein zweiter Schwerpunkt nach Süden zwischen Nişantepe und der Südburg bildete (Abb. 143. 144). Offensichtlich zog man sich in der Phase Büyükkale I in Bereiche zurück, die man besser schützen und verteidigen konnte. Möglicherweise wurden die Zeiten unruhiger.

Abb. 147: Luftbild der eisenzeitlichen Befestigungsanlage der Südburg; im Hintergrund liegt Büyükkale

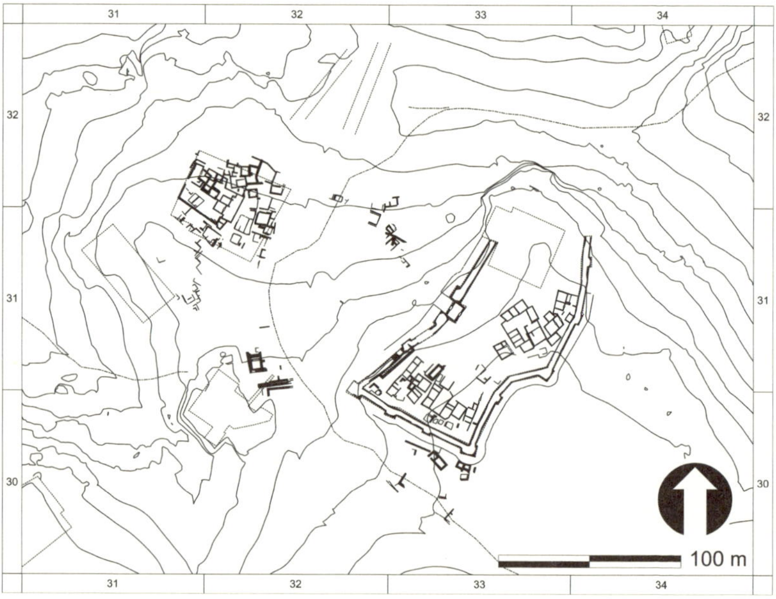

Abb. 148: Die Architektur der späten Eisenzeit (Büyükkale I) in der ehemaligen hethitischen Oberstadt

Abb. 149: Statue der Kybele mit zwei männlichen Begleitern, gefunden am Südosttor der Büyükkale I (Höhe mit Basis 1,34 m)

Mit der Stufe Büyükkale I erreicht die Siedlung in der späten Eisenzeit (ca. 2. Hälfte 7. und 6. Jahrhundert v. Chr.) eine neue Qualität (Abb. 146). Wir wissen zwar nicht genau, ob alle Bereiche, in denen Keramik dieser Zeitstufe entdeckt wurde (Büyükkale, Nordwesthang, Ostplateau, Nişantepe und Südburg), gleichzeitig besiedelt waren, doch werden in der Architektur der Häuser deutliche Veränderungen erkennbar. Diese lassen sich als Tendenzen hin zur Ausdifferenzierung sozialer Komplexität interpretieren.

An die Stelle der kleinen, ein- oder zweiräumigen, teilweise halb unterirdisch angelegten Häuser treten nun oftmals große Mehrraumbauten, die auf dem Nordwesthang, Büyükkale und im Bereich der Südburg freigelegt wurden (Abb. 146. 147). Da bisher in keinem dieser Häuser ein

Abb. 150: Ein seltener eiserner Helm erlaubt einen Einblick in die Waffentechnik dieser Zeit (Höhe 26 cm).

vollständiges Inventar ausgegraben wurde, wissen wir nicht genau, wie sie genutzt wurden. Dennoch zeugt die Größe und die Vielzahl der Räume, die für eine Aufteilung von Funktionen sprechen, von Veränderungen und einem deutlichen Zuwachs an sozialer und wirtschaftlicher Komplexität. Vergleichbare Häuser wurden auch in der etwa 50 km südöstlich von Boğazköy gelegenen Bergstadt am Kerkenes Dağı dokumentiert, so daß es sich dabei um eine zu dieser Zeit allgemein verbreitete Hausform zu handeln scheint.

Im Nordosten der einstigen hethitischen Palastanlage von Büyükkale wurden auf einer großen Fläche Gebäudereste aus dieser Epoche freigelegt (Abb. 146). Daß es sich dabei um einen Palast handelte, wie der Ausgräber Kurt Bittel vermutete, kann anhand der wenigen Funde kaum sicher entschieden werden. Da zudem die zeitgenössische Palastanlage am Kerkenes Dağı völlig anderen Planschemata folgt, ist Bittels Interpretation heute äußerst fraglich. Es könnte sich auch um mehrere ineinander verschachtelte Großhäuser handeln, ähnlich wie man sie in der etwa gleichzeitigen eisenzeitlichen Festung in Kuşaklı oder am Kerkenes Dağı ausgegraben hat. Lediglich die aufwendigen Befestigungsanlagen der Südburg und vor allem der Büyükkale, deren Hang auf der Süd- und Westseite mit einer Kalksteinpflasterung versehen war, liefern eindeutige Indizien dafür, daß es zu dieser Zeit gut organisierte staatliche Strukturen gegeben haben muß.

Ebenfalls mit Bauten am Kerkenes Dağı läßt sich die vollständig freigelegte Befestigungsanlage der Südburg vergleichen (Abb. 147). Sie weist ebenso wie die Stadtmauer im Südwesten der Büyükkale spitzwinklige Ecken auf, an denen die Mauer ihre Richtung ändert. Auch die Gestalt der Tore und die leicht geböschte Außenfassade der Mauer weist enge Parallelen zur wesentlich größeren und die gesamte Stadt einfassenden Anlage auf dem Kerkenes Dağı auf. Dieser Umstand ist neben den Hausformen, der Keramik und Kunstdenkmälern ein weiteres Indiz dafür, daß in dieser Zeit erstmals wieder seit der hethitischen Epoche eine gewisse überregionale Einheitlichkeit in zentralen Ausdrucksformen der materiellen Kultur bestand. Sie umfaßte vor allem die Regionen innerhalb des Kızılırmak-Bogens, während Gordion und insbesondere der westliche Teil Zentralanatoliens deutlich abweichende Merkmale zeigen.

In diesem Zusammenhang ist der Fund einer Gruppe von drei Figuren – einer Kubaba-Kybele, eine altanatolische Muttergottheit, mit zwei männlichen Begleitern – von besonderer Bedeutung (Abb. 149). Sie war in einer Nische außerhalb des Südosttores zur eisenzeitlichen Büyükkale I aufgestellt und wurde dort als Hüterin des Tores verehrt (Abb. 146). Der Kult der ursprünglich im Südosten der heutigen Türkei beheimateten Göttin hatte sich im Laufe des 1. Jahrtausends v. Chr. bis nach Phrygien im westlichen Zentralanatolien ausgebreitet. Die an der Statuengruppe aus Boğazköy erkennbaren stilistischen und ikonographischen Parallelen zu Beispielen in Phrygien, aber auch zu solchen aus den späthethitischen Fürstentümern der Südosttürkei verwundern somit nicht. Einfache symbolhafte Darstellungen derselben Göttin fanden sich in der Unterstadt (Phase BK II) ebenso wie an verschiedenen Stellen auf Büyükkale, unter anderem in der Nähe der Tore. Der Kopf einer weiteren Kybele-Plastik wurde im Herbst 1968 etwa 20 km nördlich von Boğazköy beim Dorf Salman gefunden. Dank der ikonographischen Details läßt sich dieser Kopf, der nach K. Bittels Meinung ursprünglich vielleicht sogar aus Boğazköy stammen könnte, ähnlich wie die Gruppe von der Büyükkale in das 6. Jahrhundert v. Chr. datieren.

Diese Rundplastiken reihen sich ein in eine Gruppe von weiteren Funden aus Ayaş, Ankara und Gordion und zeigen, daß in dieser Zeit der Nordosten Zentralanatoliens in einen in stilistischer, ikonographischer und inhaltlicher Hinsicht einheitlichen Horizont des Kunstschaffens eingebunden war.

Nur wenige Funde können dieser Epoche zugewiesen werden, wobei ein eiserner Helm, den J. Seeher auf dem Nordwesthang ausgegraben hat, von einmaliger Bedeutung für unsere Kenntnis der Militärtechnik dieser Zeit ist (Abb. 150).

Ähnlich wie der Architektur lassen sich auch der Keramik der Stufe Büyükkale I Hinweise auf weitreichende überregionale Kontakte entnehmen (ca. 6. Jahrhundert v. Chr.). Vor allem Beziehungen zum phrygischen Kerngebiet im westlichen Zentralanatolien treten nun deutlich hervor (Abb. 145). Diese archäologischen Indizien sprechen dafür, daß Boğazköy und der Nordosten Zentralanatoliens zu einem vom Südosten der Türkei bis in die westlichen Küstenbereiche Anatoliens reichenden Netzwerk regionaler Kleinstaaten gehörten, innerhalb dessen ein reger kultureller Austausch von Osten nach Westen stattfand. Damit ähnelt die kulturelle und politische Struktur der Eisenzeit jener der späten Früh- und und vor allem das Mittelbronzezeit.

Kleine Heiligtümer finden sich auf Büyükkale ebenso wie in der Unterstadt im Bereich des Großen Tempels, während die westlichen und nördlichen Teile der Unterstadt weiter als Nekropole genutzt wurden. Da auf Büyükkaya keine Spuren dieser Epoche nachweisbar sind, liegt der Schluß nahe, daß man diesen strategisch günstigen Höhenrücken nicht mehr als Fluchtpunkt nutzte.

In der späteisenzeitliche Siedlung waren ähnlich wie in hethitischer Zeit Bereiche unterschiedlicher Funktionen in dem stark zerklüfteten Gelände miteinander verbunden. Es handelte sich um ein hierarchisch strukturiertes Gemeinwesen, das man angesichts der Komplexität und der Ausdehnung der Siedlung durchaus als Stadt bezeichnen kann. An Größe übertraf sie viele zeitgenössische Städte im Westen Anatoliens und in Griechenland – auch wenn sie in keinster Weise mit der hethitischen Stadt vergleichbar war.

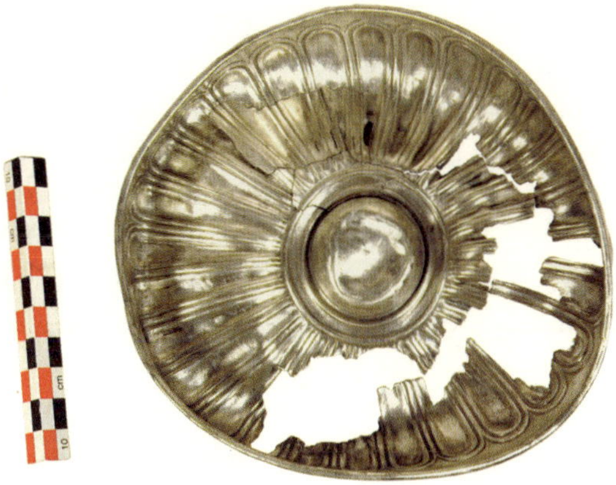

Abb. 151: Eine Omphalos-Schale aus Silber, die auf Büyükkale (Phase BK I) gefunden wurde.

Durch die Lage der befestigten Stadt auf Büyükkale und der Südburg reiht sich die mittel- bis späteisenzeitliche Siedlung des 8. bis 6. Jahrhunderts v. Chr. (Büyükkale II und I) ein in eine Gruppe bekannter Siedlungen in Zentralanatolien, die nicht in den Ebenen, sondern auf deutlich erhöhten Bergplateaus lagen (so in chronologischer Reihenfolge beispielsweise Göllü Dağı, Calapverdi, Yaraşlı, Midas Şehir, Havuzköy, Kerkenes Dağı, Pazarlı). Die Lage auf Gebirgsplateaus, wie sie in Zentralanatolien über mehrere Jahrhunderte hinweg (ca. 11. bis 6. Jahrhundert v. Chr.) nachzuweisen ist, könnte ein Indiz für zahlreiche, regionale politische Einheiten und infolgedessen relativ konfliktreiche Zeiten sein, in denen die Bevölkerung den Schutz der hochgelegenen und somit leicht zu verteidigenden Orte suchte.

An mehreren Stellen der Siedlung der Periode Büyükkale I fanden sich Hinweise auf die Verwendung von Schrift. Die Zeugnisse belegen ein ostphrygisches Schriftsystem, das auch an den monumentalen Steindenkmälern in Kerkenes Dağı nachgewiesen wurde (G. Summers). Stellt man diese Funde den Inschriften gegenüber, die im Süden Zentralanatoliens und vor allem im Kızılırmak-Tal entdeckt wurden, so läßt sich eine sprachliche Trennung zwischen dem Norden und dem Süden Anatoliens erkennen: Das Ost-Phrygische steht dem Luwischen gegenüber. Freilich ist es wahrscheinlich, daß das hieroglyphen-luwische Schriftsystem und die ihm zugrunde liegende Sprache im 8. bis 6. (?) Jahrhundert v. Chr. auch auf der Büyükkale verstanden wurde; ein dort – allerdings in einem unsicheren Kontext – gefundener Bleistreifen mit einer entsprechenden Inschrift deutet darauf hin. Auf alle Fälle läßt sich die systematische Verwendung von Schrift neben den Beispielen von Großarchitektur in Boğazköy und den enormen Ausmaßen der Siedlung von Kerkenes Dağı als Zeichen für die Existenz eines differenzierten staatlichen Systems deuten.

Die materielle Kultur der Eisenzeit weist nur lokale Merkmale auf, die sich nicht genauer einordnen lassen; insofern ist auch das Ende der eisenzeitlichen Besiedlung in Boğazköy (Büyükkale I) in Ermangelung aussagekräftiger Importfunde nicht genauer datierbar. Ursprüngliche Überlegungen, das Ende der Besiedlung in Boğazköy mit dem von Herodot überlieferten Kimmerereinfall (um die Mitte des 7. Jahrhunderts v. Chr.) nach Anatolien zu verbinden, entbehren heute jeder Grundlage: Denn weder sind die Kimmerer in Boğazköy oder anderen Fundorten Zentralanatoliens archäologisch sicher nachweisbar, noch hat sich die Datierung der früher mit dem Einfall der Kimmerer verbundenen Zerstörungsschichten in Gordion in das 7. Jahrhundert v. Chr. bestätigt. In Boğazköy liegt lediglich ein älteres Radiocarbondatum aus einem durch Feuer zerstörten Haus der Schicht Büyükkale II vor. Unabhängig von den Problemen, die der damals angewandten, konventionellen Radiokarbonmethodik innewohnen, entspricht das Datum um die Mitte des 7. Jahrhunderts v. Chr. den archäologisch gewonnen Ansätzen. Für die chronologische Eingrenzung der jüngsten Phase in Boğazköy (Büyükkale I) liegen keine naturwissenschaftlich gewonnenen Datierungen vor.

Während die Keramik und die meisten Kleinfunde in Boğazköy wie auch an anderen Fundorten Zentralanatoliens fast ausschließlich lokalen Charakters sind und deshalb keine genauere Datierung ermöglichen, deuten stilistische und ikonographische Merkmale der zuvor erwähnten Kybele-Statue darauf hin, daß die Siedlung in Boğazköy zumindest bis weit in die 2. Hälfte des 6. Jahrhunderts bestand (K. Bittel). Bestätigt wird dieser Ansatz durch eine Omphalos-Schale aus Silber, die auf der Büyükkale (Periode I; Abb. 151) gefunden wurde, und ein Stempelsiegel, das bei den Grabungen von Jürgen Seeher in einem großen Gebäude der Stufe

Büyükkale I auf dem Nordwesthang zutage kam. Es gleicht in vielem der achämenidenzeitlichen Glyptik im östlichen Mittelmeerraum, beispielsweise den Funden auf dem Düllük Baba Tepesi bei Gaziantep. Aus Yazılıkaya besitzen wir zudem ein Rollsiegel des sogenannten Hofstils aus der Achämeniden-Zeit. Nimmt man die Keramik und die Datierungen der Siegel zusammen, so ergeben sich starke Indizien dafür, daß die Besiedlung bis in die Perser-Zeit andauerte, d. h. mindestens bis an die Wende vom 6. zum 5. Jahrhundert v. Chr.

Zentralanatolien ist in dieser Zeit kulturell fast völlig abgekapselt. Nur an sehr wenigen, küstennahen Fundorten wurden vereinzelte Hinweise auf Außenkontakte entdeckt. Selbst dort, wo die Anwesenheit achämenidischer Verwaltungseinheiten und deren Repräsentanten inschriftlich belegt sind, finden sich ausschließlich lokale Keramikformen. Auch die nur wenig älteren eisenzeitlichen Befunde in Kuşaklı belegen eine rein lokale Kultur, die, wie bereits erwähnt, in manchen Elementen vor allem der Architektur und der Keramik jener von Boğazköy zu ähneln scheint.

Wie, wann und warum die späteisenzeitliche Kultur letztlich zu Ende ging, ist hingegen völlig unklar. Während am Kerkenes Dağı eine massive Zerstörung der gesamten Siedlung um die Mitte des 6. Jahrhunderts v. Chr. ein Ende gesetzt hat (G. Summers), finden sich in Boğazköy keine Hinweise auf ein gewaltsames Ende der Stadt, die wohl noch an der Wende vom 6. zum 5. Jahrhundert v. Chr. bestand.

Die materiellen «Leitfossilien» der zentralanatolischen Kultur der späten Eisenzeit verschwinden zu einem nicht genauer feststellbaren Zeitpunkt zwischen dem frühen 5. und dem späten 4. bzw. frühen 3. Jahrhundert v. Chr. völlig. Möglicherweise handelte es sich um einen länger andauernden Verfallsprozeß, dem ganz verschiedene Faktoren zugrunde gelegen haben könnten. Einer mag die Überbeanspruchung des Naturraums gewesen sein: Große Siedlungen wie Boğazköy oder auch Kerkenes Dağı belegen allein durch ihren archäologisch dokumentierten Holzkonsum eine erhebliche Übernutzung der landschaftlichen Ressourcen. Darüber hinaus hat im Laufe des 6. und frühen 5. Jahrhunderts v. Chr. die Etablierung der achämenidischen Herrschaft zu einer umfassende Neuordnung des politischen Systems und damit verbunden auch der Siedlungsstrukturen geführt.

Im Laufe des 3. Jahrhunderts begegnet uns die völlig anders geartete

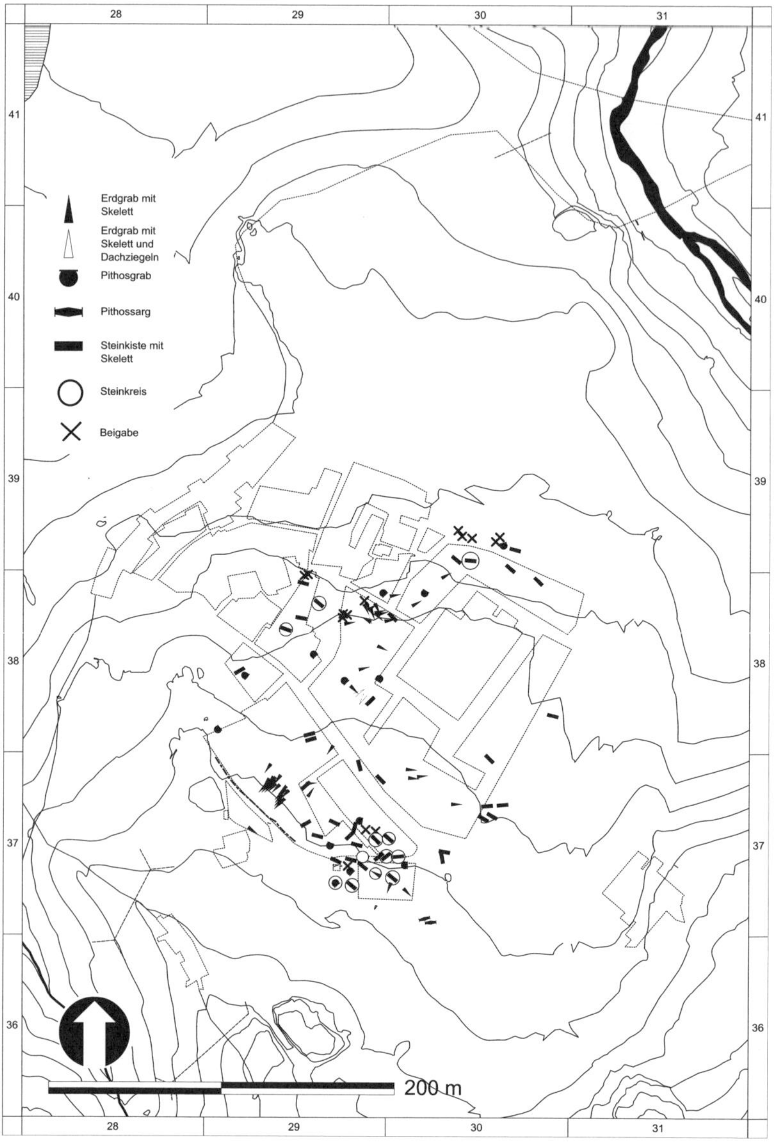

Abb. 152: Übersicht über die antike Nekropole und die verschiedenen Grabformen

Kultur der Galater – der östlichen Kelten – in Boğazköy, die sich durch erkennbare Beziehungen in den Westen Anatoliens und zum Balkan auszeichnet. Dieser drastische Wandel in der materiellen Kultur markiert neuerlich einen tiefgreifender Bruch in der kulturgeschichtlichen Entwicklung des östlichen Zentralanatoliens. Doch waren die Galater mit ihrem Vordringen in diese Region Anatoliens nicht etwa für den Untergang der eisenzeitlichen Kultur verantwortlich; sie stießen vielmehr – als sie aus Westanatolien verdrängt wurden – in ein Vakuum vor, wie es dort schon einmal nach dem Ende des hethitischen Reichs bestanden hatte und wieder nach dem Zusammenbruch des Reichs der Byzantiner bestehen sollte.

IX
BRÜCHE UND KONTINUITÄTEN: VON DER ANTIKE BIS IN DIE FRÜHE NEUZEIT

Das Ende der späteisenzeitlichen Stufe Büyükkale I in Boğazköy läßt sich zeitlich nur ungenau bestimmen. Das Fundmaterial spricht für eine weitgehende Auflösung staatlicher und städtischer Strukturen seit dem späten 6. oder frühen 5. Jahrhundert v. Chr. Strukturell ist diese Zäsur mit dem Umbruch am Ende der hethitischen Epoche vergleichbar. Anders als nach der Herrschaft der Hethiter scheint jedoch diesmal, um die Mitte des 1. Jahrtausends v. Chr., die Siedlungstätigkeit für längere Zeit tatsächlich völlig zum Erliegen gekommen zu sein. Erst im 3. Jahrhundert v. Chr. sollte sich dies wieder ändern. Das durch diesen Umbruch entstandene Vakuum wurde – wie gesagt – durch Gruppen der über Südosteuropa zunächst nach Westanatolien vorstoßenden und dann von den hellenistischen Staaten bis nach Zentralanatolien verdrängten Kelten (Galatern) gefüllt. Sie siedelten sich wahrscheinlich seit der 1. Hälfte des 3. Jahrhunderts v. Chr. in der Region von Ankara und östlich im Kızılırmak-Bogen an. Glaubt man der späteren, römischen Überlieferung, so bildete Tavium, das in Büyüknefesköy, westlich von Yozgat, ca. 20 km südwestlich von Boğazköy liegt, den Hauptort des keltischen Stammes der Trokmer.

Unzusammenhängende Hausreste auf dem unteren Nordwesthang, wo man Beispiele einer charakteristisch bemalten Keramik gefunden hat, belegen ebenso wie Pithosbestattungen – Begräbnisse in großen Gefäßen – und Steinkistengräber in der Unterstadt eine bescheidene Siedlungstätigkeit seit dem 3. Jahrhundert v. Chr. (Abb. 152). Diese bemalte Keramik, die auf den inneren Kızılırmak-Bogen beschränkt ist (L. Zoroğlu), wird aufgrund der parallel verlaufenden Verbreitung der Galater als «galatische Keramik» bezeichnet, ohne daß damit wirklich sicher wäre, daß die Galater sie geschaffen haben. Jedoch erlauben einzelne Funde (etwa Gewandnadeln des Mittellatène-Typs und ein eisernes Schwert) die Rekonstruk-

Abb. 153: In der Spätantike nutzte man viele der Felsen als Steinbruch. Hier ein Beispiel der Südostseite von Kesikkaya, wo beiderseits des Durchbruchs die Steinbruchspuren deutlich sichtbar sind (Norden ist rechts).

tion überregionaler Verbindungen der Galater, die bis zu den Kelten auf dem Balkan und in Zentraleuropa reichen.

Das weitere Schicksal von Boğazköy als Siedlungsplatz in der römischen Epoche bleibt angesichts der wenigen Befunde weitgehend im dunkeln. Im Umkreis der einstigen hethitischen Stadt wurde im Zuge von Geländebegehungen von R. Czichon ein relativ dichtes Netz kleiner antiker Siedlungen in der Ebene nachgewiesen. Offenbar konzentrierte sich die Besiedlung des Tals eher nördlich und westlich der hethitischen und eisenzeitlichen Ruine in den weiten Talauen des Budaközü. Die römische Kaiserzeit mit ihren stabilen und somit relativ sicheren Lebensumständen machte es möglich, die dörflichen Siedlungen in die Nähe der landwirtschaftlichen Nutzflächen in der Ebene zu verlegen. Große, geschlossene Stadtsiedlungen entstanden dadurch jedoch nicht. Das Tal des Budaközü blieb geprägt durch zahlreiche kleinere Dörfer oder Einzelgehöfte, die sich locker in der Landschaft verteilten. Eine Gruppe von ihnen konnte am Westrand der Ebene im Umfeld des Tilkilitepe in Sichtweite der Ruinen von Hattuscha lokalisiert werden.

Durch eine Überlandstraße war die Region mit den übrigen Reichsteilen verbunden. Vereinzelte Architekturreste in den Bergen südwestlich von Boğazköy und zahlreiche aufgefundene Meilensteine erlauben die Rekonstruktion eines Abschnitts dieses römischen Verkehrsweges. Er führte von Süden her – aus der Hauptstadt der römischen Provinz Galatien, Tavium – wenige Kilometer östlich an Boğazköy vorbei und querte nördlich bei Evren (früher Yekbas) die Budaközü-Ebene, um nach Nordosten hin bei Emirler die Hügel in Richtung Alaca zu überwinden. Wahrscheinlich war das römische Amasia – ca. 180 km nordöstlich von Boğazköy – der Endpunkt dieser Route. Anhand der Datierungen in den Inschriften der Meilensteine rekonstruiert Kurt Bittel drei Phasen der Aktivitäten an der Straße: zunächst deren Errichtung im späten 1. Jahrhundert n. Chr., dann ihren Ausbau oder Reparaturen an der Wende vom 2. zum 3. Jahrhundert n. Chr. (aus dieser Zeit stammt die Mehrheit der Meilensteine). Schließlich belegen einige wenige Meilensteine die letzte Phase der Straße um die Mitte des 3. Jahrhunderts n. Chr.

Im ursprünglichen hethitischen Stadtgebiet fanden sich Spuren aus der römischen Kaiserzeit nur bei Grabungen in der Unterstadt, wo im Umfeld des Großen Tempels antike Gräber freigelegt wurden (Abb. 152). Auf der Büyükkale fand man außerdem die Reste einer wahrscheinlich spät(?)-kaiserzeitlichen, kleinen Befestigungsanlage (evtl. des 2. bis 4. Jahrhunderts n. Chr.).

Bei den Gräbern in der Unterstadt handelt es sich mehrheitlich um einfache Erdbestattungen, neben denen auch einige Steinkistengräber zu nennen sind, von denen die älteren vielleicht durch einen Steinkreis markiert waren. Darüber hinaus wurden Keramiksärge freigelegt, die ebenso wie mit Ziegeln abgedeckte Gräber ein Merkmal der Bestattungsformen in Zentralanatolien von der hellenistischen bis in die byzantinische Epoche sind. Warum die Bestattungssitten so unterschiedlich sind, läßt sich nicht genauer bestimmen, da aussagekräftige Grabbeigaben fehlen. Auch Anhaltspunkte für eine genauere zeitliche Einordnung sucht man vergebens. An den verschiedenen Grabformen werden nicht nur unterschiedliche Jenseitsvorstellungen, sondern wahrscheinlich auch ethnische oder soziale, aber auch chronologische Unterschiede deutlich. Ebenso könnten auch äußere Einflüsse bei der Wahl der jeweiligen Bestattungsform eine Rolle gespielt haben.

An zahlreichen Felsen und einzelnen großen Werksteinen des Großen Tempels wurden Abarbeitungsspuren festgestellt, die zeigen, daß die

Ruinen der hethitischen Unterstadt als Steinbrüche dienten (Abb. 153). Am deutlichsten wird dies an den Außenseiten von Kesikkaya. Dort belegen zahllose Schrotgräben, die als lange Furchen häufig von zwei Seiten V-förmig in den Felsen geschlagen wurden und es ermöglichten, gezielt Felsteile abzusprengen, eine intensive Steinbruchtätigkeit.

Da bislang kein Fundplatz der Antike im Umland von Boğazköy näher untersucht wurde, ist es unmöglich, die Auswirkungen der religiösen und politischen Umwälzungen nachzuvollziehen, die zunächst im Zuge der Christianisierung im 3. bis 5. Jahrhundert und dann seit der 2. Hälfte des 7. Jahrhunderts n. Chr. mit der Ausdehnung der Vorstöße arabischer Heere auch Zentralanatolien immer stärker erreichten. Insbesondere Siedlungsreste der byzantinischen Frühzeit können kaum lokalisiert werden. Aufgrund von Hinweisen in der schriftlichen Überlieferung läßt sich vermuten, daß die erwähnte Straße von Tavium nach Amasia – dem modernen Amasya – in byzantinischer Zeit weiterhin benutzt wurde. Die in einer mittelbyzantinischen Kirche des 9. bis 11. Jahrhunderts v. Chr. in der Oberstadt als Spolien verbauten Grabsteine aus dem 6. bis 8. Jahrhundert und vereinzelte Kleinfunde deuten auf die Existenz einer entsprechenden Siedlung hin, die vielleicht auf dem unteren Nordwesthang, nordöstlich von Kesikkaya und vor allem in der nördlichen Unterstadt, im Umfeld von Mıhraplıkaya, zu suchen wäre.

Der Felskegel von Mıhraplıkaya liegt prominent in der nördlichen Unterstadt, oberhalb des Budaközü. Seine Nordwestflanke ist großflächig geglättet und hat eine halbkreisförmige Vertiefung, die mit großen Hacken aus Eisen in den Fels geschlagen wurde (Abb. 154). Möglicherweise ist diese Vertiefung als Teil der rückwärtigen Apsis einer früh(?)byzantinischen Basilika anzusehen. Bereits Theodor Makridi hat hier gegraben und eine bis heute sichtbare Mauer festgestellt, die in einem 90°-Winkel auf die Felsfassade trifft. An der Nordseite des Gebäudes wurde Kalkmörtelmauerwerk verwendet, so daß es nach der 2. Hälfte des 3. Jahrhunderts n. Chr. entstanden sein muß. Entsprechendes Mörtelmauerwerk wurde in Boğazköy lediglich für die byzantinische Kirche des 9. bis 11. Jahrhunderts in der Oberstadt nachgewiesen, so daß das Bauwerk an Mıhraplıkaya allein durch diese Bautechnik als etwas Besonderes charakterisiert ist.

Geophysikalische Untersuchungen im Jahr 2008 haben zwar gezeigt, daß diese Mauer die ursprünglich bis Mıhraplıkaya reichende hethitische

Befestigungsmauer zerstört hat; sie konnten aber nur bedingt Hinweise auf die südliche Begrenzung des jüngeren Bauwerks liefern. Möglicherweise können einzelne Anomalien in den geophysikalischen Bildern als Mauern interpretiert werden, wobei dann aber der byzantinische Bau ungewöhnliche Proportionen zwischen den drei (?) rekonstruierbaren (Kirchen?-)Schiffen aufweisen würde. Da zudem die deutlich nach Süd-Süd-Ost gedrehte Achse ungewöhnlich für eine Kirche ist, werden nur zukünftige Ausgrabungen die Problematik der Funktion dieses monumentalen Bauwerks klären können.

Durch Geländebegehungen wurde im Umfeld der einstigen hethitischen Großstadt ein dichtes Netz meist kleiner byzantinischer Siedlungen und Weiler festgestellt. Diese nutzen nicht nur das Tal des Budaközü, sondern finden sich bemerkenswerterweise auch in den engen, heute eher unattraktiven Seitentälern, über deren topographische Entwicklung wir kaum Kenntnisse haben.

Bemerkenswert ist die Häufung von Grabsteinen aus dem 6. bis 8. Jahrhundert n. Chr., die in der weiteren Umgebung von Boğazköy und im Stadtgebiet gefunden wurden (Abb. 155 a–d). Diese weisen alle nur einfache griechische Inschriften auf, die häufig in ungelenker Schrift den Namen des Verstorbenen nennen. Jedoch zeigen einige neben Varianten von Kreuzen, die mit Efeublättern oder anderen christlichen Symbolen kombiniert sind, auch jüdische Bildelemente. Diese gehören zu den seltenen Hinweisen auf die Existenz jüdischer Gemeinden in einer byzantinischen Siedlung in Zentralanatolien (Abb. 155a–d) – in diesem Falle nahe des modernen Dorfs Evci, ca. 7 km nordwestlich von Boğazköy, wo die meisten Grabsteine gefunden wurden.

In der einstigen hethitischen Hauptstadt konzentrieren sich Siedlungsreste der späteren byzantinischen Zeit des 9. bis 11. Jahrhunderts n. Chr. an verschiedenen Stellen der Oberstadt (Abb. 156. 157). Daß sich die Funde vor allem in den geschützten Hochlagen häufen, deutet auf ein verstärktes Sicherheitsbedürfnis der damaligen Bevölkerung hin. Aufgrund der Konflikte zwischen dem byzantinischen Reich und den immer wieder weit nach Westen vordringenden arabischen Heeren verlagerte man die Siedlungen aus den Ebenen in besser geschützte Bereiche.

Zusammenhängende Reste einer byzantinischen Besiedlung wurden in der Oberstadt im Umfeld des hethitischen Tempelviertels freigelegt.

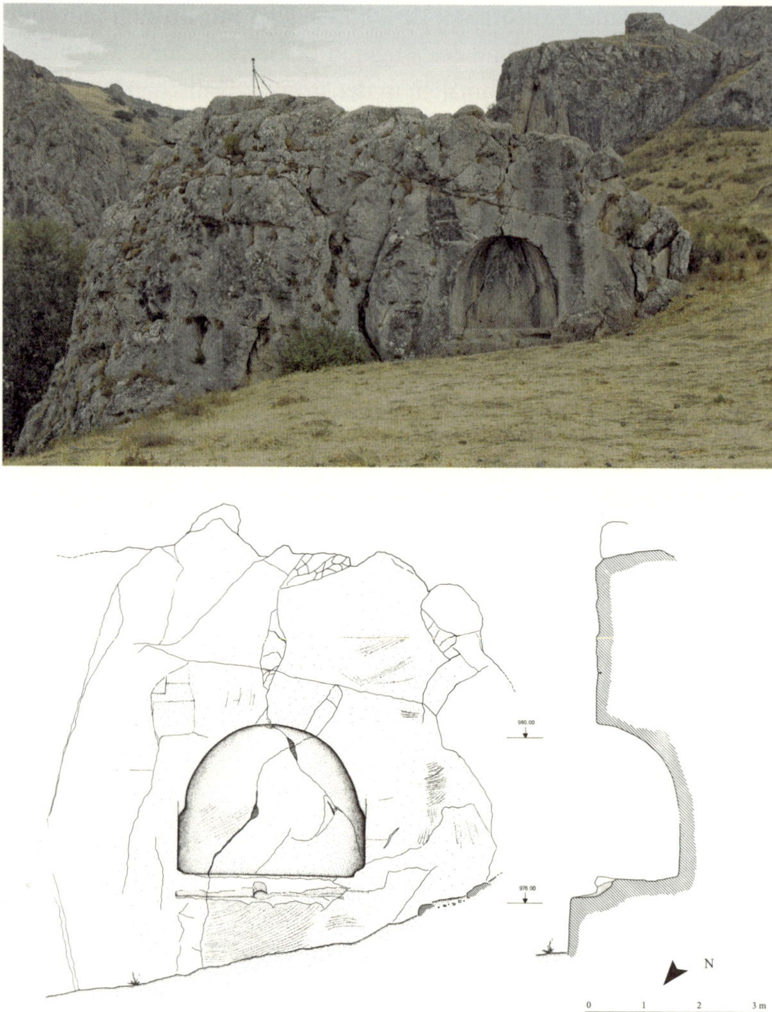

Abb. 154: Die Felsfassade von Mıhraplıkaya in der Unterstadt: a) im Bildhintergrund liegt Ambarlıkaya; b) in der zeichnerischen Dokumentation werden die typischen Spuren eiserner Werkzeuge deutlich sichtbar.

Neben kleinen freistehenden Häusern fanden sich auch größere Gehöfte, die sich jeweils um einen unregelmäßigen Hof gruppieren (Abb. 156. 157). Zum anderen stieß man auf eine kleine Klosteranlage mit einer einschiffi-

a) b) c) d)

Abb. 155: Christliche Grabsteine (a–c) und ein jüdischer (d) Grabstein der mittelbyzantinischen Zeit aus Evci und Boğazköy

gen Kirche mit Tonnengewölbe und einer nördlich vorgelagerten, einschiffigen Kapelle sowie auf einen Friedhof mit einer weiteren kleinen Kapelle. Anhand dieser Befunde gewinnt man einen der seltenen Einblikke in die Struktur einer dörflichen Siedlung des 9. bis maximal mittleren 11. Jahrhunderts n. Chr. in Zentralanatolien. Strukturell gleichen die Siedlung – und vor allem der Kirchenbau – zeitgenössischen Orten in Zentral- und Westanatolien (K. Rheidt). Auffällig aber ist, daß in der Klosterkirche neben hethitischen Spolien – darunter eine Stele des Großkönigs Tuthaliya IV. – auch zahlreiche ältere byzantinische Grabsteine verbaut wurden. Offensichtlich bestand ein Friedhof also bereits, als man die Kirche, die sich vielleicht in ruhigeren Zeiten in der Unterstadt bei Mihraplıkaya befand, dort errichtete.

In der Nekropole wurden insgesamt über 240 Gräber freigelegt, die einen Eindruck von der Bevölkerungsstruktur und den Lebensbedingungen der dörflichen Bevölkerung in Zentralanatolien vermitteln: Hatte man die relativ gefährliche Kindheit (bis etwa zum 5. Lebensjahr) überlebt, so hatten die Menschen gute Chancen, mindestens 35 bis 40 Jahre, in Einzelfällen auch deutlich älter zu werden. Dabei wurden etwas mehr

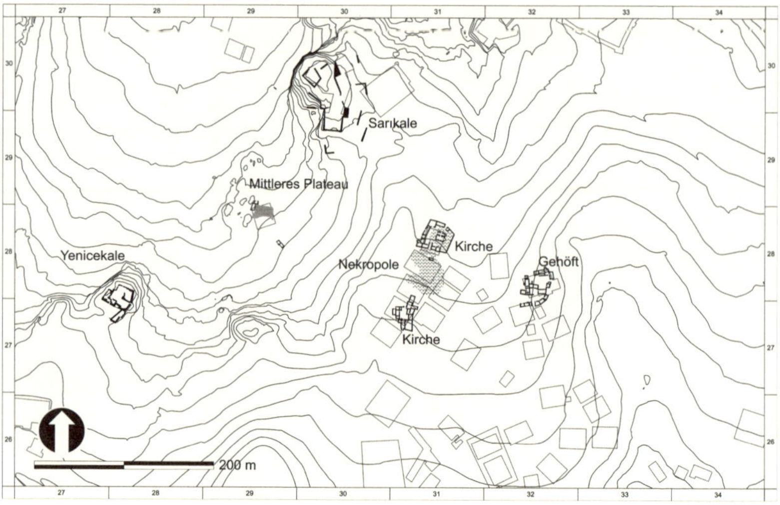

Abb. 156: Übersicht über die byzantinische Siedlung in der Oberstadt von Boğazköy (ca. 9.–11. Jahrhundert)

weibliche als männliche Skelette gefunden. Da nur wenige Skelette Mangelerscheinungen aufweisen, liegt der Schluß nahe, daß die Versorgungslage relativ gut und ausgeglichen war (U. Wittwer-Backofen, M. Schulz).

Weitere Reste dieser Zeit wurden an Yenicekale und auf dem mittleren Plateau zwischen den Felsen von Sarıkale und Yenicekale gefunden. Offenbar umfaßte die lockere byzantinische Besiedlung weitere Teile des geschützten gebirgigen Bereichs der einstigen Oberstadt. Im mittleren 11. Jahrhundert versiegen die ohnehin spärlichen Münzfunde, so daß man annehmen muß, daß die byzantinische Siedlung von Boğazköy spätestens in dieser Zeit zusammengebrochen ist. Aus der Zeit der seldschukischen Fürstentümer konnte eine Nachfolgesiedlung nicht nachgewiesen werden. Die sehr vereinzelten Münzfunde dieser Epoche sind allenfalls ein Indiz dafür, daß die einstige hethitischen Hauptstadt im 12. bis 15. Jahrhundert unregelmäßig von Nomaden durchstreift und als Weidegrund genutzt worden sein könnte.

Diese erneute Zäsur in der Siedlungstätigkeit, die auch in den schriftlichen Quellen beredten Ausdruck findet, muß ähnlich tiefgreifend gewesen sein wie jene nach dem Zusammenbruch des hethitischen Reichs. Denn im Gegensatz zu vielen anderen Regionen Zentralanatoliens kann

Abb. 157: Luftbild der byzantinischen Siedlung in der zentralen Oberstadt, die fast zwei Jahrtausende nach dem Niedergang des hethitischen Reichs entstand. Ihren Mittelpunkt bildete eine Klosteranlage (im Vordergrund), aber auch auf dem nördlich gelegenen Felsen von Sarıkale (im Hintergrund) nutze man die hethitischen Ruinen mit kleineren Umbauten weiter.

keiner der modernen Ortsnamen im Gebiet zwischen Çorum, Yozgat, Kırşehir und Kırıkkale etymologisch auf ältere, vortürkische Wurzeln zurückgeführt werden. Ähnlich grundlegend veränderte sich in der Zeit der Seldschuken und Osmanen auch das Wegenetz, da der bis in byzantinische Zeit bestehende Knotenpunkt Tavium/Büyüknefesköy seine Bedeutung vollständig verlor. Daß Boğazköy also zwischen der Mitte des 11. Jahrhunderts und dem 16./17. Jahrhundert mehrere hundert Jahre unbesiedelt blieb, läßt ahnen, wie tiefgreifend vergleichbare Brüche in der Kulturgeschichte Zentralanatoliens sein konnten.

Mit der Einwanderung der Seldschuken, dem Entstehen zunächst kleiner Fürstentümer und schließlich der Gründung des osmanischen Reichs erfolgte in dieser, aus dem Blickwinkel der Zeitgenossen im Mittelalter abgelegenen Region der Zentraltürkei eine weitgehende Neuordnung des Siedlungsraums. In den südlichen Bereichen Zentralanatoliens zog diese Entwicklung gleichfalls einige Umwälzungen nach sich; jedoch blieben in dieser Region die ländlichen Siedlungsstrukturen weitgehend intakt. Dies ist insbesondere an der Kontinuitäten zahlreicher Ortsnamen erkennbar: So läßt sich zum Beispiel das heutige Konya auf das antike Ikonium, Kayseri auf das antike Caesarea, Ankara auf das antike Ancyra zurückführen. Diese Kontinuitäten betrafen dort nicht nur große Städte, sondern auch ländlichen Bereiche wie etwa das zentrale Kappadokien.

Im nördlichen und östlichen Zentralanatolien – das legen die archäologischen Befunde und historischen Quellen in Boğazköy und Tavium nahe – verlief die Entwicklung deutlich langsamer: Offenbar wurde die wirtschaftlich relativ unattraktive und verkehrstechnisch ungünstig gelegene Region von der Ausdehnung der Siedlungsaktivitäten in den ersten beiden Jahrhunderten der osmanischen Epoche nicht erfaßt. Eine Neubesiedlung des Budaközü-Tals und die Gründung des modernen Dorfs Boğazköy (heute Boğazkale) vollziehen sich erst im 15./16. Jahrhundert und gehen auf die Wirren nach der Zerschlagung des Fürstentums der seldschukischen Dulkadiroğulları durch die Osmanen zurück. Dieses Fürstengeschlecht der Dulkadiroğulları stammte ursprünglich aus (Kahraman-)Maraş in der heutigen Südosttürkei. Um die Mitte des 16. Jahrhunderts siedelte sich ein Zweig dieser Familie nach einer langen Odyssee durch Anatolien in der Ebene des Budaközü zunächst in Yekbas (heute Evren) an. Im Laufe des 17. Jahrhunderts verlegte man die Siedlung nach Boğazköy (Abb. 158). Diese Verschiebung bergauf, in geschützten Lagen, erfolgte wahrscheinlich unter dem Eindruck der Unruhen im Zusammenhang der sogenannten Celali-Aufstände und ist wie so oft in der anatolischen Geschichte eine Reaktion auf die unsicheren Verhältnisse in den offenen Ebenen. Die seitdem bis heute andauernde Siedlungstradition manifestiert sich hier baulich in einem großzügigen Konak, der herrschaftlichen Residenz der Familie, der sich bis heute erhalten hat.

Hier schließt sich der Kreis der Geschichte von Hattuscha. Denn die Nachfahren dieses Fürstengeschlechts – insbesondere Ziya Bey und Arslan Bey – gewährten im 19. und 20. Jahrhundert zahlreichen Reisenden, Forschern und Archäologen in Boğazköy Gastfreundschaft und unterstützten so die Erforschung der Ruine nach besten Kräften (Abb. 158).

Abb. 158: Boğazköy im frühen 20. Jahrhundert. Der Blick von Büyükkale reicht über das erste Grabungshaus der Makridi-Winkler-Expedition (in der unteren Bildmitte) über den Großen Tempel und das Dorf bis weit in die Budaközü Ebene.

Teile des Konak dienten der deutschen Expedition von 1951 bis zum Umzug ins neue Grabungshaus (1974) sogar als Unterkunft.

In der frühen Neuzeit wurde die hethitische Ruine nicht mehr als Siedlungsraum, sondern als Weidefläche genutzt, wie große Tierpferche, die beispielsweise im Tal westlich von Sarıkale ausgegraben wurden, belegen. Andere Teile – etwa den Bereich, in dem die Hethiter einst in der Oberstadt ihr zentrales Tempelviertel angelegt hatten – eroberte die Natur zurück. Alte Fotografien bestätigen den bis heute für diesen Teil der Ruine gebräuchlichen Namen Ağaç Denizi («Wald-Meer»): Der ist auf den dichten Wald zurückzuführen, der das Areal im Süden bis ins 20. Jahrhundert bedeckte. Alle sichtbaren Ruinen der hethitischen Großbauwerke dienten in dieser Zeit als leicht zugängliche Steinbrüche, wovon die zahllosen hethitischen Werksteine zeugen, die man noch heute in den Fundamenten des alten Teils des Dorfs sehen kann.

X

NACHWORT: RÜCKBLICK AUF EIN JAHRHUNDERT ARCHÄOLOGISCHER FORSCHUNG

Das Auf und Ab der Siedlungsgeschichte des südlichen Budaközü-Tals ist in vielerlei Hinsicht exemplarisch für die Entwicklung in weiten Teilen Zentralanatoliens: Vergleichbare Einschnitte in der Kulturentwicklung sind auch an anderen archäologischen Fundorten Anatoliens zu beobachten, wenn auch die Veränderungen im Raum Boğazköy abrupter auftreten und wesentlich tiefgreifender sind. So können diese Prozesse, ihre Ursachen und Begleiterscheinungen dort besonders gut erforscht werden. In den kulturellen Veränderungen spiegelt sich das häufig wiederstreitende Verhältnis zwischen den langfristig wirkenden, strukturell weitgehend gleichbleibenden geographischen, ökologischen oder ökonomischen Grundbedingungen einerseits und den unterschiedlichen menschengemachten Faktoren andererseits, die nicht selten politischer Natur waren.

Wahrscheinlich spielten die ökologischen Voraussetzungen bereits bei der vergleichsweise späten Eroberung der Region durch den Menschen im 6. oder 5. Jahrtausend v. Chr. eine negative bzw. bremsende Rolle. Der erste, archäologisch nachweisbare Umbruch in der Kulturgeschichte erfolgte am Ende des Chalkolithikums, das heißt an der Wende vom 4. zum 3. Jahrtausend v. Chr. Wann und warum die chalkolithischen Kleinsiedlungen verschwanden, wissen wir nicht. Unklar sind auch die Gründe und die Datierung des Wiedereinsetzens der Besiedlung – archäologisch frühestens im Laufe der 2. Hälfte des 3. Jahrtausends v. Chr. sichtbar; es könnte sich also um eine Siedlungslücke von deutlich mehr als einem halben Jahrtausend handeln.

Die materielle Kultur dieser Zeit bezeugt den Beginn einer neuen Entwicklung, die fließend bis in die Karum-Zeit und darüber hinaus in die alt-hethitische Periode reicht. Bemerkenswert ist, daß wir in Boğazköy die Vorstufen dieser Entwicklung nicht kennen, sondern in der 2. Hälfte des 3. Jahrtausends v.Chr. auf eine bereits vollentwickelte urban geprägte Kultur stoßen. Von diesem Zeitpunkt an entwickeln sich Siedlungs- und Hausformen ebenso wie die Keramik nur graduell und in kleinen Schritten, parallel zu einer stetig zunehmenden gesellschaftlichen Komplexität. Vieles deutet darauf hin, daß bereits die Siedlung des ausgehenden 3. Jahrtausends v. Chr. und vor allem die Karum-zeitliche Siedlung zahlreiche Merkmale eines städtischen Gemeinwesens beachtlicher Größe aufzuweisen hatten.

Das Ende der Karum-Zeit scheint an vielen Orten Zentralanatoliens neuerlich mit einem Umbruch einherzugehen: Selbst die größten Siedlungen wie Kültepe, Acemhöyük oder Konya-Karahöyük werden aufgegeben. Obwohl in Boğazköy der letzte Beweis einer unmittelbaren Kontinuität der Besiedlung von der Karum-Zeit bis in die alt-hethitische Epoche und die hethitische Großreichszeit noch fehlt, ist dies einer der wenigen Orte, an dem die Entwicklung über alle kulturellen Epochen verfolgt werden kann.

Ihren Höhepunkt erreicht die kulturelle Entwicklung unter den Hethitern, vor allem seit der 2. Hälfte des 16. Jahrhunderts v. Chr., das sich im Lichte der jüngeren Forschung zunehmend als entscheidender Wendepunkt herauskristallisiert. In dieser Zeit treten zahlreiche archäologisch greifbare Neuerungen auf – geplante Stadtanlagen, hydrotechnische Großbauten, große Getreidespeicher, neue Tempelformen, monumentale Kunstdenkmäler, möglicherweise die Verschriftung der hethitischen Sprache (?) –, welche die Grundlage für den Wandel des hethitischen Hattuscha vom Sitz eines herkömmlichen anatolischen Fürstentums zur Metropole eines Imperiums darstellen. In den letzten Jahrzehnten des 16. Jahrhunderts v. Chr. werden zudem die tiefgreifenden Veränderungen im Siedlungssystem über die Hauptstadt hinaus in Gestalt zahlreicher Neugründungen von Siedlungen (İnandıktepe, Hüseyindede) und großen Provinzstädten (Kuşaklı, Ortaköy) auch in der Provinz wirksam.

Der Zusammenbruch des hethitischen Staates an der Wende vom 13. zum 12. Jahrhundert v. Chr. zeigt eindringlich die Fragilität der hethitischen Kultur, welche die wirtschaftlichen und politischen Voraussetzungen Zentralanatoliens vollständig ausgereizt hatte. Durch ein außergewöhnlich hohes Maß an gesamtgesellschaftlicher Organisation und

Disziplin gelang es den Hethitern für mehrere Jahrhunderte, die Balance zwischen dem Verbrauch eines Imperiums und den natürlichen Ressourcen des Landes zu halten. Gleichzeitig wurde aber die Natur durch den massiven Holzverbrauch für die Metall- und Keramikproduktion, die rege Bautätigkeit und die intensive Land- und Viehwirtschaft in einem für die vormodernen Gesellschaften Zentralanatoliens wohl einzigartigen Maße ausgebeutet. Trotzdem ist der Zerfall des hethitischen Gesellschaftssystems nicht monokausal durch sich verschlechternde Umweltbedingungen zu erklären. Vielmehr ist ein ganzes Bündel innerer und äußerer Gründe anzuführen, das neben wirtschaftlichen Schwierigkeiten vor allem innenpolitische Konflikte umfaßt, die durch die Usurpation des Throns durch Hattuschili III. (ca. 1265 bis 1240/35 v. Chr.) ausgelöst wurden. Der Wegfall der internationalen Handelspartner (bes. Ugarit) im Zuge des Zusammenbruchs der spätbronzezeitlichen Staatenwelt des östlichen Mittelmeerraums verschärfte diese Entwicklung.

Die mehrfach hervorgehobene kulturelle Homogenität der hethitischen Epoche erweist sich angesichts des schnellen Zusammenbruchs und völligen Verschwindens der hethitischen Kultur in Zentralanatolien ihrem Wesen nach als lediglich temporär und oberflächlich. Eine wirkliche Durchdringung und strukturelle Veränderung der Gegebenheiten Zentralanatoliens ist angesichts des totalen Verschwindens der hethitischen Kultur nicht erkennbar. Vielmehr ist gerade die künstlich erzeugte Homogenität ein Indiz dafür, wie stark die gesamte Kultur auf den hethitischen Staat und seine Elite ausgerichtet und von ihm abhängig war. Als diese Elite und das von ihr etablierte Ordnungssystem verschwanden, brach auch die materielle Kultur, die sie hervorgebracht hatte, wie ein Kartenhaus in sich zusammen.

Je nachdem, wie stark vor allem die wirtschaftlichen Probleme waren, vollzog sich der Kollaps innerhalb des Reichs regional unterschiedlich rasch und umfassend. Während Zentralanatolien in wenigen Generationen von einer Hochkultur auf die Stufe des Chalkolithikums zurücksank, bestanden die Reichsteile im Süden und Südosten als unabhängige Kleinfürstentümer (z. B. Tabal, Malatya, Karkemiš, Aleppo, Ain Dara) weiter. Die geographischen Voraussetzungen und damit die auf diesen fußenden wirtschaftlichen und sozialen Strukturen waren in diesen Gebieten der Konkursmasse des Hetitherreichs wesentlich stabiler als im nördlichen

Zentralanatolien, so daß dort aus ehemaligen Provinzen unabhängige Fürstentümer entstehen konnten.

Da zumindest auf Büyükkaya die frühesten eisenzeitlichen Siedlungsspuren unmittelbar auf die hethitische Epoche folgen, wird dort der Bruch besonders deutlich: Sämtliche Elemente einer staatlichen Hochkultur gehen innerhalb kürzester Zeit völlig verloren. Die früheisenzeitlichen Grubenhäuser, die architektonisch die einfachste mögliche Bauweise darstellen und in denen weder scheibengedrehte Keramik oder entwickelte Metallgeräte noch Spuren einer differenzierten Landwirtschaft nachzuweisen sind, erinnern unwillkürlich an neolithische Lebensformen. Während der Eisenzeit vollzieht sich vor dem Hintergrund der beschriebenen Ausgangssituation im 12. Jahrhundert v. Chr. eine bemerkenswerte kulturelle Entwicklung bis hin zum Entstehen kleinstaatlicher Strukturen im 9./8. und 7. Jahrhundert v. Chr.; doch erreicht diese Entwicklung nie wieder den Grad an Staatlichkeit, der mit jenem des hethitischen Großreichs vergleichbar gewesen wäre.

Das Ende der Eisenzeit liegt weitgehend im Dunkel. Zur Beschreibung dessen, was sich vielleicht im frühen 5. Jahrhundert abgespielt haben könnte, fehlt uns das archäologische und historische Material. Da aber die Funde der nächstjüngeren Kulturstufe, die sich im späten 3. Jahrhundert v. Chr. archäologisch abzuzeichnen beginnt, keinerlei Beziehungen zu den Erzeugnissen der Eisenzeit aufweisen, ist wiederum ein tiefer Einschnitt der Kulturentwicklung festzustellen.

Während wir die Gründe für den Zusammenbruch der eisenzeitlichen Stadt kaum nachvollziehen können, wird anhand der archäologischen Realien und der textlichen Überlieferung deutlich, daß mit der galatischen Einwanderung im 3. Jahrhundert v. Chr. eine Entwicklung einsetzt, die im weiteren Umfeld von Boğazköy ununterbrochen bis zum Ende der byzantinischen Epoche im 11. Jahrhundert reicht. Es handelt sich um eine kontinuierliche dörfliche Besiedlung, die sich im Hinblick auf ihre Sozialstrukturen kaum zu verändern scheint und kein urbanes Zentrum im Raum Boğazköy hervorbringt. Der Zusammenbruch der byzantinischen Herrschaft und Kultur in Zentralanatolien führten – gemessen an den archäologischen Funden – im Großraum Boğazköy – im Gegensatz zu den südlichen Regionen Zentralanatoliens – zur völligen Auflösung der Siedlungsstrukturen, die erst wieder im 16. und 17. Jahrhundert durch die Gründung der bis heute bestehenden Dörfer wiederbelebt werden.

Obwohl an praktisch allen Ausgrabungsplätzen in Anatolien und darüber hinaus fast durchgängig ein Auf und Ab der Kulturentwicklung zu beobachten ist, ist die Schärfe der in Boğazköy zu konstatierenden Brüche frappierend. Die in sehr kurzen Zeiträumen auftretenden und nicht selten markanten Unterschiede zwischen Phasen relativ kontinuierlicher Besiedlung – aus denen die hethitische Periode als qualitativ einmaliger Höhepunkt klar herausragt – und Perioden des völligen Zusammenbruchs der Kulturentwicklung mit dem darauf jeweils folgenden Neubeginn gänzlich anders gearteter Kulturen ermöglichen es, an diesem Ort die Gründe für solche Veränderungen exemplarisch zu untersuchen. Dabei ist das prekäre wechselseitige Verhältnis zwischen menschlichem Handeln und den sich stets verändernden, im nördlichen Zentralanatolien fragilen naturräumlichen Bedingungen einer der Gründe, deren Wirkungsmacht wir bei den verschiedenen Umbruchphasen erkennen können: Neben der Strapazierung der natürlichen Grundlagen, die unweigerlich zu sozialen Spannungen und innerer Instabilität führen, spielen zumindest beim Zusammenbruch des hethitischen Reichs, der eisenzeitlichen Kulturen und des byzantinischen Reichs auch äußere Faktoren unterschiedliche Rollen. Während am Ende des hethitischen Reichs der Zusammenbruch der spätbronzezeitlichen Staatenwelt der Küstenregionen wohl nur eine untergeordnete Rolle spielte, könnte es sein, daß die Integration Zentralanatoliens in das achämenidische Reich den Niedergang der lokalen eisenzeitlichen Staaten und Kulturen ebenso nach sich zog, wie die Eroberung Zentralanatoliens durch die nach Westen vordringenden Türkenstämme im 11. Jahrhundert das Ende der byzantinischen Kultur bedeutete.

Insbesondere das abrupte Ende des hethitischen Reichs und der eisenzeitlichen Staaten legt den Schluß nahe, daß der Zusammenbruch staatlicher Strukturen, die durch ein hohes Maß an gesellschaftlicher und wirtschaftlicher Organisation die geographischen Nachteile für eine gewisse Zeit ausgleichen konnten, in Zentralanatolien weiterreichendere Folgen hatte als etwa in der Südosttürkei, Syrien oder gar Mesopotamien, wo die wirtschaftlichen Grundlagen wesentlich stabiler waren. Offenbar gelang es den verschiedenen Kulturen Zentralanatoliens im Laufe der Jahrtausende nur mit deutlich wechselndem Erfolg, ein Gleichgewicht zwischen landwirtschaftlicher Produktion und gesellschaftlicher Organisation zu halten, das die Entstehung eines Staats von der Größe und der Komplexität des hethitischen Reichs erst ermöglichte. Wird dieses Gleichgewicht aus ökologischen, ökonomischen, sozialen und politischen Faktoren gestört, bricht auch ein vermeintlich starker Staat wie der hethitische, der, wie wir aber auch gesehen haben, die grundlegenden Parameter Zentralanatoliens strukturell nicht verändern konnte, in kurzer Zeit zusammen.

Als historische Parallele aus osmanischer Zeit kann der faktische Verlust der Kontrolle der Zentralregierung in Istanbul über weite Teile Zentralanatoliens in der ersten Hälfte des 17. Jahrhunderts angeführt werden, als in allen Regionen das in den zwei Jahrhunderten zuvor entstandene dichte Netz von Dörfern durch die Wirren der sogenannten Celali-Aufstände weitgehend verschwand. Hinter den Aufständen marodierender Banden standen strukturelle, soziale und wirtschaftliche Probleme, die durch äußere Faktoren, vor allem die ununterbrochenen Kriege und die damit verbundene Steuerlast, noch verschärft wurden (S. Faroqhi, O. Özel, M. Akdağ).

Die nun seit über einem Jahrhundert andauernden Arbeiten in Boğazköy/Hattuscha haben nicht nur irgendeine unbekannte Hochkultur des Alten Orients auf die Bühne der Weltgeschichte gehoben. Die Forschungen haben vielmehr gezeigt, unter welchen Bedingungen es Menschen gelungen ist, sich im nordöstlichen Zentralanatolien festzusetzen und selbst unter ungünstigen Voraussetzungen dort eine Hochkultur hervorzubringen. Insbesondere der Vergleich mit den syrischen und mesopotamischen Kulturen offenbart die Anpassungsfähigkeit des altanatolischen Menschen an seine Umwelt und die Möglichkeiten, durch ein sehr hohes Maß an gesamtgesellschaftlicher Organisation und Disziplin ein unerwartetes kulturelles Optimum auch unter schwierigen äußeren Umständen zu erschaffen. Insofern stellt die hethitische Kultur im Kreis der altorientalischen Kulturen eine einmalige und besondere Erscheinung dar.

XI
ANHANG

Abbildungsnachweis

Abb. 1: C. Texier, Description de l'Asie Mineure (Paris 1839–1849)
Abb. 2. 4–9. 11–16. 18–22. 24. 25. 27–30. 32–34. 36. 38–48. 50–60. 62–67. 69–73. 75–94. 96. 98–100. 104–109. 113–130. 132. 134–138. 141. 143–145. 147. 149–151. 153–155. 157. 158: Boğazköy-Archiv des DAI (A. Schachner, J. Seeher, P. Neve, K. Bittel, O. Puchstein)
Abb. 3: G. Perrot, E. Guillaume, J. Delbet, Exploration archaeologique de la Galatie et de la Bithynie (Paris 1862), Taf. 52
Abb. 10. 17: P. Palm, Berlin
Abb. 23. 26. 31. 35. 37. 61. 68. 111. 131. 142. 146. 148. 152. 156: DAI, U. Röttger
Abb. 49. 102. 126. 139. 140: Museum Çorum
Abb. 74: DAI, M. Dürr
Abb. 95: T. Özgüç, İnandıktepe: eski Hitit çağinda önemli bir kült merkezi (Ankara 1988), Beilage
Abb. 97: Zeichnung nach Foto durch S. Erdil
Abb. 101. 103. 110: A. Schachner
Abb. 112: A. Hüser, Hethitische Anlagen zur Wasserversorgung und Entsorgung (Rahden 2007), 79 Abb. 36
Abb. 133: M. Kuentz, La Bataille de Qadech (Kairo 1928), Taf. 35
Vorderer Vorsatz: Stadtplan von Hattuscha zur Zeit des hethitischen Großreichs (ca. 1350–1180 v. Chr.) (Daten aus dem Boğazköy-Archiv des DAI, U. Röttger)
Hinterer Vorsatz: Das hethitische Großreich im 14. und 13. Jahrhundert v. Chr. (Zeichnung von P. Palm, Berlin)

Weiterführende Literatur

Hattuscha im Internet:
http://www.dainst.org/index.php?id=643
www.hattuscha.de (deutsch, türkisch, englisch)

Über das Hethitologie-Portal der Akademie der Wissenschaften Mainz ist eine weitgehend vollständige Bibliographie zur Hethitologie und Hethitischen Archäologie, eine Konkordanz der Keilschrifttexte und ihrer Fundstellen sowie eine umfangreiche Listung der Sekundärliteratur zu den Keilschrifttexten im Internet abrufbar (http://www.hethport.uni-wuerzburg.de/HPM/hethportlinks.html).

Forschungsgeschichte

S. Alaura, «Nach Boghasköi!» Zur Vorgeschichte der Ausgrabungen in Boğazköy-Hattuša und zu den archäologischen Forschungen bis zum Ersten Weltkrieg (13. Sendschrift der DOG, Münsterschwarzbach Abtei 2006)

E. Jean (Hrsg.), From Boğazköy to Karatepe. Hittitology and the Discovery of the Hittite World (Istanbul 2001)

Klimageschichte und hethitische Landwirtschaft

W. Dörfler – R. Neef – R. Pasternak, Untersuchungen zur Umweltgeschichte und Agrarökonomie im Einzugsbereich hethitischer Städte, Mitteilungen der Deutschen Orient-Gesellschaft 132, 2000, 367–380

H. Hoffner, Alimenta Hethaeorum. Food Production in Hittite Asia Minor (New Haven 1974)

H. Klengel, Studien zur hethitischen Wirtschaft, 2. Feld- und Gartenbau, Altorientalische Forschungen 33, 2006, 3–21

R. Pasternak, «Von der Gefahr, Unkraut zu ernten» – Archäobotanische Großresteanalyse am Beispiel des hethiterzeitlichen Fundortes Kuşaklı. in: Verein Archäologische Kulturlandschaft Ruhrgebiet e.V. (Hrsg.), ... nicht nur Kraut und Rüben. Archäobotanik im Ruhrgebiet (Essen 2001) 65–88

J. Yakar, Ethnoarchaeology of Anatolia. Rural socio-economic in the Bronze and Iron Ages (Tel Aviv 2000)

R. Pasternak berichtet regelmäßig über seine Arbeiten zu den botanischen Funden der Ausgrabungen in Boğazköy und Kuşaklı im Rahmen der jeweiligen Vorberichte im Archäologischen Anzeiger und den Mitteilungen der Deutschen Orient-Gesellschaft

Chalkolithikum, Bronze-Zeit, Karum-Zeit

T. Özgüç, Kültepe: Kaniš/Neša, the Earliest International Trade Center and the Oldest Capital City of the Hittites (Tokyo 2006)

F. Kulakoğlu (Hrsg.), Anatolia's prologue Kultepe Kanesh Karum: Assyrians in Istanbul (Istanbul 2010)

A. Schachner, Von der Rundhütte zum Kaufmannshaus. Kulturhistorische

Untersuchungen zur Entwicklung prähistorischer Wohnhäuser in Zentral-, Ost- und Südostanatolien (Oxford 1999)
U. D. Schoop, Das anatolische Chalkolithikum (Remshalden 2005)
J. Yakar, The later Prehistory of Anatolia: the Late Chalcolithic and Early Bronze Age (Oxford 1984)

Hethitische Periode in Hattuscha

K. Bittel, Hattuscha, Hauptstadt der Hethiter, Geschichte und Kultur einer altorientalischen Großmacht (Köln 1983)
B. Brandau – H. Schickert, Hethiter, die unbekannte Weltmacht (München 2001)
T. Bryce, The Kingdom of the Hittites (Oxford 2005)
V. Haas, Die Geschichte der hethitischen Religion (Leiden 1994)
H. Klengel, Die Geschichte des hethitischen Reichs (Leiden 1996)
J. Klinger, Die Hethiter (München 2007)
Kunst- und Ausstellungshalle der Bundesrepublik Deutschland (Hrsg.), Die Hethiter und ihr Reich. Das Volk der 1000 Götter (Bonn, Stuttgart 2002)
D. Mielke – U. D. Schoop – J. Seeher (Hrsg.), Strukturierung und Datierung in der hethitischen Archäologie, Byzas 4 (Istanbul 2006)
P. Neve, Hattuscha, Stadt der 1000 Götter (Mainz 1993)
M. Popko, Religions of Asia Minor (Warschau 1995)
A. Schachner, Das 16. Jahrhundert v. Chr.– eine Zeitenwende im hethitischen Zentralanatolien, Istanbuler Mitteilungen 59, 2009, 9–34
J. Seeher, Die Zerstörung der Stadt Hattusa, in: G. Wilhelm (Hrsg.), Akten des IV. Internationalen Kongresses für Hethitologie, Studien zu den Boğazköy-Texten 45 (Wiesbaden 2001), 623–634.
J. Seeher, Hattuscha, ein Tag in der hethitischen Hauptstadt ([3]Istanbul 2006)
J. Seeher, Götter in Stein gehauen. Das hethitische Felsheiligtum von Yazılıkaya (Istanbul 2011)
P. Taracha, Religions of Second Millennium Anatolia (Wiesbaden 2009)

Jährliche Berichte über die Arbeiten finden sich auf deutsch im Archäologischen Anzeiger (seit 1980), Berlin, und auf Türkisch in den Kazı Sonuçları Toplantısı (seit 1983), Ankara. Die Vorberichte der älteren Grabungen wurden zwischen 1932 und 1970 in den Mitteilungen der Deutschen Orient-Gesellschaft und zwischen 1971 und 1980 im Türk Arkeoloji Dergisi publiziert.

Die abgeschlossenen Bereiche und Themenkomplexe werden in den Publikationsreihen Boğazköy-Hattuscha (bis jetzt 22 Bände) und Boğazköy-Berichte (bis jetzt 8 Bände) des Deutschen Archäologischen Instituts publiziert. Die Keilschrifttexte wurden historisch bedingt in zwei Reihen vorgelegt, von denen die «Keilschrifttexte aus Boghazköi», herausgegeben von der Akademie der Wissenschaften und Literatur in Mainz (bis 2010 60 Bände), weiterhin erscheinen, während die «Keilschrifturkunden aus Boghazköi», herausgegeben von der Akademie der Wissenschaften der DDR, mit dem Band 60 1990 eingestellt wurden.

Weitere hethitische Fundorte

Alaca Höyük

zuletzt mit weiterer Literatur A. Çinaroğlu – D. Çelik, Atatürk & Alaca Höyük (Ankara 2010)

Kuşaklı/Sarissa

Vorberichte zu jeder Kampagne von A. Müller-Karpe in den Mitteilungen der Deutschen Orient-Gesellschaft (1995–2007). Abschließende Berichte (bisher 3) liegen in der Reihe Kuşaklı-Sarissa, herausgegeben von A. Müller-Karpe, vor.

Ortaköy/Šapinuwa

M. Süel, Bir Hittit Başkenti Ortaköy Şapinuva (Ankara 2008)
Siehe auch die jährlichen Berichte in den Kazı Sonuçları Toplantısı, Ankara

Alltagsleben der Hethiter

A. Albayrak – Ü. Solak – A. Uhri, Deneysel bir arkeoloji çalışması olarak Hitit Mutfağı (Istanbul 2008)
T. Bryce, Life and Society in the Hittite World (Oxford 2002)
H. Klengel, Studien zur hethitischen Wirtschaft, Altorientalische Forschungen 34, 35, 2007, 2008
A. Müller-Karpe, Anatolisches Metallhandwerk (Neumünster 1994)
P. Neve, Zur Entwicklung des hethitischen Wohnungsbaus in Boğazköy-Hattuša unter besonderer Berücksichtigung der in der Altstadt/Unterstadt erzielten Grabungsergebnisse, in: Wohnungsbau im Altertum, DiskB 3 (Berlin 1979) 47–61
J. Seeher, Die Techniken der Steinbearbeitung in der hethitischen Architektur des 2. Jahrtausends v. Chr., in: M. Bachmann (Hrsg.), Bautechnik im antiken und vorantiken Kleinasien, Byzas 9 (Istanbul 2009)
J. Seeher, Die Lehmziegel-Stadtmauer von Hattuša. Bericht über eine Rekonstruktion (Istanbul 2007)

Die internationalen Beziehungen der Hethiter

E. Edel, Die ägyptisch-hethitische Korrespondenz aus Boghazköi in babylonischer und hethitischer Sprache (Opladen 1994)

H. Klengel, Hattuschili und Ramses. Hethiter und Ägypter – ihr langer Weg zum Frieden (Mainz 2002)

P. Mountjoy, The East Aegean – West Anatolian interface in the Late Bronze Age. Mycenaeans and the kingdom of Ahhiyawa. Anatolian Studies 48, 1998, 33–67

J. Seeher, Überlegungen zur Beziehung zwischen dem hethitischen Kernreich und der Westküste Anatoliens im 2. Jahrtausend v. Chr. In: B. Horejes (Hrsg.), Interpretationsraum Bronzezeit (Bonn 2005), 33–44

M. van de Mieroop, The Eastern Mediterranean in the Age of Ramses II (Malden – Oxford 2007)

Eisenzeit

H. Genz, Büyükkaya I. Die Keramik der Eisenzeit, Boğazköy-Hattuša 21 (Berlin 2004)

L. Kealhofer, The archaeology of Midas and the Phrygians. Recent work at Gordion (Philadelphia 2005)

F. Prayon, Phrygische Plastik. Die früheisenzeitliche Bildkunst Zentralanatoliens und ihre Beziehungen zu Griechenland und zum Alten Orient (Tübingen 1987)

H. Sivas – T. Sivas (Hrsg.), The Mysterious Civilization of the Phrygians (Istanbul 2007)

G. D. Summers, Periodisation and Terminology in the Central Anatolian Iron Age: Archaeology, History and Audiences, Ancient Near Eastern Studies 45, 2008, 202–217

Die hellenistisch-römische, byzantinische und osmanische Periode in Zentralanatolien

S. Faroqhi, Towns and Townsmen of Ottoman Anatolia, Trade, Crafts, and Food Production in an Urban Setting 1520–1650 (Cambridge 1984)

S. Faroqhi, Kultur und Alltag im Osmanischen Reich: vom Mittelalter bis zum Anfang des 20. Jahrhunderts (München 2003)

St. Mitchell, Anatolia: land, men, and gods in Asia Minor (Oxford 1993)

K. Strobel, Die Galater: Geschichte und Eigenart der keltischen Staatenbildung auf dem Boden des hellenistischen Kleinasien (Berlin 1996)

Orts-, Namen- und Sachregister

C

H

I

J

K

BUCHANZEIGEN

DER ALTE ORIENT BEI C.H.BECK

Eine Auswahl

Eva Cancik-Kirschbaum
Die Assyrer
Geschichte, Gesellschaft, Kultur
2., durchgesehene Auflage. 2008. 128 Seiten
mit 6 Abbildungen und 2 Karten. Paperback
C.H.Beck Wissen in der Beck'schen Reihe Band 2328

Michael Jursa
Die Babylonier
Geschichte, Gesellschaft, Kultur
2. Auflage. 2008. 128 Seiten mit 6 Abbildungen und 2 Karten. Paperback
C.H.Beck Wissen in der Beck'schen Reihe Band 2349

Jörg Klinger
Die Hethiter
2007. 128 Seiten mit 7 Abbildungen und 2 Karten. Paperback
C.H.Beck Wissen in der Beck'schen Reihe Band 2425

Christian Marek / Peter Frei
Geschichte Kleinasiens in der Antike
2., durchgesehene Auflage. 2010, 905 Seiten
mit 107 Abbildungen und 9 Karten,
davon 8 in Farbe. Leinen
Reihe «Historische Bibliothek der Gerda Henkel Stiftung»

Stefan M. Maul
Das Gilgamesch-Epos
4., durchgesehene Auflage. 2008. 192 Seiten mit 13 Illustrationen. Leinen

Gerhard J. Selz
Summerer und Akkader
Geschichte, Gesellschaft, Kultur
2., durchgesehene Auflage. 2010. 127 Seiten
mit 18 Abbildungen und 2 Karten. Paperback
C.H.Beck Wissen in der Beck'schen Reihe Band 2374

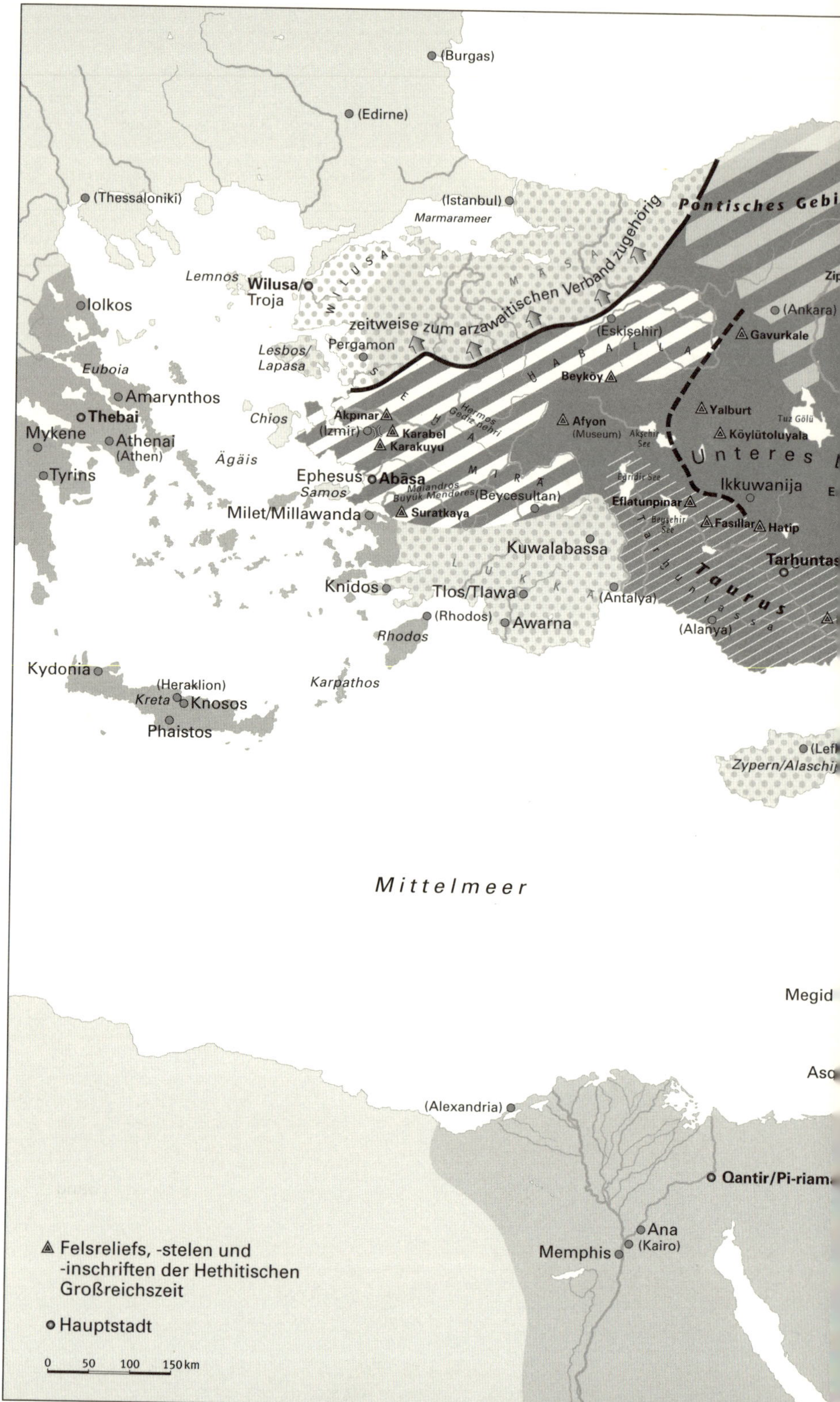
(Burgas)
(Edirne)
(Thessaloniki)
(Istanbul)
Marmarameer
Pontisches Gebi
Lemnos
Wilusa/
Troja
WILUSA
MASA
zeitweise zum arzawaitischen Verband zugehörig
Zip
(Ankara)
Iolkos
Lesbos/
Lapasa
Pergamon
(Eskişehir)
Gavurkale
Euboia
HAPALLA
SEHA
Beyköy
Amarynthos
Thebai
Akpınar
Hermos
Gediz nehri
Afyon
(Museum)
Yalburt
Tuz Gölü
Mykene
Chios
(Izmir)
Karabel
Karakuyu
Akşehir See
Köylütoluyala
Athenai
(Athen)
Ägäis
Unteres
Tyrins
Ephesus
Abāsa
MIRA
Eğridir See
Ikkuwanija
Samos
Malandros
Büyük Menderes
(Beycesultan)
Eflatunpınar
Beyşehir See
Milet/Millawanda
Suratkaya
Fasıllar
Hatip
Kuwalabassa
Tarhuntassa
Taurus
Tarhuntas
LUKKA
Knidos
Tlos/Tlawa
(Antalya)
(Rhodos)
Awarna
(Alanya)
Rhodos
Kydonia
(Heraklion)
Kreta
Knosos
Karpathos
Phaistos
(Lef
Zypern/Alaschi
Mittelmeer
Megid
Asc
(Alexandria)
Qantir/Pi-riam
Ana
(Kairo)
Memphis
Felsreliefs, -stelen und -inschriften der Hethitischen Großreichszeit
Hauptstadt
0 50 100 150 km